페이퍼 머니
PAPER MONEY

페이퍼 머니
PAPER MONEY

W미디어

이 책은 누구나 알고 있는 진실에 대해 말하고 있다. 돈은 종이로 만들어진다는 사실이다. 너무나 단순하고 명백해서 그런 사실조차 까맣게 잊고 지내는 '페이퍼 머니(paper money)'에 대한 이야기다.

돈이 종이쪽지 이상의 가치를 지닐 수 있는 이유는 무엇일까. 우리 모두가 약속했기 때문이다. 1만원이라고 인쇄된 종이는 그 금액에 해당하는 구매력의 가치를 지닌다고 우리 모두 믿고 있다. 이런 믿음 때문에 종이쪽지에 인쇄된 숫자의 단위를 늘리기 위해 사람들은 먹을 것조차 아껴가며 저축을 한다. 불어나는 돈의 단위를 보며 포만감과 안도감을 느낀다.

하지만 돈에 대한 우리 사회의 약속은 그리 믿을 만한 게 못된다. 종이쪽지에 부여한 우리 사회의 신뢰를 깨드려서 이득을 챙기려는 유혹이 곳곳에서 배어나오기 때문이다. 아이러니하게도 돈에 대한 신뢰를 무너뜨려 이익을 보려는 유혹은 정부에서 가장 강력하게 솟구쳐 나온다. 화폐 발권력을 갖고 있는 정부는 돈을 찍어내서 문제를 해결하고 싶은 충동을 언제나 느낀다. 실제로 수많은 나라에서 그런 일이 벌어졌다. 우리나라도 물론 예외는 아니었고, 앞으로도 그렇지 않다고 장담하기 어려울 것이다.

인플레이션. 돈을 갖고 있는 사람들은 본능적으로 인플레이션의 의미에 대해 알고 있다. 누가 훔쳐가지는 않더라도 돈의 값어치가 증발해버리는 것은 아닐까. 이 돈이 언젠가 내 품에서 사라져버리는 것이 아닐까. 가슴 속 깊은 곳에서 인플레이션에 대한 불안감이 도사리고 있다. 은행에 넣어두기보다는 부동산이나 금과 같은 실물을 갖고 있는 것이 낫지 않을까. 돈이 있는 사람들은 누구나 생각하는 문제다. 사람들은 그래서 부동산과 귀금속, 주식으로 달려가곤 한다.

이 책은 1970년대 이야기를 다루고 있다. 허망하게 끝난 미국의 월남전 패배의 후유증으로 떠안게 된 막대한 재정적자와 물가 급등, 산유국들의 카르텔로 야기된 석유파동에 관한 이야기다. '페이퍼 머니'의 시각에서 기술하고 있다.

전 세계에 엄청난 충격을 안겨준 석유파동은 세계 경제를 파국으로 몰아넣을 것으로 많은 사람들이 우려했다. 석유파동이 났던 초기에는 실제로 그랬다. 경기가 침체됐는데도 물가가 급등하는 스태그플레이션으로 수많은 사람들이 고통을 겪었다. 많은 기업들이 오일쇼크를 견디지 못해 쓰러졌다. 전 세계의 돈이 중동으로 빨려 들어가자 미국을 포함한 다른 나라들에서는 돈의 씨가 마르지 않을까 우려하는 사람들이 생겨났다.

하지만 진실을 깨닫는 데에는 그리 오랜 시간이 필요하지 않았다. 돈이란 종이로 만든 것이다! 석유값이 오르면 돈을 더 찍어서 주면 된다. 많은 돈을 찍어내기가 귀찮으면 '0'을 몇 개 더 붙여 찍으면 된다. 석유를 받고 종이쪽지를 넘겨주니 얼마나 편리한가.

실제로 그런 일이 백주 대낮에 벌어졌다. 석유 가격을 높여 받으려는 중동 산유국들의 시도는 페이퍼 머니에 인쇄된 금액의 단위만 높였을 뿐이다. 1970년대의 전세계적인 인플레이션은 돈의 값어치만 떨어뜨렸다. 이 사실을 깨달은 중동 산유국들은 1980년에 다시 기름값을 올렸지만, 그 때도 결국 돈가치만 떨어뜨렸을 뿐이다. 세계는 석유파동이 난 뒤에도 30년 이상 멀쩡히 잘 돌아가고 있다. 돈의 가치를 떨어뜨리는 마술이 있기 때문에 이 세상은 아직도 존재하는 것은 아닐까. 그렇다면 우리나라는 수혜자일까, 피해자일까. 개인적으로 나는 인플레이션의 수혜자인가, 피해자인가.

누구나 돈을 갖고 있다. 하지만 돈의 가치가 떨어지는 것이 모든 사람들에게 공평한 결과를 초래하는 것은 아니다. 이익을 보는 사람들이 생기고, 손해를 보는 사람들이 생긴다. 물가가 극심하게 올랐던 1920년대 독일에서는 수십 년간 꼬박꼬박 부었던 국민연금이 나중에 빵 한 조각을 사는 돈밖에 안됐다. 부동산을 갖고 있거나 석유·밀가루·설탕 등 물건을 갖고 있던 사람들은 돈가치가 폭락해도 손해를 보지 않는다. 오히려 물가가 올라 돈가치가 떨어질수록 실물 자산의 가치가 부각되기 때문에 이득을 본다. 인플레이션이 급격할수록 고통 받는 사람과 이득을 보는 사람들이 극명하게 갈린다.

물가가 오르면 가난한 사람들이 고통을 당한다. 가진 것이라고는 몸뚱이밖에 없기 때문이다. 월급이 수입의 거의 대부분을 차지하는데, 매달 받는 월급은 인플레이션으로 인해 가치가 떨어진다. 반면 부자들은 부동산과 각종 귀금속들을 갖고 있기 때문에 물가가 오르면 부자가 된다. 인플레이션이 급습하더라도 스스로를 지킬 수 있는 자기방어 장치가 돼 있다.

집값도 마찬가지다. 집 부자들이 얻는 이익은 집이 없는 사람들이 받는 고통의 대가일 뿐이다. 1970년대 미국의 집값은 최근 우리나라에서 벌어졌던 집값 폭등과 매우 흡사했다. 당시 미국 정부는 금융시장의 유동성을 풀어주는 방식으로 주택보유 정책을 폈고, 이에 따른 과잉유동성은 집값에 불을 질렀다. 미국의 집값은 천정부지로 치솟았고, 가계부채는 눈덩이처럼 불어났다. 집값이 오를수록 돈의 가치는 떨어졌다.

집값이 오르는 한 집주인의 빚이 많다는 사실도 전혀 문제가 되지 않는다. 하지만 가격은 올라갈 때가 있으면 내려갈 때도 있는 법이다. 이 책에는 기술되지 않았지만 1980년대 초반 미국 주택가격이 급락하면서 저축대부조합(S&L) 등 수많은 금융회사들이 파산했다.

우리는 어떻게 될까. 페이퍼 머니의 엄청난 매력이 작용하면서 부동산 가격이 앞으로도 계속 상승할까. 아니면 그 한계를 순식간에 드러내며 가격이 급락할까.

역사는 되풀이된다. 예전과 꼭 같은 모습은 아니지만 비슷한 형상으로 우리에게 다시 다가온다. 1970년대에는 스태그플레이션이라 불리는 달러가치 폭락의 시기가 있었고, 1980년대에는 '플라자 합의'라는 달러가치 폭락의 시기가 있었다. 2000년 이후에는 미국의 막대한 경상수지 적자로 생긴 세계 불균형(Global Imbalance)으로 인해 달러가치가 다시 폭락하려는 징후를 보이고 있다.

1980년대 중반 플라자 합의는 위대한 미국 건설을 모토로 내걸었던 레이건 행정부가 막대한 군비를 쏟아 부으면서 동시에 세금까지 깎아줬던 후유증의 결과물이다. 무역적자와 재정적자가 동시에 심화되는 '쌍둥이 적자' 문제를 해결하기 위해 미국은 경제대국으로 부상했던 일본과 협상을 통해 환율을 끌어올리는 플라자 합의를 체결했다. 그 결과 달러화 가치는 크게 떨어졌다.

플라자 합의는 미국의 거품을 꺼뜨렸지만 일본의 버블(거품)은 키웠다. 1990년대 일본의 '잃어버린 10년'으로 불리는 장기불황은 환율의 급격한 변동이 낳은 후유증이었다. 돈의 가치가 바뀌면 고통을 당하는 사람들이 생기게 된다. 마찬가지로 환율이 급격하게 변하면 고통을 당하는 나라들이 생긴다. 플라자 합의 이후 일본인들은 가치가 높아진 엔화를 들고나가 미국에서 빌딩과 땅을 정신없이 사들였다. 하지만 미국 부동산을 매입했던 일본인들은 대부분 엄청난 손해를 봤다. 부동산 가격은 순식간에 떨어졌다.

달러가치 폭락의 세 번째 시기는 아직 진행형이다. 미국의 연간 경상수지 적자는 국내총생산(GDP)의 6%를 넘어설 정도로 늘어난 상태다. 분명한 사실은 매년 국내총생산의 6%를 해외에서 충당한다는 것은 지속 가능하지가 않다는 사실이다. 그런데도 미국은 아직까지 큰 어려움 없이 막대한 경상수자 적자를 계속 내고 있다. 1997년 말 외환위기를 겪었던 아시아 국가들이 외환보유액을 쌓는데 정신이 없기 때문에 생긴 일이다. 중국의 외환보유액은 이미 1조 달러를 넘어섰고, 일본도 9,000억 달러 이상의 외환보유액을 갖고 있다. 두 나라의 외환보유액만 따져도 약 2조 달러다. 한국 역시 2,300억 달러가 넘는 막대한 외환보유액을 쌓아놓았다.

"The dollar is our currency, but your problem." 미국 닉슨 대통령의 재무장관이었던 존 코낼리가 월남전이 끝나갈 무렵 남긴 말이다. "달러는 우리(미국)의 통화이지만, 당신의 문제다"라는 정도로 해석할 수 있는 이 말은 지금 우리에게 더 절절하게 들린다.

중국과 일본, 한국 국민들이 최근 몇 년 사이에 피땀 흘려가며 벌어놓은 달러는 '페이퍼 머니'일 뿐이다. 미국의 국고채 역시 페이퍼 머니에 다름없다. 그 돈은 얼마든지 미국 정부가 찍어낼 수 있다. 달러는 미국의 화폐이기 때문이다. 하지만 이로 인해 발생하는 달러화 가치 하락은 바로 우리 모두의 문제다!

페이퍼 머니의 논리는 결국 국가 간의 게임에도 그대로 적용된다. 기축 통화의 지위에 올라 있는 미국은 전 세계의 중앙은행이다. 우리나라와 같은 나라는 열심히 일하고 죽어라고 저축만 하는 나라인지도 모른다. 미국이 돈을 더 찍어내 달러화 가치가 폭락하면 우리가 애써 모아둔 돈은 한순간에 날아간다.

이런 일이 국내에서 벌어지는 것을 막기 위해 한국의 중앙은행은 '물가안정'을 정책의 최우선 목표로 삼고 있다. 한국은행법에 규정된 설립취지 자체가 '물가안정'으로 못 박혀 있다. 반면 국제사회에서 달러화에 대한 신뢰는 전적으로 미국 정부의 의지에 달려 있다. 미국의 중앙은행이 전 세계에서 달러 가치를 유지하기 위해 법적인 의무조항을 적용받는 것도 없다. 미국의 자율에 달린 문제일 뿐이다.

돈이란 갖고 있을 때의 가치보다 쓰려고 할 때의 가치가 더 중요하다. 예컨대 우리나라가 통일이 됐을 때 필요한 돈을 마련하기 위해 외환보유액을 열심히 직립했는데, 정작 통일됐을 때 외환보유액의 가치가 폭락하면 어떤 일이 벌어질까. 생각만 해도 두려운 일이다. 피땀 흘려가며 모아둔 것이 종이쪽지에 불과할 수도 있다. 그래서 요즘 중국은 외환보유액을 더 쌓기보다는 유전을 사들이고 원자재 광산을 매입하는데 열을 올리고 있다. 돈을 많이 가진 사람들이 부동산을 사들이고 금을 매입하는 것과 같은 이치다. 화폐가치 하락, 즉 인플레이션에 대비하려는 노력은 개인이나 국가나 다를 게 없다.

중국이 유전을 매입하고 원자재를 사들일수록 그 가격은 올라갈 수밖에 없다. 그 결과는 미국 달러화 가치 하락이라는 부메랑으로 되돌아온다. 외환보유액의 가치를 지키려는 노력이 외환보유액의 가치를 증발시키는 결과를 초래할 수 있다는 얘기다. 어떤 방식으로 사태가 진행되든 외환보유액을 많이 갖고 있는 나라들은 크든 작든 손해를 볼 가능성이 매우 높다. 이미 돌이키기가 어려울 정도로 불균형이 심화돼 있는 구조다. 세계 각국은 이에 따른 손해를 최소화하려는 전쟁을 치열하게 벌일 것이다. 이 과정이 급격하게 진행될수록 세계는 엄청난 혼란에 빠질 것이다. 페이퍼 머니 시대의 사회는 개인이든 국가든 신뢰는 무너질 수밖에 없다. 이 세상에 안전한 곳은 없다.

이 책은 읽는 재미가 있다. 1970년대 미국 사회에 대해 많은 것을 알 수 있다. 산유국들이 OPEC를 만든 과정은 너무나 생생해서 이제 막 전개되는 사건을 읽는 듯한 느낌을 준다. 더 큰 재미는 앞으로 벌어질 일들에 대한 저자의 통찰력을 이 책을 통해 맛볼 수 있다는 사실이다. 돈의 진실에 대해 파헤치려는 저자의 노력은 이 책의 초판이 1981년에 나왔지만 오늘날에도 여전히 유효하다.

현대 경제사를 이해하려는 사람들에게도 이 책은 훌륭한 가이드가 되어줄 것이다. 1970년대를 이해하지 않고서는 금 태환이 정지된 이후의 세계 화폐에 대해 제대로 이해할 수가 없다. 유로달러와 변동환율제 등 많은 경제상식과 역사를 맛볼 수 있는 것도 이 책을 읽는 즐거움이다.

더 크게는 돈에 대한 지평을 넓힐 수 있다. 우리는 돈을 놔두고 다른 곳으로 갈 수도 없다. 예전처럼 쌀을 물물교환의 수단으로 삼을 수도 없고, 조개 같은 것을 돈이라고 부르더라도 달라지는 것도 없다. 하지만 돈의 사회적인 의미가 무엇이고, 어떤 일이 앞으로 벌어질 수 있느냐에 대해 이해할 수 있다는 것만으로도 참으로 유쾌한 일이다. 이 책은 독자 여러분을 부자로 만들어주지는 못하겠지만, 돈을 많이 갖고 있다는 의미가 무엇인지에 대해서는 명쾌하게 대답하고 있다. 저자의 언급대로 이야기는 끝나지 않겠지만….

현승윤

· Contents ·

· Contents ·

|감사의 말 |

많은 분들이 이 책을 쓰는 데 도움을 주었다. 특히 원고를 읽고 조언을 해준 분들께 감사드린다. 물론 원고의 책임은 나에게 있다.

내가 13년간 자문위원회에 몸담았던 프린스턴 대학 경제학과에 감사한다. 또한 학과장으로 각종 편의를 제공한 버튼 말키엘 교수에게 감사한다. 프린스턴 대학의 드와이트 야페 교수는 주택에 대한 장을 검토하고 도표 작성에 도움을 주었다. 주택국장 출신인 〈뉴욕 타임스〉 편집위원회의 로저 스타 위원도 조언을 해주었다. 달러, 석유 가격의 영향 및 달러의 순환에 대한 장은 미주개발은행의 이사인 랠프 덩건, 통화감독관 존 하이만, 체이스맨해튼 은행의 찰스 모리스, 프린스턴대 경제학 및 국제금융학과의 피터 케넌 교수가 검토해주었다. 이들 모두의 조언에 감사한다.

프린스턴대의 제프리 왓슨 교수는 모델링과 정량 기법의 문제, 그리고 경제학자들에 대해 조언을 해주었다. 뉴욕시립대의 로버트 레카크만 교수는 케인즈에 대한 자료를 제공했다.

특히 OPEC의 발달사와 사우디의 역할에 대해 조언을 제공한 전 사우디아라비아 수석 고문 토머스 맥헤일 박사와 〈페트롤리엄 인텔리전스 위클리〉의 발행인 완다 야블론스키 여사에게 감사한다. 또한 중동을 방문했을 때 맥헤일 박사가 보여준 환대에 사의를 표한다. 미주개발은행의 베네수엘라 대표인 후안 파블로 페레스 카스티요는 OPEC의 역사에서 베네수엘라 석유장관을 역임한 자신의 아버지 페레스 알폰소의 역할에 대한 자료를 제공했다.

중동 문제에 대한 전문가 세미나에 나를 지속적으로 초청해준 콜롬비아 대학 중동연구소 휴레위츠 교수에게 감사한다. 하버드 대학 케네디 스쿨의 에너지 프로젝트 이사이자 하버드 비즈니스 스쿨 에너지 보고서 공동 편집자인 다니엘 예르긴은 원고 전반, 특히 에너지와 순환에 대해 훌륭한 조언을 해주었다. 하버드 에너지 보고서의 또 다른 공동 편집자인 하버드 비즈니스 스쿨의 로버트 스토바우 교수는 이 주제에 대해 초기에 도움을 주었다. 또한 하버드대 헨드릭 하우태커 및 마이어 교수도 많은 도움이 되었다.

네브라스카 오마하 사(社)의 워렌 버핏, 뉴욕 애틀랜타 코퍼레이션 사(社)의 마틴 소스노프 사장, 프린스턴 대학의 버튼 말키엘 교수는 주식시장에 대해 조언을 해주었다. MIT의 레스터 서로우 교수와 MIT 경제학과 석좌교수인 로버트 솔로 교수는 조언과 더불어 자신들의 미출판 자료를 사용하도록 허락해주었다. 로버트 루사 전 차관, 프레드 버그스턴 차관보, 마이클 블루멘털 전 장관, 조지 볼 전 차관에게도 감사한다. 석유산업연구재단의 존 리히트블라우, 엑손 사(社)의 스티븐 스타마스, 로열더치쉘 사(社)의 피에르 웩, 코로일 사(社)의 잭 선더랜드, 사이러스 로렌스 사(社)의 찰스 맥스웰도 많은 도움을 주었다.

　뉴욕 대학의 댄크워트 러스토우 교수, 루뱅 대학의 로버트 트리핀 교수, 헨리 슈뢰더 인터내셔널 사(社)의 제프리 벨, 레비 앤 어소시에이츠 사(社)의 월터 레비, 프린스턴 대학의 찰스 이사위 교수와 리처드 퀀트 교수, 프린스턴 대학 고등연구소의 버나드 부이스 교수, 타운센드 그린스펀 사(社)의 앨런 그린스펀에게도 감사한다. IMF의 데이비드 아머, 살로몬 브라더스 사(社)의 데이비드 포스터, 드렉셀·번햄 앤 컴퍼니 사(社)의 로렌스 골드스타인은 통계 분야에 도움을 주었다. 워싱턴 주재 사우디아라비아 대사관의 멜비나 알 이즈멀리는 사우디 관련 조사를 도와주었다. 사전 조사에는 케빈 리퍼트의 역할이 컸다.

　마지막으로 세 명의 저명한 언론인을 언급하고자 한다. 자신의 메모와 자료 출처, 통찰력을 아낌없이 제공한 영국 런던의 앤서니 샘프슨, 뉴욕의 마틴 메이어와 크리스 웰스에게 감사한다.

애덤 스미스

경기가 좋다고 하는데
왜 이렇게 꺼림칙한 걸까?

번즈 박사를 만나다

10년 전쯤부터, 바퀴가 헛도는 듯한 통제 불능의 느낌을 자주 받았다. 여러분에게도 익숙한 느낌일 것이다. 차에서 라디오를 듣거나 생각에 빠져 있다가, 비나 눈으로 젖은 도로 위에서 갑자기 바퀴가 헛도는 경우를 느낄 때가 있다. 그러면 차가 미끄러진다는 것을 무의식적으로 감지하고 운전대를 꼭 붙들게 된다.

나는 차 안에서가 아니라 책상 앞에 앉아, 가격과 금리에 대한 기사를 읽을 때 이런 느낌을 받는다. 슈퍼마켓 점원이 건네는 잔돈 액수가 터무니없이 적을 때도 이런 느낌이었다.

나는 번즈 박사와 면담 약속을 잡았다. 몸에 이상이 있었던 것은 아니다. 번즈 박사는 닥터이기는 하지만 의사는 아니었다. 번즈 박사는 경제학자로, 정부의 은행인 연방준비제도이사회(FRB) 의장을 맡고 있었다. 물론 복통 환자처럼 "인플레 때문에 현기증이 납니다"라고 말하려는 것은 아니었다. 그래서 워싱턴에 있는 연방준비제도이사회 건물로 가는 택시 안에서 근사한 질문을 몇 개 생각해내서는 여러 번 연습했다.

그러나 대화가 반쯤 진행되었을 때 나는 이렇게 말하고 말았다.

"현기증이 납니다. 마치 바퀴가 헛도는 듯한 통제 불능의 느낌입니다."

번즈 박사가 나를 알게 된 것은 2년 전 내가 위험한 상황을 목도했을 때였다. 당시 연방준비은행은 이 위기를 무사히 넘겼다. 나는 몇 년 전 출판한 〈슈퍼 머니 Super Money〉에서 하마터면 공황이 일어날 수도 있었던 이때의 상황을 '음악이 끝장날 뻔한 날'로 묘사했다.

일요일 아침, 펜 센트럴 사(社)는 2억 달러의 부도를 냈다. 거기다 상환을 기다리는 채무가 또 있었다. 다음날인 월요일과 화요일에 시장에는 공포가 몰아닥쳤다. 구조가 불안정한 기업들은 단기 대출을 연장 받지 못했다. 록히드, 크라이슬러, 팬 아메리칸이 도산 위기에 놓였다. 이들 대기업들이 돈을 구해서 대출을 상환하지 못한다면 이들의 채권자들 또한 자신들의 채무를 상환하지 못해 결국 엄청난 연쇄부도 사태가 이어질 터였다.

연방준비은행은 회원 은행들을 소집하여, 금융 경색을 해소하는데 필요한 자금을 가져가 방출하도록 했다. 이것은 마치 전력 과부하로 전국적인 정전 사태가 일어났을 때 중앙의 기술자가 예비 전력을 모두 투입하는 것과 같았다. 사실 이것이 연방준비은행의 할 일이다. 연방준비은행이 '최종 대출자'로 불리는 것은 이 때문이다. 위기에 처했던 대기업들이 문제를 완전히 해결한 것은 아니었지만 '시스템'은 제대로 굴러갔다. 마치 누구도 정전 사태를 눈치 채지 못했던 것처럼.

연방준비제도이사회에 들어서면 안내 데스크에서 정복을 입은 경비원이 이름과 방문 목적을 묻고 대장에 기록한다. 그리고는 호송 경관을 호출한 다음, 방문자의 가슴에 방문증을 달아준다. 양 옆에는 넓은 대리석 계단이 놓여있고, 중앙 로비는 3층 높이로 뚫려 있다. 바닥에는 은행에 잘 어울리는 이탈리아와 벨기에산(産) 석회 대리석이 깔려 있다.

걸을 때마다 발자국 소리가 울린다. 2층 발코니로 나가면 신기한 장면을 보게 된다. 발코니를 따라 6개의 거대한 암갈색 문이 중앙 로비를 사이에 두고 맞은편 발코니에 있는 6개의 문과 서로 마주보고 있다. 각각의 문은 12개의 지역 연방준비은행을 상징한다. 이것은 마치 히치콕 영화의 무대 배경 같기도 하다.

문 뒤에는 높은 천장에 거대한 집기들이 놓여 있는 웅장한 회의실이 있을 것만 같다. 하지만 막상 문을 열고 들어가 보면 철제 책상과 캐비닛, 사무집기가 놓여있는 평범한 사무실을 만나게 된다. 문과 사무실은 별 관계가 없다. 사무실은 안내인도, 창문도 없으며 사람들로 북적대지도 않는다.

12개의 거대한 문을 비롯한 각종 조형물은 프랑스의 건축가 폴 필립 크레(Paul Philippe Cret)가 제작했다. 회의실 벽난로 위에 놓인 퀴벨레 여신상, 바닥에 새겨진 거대한 문장(紋章)도 그의 작품이다. 그는 높은 천장, 샹들리에와 간접 조명을 이용하여 위대한 은행에 걸맞도록 웅장한 사원의 인상을 건물에 부여했다.

1937년 완공 당시, 이 은행은 중앙 집중 냉난방을 하는 워싱턴 최초의 건물이었다. 조그마한 성당처럼 곳곳에 미술 작품이 걸려 있었다. 이것들은 한 기업가가 기증한 소장품의 일부이다. 그러나 작품의 주제가 딱히 은행과 어울리지는 않는다. 은행은 소장품을 박물관으로 보내고 대신 다른 작품을 대여한다. 그래서 은행 벽에는 매번 다른 작품이 걸리게 된다.

연방준비제도이사회를 설립한 입법 의원들은 말 그대로 공포에 휩싸여 있었다. 역사 시산에 학생들은 전쟁 연도를 외듯 공황이 일어난 연도를 외웠다. 1873년과 1893년의 공황, 그리고 1907년의 대공황까지. 예금자들의 소란스러운 행렬이 길거리까지 늘어섰고, 사람들은 은행이 문 닫기 전에 예금을 빼내려고 했다. 곧이어 파산과 불황이 이어졌다. 1913년에 연방준비제도이사회를 만들면서 의회는 이곳을 통해 금도, 은도, 어떠한 현물도 아닌 화폐를 가지고 은행의 예금 인출 사태를 막을 수 있을 거라 생각했다. 여러 단계를 거쳐 연방준비제도이사회는 정부 소유의 은행 계좌 항목에 화폐를 추가할 수 있었다. 파산 직전의 은행들은 든든한 후원자를 얻게 되었고, 연방준비제도이사회 즉 중앙은행은 국가의 통화량을 조절하게 되었다. 이 사무실은 엄청난 금융 권력을 가진 곳이다.

책으로 둘러싸인 사무실에서 아더 번즈(Arthur Burns)는 파이프를 피우고 있었다. 놀랄 일도 아니다. 그는 의회에서도, 백악관에서도 항상 파이프를 입에 물고 있다. 그가 말을 할 때 파이프가 춤추는 모습은 마치 배우를 연상시킨다. 그는 무테안경을 쓰고 있으며, 백발에다 머리 한가운데에 가르마를 탔다. 그는 콜롬비아 대학 전직 교수이자 경기

순환 분야의 권위자이다.

한참 이야기를 나누다 이런 질문을 던졌다.

"수용할 수 있는 물가 상승률은 어느 정도까지입니까?"

담배 연기가 테이블을 가로질러 원을 그렸다.

"수용할 수 있는 물가 상승률 말입니까? 수용할 수 있는 비율 말씀이지요? 물론 '제로'입니다. '제로'이고 말고요!"

이것은 내가 예상하지 못한 수치였다. 물가 상승률을 '0'으로 잡는 것은 아무나 할 수 있는 일이 아니다. 과연 번즈다운 홀륭한 대답이었다. 자신을 전 세계적인 정직의 화신으로 만든 그런 대답이었다. 하지만 곧이곧대로 믿을 수는 없다. 나의 느낌은 …

"헛돈다구요?" 번즈가 물었다. "헛돈다?"

그는 파이프에 다시 불을 붙이고는 나의 증상에 대해 골똘히 생각한다. 그는 친절한 의사처럼 고개를 끄덕인다.

"우리의 대응 체계에 문제가 있습니다." 그가 말했다. "지긋지긋한 베트남 전쟁으로 미국 시민들은 골치를 썩고 있고, 강제 버스 통학(인종 차별 철폐를 위한 조치 - 역자 주)에 도심의 인종 폭동, 길거리로 뛰쳐나온 여성들 …" 아더 번즈는 한숨을 내쉬었다. "잠시만이라도 세상이 조용해졌으면 좋겠습니다."

물론 그렇게는 되지 않았다. 전쟁이 끝나고 캠퍼스가 고요해지자, 이번에는 석유 문제가 새로 등장했다. OPEC은 친숙한 단어가 되었다. 에너지 위기에 사람들이 관심을 갖기 시작한 것이다. 미국인들은 무의식적으로, 또한 본능적으로 자신들의 경제적 미래에 놓인 무질서와 변화를 감지하기 시작했다. 지금은 미국의 시대이며, 자신의 운명은 자기 스스로 지배하고 있다는 전후(戰後)의 안도감은 어느새 사라져 버렸다. 남은 것은 꾸다만 꿈의 어두운 그림자와 같은 불안감뿐이었다.

1980년 봄, 아더 번즈는 상원 금융위원회의 청문회에 출석했다. 그는 더 이상 연방준비제도이사회 의장이 아닌 한낱 연구자에 불과했지만, 의회에서는 그의 견해를 듣고자 했다. 물론 그는 '제로' 물가 상승률 따위의 얘기는 한 마디도 하지 않았다. 헛돌고 있다는 느낌을 받은 것은 그 자신이었다.

그는 인플레이션의 원인으로 자신의 주장 세 가지와, 다른 이들이 언급한 아홉 가지를 들었다. 그는 1930년대 사회 법률에 존재했던 안정감이 사라져가고 있으며, 대신 불길한 조짐이 나타나기 시작했다고 말했다. 그는 '사회의 결속력'이 약해지는 것에 대해 걱정했다.

1970년대에는 미국인들의 행동 방식이 변화하고 있다는 것을 알 수 있는 방법이 두 가지 있었다.

첫째는 통계 수치를 읽어보는 것이었다. 미국인들은 이전만큼 저축을 하지 않았으며, 대출 한도까지 돈을 빌렸다.

둘째는 대화를 들어보는 것이었다. 가격, 상품, 부동산, 주택에 관한 강박적인 대화를 들을 수 있다. 특히 주택에 대한 대화가 귀에 들어온다. "자네 집은 얼마나 나가나? 얼마 주고 샀지? 그 아파트 얼마인가?" 이런 대화에 숨겨진 주제는 바로 이것이다. "어떻게 하면 화폐에서 벗어나, 가치를 유지하거나 증가시키는 무언가를 얻을 수 있을까? 가치는 어디에 저장되어 있는가?"

사람들은 달러화를 가지고 있으면 손해를 본다고 가정하고 있는데, 사실 이는 매우 정확한 가정이다. 윈스턴 처칠이 말했다. "사람은 집을 만들고, 집은 사람을 만든다." 이것은 하원 의사당 건물을 놓고 한 말이었지만 지금 상황에도 매우 잘 들어맞는다.

사람은 제도를 만들고, 제도는 사람을 만든다. 화폐는 하나의 제도이다(여기에서 화폐는 교환 수단과 가치의 저장 수단이라는 넓은 뜻으로 쓰인다). 사람들이 화폐를 신뢰할 때, 그들은 오랜 기간 동안 돈을 넣어두고 빌려간다. 그리고 이 오랜 기간 덕분에 화폐를 보유하는 다른 제도가 생겨난다.

19세기에 영국 정부는 영구 공채를 발행했다. 1910년대에는 미국 정부도 30년 만기 국채를 어렵지 않게 발행할 수 있었다. 그러나 1920년의 초인플레이션 기간에 독일인들은 화폐 가격을 채 한 시간도 유지할 수 없었다. 마치 자신들이 어둡고 낯선 세력의 손아귀에 들어간 것이라 여길 정도였다. 번즈가 언급한 '사회의 결속력'은 사라져 버렸다. 과거의 질서정연했던 사회는 혼란에 빠진 채, 손쉽게 문제를 해결할 수 있다고 허풍 치는 목소리에 귀를 기울였다.

이 책은 우리가 지금의 상황에 이르게 된 과정을 살펴보고, 앞으로 일어날 몇 가지 사건들을 그려보고자 한다. 이 책을 읽는 여러분은 이들 사건을 이해함으로써 커다란 이득을 얻게 될 것이다. 결코 실없는 소리가 아니다.

일반인들은 대부분 이미지를 통해 정보를 얻는다. TV는 시공간의 제약을 받는 드라마, 교양, 오락 등에는 훌륭한 도구이다. 하지만 내가 말하려는 이야기는 이미지에 딱 들어맞지 않는다. 어느 정도 추상화를 할 수밖에 없기 때문이다. 나를 비롯해 어떤 이들은 이야기를 확장하여 이미지로 만들어보려 했으나 그다지 성공을 거두지는 못했다.

이 책에서도 숫자가 등장인물 역할을 할 때가 있다. 이 때 실제 인간은 호머의 서사시에 등장하는 인물처럼 간략한 별명으로 언급되고 만다. 하지만 시행착오를 거친 끝에 사건, 사람, 행동의 관계도 TV만큼이나 흥미로울 수 있나는 사실을 발견했나.

예를 들어보자. 유가 쇼크와 이것이 경제에 미치는 영향은 다들 잘 알고 있다. OPEC은 공식적으로는 바그다드에서 출범한 것으로 되어 있지만 실은 미국 기관 중 하나인 '텍사스 철도위원회'를 추종한 남미 출신 변호사의 메모장에서 시작된 것이다. 스코틀랜드 아크나카리 성에서 3대 석유 회사가 맺은 카르텔이 그에게 영감을 주었다. 맨해튼의 마천루 29층에서 열린 회합은 OPEC의 탄생을 촉발하는 계기가 되었다. 산유국에서 흘러 들어온 엄청난 자금을 흡수한 금융 시스템을 고안한 이는 런던에 주재하고 있던 한 러시아 관료였다. 석유 회사, 변호사, 러시아 관료, 이들 모두가 은행 계좌의 가치와 집값에 관련되어 있다.

이것은 이야기의 일부에 불과하다. 그러나 이러한 관계를 상술하는데는 알려지지 않은 역사를 살펴보는 것 이외의 목적이 있다. 사라져버린 것은 자신의 운명을 지배하고 있다는 전후(戰後)의 안도감만이 아니다. 오류를 수용할 여유도 함께 사라져버린 것이다. 우리는 이제 전 세계의 경제 문제와 씨름하게 될 것이다. 하지만 우리 앞에는 위험한 문제가 도사리고 있다.

역경의 시대가 도래하면, 사람들은 무슨 일이 일어났는지 깨닫게 될까?아니면 여전히 손쉬운 해결책을 찾아다니고 있을까?

석유 위기가 일어난 지 5년이 지났지만 미국인 10명 중 4명은 미국이 석유 수입국이라는 사실을 모르고 있다. 석유 항으로 들어오는 초대형 유조선을 생각해보라. 이 유조선에 들어있는 석유를 사기 위해 매년 900억 달러가 유출되고 있다는 사실을 생각해보라. 하루가 멀다 하고 늘어서는 주유소 앞의 장사진을 생각해보라. 이것은 '전쟁의 도덕적 등가물'이다. 그런데도 절반 가까이의 사람들은 미국이 석유를 수입하고, 돈을 지출하고 있다는 사실을 깨닫지 못하고 있는 것이다.

위와 같은 갤럽 조사를 보면, 각종 통계 수치를 읽고 나서 아더 번즈를 만났을 때와 같이 헛돌고 있다는 느낌을 받게 된다.

왜 지금과 같은 상태로 되었나?

오늘날 인플레이션에 익숙해져버린 우리는 물가가 뛰어오르지 않고, 상인들이 인플레이션에 대비하여 여분의 물건을 남겨두지 않는 세상에서 산다는 것이 어떤 것인지 잊어버렸다. 1960년대 전반, 미국의 물가 상승률은 1퍼센트에서 2퍼센트 사이였다.

따라서 나의 이야기가 1928년이나 1917년, 또는 1913년까지도 거슬러 올라가기는 하지만, 출발은 1965년에서 하는 것이 좋겠다. 당시 경제는 최고의 호황을 누리고 있었고, 미국은 베트남전 개입 수위를 높이기 시작했다. 항공기, 연료, 군화를 조달하기 위해서는 돈이 필요했다. 그러나 린든 존슨 대통령은 세금 인상이라는 확실한 해법을 피해가기로 마음먹었다. 베트남전의 종군 기자였던 데이비드 핼버스탬에 따르면 존슨은 측근들에게 이렇게 말했다고 한다.

'나는 경제는 잘 모르지만 의회를 요리하는 데는 자신 있다네. '위대한 사회'를 건설할 때가 왔어. 지금이 적기야. 훌륭한 의회가 있고, 나와 같은 인물이 대통령이니 말이지. 나는 해낼 수 있어. 하지만 전쟁 비용에 대해 언급하게 된다면 위대한 사회는 이룰 수 없을 거야. 윌버 밀스(하원 세입위원회 의장 — 역자 주)는 자리에 앉아서 나에게 고개를 숙이고는 위대한 사회를 다시 내게 돌려줄 거야. 그리고 전쟁 비용은 필요한 만큼 지출하라고 말하겠지."

대통령 경제자문위원회에서 세금을 인상하라고 압력을 가하기 시작하자, 존슨은 하원 세입위원회의 핵심 멤버들을 불러들여 조언을 청했다. 하지만 존슨은 고의로 베트남전 비용을 낮게 제시했다.

이 수치를 받아든 위원들은 그에게 자문위원회로 돌아가 "의회와 협의했지만 승인을 얻지 못했다"고 말하라고 했다. 당시에는 민간 경제가 이미 활황이었기 때문에 군수 물자는 민간 물자와, 군화는 신발과, 군수 산업은 민간 산업과 경쟁을 벌여야 했다. 이로 인해 전형적인 초과 수요 인플레이션이 발생했다. 즉 상품이 부족했던 것이다.

전쟁에는 돈이 든다. 이번의 경우에는 세금을 명시적으로 부과하지는 않았다. 하지만 보이지 않는 특별 세금이 있었으니 바로 인플레이션이었다. 따라서 우리는 미지불 청구서를 손에 쥐고 베트남 전쟁을 시작한 것이다.

닉슨 대통령이 직면한 인플레이션은 지금 기준에서 보면 높은 편이 아니다. 하지만 대략 5퍼센트의 인플레이션은 베트남전 이전 기준에 비하면 두 배에 달했다. 긴축 재정과 세금 인상이라는 고전적인 해결책이 도입되었다. 경제는 불황에 빠지기 시작했다. 하지만 인플레이션은 잦아들지 않았다. 예상했던 것보다 인플레이션의 동력이 거셌던 것이다.

1971년 8월, 닉슨은 일찍이 존슨이 그랬던 것처럼 결단을 내려야 했다. 여론조사에 의하면 닉슨은 재선을 위한 가상 대결에서 에드먼드 머스키에게 뒤지고 있었다. 따라서 닉슨은 이중 전략을 채택했다. 임금과 물가 억제를 명령하는 동시에 재정 정책을 통해 경제를 활성화한 것이다. 제로 인플레이션을 말한 아더 번즈가 당시 통화 팽창 정책의 주도자였다. 이 때문에 그의 목표는 환상에 지나지 않았다고 비판하는 사람도 있다.

닉슨의 전략은 적중했다. 선거 시기에 경제는 장밋빛이었고, 법률로 억누른 물가는 비교적 안정적이었다. 하지만 선거가 끝나자, 억제 정책을 더 이상 지속할 수 없었다. 억눌렸던 물가가 다시 치솟기 시작했다. 물가 인상이 합법화되자마자 기업들이 앞다투어 가격을 올렸다. 어디에나 돈이 넘쳐나고 있었기 때문에 수요는 충분했다.

인플레이션의 요인으로, 두 대통령 존슨과 닉슨의 정치적 조치 이외에도 기후 문제와 사라진 앤초비를 들 수 있다. 가뭄으로 인해 러시아의 밀농사가 흉작이 되자 닉슨 행정부는 밀 수출을 통해 선거에서 농민들의 지지를 얻을 심산이었다. 하지만 수출량이 너무 많았다. 러시아에서 밀을 싹쓸이하는 바람에 미국 내에서 밀 쟁탈전이 벌어진 것이다.

언제나 생각지 못한 변수가 하나쯤은 있게 마련이다. 문제는 앤초비였다. 페루 해안에서 출발한 앤초비들이 어디로 향할지는 아무도 모른다. 그런데 이번에는 앤초비를 잡아먹는 고기들이 그 뒤를 따랐다. 앤초비를 잡으러 나섰던 어부들은 빈손으로 돌아와야만 했다. 그리고 생선을 가축 사료로 먹이던 유럽의 낙농업자들은 곡물 사료를 구하기 위해 미니애폴리스로 날아와 호텔 방을 예약했다. 하지만 그 때는 이미 러시아인들이 막 체크아웃을 끝낸 참이었다. 그 결과 곡물 가격이 폭등했다.

처음에는 정치적인 결정에서 비롯했으나, 이는 산업 분야의 인플레이션을 거쳐 농업 분야의 인플레이션으로 확대되었다. 우리 연구로서는 산뜻한 출발이다. 하지만 아직까지는 모두 고전적인 유형의 인플레이션이다. 즉, 돈은 충분한데 상품이 모자란 것이다. 미니애폴리스의 호텔이 곡물 상인으로 북적대고, 돈이 흘러 다니며 경기는 활황이었다. 하지만 다른 한 편에서는 OPEC이 잠을 깬 사자처럼 기지개를 켜고 있었다. 이 변화는 매우 중요하기 때문에 나중에 다시 다루게 될 것이다.

인플레이션이 그다지 나쁘지 않다면,
왜 불평을 늘어놓는 걸까?

보다시피 인플레이션은 복잡한 현상이라서 단순화해버리면 이해하기가 힘들다. 인플레이션에는 두 가지 단순한 요인이 연관되어 있다.

첫째는 물건을 살 때 돈을 더 많이 내야 하며, 그 돈을 다른 누군가가 챙긴다는 것이다. 당연한 이야기이다. 미국 경제는 이미 어느 정도는 '지수화' 되어 있다. 완벽한 지수화 상황에서는 임금, 물가, 이자 등 모든 것이 정확히 같은 비율로 상승하게 된다. 따라서 문제는 하나가 다른 것들보다 더 많이 상승할 때, 뒤처지는 쪽은 골치가 아파진다는 것이다.

둘째는 물가가 더 이상 과거처럼 오르락내리락하지 않는다는 것이다. 물가는 오로지 상승하기만 한다. 아니면 상승하다가 잠시 멈추어 상황을 살피고는 다시 상승한다.

경제학자들의 표현을 빌자면, 임금과 물가가 경기 변동에 대한 민감도를 상실한 것이다. 자동차 판매가 저조해도 자동차 가격은 떨어지지 않는다. 자동차 산업 노동자의 임금도 마찬가지이다.

앞으로 가격이 내려갈 물건이 있다고 보는가? 가격이 내릴 때까지 구매를 보류한 적이 있는가? 값이 싸지는 상품이 있긴 하다. 전자계산기, 컴퓨터 등 기술이 날로 발전하는 것들이다. 가격 인상을 느끼지 못하거나, 가격 인상에 별로 신경 쓰지 않는 것들도 있다. 토스트기, 전자시계 등이 그것이다. 그 밖에는 모두 가격이 상승하고 있다. 주택, 신발, 의료비, 교육비, 자동차, 음식, 미용, 립스틱, 심지어는 껌까지도.

경기가 부진할 때 물가는 경제 용어로 '하방 경직적'이다. 불가피한 경우가 아니면 가격이 떨어지지 않는다는 뜻이다. 하지만 경기가 살아나면 물가는 다시 풀려나 상승한다. 물가가 하방 경직적인 이유는 밝혀져 있지 않다. 한 가지 설명은 이것이 대공황 이후 우리가 누린 번영과 안정의 대가라는 것이다.

불황이 단기적일 경우, 비용을 보전해야 하는 상인들은 물가를 고수하면서 경기가 반전되기를 기다린다. 실업자들은 최대한의 이익을 얻기 위해 임금이 오를 때까지 취업을 유보한다. 하지만 대부분의 회사는 판매가 부진하다고 해서 직원을 해고하지는 않는다. 언젠가는 경기가 풀릴 것이고, 그 때 훌륭한 직원을 경쟁사에 빼앗기고 싶지는 않기 때문이다. 1930년대였다면 회사는 아무리 손해를 보더라도 물건을 팔아 치우고 노동자를 해고했을 것이며, 노동자들은 어떤 직업이든 달게 받아들였을 것이다. 하지만 그런 공포에 의해 움직이는 시대는 지났다. 그 때의 공포를 다시 겪고 싶은 사람은 아무도 없을 것이다.

과거 10년간, 인플레이션뿐 아니라 인플레이션에 대한 전망 또한 늘었다. 이러한 심리적인 요인은 경제학적 요인에 맞먹는다. 수치만을 들여다보는 경제학자들은 이렇게 말할 것이다. 상황은 그다지 나쁘지 않았다고. 하지만 우리의 생각은 그와 정반대이다. 예를 들어보자. 1960년대는 낙관론의 시대였고, 1970년대는 비관론이 팽배했다. 그렇다면 1960년대는 번창하고 있었고, 1970년대는 그렇지 않았다는 것인데, 이게 맞는 얘기인가?

1960년대가 호황이었다는 것은 사실이다. 인플레이션을 감안한 실질 소득은 30퍼센트 상승했다. 그렇다면 1970년대는 어땠을까? 실질 소득 28퍼센트 증가로 거의 같았다. 게다가 백인과 흑인, 도시와 농촌, 남성과 여성 사이에 소득이 고르게 분배되었다. 손해를 본 집단도 있었다. 예를 들어 교수와 기자의 임금은 물가 상승률에 못 미쳤다. 하지만 이것이 인플레이션 탓만은 아니다. 대학의 학생들이 감소했기 때문에 1960년대와는 달리 교직원을 줄일 수밖에 없었던 것이다. 그리고 현업에 종사하는 숫자와 맞먹는 학생들이 기자를 꿈꾸며 언론학을 공부하고 있었다. 아마도 워터게이트 사건의 영향 때문이었으리라.

인플레이션은 종종 부당한 비난을 받는다. 만약 인플레이션이 '제로'가 된다 하더라도 해결되지 않은 문제는 여전히 남아있을 것이다. 하지만 평균적으로 볼 때 소득은 고르게 분배되었다. 그런데 왜 이렇게 꺼림칙한 걸까? 로즈 장학생으로 이름을 날렸고, 현재 MIT 경제학과에 재직하고 있는 레스터 서로우(Lester C. Thurow) 교수는 두 가지 이유를 제시했다.

첫째 이유는 '화폐의 환상'이다. 1970년대 명목 임금은 134퍼센트 인상되었지만, 인플레이션을 감안한 실질 임금은 28퍼센트 인상에 그쳤다는 것이다. 말하자면 134달러를 더 받자마자 106달러가 허공으로 날아가 버린 셈이다. 이 돈을 도둑맞았다는 느낌이 들 수밖에 없다. 사람들은 임금 인상의 대부분이 인플레이션 때문이었다는 것을 고려하지 않는 것이다.

둘째 이유는 미국인들의 청교도적 사고방식이다. 손에 들어온 것은 모두 자신의 소득이라고 생각하기 때문에, 자신이 134달러를 받을 만한 가치가 있는 사람이라고 여기게 된다. 134달러 전부 다 자신이 가져야 마땅한 돈인데 보이지 않는 손이 그것을 가져가 버린다는 것이다.

활기차고 열정적인 MIT 경제학과 로버트 솔로(Robert M. Solow) 교수는 또 다른 이유를 제시했다. 그것은 동일한 상품을 만들기 위해 이전보다 더 많이 일해야 한다는 것이다. 2차 세계대전이 끝나고 30년이 지났지만 생산성은 나날이 증가되었고, 삶의 질도 따라서 향상되었다. 동일한 상품을 만들기 위한 시간당 노동의 양은 갈수록 줄어들었다.

하지만 생산성이 정체되기 시작했다. 이것은 아무도 열심히 일하려 들지 않기 때문일까? 아니면 미국인들의 능력이 사라져버린 걸까? 그것도 아니라면 너무나 많은 돈이 정부의 규제를 받아 생산성이 낮아졌기 때문일까?

솔로우 교수는 이 모두를 인정한다. 미국인들은 이전보다 더 많은 규제를 받고 있으며, 환경 비용을 더 지불해야 하고, 기술 발전 속도는 느려졌다. 하지만 통계 수치가 알려주는 것은 노동 인구가 팽창했다는 사실이다. 베이비붐 세대인 젊은 노동자와 함께 노년층과 주부들까지 취업 전선에 뛰어들었다. 신규 노동자가 생산성을 가지기 위해서는 시간이 필요하다. 그런데 신규 설비에 대한 투자 속도는 노동 인구의 팽창 속도를 항상 앞질렀다. 게다가 신규 설비는 노동 생산성을 증대시킨다.

이것은 좋은 소식이다. 경험을 쌓아가면서 노동자의 생산성은 더 증대될 것이기 때문이다. 또한 신규 설비를 주문하는 기업들에 세금 혜택을 줄 수도 있다. 세법은 보다 정교하게 될 것이다. 우리가 환상에서 벗어나고 생산성이 증가한다면, 국가적인 분위기도 한결 나아질 것이다.

지금까지 페이퍼 머니의 이야기에 등장하는 요소들을 매우 간략하게 살펴보았다. 임금, 물가, 하방 경직성, 화폐의 환상과 같은 요소들을 다시 언급하지는 않을 것이다. '화폐의 환상'이란 돈은 많아지는데 만족은 줄어들 때 느끼는 공허함을 뜻한다. 이 책에는 인플레이션의 주범으로 몰리고 있는 두 가지 요인이 더 등장한다. 이 용어들을 이전에 접해보지 않았다면 매우 추상적으로 들릴 것이다.

첫째는 연방의 재정 적자다. 즉, 정부가 벌어들이는 것보다 더 많은 돈을 지출하고 있다는 것이다. 이로 인해 인플레이션이 발생하는 과정을 살펴보자. 정부가 지출하는 만큼의 돈을 거둬들이지 못하면, 시장으로 나가서 나머지를 빌려야 한다. 시장에는 공장이나 주택을 새로 짓기 위해 돈을 빌리려는 민간 채무자들이 자리를 잡고 있다. 정부와 이들 대출 희망자 사이의 경쟁이 격화될 경우 이자율이 상승하게 된다. 그리고 이자율은 기업의 비용을 증가시킨다. 하지만 더 심하게 말하는 사람들도 있다. 정부 예산이 균형을 이루기만 하면 모든 문제가 해결되리라는 것이다.

하지만 고개를 끄덕이기 전에 살펴보자. 연방 정부는 이 돈으로 과연 무슨 일을 하는가. 연방 정부가 대출한 돈을 주 정부나 시에 지급한다면 어떻겠는가? 연방 정부가 적자이더라도 미국 전체로 볼 때는 흑자인 경우가 있다. 따라서 연방 정부, 주 정부, 지방 정부를 모두 함께 고려해야 한다. 그러면 적자가 반드시 인플레이션을 일으키지는 않는다는 것을 알 수 있다.

정부가 적자를 내서는 안 된다는 것은 분명하다. 인플레이션이 발생하면 가장 먼저 이익을 보는 쪽은 바로 정부이기 때문이다. 정부는 예금자들에게 빌린 돈을 더 싼 값으로 상환할 수 있다. 정부가 통화를 신뢰하지 않는다면 누가 그러겠는가? 정부는 점점 더 많은 돈을 빌리려 들고, 대출자들은 더 이상 대출해주지 않으려 들 것이다. 정부와 예산이 문제인 것은 맞다. 하지만 문제는 이것만이 아니다.

일부 사람들에게서 인플레이션을 일으킨다는 비난을 받고 있는 둘째 요인도 마찬가지로 정부에 속해 있다. 바로 연방준비제도이사회다. '일부 사람들'이란 통화주의자를 말한다. 이들은 통화 하나만 가지고도 여러 가지 일을 해내는 사람들이다. 예를 들어, 이들은 연방준비제도이사회가 예측 가능한 낮은 금리로 통화를 공급하면 다들 뒤따를 것이라 이야기한다. 통화 공급이 상품과 서비스 생산을 앞지를 때 인플레이션이 발생한다는 것은 분명한 사실이다.

연방준비제도이사회는 자신들의 임무가 통화 공급을 조절하여 성장률을 낮추는 것이라고 말한다. 그러나 통화 공급에 대한 두 가지 수치가 엄연히 도표로 나와 있다. 이를 보면 지난 5년간 통화 공급이 축소되었는 데도 인플레이션은 오히려 증가하고 있다. 따라서 통화 공급만으로는 인플레이션을 일으키지 않는다. 에너지와 마찬가지로 통화 공급 또한 열띤 논쟁거리가 되고 있다. 이 주제를 다룬 책이 이미 많이 출판되어 있나.

우리가 살고 있는 세상이 상호의존적이라는 사실로 볼 때 이들 요소는 적어도 이론상으로는 국가의 통제 하에 있다. 임금, 물가, 생산성, 하방 경직성, 연방 예산, 통화 공급이 그것이다. 앞에서 인플레이션에 대한 이야기는 단순화시키면 이해하기 어렵다고 했다. 또한 지금까지는 국내의 요인들만 언급했을 뿐이다.

이제 화폐를 따라 해외로 나가보도록 하겠다. 이 책은 경제학에 국한되지 않는다. 정치, 국제 정세, 나아가서는 전 세계를 넘나들고 있다. 이런 상황에서는 요인들을 통제하기가 훨씬 힘들어진다. 아예 통제할 엄두를 낼 수 없는 것들도 많다. 그러니 OPEC의 실체를 이해하고, 에너지의 경제적 의미와 오일 달러의 재순환을 파악하는 것은 시급한 일이다. 백악관에 전화를 걸어 "당장 해결하시오"라고 말할 수는 없지 않는가. 이들 '해외'의 문제는 대처하는데 시간이 더 많이 걸린다. 이미 우리는 많은 시간을 까먹었다.

한 가지 방법을 생각해보자. 방금 살펴본 바로는 우리의 기분이 엉망일 때라도 데이터는 정반대 얘기를 할 수 있는 것이다. 경제학의 유

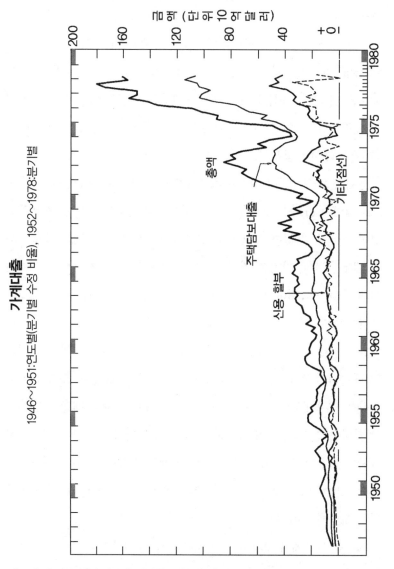

가계대출

1946~1951:연도별(분기별 수정 비율), 1952~1978:분기별

비율 (단위 연평균 달러)

- 총액
- 주택담보대출
- 신용 할부
- 기타(점선)

이 그래프는 1970년대 미국인들의 대출 유형 변화를 나타낸 것이다. 연방준비제도이사회에서 제공한 이 그래프는 가로 방향으로 되어 있다. 그래프는 과거 10년에 비해 부채가 얼마나 폭증했는가를 보여준다. 미국인들이 이 경향을 주도한 것은 아니다. 이들은 경향을 따랐을 뿐이다. 하지만 '선조의 미덕은 사라졌다. 저축하지 말고 대출하라'가 모든 이들의 신조가 되었다. 이 놀라운 장면이 뜻하는 바는 다음 장에서 다시 등장한다.

용성은 이런 경우에 빛을 발한다. 경제학은 '일화(逸話)적인 증거' 또는 '상식'을 검증하는 학문이다. 거대 정부의 지출이 인플레이션을 일으키는가? 독일 정부는 국가 지출 비율이 미국보다 높지만 물가 상승률은 더 낮다. 통화 공급이 인플레이션의 원인인가? 스위스와 독일의 통화 공급은 미국보다 더 빠른 속도로 증가했지만 물가 상승률은 더 낮다. 다시 복잡성으로 돌아갈 수밖에 없다.

문제를 단순화해버리면 이해하기가 어려워진다. 우리는 무의식적으로 30초짜리 광고를 해결책으로 여기는데 익숙해져 있다. 거부하고 싶어도 어쩔 수 없다. 연애하고 싶은가? 이를 닦고 하얗게 만들라. 30초 내로 사랑이 찾아올 것이다. 노화, 가족애, 사랑, 안전. 30초 안에 이 모두를 이야기하고 해결책을 주는 것, 이것을 우리는 광고라고 부른다. 마찬가지로 단순화 또한 도움이 안 된다.

앞에서 나는 경제학의 유용성에 대해 이야기했다. 두 명의 총명하고 매력적인 교수 서로우와 솔로의 주장도 들어보았다. 하지만 이제 정반대 입장에 서려고 한다. 즉 경제학자들은 문제를 해결하지 못하고 있다는 것이다. 우리는 가운을 차려 입은 의사에게 찾아가듯 경제학자에게 찾아간다. 물가에 어떤 일이 생기고 있는 겁니까? 인플레이션에 어떻게 대처해야 할까요? 노조는 옳지 않은 일입니까? 에너지 문제를 어떻게 해야 하나요?

그러면 사방에서 갖가지 대답이 쏟아진다. 내가 만난 경제학자들은 누구나 나름의 해답을 지니고 있었다. 많은 경제학자들이 나에게 시간을 할애해 주었다. 미발표 논문을 읽으라고 주기도 하고, 이 책의 초고를 읽고 조언을 하기도 했으며, 따로 시간을 내어 토론을 하기도 했다. 이 모두가 너그러움에서 비롯한 것이며, 선함과 진실함을 위한 것이었다. 그래서 나에게 호의를 베푼 그 손을 부드럽게 꼬집어주고자 한다. 이 역시 선함과 진실함을 위한 것이기에.

내가 이렇게 하는 이유는 우리가 늘상 경제학자를 불러대기 때문이다. 대통령이든 수상이든 잡지든 간에 경제학자에게 조언을 청한다. 경제학자는 어느새 권위자가 되어버렸다. 경제학자들이 필요한 존재이기는 하다. 하지만 불과 10년에서 15년 전까지만 해도 그들에게서 기대할 수 있던 확실성을 이제는 바랄 수 없게 되었다.

PAPER

MONEY

Chapter

0 2

더 이상 경제학자에게
도움을 청하지 않는 이유

윌 로저스의 해답

영어에서 '경제학(economics)' 이란 단어는 두 개의 그리스어, 즉 '가계' 를 뜻하는 '오이코스(oikos)' 와 '관리, 정리, 통제' 를 뜻하는 '노미아(nomia)' 에서 유래한 것이다. 따라서 경제학이란 '가계 관리' 라고 말할 수 있다.

사전에는 '경제학' 이란 '재화의 생산과 분배, 상품과 서비스의 소비에 대한 과학' 이라고 나와 있지만, 나는 '가계 관리' 쪽이 더 마음에 든다. 왜냐하면 사전에서 뭐라 하든 경제학은 절대 과학이 아니기 때문이다.

경제학이 완전한 과학이라면 우리는 경제학자를 불러 문제를 내주고는 며칠 내로 해답을 가져오라고 할 수 있을 것이다. 제임스 브라이언트 코넌트(James Bryant Conant)가 저서 〈과학의 이해 On Understanding Science〉에서 말했듯 실험 과학은 관찰에 바탕을 두고 있으며, 이 관찰을 사용하는 실험에 기반한다. 또한 토대가 참이라면 언제, 어디서, 누가 실험을 하든 재현할 수 있어야 한다. '개념 도식'이란 연관된 실험들을 묶은 것으로, 보다 진전된 실험을 가능하게 한다. 과학은 이런 식으로 발전하는 것이다. 이것은 시간과는 관계가 없다. 오늘 서로 잡아당기는 자석은 내일도 여전히 잡아당기는 것이다.

그러나 경제학은 이처럼 딱 떨어지는 학문이 아니다. 올해의 조세와 내년의 조세가 서로 다른 결과를 낳을 수 있다. 게다가 관찰 그 자체도 자석이 압정을 잡아당기는 장면을 직접 보는 것만큼의 신뢰를 얻지는 못하는 것이다.

순수과학자가 경제학자보다 유리한 점이 하나 있다. 연구실에서 실험 요소를 통제할 수 있다는 것이다. 반면 경제학자는 사람의 행동을 관찰해야 하는데, 사람이란 도무지 자석이나 모르모트처럼 일관성 있게 행동하는 법이 없다. 또한 이들은 옛날 이야기에 나오는 왕자처럼 변장을 하고 사람들 속에 섞여 민심을 살피지도 않는다. 그 대신 정부 기관에 전화를 걸어 자료를 얻는다.

"우리가 정확하게 알고 있는 경제 현상은 거의 없다."

옥스포드 대학 교수이자 노벨상 수상자인 존 힉스(John Richard Hicks)는 〈경제학의 인과 관계 Causality in Economics〉라는 저서에서 계속하여 이렇게 말하고 있다.

"… 경제학에서 그토록 중시하는 거시적 수치들은 오류와 모호성을 지니고 있다. 이는 대부분의 자연과학에서 허용하는 한계를 훨씬 넘어선 것이다. 확실한 근거가 있다고 볼 수 있는 경제 법칙은 찾아보기가 힘들다."

우리가 경제학자에게 해답을 요청하는 것은 당연한 일이지만 사방에서 갖가지 대답이 쏟아져 들어오는 것은 당혹스러운 일이다. 코미디계의 대부 윌 로저스(Will Rogers)가 말했다.

"경제학자란 무슨 말이든 해줄 수 있는 사람입니다. 모든 주어진 조건 하에서 무슨 일이 일어날지 말해줄 것입니다. 그런데 알고 보면 누구나 할 수 있는 얘기죠."

여기에서 두 가지를 지적해야겠다. 나중에 이야기할 둘째는 전략적인 측면으로, 대이론의 종언에 대한 것이다. 첫째는 전술적인 측면으로, 다음의 짧은 일화를 통해 설명할 수 있다.

자네는 외생 변수만 들이댄단 말이야

아더라는 친구가 있다. 환한 미소뿐만 아니라 아내와 두 자녀, 스키 세트 두 벌 외에도 경제학적으로 볼 때 이상적인 객관적 배경을 가지고 있다. 사실 아더가 수학을 좋아하게 된 것은 대학 2학년 때부터였다. 수학 시험 시간에 왜 사람들이 연필을 질겅질겅 씹어대는지가 그에게는 미스터리였다. 그에게 수학은 TV를 보는 것만큼이나 손쉬운 일이었다.

하지만 졸업 때까지 최고 점수를 받았을망정, 그를 결코 진지하고 창의적인 수학자라고 할 수는 없었다. 수영 선수와 마찬가지로 위대한 수학자도 젊은 나이에 빛을 발한다. 16세에 '페르마의 마지막 정리'를 풀었다면 26세에는 교단에 서는 것이 보통이다. 그 때쯤이면 재능이 소진되었을 것이기 때문이다.

18세 때 아더는 자신이 그런 수학자가 될 수 없다는 것을 깨달았다.

그래서 이 학과, 저 학과를 기웃거리다가 경제학에 둥지를 틀게 된 것이다. 아더에게는 대학 1학년 수업이 가장 힘들었다. 영문학 시간이었는데 조셉 콘래드의 소설 〈암흑의 핵심 Heart of Darkness〉과 〈비밀요원 The Secret Agent〉을 읽고 보고서를 쓰는 것이 과제였다. 그에게는 정말 끔찍한 시간이었다. 아더는 그 보고서를 끝마치고서, 다시는 이런 일을 하지 않아도 되어서 다행이라고 말했다.

경제학 수업을 맡은 대학원생들은 경제학 분야의 수학이자 통계학이라 할 수 있는 계량 경제학에 강했다. 아더는 이 분야에 천부적인 재능을 보였다. 아더는 박사 학위를 받은 후 교수직을 생각하기도 했다. 그런데 그의 교수 중에 기업의 컨설턴트 일을 맡고 있는 사람이 있었다. 그 기업은 전체 경제에 대한 컴퓨터 모델을 만들어 판매하는 곳이었다. 그곳에서 꽤 높은 급여를 제안 받은 아더는 졸업 후 바로 취직을 했고, 지금까지 만족스럽게 일하고 있다.

나는 아더를 방문한 적이 여러 차례 있다. 우리는 그의 컴퓨터 앞에 앉아서 얘기를 나누곤 했다. 그는 재킷 밖으로 소매를 드러낸 채, 오르간의 거장 파워 빅스(Power Biggs)를 연상시키는 손놀림으로 컴퓨터 키보드를 두드리고 있었다. 그의 컴퓨터는 타자기와 같은 '쿼티' 배열을 하고 있었다. 단지 질문을 입력할 때 별도의 키를 여러 개 눌러야 한다는 점이 달랐다.

나는 중동에서 막 돌아왔을 때, 유가가 배럴당 15달러, 아니 20달러까지 올라가지 않을까 우려했던 적이 있다.

"유가가 배럴당 15달러가 되면 물가 상승률이 얼마나 될지 알아봐 주게."

내가 이렇게 말하자 아더는 키보드를 열심히 두드리기 시작했다. 컴퓨터가 추가 정보를 요구하거나 처음부터 다시 하라고 요구하지만 않는다면, 모니터 화면 위에 해답이 표시된다.

"웬걸." 아더가 말했다. "다른 조건이 모두 같을 경우 인플레이션은 9퍼센트라네."

"그러면 주택담보대출의 금리는 어떻게 되겠나?"

내가 다시 물었다.

딸가닥 하는 키보드 소리.

"10퍼센트라?" 아더가 머리를 갸우뚱했다. "너무 높은걸. 이럴 리가 없어. 주택 건설에 대한 가정을 추가해봐야겠군."

딸가닥 딸가닥, 또 딸가닥 딸가닥.

그 후에도 수년 간 정기적으로 아더를 방문했지만 그가 알려준 정보에 따라 행동한 적은 한 번도 없었다. 예를 들어 1973년 아더의 회사에서 예측한 물가 상승률은 큰 폭의 오차를 냈다. 아더가 말했다.

"어쨌든 대통령 경제자문위원회보다는 나았잖아."

이 기관은 대통령이 지명한 위원들로 이루어져 있으며, 워싱턴에 소재하고 있다.

"그들은 인플레이션이 2.5퍼센트는 떨어질 거라고 예상했거든."

그 말은 사실이었다. 아더의 회사는 적어도 그들보다는 나았다.

방정식과 같이 깔끔하고 체계적으로 문제를 해결하기 위해서는 가정을 세워야 한다. 여기에는 'x는 미지수'라거나 'y는 합계'라는 식의 아주 단순한 가정도 포함된다.

저녁 식사 자리에서 경제학자들이 써먹는 농담 중에 이런 것이 있다. 세 사람이 무인도에 표류하게 되었는데, 그들에게는 커다란 참치 통조림 하나밖에 없었다. 참치는 깡통 속에 들어 있었고, 그들은 굶주 리고 있었다. 첫째 사람은 의사인데, 뜨거운 불을 피워 깡통을 녹이자 고 했다. 둘째 사람은 공학자인데, 정교한 새총으로 깡통을 바위에 부 딪히게 해서 구멍을 내자고 했다. 셋째 사람은 경제학자였다. 물론 그 는 해답을 알고 있었다. 그가 말했다. "깡통 따개가 있다고 가정해보 자." 그리고 그는 자신의 이론을 전개하기 시작했다.

아더의 회사는 온갖 종류의 가정을 세우고 평가를 수행하고 있었 다. 어쨌든 이로 인해 회사가 타격을 입은 적은 한 번도 없었다. 기업 과 정부 기관에서는 정확성을 추구하는데, 그의 회사 컴퓨터는 매우 정확했기 때문이다. 물론 가끔 틀리는 경우가 없지는 않았다. 처리 과 정에 오류가 발생하면 모니터 화면에 '에러(ERROR)'라는 표시가 뜬 다. 하지만 계산 결과가 실제 바깥 세상에 들어맞지 않을 때에는 그냥 넘어간다.

당시 나의 관심거리는 중동 문제였다. 유가가 빠른 속도로 상승하 면 우리는 불황에 빠질 것이다. 산유국들이 석유 판매 금액을 생산적 인 분야에 재투자하지 않는다면, 석유를 사기 위해 빠져나간 돈을 연 방준비은행이 메워주지 않는다면, 석유 값 상승으로 인해 생산량 증 가가 멈춘다면, 가진 돈을 석유 수입에 다 써버린 미국은 불황에 빠지 게 될 것이다. 여러분이 익히 알고 있는 시나리오이다. 그래서 나는 사 우디아라비아에 대해, 할리드 국왕에 대해, 그리고 유전 동부 지역의 시아파에 대해 얘기를 나누곤 했던 것이다.

아더에게 내 이야기는 콩고에서 목격한 사건을 다룬 콘래드의 소설

'측량할 수 없는' 〈어둠의 심연〉처럼 들렸을 것이다. 이란의 혁명 세력들이 왕정을 타도했고, 유가는 두 배로 뛰었으며, 금값은 최고치를 경신할 참이었다. 나는 그 대단한 아더의 회사가 만든 모델이 얼마나 터무니없는지 불평을 늘어놓았다. 도대체 내가 원하는 결과는 하나도 내놓지를 않았기 때문이다. 결국 아더는 화를 내고 말았다.

"자네는 외생 변수만 들이댄단 말이야!"

그는 소리를 버럭 질렀다. '경제학(economics)'과 마찬가지로 '외생(exogenous)' 또한 '바깥, 바깥에서 들어온'을 뜻하는 그리스어 '엑소(exo)'에서 파생된 단어이다.

"호메이니가 등장할 줄 누가 알았겠나?" 아더가 말했다. "러시아의 밀 농사가 흉작이 될 줄 누가 알았겠냐고? 사우디 동부 지역에 누가 살든 무슨 상관이람?"

"하지만 삶 자체가 외생 변수 아닌가." 내가 말했다.

나는 해답을 간절히 원했다. 호메이니 한 사람으로 인해 이 짧은 시간에 유가가 상승하고, 화물차는 파업을 일으키며, 항공사는 부도의 공포에 떨고, 국방 예산이 증액되며, 일본이 미국을 제치고 이란산 석유의 새로운 구매자로 등장했는데 또 다른 미치광이 이슬람 성직자가 어디에선가 카세트 테이프에 코란을 녹음하고 있다면 대체 어떤 일이 일어날까? 산유국의 성질 급한 장교가 9밀리 총탄으로 수상을 암살하라는 알라신의 음성을 듣는다면 어떤 일이 일어날까? 나는 정말 궁금했다.

하지만 아더는 두 손 들고 말았다. 그 때 불현듯 경제학의 문제 한 가지가 머리에 떠올랐다. 아더는 총명했다. 하지만 그는 구두약 한 통을 팔아본 적도, 목재를 사본 적도 없으며, 누구를 고용해본 적도, 해고해본 적도 없다. 심지어는 예금계좌에 대해 신경 쓴 적도 없다. 그는 경제학 말고는 아무 것도 해본 적이 없는 인물이다. 자신의 분야에서라면 확률 평형 주위에서 보조정리를 가지고 놀 수도 있었고, 다중 회귀분석을 해낼 수도 있었으며, 방정식을 휘파람으로 불 수도 있었다. 말썽은 이 농담에서 출발했다.

"깡통 따개가 있다고 가정해보자."

아더의 회사 내부 아주 깊숙한 곳에서는 컴퓨터라고 하는 아주 작은 인간에게 가정을 대입하고 있었다. 이 작은 인간이 지출을 할까? 이 작은 인간이 저축을 할까? 이 작은 인간의 무릎을 두드리면 다리가 움찔하겠지. 간지럽히면 웃음을 터뜨리겠지.

하지만 방대한 컴퓨터 모델링을 수행한 것은 경제학자였다. 당신이 질문을 하면 그는 조그만 노란색 종이를 꺼내고는 이렇게 묻는다.

"비용은 얼마이고, 이윤은 얼마입니까?"

그리고는 매우 침착하고 이성적으로 각각의 항목을 구분하여 기입한다. 그는 부인에게 재떨이를 던지려다 창문을 깨뜨려서 새 창문 값으로 GNP 증가에 이바지하는 일 따위는 결코 하지 않는다. 공포, 탐욕, 패닉, 감정, 민족주의, 광신, 이슬람 성직자, 시아파, 중동의 사악한 장교는 그의 세계에 존재하지 않는다.

나는 모델링의 한계에 대해 주절주절 불평을 늘어놓고자 하는 것이 아니다. 이것은 모델링을 사용하는 사람들, 즉 최선의 해결책을 얻고자 하는 사람들에게는 중요한 문제이다. 계량경제학 모델과 탄력성으로 알려진 가변 관계의 권위자인 하버드의 헨드릭 하우태커(Hendrik

Houthakker)와 같은 명망 있는 인물이 천착하고 있는 주제이기도 하다.

나의 또 다른 친구인 프린스턴 대학의 제프리 왓슨(Geoffrey Watson)은 몇 해 전 제임스 더빈(James Durbin)과 함께 방정식을 하나 유도해 이 분야에서 이름을 날렸다. 더빈-왓슨 방정식은 복잡한 컴퓨터 모델의 바탕이 되는 수학식을 검증하는 방법 중 하나이다. 제프리는 말한다.

"수학의 위력이 이렇듯 대단하기 때문에 사람들은 자신의 직관적인 판단을 유보할 때도 있다네. 옥스포드와 케임브리지에서 '정치경제학'이라 불린 학문은 이제 한물갔어. 케임브리지에 있을 때 리처드 스턴이라는 뛰어난 경제학 교수가 있었는데, 고전 경제학을 전공했더군."

논쟁의 여지가 있기는 하지만, 경제학자 하면 스미스 학파와 리카도 학파의 두 부류로 나누어지던 때가 있었다. 스미스는 내가 아니라 1723년에 태어난 애덤 스미스(Adam Smith)이며, 리카도는 그의 계승자인 데이비드 리카도(David Ricardo)를 말한다.

스미스 학파와 리카도 학파 둘 다 인간 행동에 관심이 있었으며, 부를 생산, 유지, 분배하는 제도를 연구했다. 스미스 학파는 관찰에 중점을 둔 반면, 리카도 학파는 대수학과 그 밖의 수학 언어를 통해 보편적이고 논리적인 원리를 탐구했다. 스미스 학파는 설명해야 할 사실들을 찾아다녔고, 리카도 학파는 설명을 가능하게 하는 원리를 추구했다.

비교적 최근까지도 경제학자들은 두 가지 언어 모두를 사용할 수 있었다. 세밀한 서면 분석을 통해 인간 행동을 설명할 수도 있었고, 수학적이고 추상적인 방식으로 지배 원리를 논증할 수도 있었다.

하지만 오늘날 리카도 학파는 호응을 얻고 있는 반면, 스미스 학파는 인기가 없다. 영어 문장을 잘 구사하는 경제학자는 '문학적' 이라는 경멸적인 딱지가 붙을 위험을 감수해야 한다. 내가 알기로 이런 학자가 여덟 명 정도 남아있을 것이다.

리카도 학파는 완벽한 방정식의 아름다움을 찬양한다. 그들에게 최고의 찬사는 '엄격' 하고 '과학적' 이라고 불러주는 것이다. 문제의 범위가 충분히 좁아지고 수치가 상당히 분리되었을 때는 리카도 학파의 수학적 기술이 먹혀들었다. 항공 산업은 규제 완화를 주장한 정부측 경제학자들의 시나리오대로 풀려갔다.

하지만 실세계는 컴퓨터 안에 들어있는 조그만 경제학자가 행동하는 대로 돌아가지 않는 경우가 다반사이다. 1970년대 내내 경제학자들은 OPEC의 영향을 간과했다. 이는 그들이 OPEC을 수학적으로 기술하는 바람에, 이들을 합리적이며 자신들과 마찬가지로 이윤 극대화를 추구하는 집단인 것으로 착각했기 때문이다.

경제학자들은 아랍어로 '공동체' 를 뜻하는 '아시바야' 란 단어의 의미를 알지 못했으며, 지난 역사에 대한 제3세계 국가들의 분노와 중동의 라이벌 관계, 서구인들의 근시안적 사고도 이해하지 못했다. 쉽게 계량화할 수 있는 데이터보다는 이들이 훨씬 중요한 요소였는데도 말이다.

몇 년 전, 사회학자이자 여론조사 전문가인 다니엘 양켈로비치(Daniel Yankelovich)는 자신이 '맥나라마 오류' 라고 이름 붙인 절차에 대해 설명해주었다. 이것은 베트남전 계량화에 애쓴 국방장관의 이름에서 딴 것이다.

"1단계는 쉽게 측정할 수 있는 것을 측정하는 것입니다. 2단계는 측정할 수 없는 것을 무시해버리거나 임의의 값을 대입하는 것입니다. 이런 조작은 사람들을 오도하게 됩니다. 3단계는 쉽게 측정할 수 없는 것들은 중요하지 않다고 가정해버리는 것입니다. 스스로 자신의 눈을 가리는 것이지요. 4단계는 쉽게 측정할 수 없는 것은 아예 존재하지 않는다고 말하는 것입니다."

철학자 화이트헤드는 이런 경향을 '잘못 놓인 구체성의 오류'라고 불렀다.

아메리칸 인디언 호피 족의 언어는 우리가 '시간'이라고 부르는 것, 즉 과거, 현재, 미래를 가리키는 단어도, 문법도, 구문도, 표현도 가지고 있지 않다. 시간에 기반을 둔 전체 구조, 즉 임금, 임대, 신용, 이자, 감가상각, 보험 등은 호피 어로 표현할 수 없으며, 그들의 세계관 속에는 존재하지 않는다. 또한 에스키모인들이 주로 쓰는 언어에는 눈을 가리키는 단어가 27개나 있다. 이들이 각각 다른 뉘앙스의 질감, 용도, 지속 시간을 뜻하기 때문에 에스키모인들은 눈에 대해 우리보다 훨씬 풍부한 대화를 나눌 수 있다.

우주, 또는 실재의 이미지는 언어마다 다르다. 대통령이나 수상들이 하듯 우리가 도움을 청하는 경제학자들은 이 세계 속에 존재하는 특정 세계의 언어를 사용한다. 호피 족이 시간, 신용, 임금, 임대가 없는 세계의 언어로 말하듯이. 수학의 냉정하고, 산뜻하고, 우아한 세계에서는 무디고 모호한 영어와는 다른 실재를 보게 된다.

시인들은 의사소통을 위해서는 단어의 의미뿐 아니라 발음이 새기 쉬운 치찰음과 언어의 마지막 한 조각까지도 사용해야 한다는 것을 알고 있다. 그들은 삶이 외생 변수를 쏟아낸다는 사실을 알고 있다.

나는 프린스턴 대학 경제학과 자문위원회에다 시인들을 몇 명 채용하자고 조언할 계획이었다. 위원회는 나의 제안을 분명 농담으로 받아들일 것이다. 나 자신도 이것이 대단한 생각이라는 확신은 없다. 하지만 이것이 올바른 방향이라는 것은 알고 있다.

나는 벤자민 워프(Benjamin Whorf)의 고전 〈언어, 사상, 실재 Language, Thought, and Reality〉를 아더에게 보냈다. 호피 족의 사례는 이 책에서 인용한 것이다. 하지만 그에게서는 아직까지 아무런 반응이 없다. 〈어둠의 심연〉이 떠올라서 그런 걸까. 아니면 너무 바빴던지.

대이론의 종언

리카도 학파의 부상은 스미스와 리카도를 합친 것만큼이나 위대한 인물의 대단한 저작물에서 비롯되었다. 그것은 존 메이나드 케인즈(John Maynard Keynes)의 〈고용, 이자 및 화폐의 일반 이론 The General Theory of Employment, Interest and Money〉이다. 프로이트 이후 우리가 꿈과 무의식을 다른 식으로 바라보게 되었듯, 케인즈 이후 우리는 경제학에 대해 새로운 시각을 갖게 되었다. 그의 책은 우리가 세상을 바라보는 방식뿐 아니라 세상을 지배하는 방식도 바꾸어놓았다.

케인즈의 문장 구사력은 훌륭했다. 그가 1920년대에 런던 신문에 기고한 논쟁적인 글들은 한결같이 명문장이다. 케임브리지 대학의 교수였던 그는 〈일반 이론〉의 초고를 케임브리지 대학의 경제학자들에게 돌렸다. 그 중에는 '승수'의 개념을 발전시켜 명성을 얻은 R. F. 칸도 있었다. 승수의 개념을 여기에서 설명할 필요는 없을 것이다. 승수는 〈일반 이론〉에서 중요한 위치를 차지했다. 케인즈가 자신의 주장을 펴기 위한 분석 도구로 쓴 것이다. 칸은 승수의 개념뿐 아니라 여러 가지 공식도 제공했다. 케인즈와 칸이 나눈 서신에는 시장의 자동 조절 기능을 공격할 때 더 정교한 증명을 사용하라고 칸이 권유했다는 내용도 있다.

〈일반 이론〉에는 유려한 문체로 쓰인 부분도 일부 있지만, 대개는 극도로 복잡하고 함축적이어서 전문가가 아니면 이해하기 어렵다. 그의 방정식은 최대한의 성과를 내기 위해서는 정부 정책이 어떻게 변화해야 하는가를 증명했다. 스미스 학파 식으로 몇 문장을 썼다가, 그만큼의 작업을 리카도 학파 식으로도 한다. 이것은 강단 경제학의 스타일이 되었다.

케인즈는 다방면에 특출한 재능이 있었다. 빅토리아 시대 명문 가정에서 태어난 케인즈는 편집인, 기자, 농부, 공무원, 사업가, 기업 이사, 교사, 거기에다 20세기의 가장 위대한 경제학자가 되었다. 그는 발레리나와 결혼했으며 발레단을 운영했다. 그는 주식 투자로 성공을 거두었고, 보험 회사의 사장과 여러 기업의 이사를 역임했다. 임종 때에 가장 후회되는 것이 무엇이냐는 질문을 받은 케인즈는 샴페인을 더 마시지 못한 것이 한이라고 대답했다.

케인즈는 빅토리아 시대의 낙관주의 속에서 자랐으며, 인간은 자신이 처한 상황의 문제를 이성을 통해 해결할 수 있다고 확신했다. 케인즈와 같이 이튼 스쿨과 케임브리지 대학에서 교육받은 지성이라면 두말할 필요도 없다. 대공황이 한창일 때 케인즈는 이렇게 말했다.

"아무 것도 필요 없고, 아무 것도 소용이 없다. 약간의, 아주 약간의 명석한 사고만 있으면 된다."

문제의 원인이 기근이나, 지진이나, 전쟁이나, 자원 부족이 아니라 "이미 우리에게 있는 자원과 기술적 방법을 활용하는데 필요한 정신의 비물질적 장치, 결단과 행동으로 이끄는 동기의 이상"이라면, 사람이 절망하고, 게을러지고, 굶주릴 하등의 이유가 없는 것이다.

이렇듯 〈일반 이론〉은 신념과 희망을 심어주었다. 대공황은 제넘하고 받아들여야 하는 기근이나 자연 재해와 분명히 달랐다. 공공 정책을 동원하면 성과를 거둘 수 있었던 것이다. 침체된 경제는 점화 플러그가 빠진 자동차와 같았다. 공황을 끝낼 수만 있다면 정부는 무슨 수를 써서라도 그렇게 할 의무가 있는 것이었다.

대공황이 가져다준 절망감을 오늘날 이해하기는 힘들다. 하지만 1936년 〈일반 이론〉의 출판 이전에도 정부 지출은 존재하고 있었다. 독일은 재무장을 통해 총고용을 산출했으며, 미국에서는 프랭클린 루스벨트가 임기응변식으로 대응하고 있었다(루스벨트의 참모 중에는 케인즈의 저서를 읽은 사람이 있었지만, 그 자신은 읽지 않았다. 루스벨트는 케인즈를 만난 후 프랜시스 퍼킨스에게 이렇게 말했다. "자네 친구 케인즈를 만났다네. 온통 숫자만을 늘어놓더군. 그는 정치경제학자가 아니라 수학자임에 틀림없어.").

케인즈는 엄청난 반향을 불러일으켰다. 이후에 그는 자신의 엘리트 그룹에 대해 이렇게 말했다.

"우리는 질서의 선구자였습니다. 우리는 두려울 게 하나도 없었습니다."

케인즈 학파의 승리로 인해 강단 경제학자들은 성직자의 요소를 모두 갖추게 되었다. '성서'와 '교리'를 갖게 된 것이다. 성서는 대속(代贖)을 베풀었지만 평민들이 쉽게 읽거나 해석할 수는 없었다. 그런 이유로 성직자 계급이 필요하게 되었다.

하버드 대학의 교수들은 강의가 끝나자마자, 오후에 출발하는 의원 전용 특급열차를 타고 워싱턴으로 가 정부에 자문을 제공하곤 했다. 1950년대와 1960년대 초반은 반세기 중 최고의 번영을 구가했다. 아마도 서구 산업의 역사에서도 최고였을 것이다. 이론 덕분에 예측이 가능해졌고, 정부는 경기 순환에 대응할 수 있게 되었다. 위험스런 고점과 공포스런 저점을 평평하게 하여 번영이 끝난 바로 그 순간 새로운 번영이 시작되도록 할 수 있었다.

예측의 힘은 더 커졌다. 이제 정부는 효과가 있는 일뿐 아니라 '정당'한 일을 할 수도 있게 되었다. 적어도 입법자들이 생각하기에 정당한 한에서는 그랬다. 농업의 위험이 너무 커지면 사회가 그 위험을 떠안을 수 있었다. 주택 공급에 대한 사회적 합의가 있으면 사회가 주택 공급을 책임질 수 있었다.

한 세대 전만 해도 경기 순환은 기근, 홍수, 화재와 마찬가지로 길들일 수 없는 것으로 여겼다. 이제는 길들이는 것은 말할 것도 없고, 매우 정교하게 조정할 수도 있게 되었다. 1960년대 초반, 물가 상승률은 미미했고, 실업률은 최저였으며, 생산량은 기록을 경신했다.

1966년이 되자 케네디의 경제 자문 중 한 명인 월터 헬러(Walter Heller)는 승리의 함성을 허락 받았다. 그 해 하버드에서 열린 고드킨 강연에서 그는 '새로운 경제학'의 성공을 선언했다.

"[케네디와 존슨] 두 대통령은 현대 경제학을 국력의 원천으로 인식하고 활용했습니다. 이것은 경제학의 도구를 최대한으로 사용한 최초의 일입니다."

그 때가 절정이었다. 인플레이션과 실업이라는 용이 동굴에서 꿈틀대고 있었고, 인플레이션과 불황의 잡종인 흉측한 괴물 스태그플레이션도 천적 없이 배회하고 있었다. 비평가들은 케인즈 시대의 종언을 알리는 두 개의 분명한 징표가 있었다고 말했다.

첫째는 〈타임〉지(紙)가 케인즈 사후 34년 만에 그를 표지 인물로 실은 것이다. 또한 리처드 닉슨이 이렇게 말한 것이다.

"나는 케인즈 학파입니다. 이제 우리 모두 케인즈 학파입니다."

1948년 첫 출간된 폴 새뮤얼슨(Paul Samuelson)의 교과서는 동시대의 모든 학생들에게 케인즈 경제학을 가르쳤으며, 1천만 부가 팔려나갔다.

개인적으로 새뮤얼슨은 내가 누구보다도 존경하는 스승이었다. 또한 노벨 경제학상을 수상한 최초의 미국인이기도 했다. 〈경제학 강독 Readings in Economics〉에서 그는 〈국가 생산의 구조와 가격 The Composition and Pricing of National Output〉이라는 제목으로 내가 쓴 〈코코아 범죄 The Cocoa Caper〉를 재수록했다. 이후 몇 년간 우리는 불가사의한 국가적 불안에 대해 정기적으로 대화를 나누었다.

경제 수치는 양호한데, 우리는 왜 기분이 좋지 않은 걸까?

어느 날, 우리는 찰스 강이 내려다보이는 그의 MIT 연구실에 앉아 있었다. 그의 동료들은 찰스 강에서 운동을 하고 있었고, 연중행사인 오전 7시 테니스를 막 끝낸 새뮤얼슨은 아직 운동복 차림이었다.

케인즈는 정말 죽은 걸까?

"분명한 사실은 미국이 케인즈식 경제를 도입했다는 것이고, 그로 인해 경제적인 안정을 얻었다는 것입니다. 불안한 것은 정치뿐이죠. 초창기의 경제학자들은 이기심이 균형을 가져다줄 것으로 생각했지만, 현대 경제에서 이기심은 이기적인 집단 간의 충돌을 낳았습니다."

우리의 경제 시스템은 그 속에 있는 사람만 제외한다면 분명 효과가 있다. 하지만 사람은 경제 시스템 안에 있는 것이다. 혼합 경제가 문제를 해결해주지 못한다면, 이제 어떤 방법이 있을까?

"스태그플레이션을 해결할 방법은 없습니다. 더 나은 경제 시스템이 있을까요? 더 많은 정부의 개입? 임금과 물가 통제? 단기적으로는 효과가 있겠지만 통제가 사라지면 물가는 다시 상승합니다. 미국에는 2천 명에 달하는 급진적인 경제학자들이 있습니다. 하지만 이들은 현실적인 방안을 하나도 제시하지 못했습니다."

"다른 방향이라구요? 19세기로 돌아가자는 말입니까? 혼합 경제를 해체하는 것은 힘든 일입니다. 밀튼 프리드먼(Milton Friedman)은 혼합 경제에 제대로 적응하지 못했습니다. 소장파 경제학자들은 구(舊)오스트리아 학파에 눈을 돌리고 있습니다. 자유 시장을 신봉한 프리드리히 하이에크(Friedrich August von Hayek) 같은 사람 말입니다. 하지만 대공황기에 하이에크는 '우리가 할 수 있는 일은 아무 것도 없다'고 말했습니다. 죄값을 치르는 거라고 했죠. 그 당시로 되돌아가고 싶어 하는 사람은 하나도 없습니다."

그렇다면 불안의 이유는 무엇일까?

"불안은 수치 때문이 아닙니다. 무언가 다른 일이 벌어지고 있는 것입니다."

교과서계의 새로운 베스트셀러 〈거시경제론 Macroeconomics〉의 공저자인 소장 경제학자 스탠리 피셔(Stanley Fischer)의 말이다. 소장파 경제학자들은 케인즈 식의 신념에 등을 돌리고 있었다. 피셔는 말했다.

"우리는 아직도 믿고 있습니다. 난국에 처했을 때, 정부는 통화 정책과 재정 정책을 사용해야 한다고 말이죠. 하지만 이런 정책을 쓸 때는 조심해야 합니다. 정책 자체가 불안정을 초래할 수 있거든요."

정책이 불안정을 초래한다니! 정부는 병을 주는 의사이다. 가까이 가지 말라. 질병보다 치료가 더 무섭다.

"신중하게 판단한 정책도 예상치 못한 결과를 낳을 수 있습니다. 1930년대로 되돌아가자는 것은 아닙니다. 하지만 이제 우리는 1948년에서 1973년 사이의 기간이 매우 특이하고 고유한 시기였다고 생각하고 있습니다. 경제학자들이 어느 정도 신뢰를 얻은 때였죠. 지금 상황에서는 훨씬 더 조심해야 합니다. 정책 오류를 가려내기가 매우 힘들어졌습니다. 제가 알고 있는 소장 경제학자 대부분은 이전 세대보다 더 우파적입니다. 자신이 원하는 방향으로 경제를 이끌어가기 위해 할 수 있는 일이 많지 않다는 생각들을 가지고 있습니다."

할 수 있는 일이 많지 않다고? '대이론'은 확실성을 보장했다. 이제 무엇이 확실성을 줄 수 있단 말인가?

피셔는 이렇게 말했다.

"그런 확실성은 존재하지 않습니다. 학생들은 작은 문제를 원합니다. 경제학자들은 조심스럽게 움직이고 싶어 하죠. 이제 큰 그림은 없습니다."

큰 그림이 없다니! 옛 신념은 사라졌으나, 새로운 신념은 아직 도래하지 않았다. 동방의 샛별은 떠오르지 않았다. 관찰된 사실을 연결하던 과거의 개념 도식은 누더기가 되어버렸고, 그 뒤를 이을 만한 이론은 아직 등장하지 않았다. 케인즈 학파, 신(新)케인즈 학파, 후기 케인즈 학파, 반(反) 케인즈 학파는 모두 마르크스주의와 자유주의, 그리고 그 둘 사이의 수많은 계보로 흩어졌다.

문제는 인간의 능력을 벗어난 것처럼 보인다. 인간이 책임감과 능력을 갖추고 선의의 이기심에서 행동하는 존재라고 여기는 낙관적 신조는 빛을 바랬다. 더 사소하고, 덜 확신하며, 더 냉혹한 세계관이 그 자리를 차지했다. 한 재치 있는 칼럼에서 조지 볼(George Ball)은 이렇게 썼다.

"1950년대와 1960년대, 오래 지속된 순진무구의 시기 동안 우리는 경제학이 확립된 과학이라는 착각에 빠져 있었다. 의학에 비유하자면 항생제 설파민이 출현한 시기 정도는 될 거라 생각했던 것이다. 하지만 당혹스럽게도 우리는 경제학의 실제 수준이 의학사의 초창기에 하비가 혈액 순환을 발견했을 때와 더 가깝다는 사실을 알게 되었다. 양심적인 의사는 의혹을 숨기려 들지 않고 있으며, 상당수가 민간요법에 의존하고 있다. 우리의 경제학이 충분한 생존 가능성을 지니고 있다는 것을 믿지만, 프랑스의 루이 15세가 아기였을 때 천연두에서 살아난 것은 유모가 그를 의사의 손길에서 피신시킨 덕분이었다는 사실을 잊을 수 없다. 의사의 헌신적인 진료를 받은 그의 부친과 형은 목숨을 잃었다."

20년 전만 해도 이런 식으로 조롱할 수는 없었을 것이다. 놀라운 지적 성취를 생각해보라. 경제학은 혈액 순환의 발견보다는 훨씬 진보했다. 일례로 바실리 레온티예프(Wassily Leontief)는 일국의 경제를 대상으로 하는 투입산출 분석을 고안하여 노벨 경제학상을 받았다. 지금은 수많은 국가, 또는 지구 전체를 대상으로 하는 투입산출 모델이 나와 있다. 대단하지 않은가!

레온티예프는 이렇게 말했다.

"1931년에 제가 하버드 대학 경제학과에 수학을 도입했습니다. 그런데 수학이 체조가 되어버릴 줄이야."

하지만 경제 법칙이 쓰인 법전은 이제 권위를 잃었다. 사람들은 그에 따라 행동하지 않는다. 역사에 비추어 볼 때 지금은 여전히 괜찮은 시기라는 것을 사람들은 망각하고 있다. 부국과 빈국, 산업과 환경 문제, 에너지와 식량, 인플레이션과 실업을 문제라 여기고 훨씬 높은 수준을 기대하는 것은 케인즈 학파가 가져다 준 활력이 너무 컸기 때문이다. 경제학자가 영어와 호피 어를 둘 다 말할 수 있더라도, 우리의 기대에 부응하려면 꽤나 힘들 것이다.

죄 없는 피아노 연주자를 쏘지 말라. 그는 최선을 다해 연주하고 있을 뿐이다. 경제학자에게 급료를 지불하는 사람은 당장 해답이 손에 들어오기를 원한다. 경제학자들은 곧잘 "깡통 따개가 있다고 가정해보자"라고 말하곤 한다는 것을 기억하자. 거대한 컴퓨터 안에는 경제학자처럼 걷고 말하며 사소한 일에도 기뻐하는 자그마한 친구가 들어 있다는 것을 명심하자. 단지 기계에 불과한 컴퓨터는 그에게서 단서를 얻는다.

이것이 똑같이 중요한 이유는 무엇일까? 경제학은 예전에는 해결책의 일부였는데, 이제는 문제의 일부가 되어버렸다. 힘 있는 왕이 살아 있을 때의 분위기와, 그가 6살짜리 아들을 남겨놓고 죽은 후 귀족들이 왕위 다툼을 할 때의 분위기는 전혀 다른 법이다.

우리는 정체를 알 수 없는 불안을 느낀다. 자신감을 되찾기 위해 전문가를 찾아가 봐도 그들 역시 그다지 확신을 갖고 있지 않다는 것을 알게 된다. 자신감의 결여는 빠져나갈 구멍을 하나 남겨 놓는다. 그런데 매우 확신에 찬 목소리로 세상이 곧 멸망하리라고 소리치는 사람들이 그 구멍을 막아버린다.

종말론자들은 주류 경제학자들만큼 세심하지 않다. 그럴 필요도 없다. 하지만 그들의 극단적인 목소리에 귀를 기울이는 사람들이 적지 않다. 그러니 이들의 행동 또한 염두에 두어야 한다. 깜깜한 밤에 몰래 집을 나서는 아기곰처럼 종말론을 조금 맛보도록 하자. 이런 상상을 하는 일은 매우 즐겁다.

다음 장에서는 미래를 배경으로 종말론적 픽션을 그려볼 것이다. 미국에 유학온 일본인 학생이 고국에 편지를 쓴다. 여기에는 한 가지 속임수가 숨어 있다. 독자들께서 한 번 찾아보기 바란다.

PAPER MONEY

종말론적 픽션

뉴욕, 198X년 5월

일본 가가와(香川) 대학 사회경제학부
노리다케 와타나베(憲武渡邊) 교수 귀하

친애하는 교수님께

저는 일본 클럽에서 컴퓨터로 편지를 쓰고 있습니다. 그러니 내일
이면 받아보시겠군요. 전화를 드리려고 했습니다만, 미국은 전화 사
정이 좋지 않아 먹통인 경우가 대부분입니다. 국제 전화를 하려면 3일
을 기다려야 하는 데다 그마저도 잡음과 혼선이 너무 심하기 때문에,
저는 낡았지만 신뢰할 수 있는 히타치(日立) 컴퓨터를 애용합니다. 일
본의 첨단 제품을 미국에 들여올 수 있다면 얼마나 좋을까요. 이런 미
국인들이 트랜지스터와 반도체 기술을 발명했었다니, 정말 믿기지 않
는 일입니다. 사용법을 가르쳐준 것은 우리 일본이었으니까요.

저를 이곳에 보내주신 후의에 다시 한 번 감사드립니다. 교수님의
기대에 부응하도록 최선을 다하겠습니다.

공항에 도착했을 때, 제 눈앞에 펼쳐진 광경은 누더기 지폐를 해외

용 달러로 환전하거나 오일 프랑 신청서를 쓰려고 길게 늘어선 미국인들의 행렬이었습니다. 제가 '누더기 지폐'라고 말씀드린 것은 실제로 금세 해져 조각이 나버리기 때문입니다. 100달러를 주고 신(新) 화폐 1달러를 받는다 해도 이들은 만족할 것입니다. 미국인들은 선한 표정을 하고 있습니다만, 걸치고 있는 옷은 꾀죄죄합니다. 1980년에 쓰신 논문에서 이들을 영국인들에 빗댄 것이 생각납니다. 영국인들은 1인당 세탁비를 낭시 환율로 4.75달러 밖에 쓰지 않았다죠. 정말 교수님께서 말씀하신 그대로였습니다.

뉴욕 시내로 들어가는 길은 험난했습니다. 비행기에 함께 탔던 아랍인들은 세관 검색대를 그냥 통과하더니 미국인 직원의 영접을 받고는 대기 중인 리무진에 올라타더군요. 교토(京都) 대학 시메츠 도카가와 교수의 제자인 히사에 로바타 양과 함께 시내로 들어가는 택시 값을 흥정했습니다. 우리는 2만 7,000달러를 지불했습니다. 너무 비싸긴 했지만 기진맥진해서 어서 호텔로 가고 싶었거든요. 물론 2만 7,000달러라고 해봐야 3오일 프랑에 지나지 않지만 오일 프랑을 잔돈으로 바꿔줄 수 있는 기사는 없더군요. 그들이 가진 것은 달러뿐이었습니다.

시내로 들어가는 도로 곳곳에는 구덩이가 패여 있었습니다. 기사 말로는 대(大)인플레이션 때 뉴욕 시가 파산한 이후 도로를 보수한 적이 없다는군요. 차가 너무 밀려서 우리 차는 지름길로 들어갔습니다. 커브에서 속도를 줄이는데, 갑자기 강도들이 나타나 차를 세우는 게 아니겠습니까. 흑인 셋에 백인 둘이었는데, 전쟁에 찌든 얼굴에 수염도 깎지 않고 선글라스를 쓰고 있었습니다. 카빈 소총과 소형 권총을 들이대더군요. 미국에서 이 권총은 대표적인 TV 프로그램인 '새터데이나잇 스페셜' 만큼이나 인기가 있습니다.

"이런, 한 번만 봐줘. 아까 공항 가는 길에 털었잖아"라고 기사가 말했습니다.

"이봐, RP 통행증 있어?" 우두머리처럼 보이는 자가 물었습니다.

"내 사촌이 갖고 있어. 그 애 택시거든." 기사가 대답했습니다.

우두머리는 카빈 소총의 개머리판으로 기사의 배를 후려쳤습니다.

"RP 통행증 없이는 아무도 못 지나가." 우두머리가 말했습니다. 기사는 고통으로 몸을 웅크렸습니다. "다음번에는 가지고 다니라구."

그러니까 강도들은 진짜 강도가 아니었던 것입니다. 듣자 하니 이들은 혁명당 패거리의 잔당들이었습니다. 그렇지 않았다면 돈과 카메라를 털렸을 테지요. 누가 압니까. 금니까지 빼 갔을지. 저희는 정말로 공포에 떨었습니다.

저를 플라자 호텔에 묵게 해주려고 애쓰신 것을 감사드립니다. 뉴욕에 있는 일본 호텔만큼 깨끗하거나 편리하지는 않지만 미국 사회의 참모습을 접할 수 있어서 좋았습니다.

호텔을 나와 길을 걸어가는데 공원이 말 그대로 수백 명의 거지로 들끓고 있었습니다. 아이를 팔에 안은 젊은 흑인 여자들이 택시로 몰려와 창문 사이로 손을 밀어 넣습니다. 하지만 말쑥하게 차려 입은 디즈니 치안대원들이 그들을 몰아냅니다. 디즈니 치안대원은 어디에서나 잘 어울립니다. 어딘지 기계적이기는 하지만 공손한 태도에 깔끔한 회색 제복을 차려 입고, 흰색 벨트를 차고 있습니다. 처음에는 유명 관광지의 가이드였을 것입니다. 그러다가 사설 치안 업무까지 맡게 된 것이겠지요.

플라자 호텔의 팜 코트는 예전에 부유층 귀부인들이 차를 마시던 곳이었다는데, 지금은 놀랍게도 룰렛과 도박 게임기가 자리를 차지하고 있더군요. 하지만 어딜 가나 도박의 열기가 대단합니다.

방 청소가 안 되어 있어 한 시간을 기다린 끝에 방으로 올라가는데 엘리베이터 안내원이 중간에 엘리베이터를 세웠습니다. 저희는 다시 공포에 휩싸였습니다.

"돈 바꾸실래요?" 그가 물었습니다. "오일 프랑 있어요?"

저희는 학생이라서 환전은 안 해도 된다고 말했습니다.

"1오일 프랑에 1만 5,000달러 드리죠." 그가 제안했습니다.

저희는 방에나 데려다 달라며 거절했습니다.

그러자 그는 코카인, 마리화나에 여자까지 대주겠다고 말하는 것이었습니다. 저희가 호텔 직원의 괜찮은 제의를 거부한 것은 환전 행위를 처벌한다는 안내문이 곳곳에 붙어있었기 때문입니다.

저희는 샤워를 한 후 산책을 나갔습니다. 히사에가 TV에서 석유회사 사장들의 재판 장면을 보고 있기에 저도 잠깐 봤습니다. 물론 재판이 질질 끄는 바람에 미국인들은 흥미를 잃은 지 오랩니다. 하지만 재판의 등장인물들은 TV 시리즈처럼 친숙하게 되어버렸지요.

텍사코 사(社)의 사장이 울상을 지으면서 모든 지시는 자신이 했다고 진술할 것이 뻔합니다. 정신없어 보이는 모빌 사(社)의 직원은 똑같은 법정 진술을 되풀이하면서 결백을 주장하겠죠. 대머리에 위엄 있게 생긴 작자는 자기와는 상관없는 역사의 한 장면을 구경하듯 이 광경을 보고 있을 테죠.

TV를 보느라 호텔 밖에서 디즈니 치안대원과 혁명당 사이에 벌어진 교전을 놓쳤습니다. 두 명의 젊은 흑인이 상점을 터는 것을 디즈니 치안대원이 붙잡았습니다. 지금 같은 상황이라면 이런 자들은 길거리 재판에 회부될 것입니다. 긴급 조치 하에서는 충분히 가능한 일이지요. 길거리 재판관이 경찰차를 타고 도착했습니다. 하지만 TV 카메라는 시간 맞추어 오지 못했네요. 절도범을 효과적으로 재판하고, 심지어는 판결을 집행하는 장면을 현장에서 직접, 적어도 TV로라도 본다면 범죄 억제 효과가 클 것입니다.

사실 범죄는 거의 일어나지 않습니다. 갑자기 자동차가 한 대 들이닥쳤습니다. 혁명당의 차가 분명합니다. 그 안에 타고 있던 혁명당원이 화염병을 던지고는 절도범들을 차에 태우려고 합니다. 하지만 날아가 버린 것은 자기들의 차였습니다. 경찰차는 절도범들을 태우고 유유히 떠나갔습니다. 히사에와 저는 이 장면을 하나도 보지 못했습니다.

디즈니 치안대원 두 명이 아직 현장에 있더군요. 이들은 매우 혈색이 좋고, 행복해 보였습니다. 저희 나이쯤 되었을 겁니다. 텍사스인 같은 부유한 농민 몇 명이 디즈니 치안대원에게 다가와서 등을 두드리더니 술을 사겠다고 하더군요. 디즈니 치안대원들은 언제나 단정하고 친절한 데다 얼굴은 홍조를 띠고 있습니다. 하지만 술은 거절하더군요.

5번가는 북적대는 시골 장터 같았습니다. 라틴계 미국인과 아랍인들이 눈에 띄었습니다. 그리고 호텔 직원이 '걸프 여인'이라고 부르는 여인들이 있었는데, 이들은 온통 검은색으로 차려 입고 무섭게 생긴 플라스틱 마스크를 베일 대신 쓰고 있었습니다. 이 여인들은 아부다비, 카타르, 바레인 등지의 페르시아만 주변 국가 출신 사업가의 부인들입니다. 길거리에서도 전통 의상을 차려입고 있더군요.

상점들은 번쩍거리는 고급품으로 가득했습니다. 일본에도 지점을 낸 브룩스 브라더스 사(社)의 진열대를 들여다보았습니다. 5만 4,000달러짜리 남성복을 4만 3,000달러에 세일하고 있었습니다. 구두는 한 켤레에 2만 2,000달러 밖에 안 하더군요! 기다렸다가 미국에 와서 옷을 사라는 교수님의 말씀이 맞았습니다. 온통 바겐세일이었습니다. 물론 교수님 말마따나 싸구려 물건이라서 비라도 맞게 되면 옷이 줄어들거나 올이 나가버립니다.

돌아다니다보면 멀리서 총성 같은 것이 들립니다. 자동차가 폭발하는 듯한 날카로운 소리, 이따금은 폭탄 터지는 소리도 들립니다. 모두 북부 구역에서 나는 소리들입니다. 꽝, 꽝, 꽝, 펑, 마치 음악 소리처럼 화음을 이룹니다.

시간이 조금 지나니 도쿄의 교통 상황보다 좋을 것도 없더군요. 물론 북부 구역의 총성은 진짜입니다! 혁명당과 강도들이 자행하는 폭력은 정치 문제로 비화되고 있습니다. 하지만 교수님께서 곧잘 말씀하셨듯이 그 원인은 인플레이션 훨씬 이전으로 거슬러 올라가지요. 농촌 출신들이 도시 삶에 적응하지 못한 탓이라는 것이지요.

교수님께서 렉싱턴 가에서 버스를 타고 계실 때 누군가 칼에 찔리자 다들 버스에서 뛰쳐나갔다고 말씀하신 게 생각납니다. 버스 기사를 도와 피해자를 병원으로 옮긴 것은 교수님 혼자뿐이었다죠! 어쨌든 저희 호텔에는 저희 나이쯤 되어 보이는 아랍 출신 학생들이 몇 명 있는데, 지금의 뉴욕 상황이 1970년대 후반 베이루트보다 그다지 좋을 것도 없다는군요. 구역과 구역을 이동하려면 사람을 제대로 알아두어야 합니다. 그리고 어느 길이 언제 괜찮은지도 알아야 합니다.

이따금 호텔에 정전이 일어납니다. 한 번 전기가 나갔다 하면 복구하는데 두 시간은 걸립니다. 방에 붙어있는 안내문을 보니까 저녁에는 6시부터 10시까지, 아침에는 7시부터 10시까지 물이 나온다고 합니다. 그런데 뭐가 잘못 되었는지 오늘은 아침부터 물이 끊겼습니다. 아마 시설 노동자들이 파업을 벌이고 있나 봅니다.

오늘 아침, 저는 히사에와 그리스테드 상점에 갔습니다. 독일의 테게만 사(社)가 운영하는 체인인데, 소유주는 쿠웨이트인입니다. 빵은 한 덩이에 195달러 밖에 하지 않습니다. 오렌지 주스는 한 캔에 88달러면 되구요. 생필품은 보조금이 지급되나 봅니다. 물물교환이나 암거래를 하지 않고서 미국인들이 어떻게 살아갈 수 있느냐고 묻는다면, 생필품에는 모두 보조금이 붙는다고 대답할 수 있을 겁니다. 미국인들은 제철에 근해에서 잡힌 생선 말고는 먹을 수가 없습니다. 이것마저도 물물교환을 하거나 정부의 식품 유통망을 벗어나 밀반입되는 것이지요. 하지만 히사에와 저는 근사한 일식집에서 맛있는 회를 먹을 수 있었습니다. 잔돈이 없다고 하니까 엔화도 받아주더군요.

히사에는 워싱턴행 표를 사러 갔습니다. 그런데 어떻게 해야 하는지를 모르더군요. 워싱턴행 기차표는 아주 쌉니다. 1,100달러 밖에 안 하더군요. 철도는 국영 기업인 암트랙에서 운영하기 때문에 인플레이션에도 불구하고 운임을 매우 천천히 인상했기 때문입니다. 하지만 기차는 항상 붐빕니다. 출근 시간 도쿄 지하철처럼 사람들로 만원입니다. 보통 6, 7시간이 걸리는데 매우 불편한 데다 매일같이 고장이 납니다. 게다가 열차가 고장으로 멈춰서면 열차 강도를 만나기도 하지요.

하지만 기차를 타면 히사에는 여행 경비를 상당히 줄일 수 있겠지요. 매시간 출발하는 이스턴 셔틀 항공기는 6만 6,000달러 합니다. 이보다 더 빠른 멋진 터보 제트기도 있는데 오일 프랑만 받습니다. 일명 아라비안 익스프레스라고 합니다. 실제로 사우디 항공에서 운영하고 있지요. 하지만 히사에는 유학 첫 해에 오일 프랑을 모두 써버리고 싶지는 않았습니다.

웨스트사이드 가에는 바리케이드와 철조망이 쳐져 있었습니다. TV에서 흔히 보던 광경이지요. 그 뒤로는 널빤지로 막아놓은 상점과 인적 없는 거리가 보이더군요. 뒤에는 돌조각과 타버린 건물 잔해 같은 것들이 널려 있었습니다. 바리케이드 옆에는 고압 호스가 달린 물대포 차량과 콘크리트 방벽, 20밀리 대공 기관포가 달린 픽업트럭이 자리를 차지하고 있었습니다.

저희는 워싱턴스퀘어 지역으로 갔습니다. 이번 주는 안전하다는 얘기를 들었거든요. 히사에는 뉴욕 대학에 다니는 친구를 찾아보았지만 그는 방에 없었습니다.

그래서 저희는 카페에 들어갔습니다. 중년 남자가 민요를 부르며 테이블을 돌고 있었습니다. 기타를 연주하면서 노래를 불렀지요. 짙은 눈썹의 그 남자는 달콤한 음성으로 '내 사랑 두루미처럼 날아가 버렸네'를 저희에게 불러주었습니다. 그는 미국 억양이 조금 밖에 섞여 있지 않았습니다. 그는 현직 교수로 1년간 교토 대학에서 교환 교수를 한 적도 있다고 합니다. 그런데 인플레이션 때문에 교수 월급만으로는 살 수가 없어 이 일을 시작했다는군요. 저희는 팁을 두둑히 주었습니다. 그러자 그는 다음 테이블로 가서 다른 노래를 부르기 시작했습니다.

텔레비전에서는 버어 상원의원이 집회에서 연설을 하고 있었습니다. 텍사스의 풋볼 경기장인 것 같았습니다. 경기장의 대형 스크린에서는 상원의원의 얼굴을 클로즈업하여 군중들에게 보여주고 있었습니다. 그는 큰 머리통에, 이는 하얗고 가지런했습니다. 곳곳마다 디즈니 치안대원이 상냥하게 미소 지으며 서 있었습니다. 사람을 흥분시키는 음악이 울려 퍼졌고, 군중들은 감정이 북받쳤습니다. 그 때 상원의원이 양 손을 치켜들었습니다. 그러자 군중들은 일제히 숨을 죽였습니다. 그가 말했습니다.

"저는 여러분을 사랑합니다."

고대하던 말을 들은 군중들은 환호성을 지르고, 구호를 외쳐댔습니다.

상원의원이 다시 손을 치켜들었습니다. 그는 느린 어조로 말했습니다. 자신은 미국인의 안위를 염려하고 있다고. 미국인들은 열심히 일했으나 자신의 저축을 도둑맞았고, 자녀들에게는 기회가 주어지지 않으며, 학교는 무너지고, 한 때 번창했던 이 나라는 지금 병들어 있다고. 이 나라를 정화하고 과거의 위대함을 되찾아야 한다고 말했습니다. 그리고 그는 성난 어조로 소리쳤습니다. 진짜 반역자는 석유 회사의 사장들이 아니며, 이들은 꼭두각시에 불과하다고 말했습니다. 그는 진짜 반역자의 이름을 알고 있다고 말했습니다.

남들은 차 수리도 하지 못하는데, 번쩍이는 리무진을 타고 다니는 관료들을 비난했습니다. 남들은 고통 받고 있는데 갈수록 부유해지는 사람들에게도 욕을 퍼부었습니다. 그는 말했습니다. 반역자들을 법정에 세워야 한다고, 그들과 한 패거리인 외국인들을 몰아내야 한다고.

이 말을 들은 히사에와 저는 학생 신분으로 보호를 받는 입장이었는데도 불안감을 느꼈습니다. 군중들은 일어서서 주먹을 흔들어댔습니다. 어느새 디즈니 치안대원들도 합세했더군요. 그들은 평상시에는 상냥하지만, 집단으로 모이면 그 상냥함이 사라져버립니다.

그러자 상원의원이 군중들을 진정시켰습니다. 그들은 다시 숨을 죽였습니다. 그가 말했습니다. "여러분과 저는 하나입니다." 이 시점에서 그는 늘상 하던 말을 되풀이할 참이었습니다. 군중들은 이세 억양까지 기억하고 있는 그 말에 마치 종교 의식처럼 귀를 기울이고 있었습니다. "여러분의 마음은 저의 마음입니다." 그가 말했습니다. "여러분의 정의는 저의 명령입니다. 여러분의 분노는 저의 힘입니다. 여러분의 의지는 저의 평화입니다."

그러자 군중들은 환호성을 질러댔습니다. "여러분의 의지는 저의 평화입니다"라는 영어 문장은 무슨 뜻인지 알아들을 수 없었습니다. 몇 달 지나 영어 실력이 늘면 이해할 수 있겠지요.

일본 클럽의 시원한 마당에 당도하니 안심이 되더군요. 이곳은 교수님이 마지막 계실 때보다 훨씬 넓어졌습니다.

존경하는 교수님, 저의 부모님께 제가 무사하다는 것을 전화로 알려주시면 고맙겠습니다. 괜히 걱정하지 마시라구요. 부모님들이 어떤지 잘 아시잖습니까. 이번 프로젝트에 대해 많은 기대를 하고 있습니다. 어머니께 조금도 걱정 마시라고 전해주십시오.

시게츠 올림

신문 한 장 사는데 돈 한 수레

신문 한 장 사는데 돈 한 수레

앞 장은 미래를 배경으로 한 종말론적 픽션이었다.

여기에 속임수가 하나 숨어있다고 했는데, 정답은 바로 여기 나온 사건들이 전부 이미 일어났던 일이라는 것이다. 조지 오웰(George Orwell)의 소설 〈1984〉는 러시아만을 염두에 둔 것은 아니었다. 그가 러시아를 소재로 한 예브게니 자미아틴의 소설 〈우리 We〉를 모델로 삼았던 것은 분명하지만 〈1984〉에 나오는 관료 사회는 자신이 일하던 BBC를 묘사한 것이다.

앞 장은 이미 일어난 사건들을 시간과 장소만 바꾸어 놓은 것이다. 렉싱턴 가의 피습 사건은 1970년 6월 8일자 〈뉴욕 타임스〉에 실렸다. 승객들이 모두 앞다투어 버스를 뛰쳐나가는 와중에, 미국을 방문 중인 일본인 교수만이 버스 기사를 도와 희생자를 병원으로 옮겼다는 것이다.

이것은 사소한 이야기에 불과하다. 우리는 이 정도의 폭력쯤은 당연한 것으로 여긴다. 교차로에 세워진 군용 트럭과 거기에 달린 고압 호스나 20밀리 대공 기관포는 불행하게도 전 세계 여러 도시에서 흔히 볼 수 있는 광경이다. 제복을 입은 사설 치안대도 마찬가지이다. 나는 카리스마 넘치는 집회에 가본 적이 있다. 단지 연설자가 상원의원이 아니고, 집회 성격이 정치적이지 않았을 뿐이다.

엄청난 물가와 초인플레이션은 라틴아메리카, 아시아, 중동에서 발생한 일이다. 이들 국가에서 사건과 경제는 정부의 통제를 벗어났다. 미국도 이런 초인플레이션을 겪은 적이 있다. 다만 '(미국 독립전쟁 당시) 1달러도 안 되는'이나 '(미국 남북전쟁 당시) 남부연합 화폐'와 같은 관용 어구들이 지금은 잊혀졌을 뿐이다.

1960년대 시민운동가 출신의 변호사가 〈뉴욕 타임스〉에 이런 글을 기고했다.

"지금 어떻게 돌아가고 있는지 이해할 수가 없다. 적지 않은 수입을 올리고 있는 내게도 주택과 아파트 가격은 터무니없어 보인다. 화폐 가치는 땅에 떨어졌다. 수입이 올라도 세금과 지출이 따라 오르기 때문에 돈은 주머니에 들어오는 족족 빠져나가 버린다. 이 상황을 통제할 수 있는 사람은 아무도 없는 듯하다. 마치 통제 불능의 상황에 빠진 것 같다."

어디서나 이런 류의 탄식을 흔히 들을 수 있다.

의식의 경계를 넘어 전형적인 공포가 우리를 에워싸고 있다. 이것은 자신이 가진 것을 잃게 될지 모른다는 공포이다. 이전 세대의 미국인들에게 '자신이 가진 것을 잃는다'는 것은 해고당한 후 새 직장을 구하지 못하거나, 가뭄이나 모래 폭풍으로 농사를 망치거나, 가족 농장이 은행에 넘어간다는 뜻이었다.

인간의 대뇌 피질 어딘가에는 미지의 공포에 반응하는 세포가 있을 것이다. 지평선 너머에 있는 적대 부족이나, 말을 타고 농장을 불사르는 이방인과 같은 공포 말이다. 이런 공포의 현대적 변형은, 지금의 미국인들에게는 다소 생소할 수도 있겠지만, 화폐가 가치를 잃고 휴지 조각이 될지도 모른다는 공포이다.

지난 5년간 미국인들의 경제 행태가 변했다고들 이야기한다. 더 이상 저축하지 않고, 당장 필요하지 않은 일에도 돈을 쓴다는 것이다. 유럽인들은 휴지 조각이 된 화폐를 상징하는 것이 무엇인지 알고 있다. 바로 '돈더미 가득한 수레'이다. 그것은 1920년대 독일에서 일어난 초인플레이션 당시의 광경이다.

초인플레이션은 히틀러를 권좌에 앉히는데 그치지 않았다. 당시의 기억은 오늘날까지도 영향을 미치고 있으며, 우리에게도 교훈을 주고 있는 것이다.

제1차 세계대전 이전에 독일은 풍부한 매장량을 자랑하는 금본위 화폐, 확장일로의 산업, 세계에서 손꼽히는 광학, 화학, 기계 분야의 기술 덕에 번영을 구가하고 있었다. 독일의 마르크, 영국의 실링, 프랑스의 프랑, 이탈리아의 리라는 가치가 모두 같았으며, 달러와는 4대 1 내지 5대 1로 교환되었다. 이 때가 1914년이었다.

1923년, 독일의 초인플레이션이 가장 극심했던 시기에 달러와 마르크의 환율은 1조 대 1이었다. 돈더미 가득한 수레를 가져가도 신문 한 장 살 수 없었다. 독일인 대부분은 경제에 휘몰아친 폭풍우에 소스라치게 놀랐다.

독일 태생이며 뉴욕의 석유 컨설턴트로 국제적인 명성이 있는 월터 레비는 이렇게 말했다.

"제 부친은 변호사였습니다. 1903년에 보험에 가입해서 보험료를 꼬박꼬박 내셨죠. 보험은 20년 만기 상품이었습니다. 그런데 보험금을 가지고 살 수 있었던 것은 고작 빵 한 조각이었습니다."

베를린의 출판업자 레오폴트 울스타인은 자신의 요리사에게 미국인 방문객이 1달러를 팁으로 준 일에 대해 쓰고 있다. 그들은 가족회의를 열어, 베를린 은행에 요리사를 수익자로 하는 신탁 펀드를 개설하기로 결정했다. 즉, 은행이 고작 1달러를 관리하고 투자했다는 말이다.

돌이켜보면 초인플레이션에 이르게 된 과정을 추적할 수 있을 것이다. 하지만 몇 가지 이유는 아직도 분명치 않다.

1914년, 독일은 금본위 제도를 폐지했다. 전쟁이 금방 끝날 줄 알았기 때문에 예금과 조세 대신 정부 차용을 통해 자금을 조달했던 것이다. 50년 후에 미국은 베트남전의 재원을 예금과 조세로 충당하지 않았다. 베트남전에는 제한적으로만 개입할 것이고, 전쟁은 금방 끝나리라고 생각했기 때문이다. 1914년에서 1919년 사이 독일의 물가는 두 배로 뛰었다. 이는 지난 10년간 미국의 상황과 일치한다.

다른 점도 있다. 독일은 패전했다. 베르사유 조약에 의해 독일은 전쟁 배상금을 금화로 지불해야 했으며, 루르 지방의 생산량 일부와 북부 실레지아 지방의 영토 일부를 잃게 되었다. 바이마르 공화국은 정치적으로 불안정했다.

하지만 부르주아적 관습은 굳건했다. 일반 시민들은 여전히 직장에서 일을 하고, 자녀를 학교에 보내고 성적 때문에 골머리를 썩이며, 승진하기 위해 애를 쓰고, 성공했을 때는 기뻐했다. 또한 대부분은 상황이 나아질 거라 생각하고 있었다.

1914년에서 1919년 사이 두 배로 뛴 물가는 1922년에는 다섯 달 만에 다시 두 배가 되었다. 우유는 리터당 7마르크에서 16마르크가 되었고, 맥주는 5.6마르크에서 18마르크가 되었다. 높아진 생활비에 불평의 목소리가 들려오기 시작했다. 교수와 공무원들은 두 눈 뜨고 손해를 보는 현실에 불만을 터뜨렸다. 공장 노동자들은 임금 인상을 요구했다. 세금을 회피하기 위한 지하 경제가 활성화되었다.

1922년 6월 24일, 한 우익 광신자가 중도파이자 유능한 외무장관 발터 라테나우(Walter Rathenau)를 암살했다. 라테나우는 카리스마를 지닌 인물이었다. 그처럼 인기 있고, 매력적인 장관이 준법사회에서 피살되었다는 사실로 인해 상황이 호전될 거라 믿고 싶었던 독일인들의 신념은 산산조각 났다.

라테나우의 국장(國葬)은 독일 국민의 가슴 속에 큰 상처를 남겼다. 루르 지방의 시민들은 불안한 마음에 자신들의 현금을 다이아몬드, 예술품, 부동산 등의 현물로 바꾸고 있었다. 그러자 평범한 독일인까지도 마르크화를 버리고 실제 물건을 사들이기 시작했다. 영국의 역사가인 애덤 퍼거슨에 따르면 음악 애호가가 아닌 일반 가정에서도 피아노를 사들였다고 한다.

마르크화가 연일 폭락하고 있었기 때문에 판매자들은 물건을 거둬들였다. 물가 상승으로 더 많은 화폐가 필요하게 되자, 독일중앙은행은 돈을 계속 찍어댔다. 하지만 지도층은 사태의 심각성을 깨닫지 못했다. 한 유력 경제신문에서는 통화량이 지나치게 높은 것은 아니라는 기사를 내보냈다. 독일의 연방준비은행인 라이히스방크의 루돌프 하벤슈타인(Rudolf Havenstein) 총재는 한 경제학자에게 이렇게 말했다. 자신은 새 양복이 하나 필요하지만 가격이 내리기 전까지는 사지 않겠다고.

독일 정부가 인플레이션을 멈추기 위해 조치를 취하지 않은 이유는 무엇일까? 정부는 불안정하고, 취약했다. 라테나우 암살 이후 그 정도는 더 심해졌다. 프랑스는 전쟁 배상금을 받지 못하자 분개하여 군대를 루르 지방으로 출병했다. 하지만 독일은 저항할 힘이 없었다.

독일인들이 인플레이션보다 더 두려워한 것은 실업이었다. 1919년, 공산당이 정부 전복을 시도했을 때 심각한 실업으로 인해 하마터면 공산당이 정권을 잡을 뻔했다. 독일의 산업 재벌인 크루프, 튜센, 파르벤, 슈틴네스 등은 인플레이션을 잘 헤쳐 나갔다. 그들이 생각하기에 마르크화가 절하되면 독일 제품의 가격이 싸져서 수출이 쉬워질 것이었다. 게다가 해외에서 원료를 수입하기 위해서는 수출로 돈을 벌어들여야 했다. 인플레이션은 모든 사람들에게 일자리를 제공했다.

그래서 인쇄기는 계속 화폐를 찍어댔고, 한 번 시작된 흐름은 누구도 멈출 수 없었다. 물가 상승으로 현기증이 날 지경이었다. 가격 인상에 맞춰 음식점의 메뉴판을 교체하기가 힘들 정도였다.

프라이부르크 대학에 다니는 학생 하나가 카페에서 커피를 주문했다. 메뉴판에는 5,000마르크라고 쓰여 있었다. 그는 두 잔을 마셨다. 그런데 청구서에는 1만 4,000마르크가 찍혀 있었다. 그가 들은 얘기는 이랬다.

"커피를 두 잔 마시면서 돈을 아끼고 싶었다면 한꺼번에 시켰어야지요."

라이히스방크의 인쇄기를 밤낮으로 돌렸지만 화폐 수요를 따라잡을 수 없었다. 시와 주에서는 자체 화폐를 발행하기 시작했다. 라이히스방크의 하벤슈타인 총재는 결국 새 양복을 사지 못했다. 한 공장 노동자는 매일 아침 11시에 임금 지급하는 광경을 이렇게 묘사했다.

"오전 11시에 사이렌이 울리면 다들 공장 앞뜰에 모였다. 그곳에는 지폐를 가득 실은 5톤 트럭이 대기하고 있었다. 그러면 회계 책임자와 조수들이 돈더미 위로 올라갔다. 그들은 직원의 이름을 부르면서 돈다발을 아무렇게나 집어던졌다. 우리는 돈을 받아들자마자 제일 가까운 가게로 달려가 무엇이든 손에 잡히는 대로 사들였다."

교사들은 오전 10시에 임금을 지급받으면 돈을 가지고 운동장으로 나왔다. 그러면 가족들이 돈다발을 받아들고 서둘러 바깥으로 달려갔다. 은행은 오전 11시에 업무를 종료했다. 은행 직원들은 우왕좌왕하다가 아예 문을 닫아걸었다.

의사들은 진료비로 현금 대신 버터나 달걀을 청구했다. 하지만 농부들은 소출을 내놓으려 들지 않았다. 연대기 작가가 전하고 있는 바이에른 지방 농부의 말이다.

"베를린에서 돈 싸들고 찾아오는 사람들 하나도 반갑지 않소."

현금을 처분하려는 사람들은 처음에는 다이아몬드, 금, 시골 주택, 골동품으로 시작하여 이제는 사소하고 거의 쓸모없는 물품인 고물, 비누, 머리핀까지 사들이기 시작했다. 준법국가의 국민들은 보잘것없는 좀도둑으로 전락해버렸다. 동파이프와 놋쇠 코일을 훔쳐가는 사람도 있었다. 자동차에서 휘발유를 뽑아가기도 했다. 사람들은 필요하지 않은 물건도 사들여서는 물물교환에 이용했다. 신발 한 켤레에 셔츠 한 벌, 도자기 몇 점에 커피, 이런 식으로 교환되었다.

베를린은 '악마의 연회'와 같은 방탕한 분위기가 만연했다. 남녀할 것 없이 매춘부가 거리를 활보했다. 코카인은 인기가 드높았다. 캬바레에서는 신흥 부자들이 외국인 친구들과 어울려 춤추고 돈을 뿌려댔다.

다른 글에서는 모든 젊은이들이 고통을 받지는 않았다고 기록하고 있다. 부모들은 열심히 일하고 저축하라고 가르쳤지만 그것은 틀린 말이었다. 그들은 돈을 쓰고, 즐기고, 과거를 비웃었다.

출판업자 레오폴트 울스타인은 이렇게 썼다.

"사람들은 무슨 일이 일어나고 있는지 알아차리지 못했다. 지금의 현상은 이제까지 배운 어떤 경제 이론에도 들어맞지 않았다. 원시인들이 주술을 믿었듯 미지의 권력에 전적으로 의존하는 경향이 생겨났다. 모든 것을 알고 있는 누군가가 있으며, 이 '누군가'가 음모를 꾸미고 있을 거라는 것이다."

1조 마르크짜리 지폐가 나오자, 사람들은 굳이 거스름돈을 받으려하지도 않았다. 1923년 11월, 1달러당 10조 마르크에 도달했을 때 모든 것이 붕괴되었다. 화폐는 더 이상 아무런 의미가 없었다.

뒤이어 일어난 일들은 초인플레이션만큼이나 흥미진진하다. '렌텐 마르크의 기적'이 마르크 인플레이션의 광풍을 잠재웠다. 라이히스방크의 새 총재는 호레이스 그릴리 히얄마르 샤흐트였다. 이름 앞의 두 글자는 그의 아버지가 〈뉴욕 트리뷴〉지(紙)의 편집장 호레이스 그릴리에서 딴 것이다. 샤흐트가 렌텐마르크를 창안한 것은 아니지만, 그는 이를 실행했고, 모든 영예는 라이히스방크의 총재였던 그에게 돌아갔다. 수십 년이 흘렀어도 그는 여전히 금융의 마술사라는 명성을 간직하고 있다. 그는 나치당이 이룬 재정적 번영의 기초를 닦았다.

비록 화폐는 가치를 잃었지만, 독일은 여전히 광산, 농장, 공장, 삼림을 보유한 부국이었다. 렌텐마르크는 토지와 공장을 담보로 발행되었다. 하지만 담보는 거짓이었다. 공장과 토지는 현금화할 수도, 해외에서 사용할 수도 없었던 것이다. 화폐에서 숫자 '0' 이 9개 줄어들었다. 즉, 1렌텐마르크는 이전의 10억 마르크에 해당한 것이다. 독일인들은 필사적으로 렌텐마르크를 신뢰하고자 했다. 그리고 실제로 신뢰했다.

동프러시아 출신의 바르텐 여사는 말했다.

"1렌텐마르크만 들고 물건을 살 때의 감격이 아직 생생하다. 조그만 양철 빵 상자를 샀지. 단돈 1마르크짜리 가격표가 붙어있는 물건을 산다는건 정말 신나는 일이었다."

화폐는 결국 신뢰의 문제로 귀결된다. '신용(credit)' 은 '믿다' 라는 뜻의 라틴어 '크레데레(credere)' 에서 유래한다. 신뢰가 생기자 공장은 가동을 시작했고, 농부들은 생산물을 내다팔았다. 중앙은행은 더 이상 정부에게조차 대출을 거부함으로써 그 신뢰를 유지시켰다.

하지만 국가가 기능을 되찾았음에도 저축은 회복되지 않았고, 그와 함께 노동과 예의범절의 가치 또한 사라져버렸다. 독일에는 또 하나의 분위기가 있었는데, 히틀러는 이후에 악마적인 재능을 가지고 이 분위기를 써먹었다.

토마스 만은 이렇게 썼다.

"눈 하나 깜박이지 않고 계란 하나에 1천만 마르크를 부른 장터의 아낙네는 놀람의 능력을 상실했다. 이후로는 아무리 터무니없거나 잔인한 일이 일어나더라도 그녀를 놀라게 할 수 없었다."

통화 가치가 사라지면서 평범한 시민들의 인생 계획도 상당수가 엉망이 되었다. 신부가 결혼 지참금을 가져오는 관습이 있었기 때문에 많은 사람들이 결혼식을 취소했다. 보험금으로 연명하는 미망인들은 빈곤의 나락으로 떨어졌다. 평생을 일한 사람도 자신의 연금으로는 커피 한 잔조차 살 수 없었다.

중국을 배경으로 한 소설 〈대지〉로 유명해진 미국 작가 펄 벅은 1923년에 독일에 있었다. 이후에 그녀는 이렇게 썼다.

"도시는 여전히 그 자리에 있었다. 집들이 폭격으로 폐허가 되지도 않았다. 하지만 희생자는 수백만에 달했다. 이들은 재산과 예금을 잃어버렸다. 인플레이션의 충격으로 망연자실한 채 이렇게 이런 일들이 자신들에게 닥쳤는지, 자신들을 절망에 빠뜨린 적이 대체 누구인지도 모르고 있었다. 그러나 이들은 자신감을 상실했으며, 열심히 일하기만 하면 자기 삶의 주인이 될 수 있으리라는 희망을 잃어버렸다. 잃어버린 것은 이뿐만이 아니다. 도덕, 윤리, 예의범절 같은 옛 가치도 사라졌다."

갓 등장한 나치당은 1923년의 쿠데타가 실패로 돌아갔음에도 다음 선거에서 32석을 얻었다. 인플레이션의 피해를 입은 사람들에게 100퍼센트 보상을 해주고, 이 사태를 일으킨 음모자들에게 복수하겠다는 것을 공약으로 내건 우익의 국가인민당은 106석을 얻었다.

제1차 세계대전 후의 강화조약에 영국 대표단이었던 케인즈는 「평화의 경제적 귀결 The Economic Consequences of the Peace」이라는 제목의 논문을 발표했다. 그는 재무장관직을 물러난 후 탁월하면서도 분노에 찬 글들을 런던의 신문에 기고하여 자신의 예언을 상기시켰다.

미국의 경제적 악몽 시대였던 대공황기는 사람들이 일자리를 잃어버린 때였지 화폐가 의미를 상실한 때가 아니었다. 그런 이유로 우리는 통화의 급팽창으로 인해 소유를 잃는 것에 대해 독일인들이 가졌던 것과 같은 공포를 겪어본 적이 없다. 우리가 인플레이션을 겪게 된다면 돈더미 가득한 수레로 대표되는 독일 식의 미쳐 날뛰는 초인플레이션이 아니라 영국 식의 맥빠진 인플레이션이 될 가능성이 훨씬 크다.

하지만 초인플레이션의 교훈은 통화주의자의 단순한 공식, 즉 '통화 공급을 제한한다면 만사가 오케이' 라는 주장을 뛰어넘는다. 독일의 교훈은 신념, 그리고 본능에 대한 것이다.

미국인들은 주택에 열광하기 시작했다. 주택을 짓는 것에 대한 것이 아니었다. 그것은 지난 5년간 그랬듯이 연간 1억 달러씩 집값을 올려놓은 열광이었다. 미국인들은 가치의 담지자로서의 통화에 대한 신념을 상실하고 있는 것이다.

왜 모두들 주택에 대해 이토록 강박적으로 말하고 있을까? 벽돌·모르타르·배관·배선에 재미있을 게 뭐가 있단 말인가?

이들의 강박적인 대화의 주제는 주택 자체, 그러니까 구조, 디자인, 동선, 부엌, 우리는 어떻게 집을 만드는가, 집은 어떻게 우리를 만드는가 따위가 아니다. 바로 집값이다. 미국인들 사이에 아파트, 공동 주택, 또는 단독 주택에 대한 이야기가 넘쳐나는 이유는 '집은 가정이 아니다' 라는 옛 격언의 의미를 달리 보게 되었기 때문이다.

집이 가정이 아닌 때는 대체 언제인가? 그것은 바로 화폐로부터 도피하는 방법으로 쓰일 때이다.

PAPER MONEY

집값은 왜 비싼가?

정부는 우리가 집을 사기를 바라고 있다

캘리포니아 드리밍 — 침실 4개, 욕실 2개, 가격은 100만 달러

정부는 우리가 집을 사기를
바라고 있다

시카고의 한 편집자가 말했다.

"사람들이 무슨 얘기를 하는지 말씀드리죠. 정치도, 섹스도, 스포츠도 아닙니다. 바로 부동산입니다. 누가 어떤 집을 얼마 주고 샀는지, 지금 얼마를 부르고 있는지, 어디 괜찮은 집이 없는지, 이런 얘기만 하고 있습니다."

또 다른 편집자가 말했다.

"7년 전에 5만 달러를 주고 집을 샀습니다. 지금 그 집을 팔면 13만 5,000달러는 받을 수 있습니다. 인플레이션에 대처하려면 집을 사는 수밖에 없습니다."

이것은 이제 미국 어디에서나 상식이 되어버렸다. 일부 지역에서는 집값 상승이 너무 가팔라서 주택 문제가 위험 수위에 도달했다고 생각했다. 집값의 '거품'이 터지면 나라 전체가 불황에 빠지고, 전국적인 손실이 발생하리라는 것이다.

집값이 비싸졌다는 것은 분명한 사실이다. 주택의 평균 가격은 10만 달러에 육박하고 있었다. 주택 투자에 여념이 없는 시민들은 집값이 떨어질 수 없다고 확신하고 있다. 하지만 그들이 모르고 있는 사실이 있다. 그것은 집값이 오르는 게 아니라 화폐 가치가 떨어지고 있다는 것이다.

집을 살 땐 대출은 지금, 상환은 나중에 하는 방식을 사용할 수 있다. 이 주택 대출, 즉 모기지론은 인플레이션의 시기에 주택 소유를 부추긴다. 이것은 거의 누구나 사용할 수 있는 방책이었다. 바로 금융 전문용어로 '공매수'라고 하는 방법이다. 주택 거래량을 보면 우리의 자금이 어디로 흘러들어 갔는가, 어떤 사회적 선택이 행해졌는가, 우리는 무엇을 신뢰하게 되었는가를 알 수 있다.

스포츠 아나운서의 말처럼 지난 장면의 테이프를 다시 돌려보자.

10년 전인 1971년, TV 쇼의 명 사회자 딕 카베트와 나 사이의 대화를 들어보겠다. 나는 중요한 개념을 설명하느라 애를 먹고 있다.

카베트 : 이야기가 여기까지 흘렀군요. 무슨 말씀이신지 완벽하게 알아들었습니다.

스미스 : 제가 무슨 말을 했는지 잘 모르겠습니다.

카베트 : 최선의 투자 방법에 대한 얘기를 하고 있었지요. 대답을 꺼리시는 것 같던데….

스미스 : 아니오, 최선의 투자는 주택입니다. 간단한 방법이지요.

카베트 : 주택이라구요? 우리는 주식시장에 대해 얘기를 하고 있었는

데요. 투자에 대해서….

스미스 : 최선의 투자 방법을 물으셨죠. 다른 종목보다 더 많이 상승하는 개별 주식은 항상 있게 마련입니다. 하지만 텔레비전 쇼에서 그런 팁을 드릴 순 없죠. 대부분의 사람들에게 최선의 투자는 주택입니다.

카베트 : 좋습니다. 왜죠?

스미스 : 정부에서는 우리가 집을 사기를 바라고 있습니다. 집을 사면 4중의 보조금을 받을 수 있습니다. 주식을 보유해도 상관은 없습니다만, 그러면 세금만 더 붙게 되죠. 우리는 정부가 원하는 일을 해야 합니다.

카베트 : [웃으며] 저는 이미 집을 장만했지요. 정부를 기쁘게 했다니 흐뭇하군요.

스미스 : 제가 드리고 싶은 말씀은….

카베트 : …어떻게 해서 정부를 기쁘게 했느냐는 거죠? 말씀해 주시죠.

스미스 : 맞습니다. 네 가지 보조금, 아니 혜택이라고 불러도 되겠네요. 첫째, 집을 사면 주택담보대출 이자를 공제받을 수 있습니다. 둘째, 부동산세를 감면받을 수 있습니다. 셋째, 이익을 남기고 집을 팔았더라도 다른 집을 사면, 그 이익에 대해 세금을 내지 않습니다. 그리고 마지막으로, 이게 가장 중요합니다. 수년에 걸쳐 만들어진 우리의 신용제도는 다른 나라에서는 찾아보기 힘든 것이지요. 넷째는 이것입니다. 중간 신용기관에서 지원하는 대출제도, 이것도 일종의 보조금

입니다.

['중간 신용기관'이란 말에 카베트는 약간 기가 꺾인 표정이다. 그는 지적인 데다 이 문제에 흥미도 있는 것 같았지만, 이것은 그가 이해하기에는 너무 추상적인 이야기인 것이다. 텔레비전 초대 손님은 추상적이어서는 안 된다. 열정, 사랑, 위험한 상황에서 발휘하는 용기, 섹스, 다른 유명인의 생활 따위를 열정적으로 이야기해야 한다. '중간 신용기관' 같은 말은 입 밖에도 내지 말아야 하는 것이다. 이유를 알고 싶은가? 아니, 그냥 넘어가자.]

카베트 : 저는 이미 집이 있으니… 이제 어떻게 하면 될까요?

스미스 : 한 채 더 사세요. 다른 사람에게 세를 주세요. 형제든, 누구에게든 세를 놓는 겁니다.

카베트 : [웃으며] 그건 잘 모르겠는데요. 전화를 걸어서 지붕이 샌다는 둥….

스미스 : 그건 사실입니다….

카베트 : [신이 나서] 씽크대는 막히고, 잔디밭에는 잡초가 무성하고, 그래도 정부는 도와주지 않을 테고. 틀림없죠. 안 그렇습니까?

스미스 : 그렇죠, 정부가 원하는 것은 당신이 집을 사는 것뿐입니다. 당신이 집을 사기를 정부가 아무리 바랄지라도, 씽크대 뚫어주는 기관 따위가 생길 리는 없죠.

카베트 : 정부에는 해줄 만큼 해줬다고 생각되는데요. 앞의 주제로 다시 돌아가죠….

시청자들은 전화벨을 울리지 않았다.

1971년, 그때 사람들은 아직 주택을 투자 대상으로 생각하지 않았다. 여건이 되는 사람들은 모두 자기 집이 있었다. 휴가용 별장을 가진 사람도 있었다. 집을 남에게 세놓는 사람들은 중하층에 속했다. 현관 앞에 계단이 놓인 2가구 도시형 주택에, 주인도 그 집에 함께 살며, 주인 남편은 셔츠 바람에 멜빵을 메고 배관 정도는 직접 고쳐줄 수 있는 그런 사람들이었다. 그저 평범한 일상일 뿐, 전 국민적 투기의 대상은 아니었던 것이다. 그래서 나는 넷째 보조금만을 부각시켰다.

내가 조금 전보다 좀 더 선방한 장면으로 돌아가 보자.

스미스 : 정부에서는 우리가 집을 사기를 바라고 있습니다. 보조금의 세 가지 방법은 이미 말씀 드렸습니다. 넷째가 가장 중요한데, 나머지 세 개를 합친 것보다 더 규모가 큽니다. 집을 살 때 가장 좋은 점은 고정 금리로 장기 융자를 받는다는 것이죠. 인플레이션이 발생하면, 상환 금액은 더 줄어듭니다. 그러니 위험 부담이 없죠. 집만 있으면 저축대부조합에 가서 30년 만기로 대출을 받을 수 있습니다. 대기업 말고는 이런 장기 대출을 받을 수가 없죠. 이제, 집 자체만 놓고 얘기해 보죠. 빨간색이든 초록색이든, 벽돌집이든 나무집이든 일단 제쳐두자구요. 집이 굉장한 이유는 사회가, 즉 정부가 장기간 돈을 빌릴 수 있도록 해주기 때문입니다. 위험에 대해 얘기해볼까요? 7.5 내지 8퍼센트로 융자를 받았다고 칩시다. 금리가 5퍼센트로 떨어지면 어떻게 될까요? 그러면 대부분

은 은행에 가서 대출을 갚고 더 낮은 금리로 다시 대출받으면 됩니다. 주택담보대출을 신규로 받으면 주 법률에 따라 위약금을 내야 합니다. 하지만 1, 2년만 지나면 위약금은 없어집니다. 그리고 금리가 1퍼센트만 내려가도 위약금 손실을 만회할 수 있습니다. 금리가 올라가더라도 은행은 이미 대출한 금액에 대한 이자를 올리지 못하지만, 금리가 내려가면 당신은 대출 이자를 낮출 수 있는 것입니다. 모기지론의 금리는 물가 상승률보다 그다지 높지 않습니다. 게다가 이자율을 낮출 수도 있기 때문에 거의 무이자로 돈을 빌려 쓰는 것이죠. 인플레이션으로 금리가 더 높아지면, 그 때는 완전 무이자가 되지요. 이건 당신이 가는 방향으로 난 일방통행로입니다. 이런 불로소득이 또 있을까요?

카베트 : 당장 나가서 집을 한 채 더 사야겠습니다. 그 집을 팔면 이익금을 나눠드리죠.

물고기가 자신들이 물속에 있다는 사실을 모르듯, 우리는 우리를 둘러싼 사회적 합의를 의식하지 못한다. 사람은 사기 집을 가저아 한다는 사회적 합의는 매우 굳건하다. 그러나 항상 그랬던 것은 아니다. 각 세대는 자신의 환경을 당연한 것으로 여긴다. 자신의 부모가 눈밭을 헤치고 수 킬로미터를 걸어서 학교에 다녔다는 식의 얘기는 듣고 싶어 하지 않는 것이다. 할아버지가 들려주는 대공황 이야기나 세계대전 이야기라면 듣고 싶어할 것이다. 하도 오래 전 일이라서 나름의 매력이 있기 때문이다. 하지만 요즘 할아버지들은 가족과 함께 살지 않는다. 이들은 4층의 보조금이 있는 플로리다의 아파트에 산다.

한 때 미국에서는 자기들이 사는 집을 소유하지 않은 적이 있다. 농부들이나 부자들이야 집을 소유했을 것이다. 하지만 대부분의 사람들은 그러지 못했다. 집을 사려면 집값의 절반에 가까운 돈을 저축해두어야 했기 때문이다. 나머지 절반은 융자를 받을 수 있었다. 하지만 5년 만기라서 월 불입금도 만만치 않았다. 1년짜리 융자도 있었는데, 이것은 매년 갱신해야 했다. 게다가 융자는 빚이었으며, 멜로드라마의 단골 소재이기도 했다.

지금은 기억도 가물가물한 멜로드라마가 생각난다. 아마 찰리 채플린 영화의 한 장면이었거나, 고전 연극의 패러디였을 것이다. 검은 콧수염의 못된 집주인이 집세를 받으러 와서는 식탁 주위를 돌며 아름다운 애너벨 리를 쫓아다니는 장면이다. 추근대는 집주인을 그녀가 단호하게 거부하자, 집주인은 이렇게 소리친다.

"나가! 너희들 모두! 금요일 정오까지 나가라구!"

빚에서 벗어나는 것이 모든 가족의 목표였다고 해도 과언이 아니다. 대출금을 다 갚는 것은 가족뿐 아니라, 교회나 회사의 목표이기도 했다. 돈을 다 갚으면 파티를 열고 저당증서를 불살라버렸다. 지긋지긋한 종잇조각에 성냥불을 갖다 대면 사람들은 환호성을 질렀다. 그리고는 다들 술에 흠뻑 취하는 것이다.

아더 밀러의 역작 〈세일즈맨의 죽음 Death of a Salesman〉에서 윌리 로먼은 과속으로 차를 몰아 자살했다. 희곡의 마지막 장에서 아내 린다는 그의 무덤 앞에서 이야기를 한다. 그녀는 그가 자살한 이유를 납득할 수 없다며 이렇게 말한다.

"여보, 오늘 마지막 융자금을 갚았어요. 이젠 빚도 없고 홀가분해졌는데. 빚을 다 갚았어요. 이제 우리는 자유라구요."

참 오랜 세월이 흘렀다. 오늘날 융자에서 벗어나고 싶어 하는 사람은 아무도 없다.

주택담보대출(Morgage)을 살펴보자. '모기지'에서 '게이지(Gage)'는 '손'을 뜻하는 프랑스어에서 유래한다. 색슨 인과 노르만 인의 시대에는, 토지 소유자가 빚을 보증한다는 표시로 땅에 손을 얹었다.

관습법에는 두 종류의 '담보(gage)'가 있었다.

돈을 빌려준 사람이 담보물인 토지를 관리하고 빚을 다 갚을 때까지 거기서 나오는 지대와 생산물을 거둬간다면 이것은 '살아있는' 담보라고 한다. 채권자는 빚만큼의 지대와 수익을 거둘 때까지 토지를 보유했으며, 그 다음에 돌려주었다.

둘째 담보는 '죽은' 담보라고 한다. 채무자가 자신의 토지를 관리하고 수익의 일부를 상환하는 것이다. '모르(Mort)'는 '죽은'을 뜻하는 프랑스어이다. 따라서 이 제도를 '죽은 담보', 즉 '모기지(mortgage)'라고 부른 것이나. 채무자가 약속된 금액을 상환하지 못하면, 채권자는 모기지 상태의 토지를 압류할 수 있었다. 하지만 상환을 하면, 채무자는 언제든 토지를 돌려받을 수 있었다.

19세기 미국과 몇몇 서유럽 국가에서 '건축금융' 조합이 만들어졌다. 이들은 노동자의 저축을 유치하여 주택건설에 대출했다. 건축금융조합, 또는 저축대부조합은 3년 내지 5년의 주택담보대출을 제공했다. 하지만 1920년까지만 해도 담보대출을 전혀 받지 않은 주택이 전체의 60퍼센트였다.

대공황기에 실업률은 25퍼센트에 달했다. 대출금을 갚지 못하는 기간이 한 달, 두 달, 세 달 늘어나자 집집마다 시름에 잠겼다. 생산물을 팔지 못한 농부들은 농장을 잃었다. 예금주들은 앞다투어 은행에서 돈을 인출했고, 대출기관에서는 불이행 채무에 대해 저당권을 행사할 수밖에 없었다. 소득이 있는 집도 기한이 만료된 대출을 갱신할 수 없었다. 은행에 그럴 여력이 없었던 것이다. 저축은행 밖에는 돈을 찾으려는 예금주들의 행렬이 장사진을 이루었다. 은행에서는 주택담보대출금을 3년이나 묶어두고 싶지 않았다.

통계 수치로 볼 때 대규모의 퇴거는 일어나지 않았다. 하지만 대공황 초기의 신문들은 가구와 함께 길바닥에 나앉은 가족, 우는 아이들, 새장, 장난감, 소파나 테이블에 쌓인 집안 물품을 보여준다. 이들은 오갈 데 없는 신세였던 것이다. 주택담보대출의 고정 기한은 이들에게 가혹한 짐이었다(물가가 떨어지는 불황기에는 고정 기한으로 인한 고통이 매년 커진다). 가장은 일자리를 잃거나, 그렇지 않는다 해도 줄어든 임금을 감수해야 한다. 부인들은 직장에 나가지 않았다. 식료품점에서 일하거나 신문 배달을 하여 자녀들이 벌어들인 돈은 가정에 큰 도움을 주지 못했다. 신문에 실린 '오갈 데 없는 이들'의 사진은 사람들 마음속에 숨어 있는 공포를 보여주었다.

사회 입법의 제1의 물결은 사실상 당시 대통령인 허버트 후버가 시작한 것이다. 이때는 후버 행정부가 몰락하던 시기였기 때문에, 모든 사람이 집을 살 수 있도록 할 의도는 아니었다. 그보다는 빈사 상태의 저축은행을 되살리고자 했던 것이다.

후버는 연방주택대부은행 이사회를 설립했다. 이사회는 연방준비은행의 전례를 따라 12개의 지역 은행으로 이루어졌다. 은행들은 재무부로부터 자금을 지원 받아 경영난에 허덕이는 저축은행들에 빌려주었다. 이 때 이들의 주택담보를 저당으로 삼았던 것이다.

다음 대통령인 프랭클린 루즈벨트는 이 정책을 이어받아 더 과감히 밀어붙였다. 루즈벨트 행정부에서는 주택대부공사를 만들었다. 이를 통해 개인 주택 소유자는 3년 내지 5년이 아니라 15년까지 상환 기간을 연장할 수 있었다. 그 결과 월별 대출금 상환은 훨씬 수월해졌다.

루즈벨트의 주택 관련 법률은 1934년 제정된 국가주택법이 핵심이었다. 이 법률로 연방주택국(FHA)이 출범했다. 연방주택국은 주택대부공사와 마찬가지로 시스템이 제 역할을 하도록 하기 위한 것이었다. 국가주택법을 읽어보면, 아래 조항에서 보듯 '보증'이라는 단어가 눈길을 끈다.

연방주택국은 주택담보대출을 최장 20년까지 '보증'한다.
연방주택국은 주정부 및 지방정부가 건축하는 주택의 경우, 저소득층에 대한 주택담보대출을 '보증'한다.
연방주택국은 거주용 부동산을 수리하거나 개량하기 위한 저축대부를 '보증'한다.

다시 말해 저축은행에 예금한 사람들은 공포감에 돈을 인출하지 않아도 되었다. 든든한 버팀목이 생긴 것이다. 주택 소유자가 실직하거나 제 때 상환을 하지 못하면, 연방주택국은 대부 기관 대신 대출을 떠안았다.

그럼에도 한 번 충격을 받은 대부 기관에서는 선뜻 호응을 하지 않았다. 시 의회와 마찬가지로 연방의회도 자신의 임기를 벗어난 것까지 보증할 수는 없으리란 말들이 들려왔다. 1939년까지도, 연방주택국이 보증하는 주택담보대출은 전체의 10퍼센트에 지나지 않았다. 저축은행에서는 자신의 라이벌인 종합 민간은행을 정부에서 지원하려는 의도라고 생각했다.

연방주택국은 주택담보대출을 국가사업으로 격상시켰다. 연방주택국이 주택담보대출의 의미를 확대했고, 이로 인해 월 납입금과 계약금이 훨씬 낮아졌기 때문에 미국 역사상 처음으로 임대료 수준으로 집을 살 수 있게 되었다.

정부 기관이 적자를 보지 않는다는 것은 오늘날에는 상상하기 힘든 일이다. 하지만 연방주택국은 흑자라는 덕목을 지녔던 것이다. 연방주택국은 보험료 명목으로 각각의 주택담보대출에 대해 소액의 수수료를 부과했다. 그로 인해 설립 후 36년간 실제로 흑자를 거둔 것으로 기록되어 있다.

제2차 세계대전 종전 당시 은행들은 현금을 잔뜩 보유하고 있었다. 살 만한 제품을 찾지 못한 노동자들은 그 대신 저축을 했다. 퇴역 군인들은 보상금을 받았다. 이들이 받은 보상금 중에는 군 원호 융자가 있었다. 이는 대부 기관이 퇴역 군인에게 대출한 금액을 제한된 한도 내에서 보장해주었다. 주택 단지는 이런 광고판과 현수막으로 뒤덮였다.

"퇴역군인은 계약금이 필요 없습니다."

은행은 대출해줄 자금이 있었으며, 정부 보증 덕에 사고와 부실 융자에 대한 우려뿐만 아니라 불황의 아픈 기억을 덜 수 있었다(불황의 아픈 기억은 떨치기 힘든 것이었다. 레빗타운에 최초로 8천 달러짜리 주택이 등장했다. 〔오늘날에는 상상할 수 없는 일이겠지만 이것은 방 하나가 아니라〕 주택 한 채의 가격이다. 1948년, 〈하퍼스〉지(紙)의 편집자 에릭 래러비는 이렇게 썼다. "오늘날의 주택 가격이 부풀려져 있으며 조만간 폭락할 것이라는 사실은 자명하다.").

1920년, 미국인의 50퍼센트 가량이 '적절한 주택'에 살았다. 이는 1948년 제정된 주택법에서 사용한 용어로 '옥내 수도시설을 갖추고 있으며, 허물어진 곳이 없는' 집을 뜻한다. 이윽고 1960년이 되자 총 인구의 82퍼센트가 적절한 주택에 살았으며, 62퍼센트가 자기 집을 소유했다.

이러한 통계는 법률적, 사회적 성취의 지표이다. 사회 입법의 제1의 물결은 파산 선고를 받은 시스템을 되살려 놓았으며, 한 세대에 걸쳐 자가 주택을 전국적인 현상으로 만들었다. 예금자는 은행에 돈을 예치했고, 은행은 주택 구입자에게 그 돈을 빌려주었으며, 주택 구입자들은 대출금을 상환했다. 그리고 정부 기관은 납세자의 돈 한 푼 쓰지 않은 채 이 과정을 매개한 것이다.

미국의 32대 대통령인 프랭클린 루즈벨트 당시에는 전 국민의 3분의 1이 주택난과 식량난에 허덕였다. 하지만 36대 대통령인 린든 존슨에게는 이런 말을 쓸 수 없었다. 1960년대 중반에는 주택 입법의 제1의 물결을 향유한 이들의 자녀들이 자기 집을 소유하고 있었던 것이다. 하지만 아직도 충분하지 않으며, 미국과 같이 광대하고 부강한 나라는 모든 국민에게 집을 마련해 주어야 한다고 존슨은 의회에 요청했다.

존슨의 참모는 위대한 사회를 건설하려면 향후 10년간 2,600만 호의 주택이 필요한 데, 제1의 물결의 법 제도로는 연간 150만 호 밖에 착공할 수 없다고 말했다. 존슨 역시 강력한 건설 산업을 염두에 두고 있었다. 이를 위해서는 정치적으로 민감하고 지역 의원들과 친분이 있는 건축업자뿐 아니라 건축 자재 공급업체와 금융업자도 필요했다.

주택담보대출을 뒷받침하는 정부 기관의 보증을 통해 일단의 금융업자들이 성장했다. 호황기에는 건설 산업의 비중이 국민총생산의 10퍼센트에 달하기도 했다. 하지만 문제는 아직도 집을 더 지어야 한다는 것이었다. 연간 1백만 호씩 늘려가야 했다.

1960년대 중반, 주택 산업은 자금을 구하는데 어려움을 겪고 있었다. 베트남전이 가져다 준 호황 국면으로 인해 대부업자들은 더 빠른 수익을 찾아 투자처를 옮겼다. '위대한 사회'는 주택 입법의 제2의 물결을 일으켰다. 기관과 제도는 더 늘어났다. 이번에는 귀여운 별명도 붙었다. FNMA, 또는 '패니 매'라고 불리는 연방 저당금고는 당시 이미 존재하고 있었다.

패니 매는 정부만큼이나 쉽게 시장에서 돈을 빌려 주택 담보를 사들이는데 쓸 수 있었다. 이제 패니 매에게는 '지니 매' 또는 GNMA, 즉 정부 저당금고라는 여동생이 생겼다. 지니 매는 보조금으로 지은 주택에 대해 보증해주는 제도였기 때문에, 패니 매가 매입할 수 없는 저당권도 매입할 수 있었다.

패니 매는 남동생도 있었는데, '프레디 맥'으로 불리는 연방 주택 대출저당공사였다. 패니와 마찬가지로 프레디 또한 공공 시장에서 채권을 팔아 자금을 마련할 수 있었다. 패니와 다른 점은 저축대부조합에 현금이 필요할 때는 저당권을 매입해주고 자금이 충분할 때 되팔았다는 것이다.

주택법이 제정된 직후인 1968년부터 1980년 사이, 연방정부 후원기관인 패니, 지니, 프레디, 그리고 이들의 사촌격인 기관들에서는 3억 6,100만 달러의 정부보증채권을 팔아 그 매각 대금을 방출했다. 같은 기간, 주택담보대출 총액은 2억 6,500만 달리에서 7억 6,000만 달러로 늘어났다.

패니, 프레디, 지니는 정신없이 바빴다. 이들은 같은 금융 시장에서 나머지 정부기관과 대출 경쟁을 벌이기도 했다. 이는 금리 상승을 낳았다. 1974년과 1975년, 이들은 정부가 대출을 제한하는 와중에 계속 돈을 빌리기도 했다. 제1의 물결, 이 번영의 시대에 뒤처졌던 사람들도 집을 소유하게 되었다. 신규 주택담보 금액으로 인해 주택 건설은 11퍼센트 증가했다. 비판자들은, 연방정부 후원기관에서 조달한 자금의 상당수가 시장으로 흘러들어 갔으며, (신규 건축보다는) 기존의 주택 공급에 쓰였다고 말했다.

주택담보신용을 세공할 수만 있다면, 예금 기관과 은행은 기꺼이 돈을 빌려주었다. 돈이 많이 풀리면 지출이 늘어나고, 더 많은 사람들이 대출을 받아 집을 사게 된다. 그러면 다른 사람들도 돈을 더 많이 빌리게 된다. 물가가 오를 때에는 물건을 늦게 살수록 손해라는 생각이 들기 때문이다.

캘리포니아 드리밍
-침실 4개, 욕실 2개, 가격은 100만 달러

캘리포니아를 보면 우리의 미래를 알 수 있다.

1970년대, 캘리포니아의 집값은 천정부지로 뛰어올랐다. 굳이 캘리포니아 편을 들자면, 집값이 폭등한 것은 패니, 프레디, 지니가 대준 돈 때문만은 아니었다. 얼마 지나자 이런 현상은 스스로 가속도가 붙기 시작했다. 캘리포니아는 인구가 증가하고 있었고, 그로 인해 땅값도 상승했다. 환경규제도 훨씬 늘었다. 주택개발을 시작하려면 25개 기관의 승인을 받아야 할 정도였다.

캘리포니아의 저축대부조합은 대출에 적극적이었다. 이 중에는 기업 공개, 즉 주식시장에 상장을 한 곳도 있었다. 이들은 좋은 실적을 발표하고 싶어 했다. 좋은 실적을 올리는 방법은 대출을 늘리는 것이다.

〈세일즈맨의 죽음〉에서 주인공 윌리 로먼의 부인인 린다 로먼이 대출금을 갚지 말았어야 한다고 생각한 것은 캘리포니아 사람들이 처음이었다. 그들의 조부모 세대는 빚을 두려워했지만, 새로운 상황에서 빚은 부자가 되는 지름길이었다.

분별력 있던 지난날 저축대부조합에 돈을 빌리러 가면 칼라에 풀을 먹인 신사가 수입은 얼마나 되는지, 대출금은 어떻게 갚을 것인지를 물어보았다. 그 다음 감정사가 집을 보러 가서는 이렇게 말했다.

"어디 봅시다. 3만 달러짜리군요. 그런데 10년 지났으니 감가상각을 해야 합니다. 페인트도 벗겨졌네요. 2만 5,000달러 정도 되겠습니다…"

1970년대 캘리포니아에서는 감가상각은 딴 나라 이야기였다. 가격 폭등의 조짐은 곳곳에서 나타났다. 별로 관심이 없던 사람까지도 이 분위기에 이끌려 들었다.

프레디 맥의 전 사장인 윌리엄 포페조이는 캘리포니아 애너하임에 위치한 대형 저축대부조합인 미국저축은행의 총재로 부임했다. 그는 워싱턴 DC의 근교에서 이사 왔다. 그는 이렇게 말했다.

"이곳으로 와서 우리는 베네딕트 캐년에 침실 4개짜리 집을 16만 5천 달러에 샀습니다. 5년이 지났을 뿐인데, 지금은 60만 달러가 넘게 나갑니다."

아무 노력도 하지 않고서 이만큼 벌 수 있다면, 노력을 할 경우 어떻게 될까? 원래 집을 담보로 새 집을 사면 대체 얼마를 벌겠는가?

잭 웹의 TV 시리즈에 출연했던 30세의 배우는 이렇게 말했다.

"제 집들을 다 합치면 1천만 달러는 됩니다."

굉장하군! 일찌기 1957년 텍사스 미드랜드가 그랬고, 1968년 월 스트리트가 그랬으며, 1976년 사우리아라비아 리야드도 마찬가지였다.

어딜 가나 돈이 넘쳐났다. 캘리포니아에서는 디너파티를 가면 온통 벼락부자 얘기뿐이었다.

나는 할리 샌들러를 만나러 베벌리힐스에 있는 그의 사무실로 갔다. 그를 만난다고 해서 기분이 나아질 것 같지는 않았다. 할리는 턱수염을 기르고, 뾰족한 카우보이 부츠를 신고 있었다. 1955년 이래로 그는 베벌리힐스에서 부동산업에 종사하고 있었다. 나도 LA의 베네딕트 캐넌 외곽에서 산 적이 있다. 할리는 말했다.

"13년 전이었다면, 선생님 집은 8만 달러 정도 나갔겠군요. 지금은 50만 달러는 될 겁니다. 더 나갈 수도 있지요."

역시나 기분이 나아지지 않았다. 나는 할리에게 말했다. 하지만 당시에 이사를 했다면 집을 팔고 다른 집을 샀을 거 아니냐고. 그 때는 집을 투자로 생각하지는 않았다.

"요즘은 일주일 동안 판 집값을 합치면 1천만 달러는 됩니다. 1년이면 5억 달러가 되는 셈이죠." 할리는 계속해서 말했다. "집들이 전부 다 최저 호가가 1백만 달러 나가는 지역도 있습니다."

나는 헤이즌 드라이브에서 집을 사려고 한 적이 있다고 얘기했다. 그 집은 비어 있었는데, 괜찮은 집이었다. 전망도 좋고, 서재에는 칸막이가 쳐져 있는 데다, 부엌은 널찍하고 식품 저장고까지 있었다. 당시 호가는 10만 4,000달러였다. 그 집에는 9만 달러에 6퍼센트로 1순위 저당이 설정되어 있었다.

"팔린 지 6개월이 안 되었을 겁니다." LA의 부동산 매물 안내책자를 들추며 할리가 말했다. "그렇네요. 120만 달러에 팔렸습니다. 현금으로 1만 4,000달러만 있었다면 13년 만에 1백만 달러 넘게 벌 수도 있었네요. 이 정도면 월 스트리트보다 낫죠."

"그래요. 이런 집은 대체 어떤 사람이 구입하나요?"

"다른 집을 판 사람이겠죠. 어디 볼까요. 캘리포니아는 항상 다른 지역보다 집값이 비쌌습니다. 캘리포니아 사람들은 현실 감각이 있어요. 돈은 아무런 가치가 없어요. 부동산은 절대 떨어지지 않습니다. 월급 1천 달러짜리 비서는 구할 수가 없습니다. 한 달에 1천 달러로는 먹고 살 수가 없기 때문이죠. 센추리 시티의 아파트는 분양가가 42만 5,000달러였습니다. 완공되기도 전에 집주인들은 25만 달러를 붙여 되팔았지요."

"좋은 아파트였나요?" 내가 물었다.

"괜찮죠. 걸어서 상점에 갈 수도 있고. 하지만 진짜 좋다고는 할 수 없죠. 수상 가옥이나 뭐 그런 건 아니었거든요."

할리의 사무실은 노스캔덤 드라이브 420번지의 건물 2층에 있다. 1층은 칸막이로 나뉘어 있었는데, 전화벨이 요란하고, 여직원들이 파티션 너머로 소리를 질러대고 있었다. 뒤쪽 벽은 다이아몬드 모양의 포스터로 뒤덮여 있었다. 포스터는 최우수 중개인 명단이었다. 그 해에 1백만 달러 이상의 집을 판 중개인들만 명단에 이름을 올렸다. 나는 푸른 다이아몬드가 무슨 뜻인지 물었다. 이것은 3백만 달러 이상 판매한 중개인에게 붙여주는 것이라고 했다. 1백만 달러 판매자 명단에는 1백여 명의 이름이 쓰여 있었다.

나는 다음날 할리 밑에서 일하는 중개인 두 명과 집을 보러 가기로 했다. 그리고 스튜어트 데이비스를 만나러 갔다.

스튜어트는 10층에 있는 자기 사무실에서 책상 앞에 편히 앉아 있었다. 그는 머리가 하얗게 세어 마치 이사회 의장쯤 되어보였다. 사실 그는 97억 5천만 달러의 자산을 가지고 있으며, 캘리포니아에서도 손 꼽히는 저축대부조합인 그레이트웨스턴 사(社)의 이사장이다. 창문 너머로 보이는 암갈색 언덕은 집들로 덮여 있었다. 이 집들은 시장 가치가 석유마냥 부글부글 끓어오르는 것들이다.

스튜어트에게서 듣고 싶었던 것은 이 모든 것이 일시적인 현상이며, 처음부터 다시 시작할 테고, 나머지 우리들도 거기 동참할 수 있으며, 그래서 세상은 다시 제 정신을 차릴 거라는 말이었다. 그는 40년 동안 저축은행에서 일했다.

"아니오, 거품이 아닙니다." 스튜어트가 말을 이었다. "지금 문제가 있는 거라면, 연체가 발생했겠지요. 하지만 연체율은 0.15퍼센트 밖에 되지 않습니다. 캘리포니아에는 매년 27만 호의 주택이 지어져야 합니다. 지금은 20만 호 밖에 짓지 못하고 있지요. 아파트에 빈 집이 없습니다. 인구통계학적으로 볼 때, 주택을 구매하는 연령 그룹은 이제 막 등장하기 시작했습니다. 이들은 20대 후반에서 30대 초반의 젊은 부부들이죠. 1980년대가 되면 이 연령 그룹은 전국적으로 1천만 명에 달할 겁니다."

"사람들은 인플레이션을 몸소 겪어보았습니다. 주식과 채권은 어려워하지만 주택에는 다들 전문가입니다. 제 생각에는 집값 상승률이 물가 상승률을 앞지를 겁니다. 1백만 달러가 넘는 고가 주택은 가격 조정이 될 수도 있습니다. 하지만 3, 40만 달러 하는 중가 주택은 수요에 끝이 없습니다."

이게 중가라고? 그레이트웨스턴 사(社)는 이런 중가 주택에도 대출을 해준단 말인가? 젊은 부부가 어떻게 이런 집을 구입한담?

"25만 달러 이상은 대출을 꺼리는 편입니다. 그리고 지금은 20퍼센트 내외로 선수금을 요구합니다. 그러니까 맞벌이를 하고, 부모로부터도 도움을 받아야겠지요. 웨스트사이드의 경우가 그렇다는 겁니다."

할리의 중개인 어마와 리가 나를 데리고 집을 보러 갔다. 7년 경력의 어마는 금발을 위로 부풀린 헤어스타일을 하고 있었다. 리는 어마보다 나이가 젊었으며, 샌프란시스코에서 온 지 얼마 안 되었다고 한다.

우리는 먼저 윌셔 가(街) 남부에 있는 조그만 스페인식 주택을 보았다. 윌셔 남부는 고급 주택가는 아니었다. 그들이 말했다.

"그래도 베벌리힐스인 걸요. 학군도 좋고, 평지라서 애들이 자전거를 탈 수도 있다구요. 지금 본 이 집은 '픽서어퍼', 또는 '스타터'라고 한답니다. '픽서어퍼'란 수리를 해야 한다는 뜻이고, '스타터'란 어린 자녀를 둔 젊은 부부가 처음으로 사기에 적당하다는 뜻이죠."

대지는 1.3㎢쯤 되는 것 같았다. 지은 지는 40년 정도 되어 보였으며, 거실의 천장을 높이고 내문을 아치형으로 만든 점이 돋보였다. 거실에는 세발자전거가 놓여 있었고, 페인트칠이 여기저기 벗겨지고 있었다. 위층에는 욕조가 딸린 부부용 침실과, 욕실을 사이에 두고 아이들 방이 두 개 있었다.

"침실 3개, 욕실 2개, 우수." 어마가 말했다. "호가는 59만 5,000달러예요. 하지만 실제로는 57만 5,000달러 정도 갈 거예요. 손을 좀 봐야 하니까요."

내가 말했다.

"59만 5,000달러라구요? 젊은 부부가 처음으로 장만하는 집이라면서요. 은행에서는 얼마나 대출을 해주나요? 계약금은 어디에서 구하죠?"

리가 대답했다.

"이 정도 집이면 25만 달러 정도 대출 받겠네요. 맞벌이를 하거나 부모에게서 도움을 받아야 할 거예요."

내가 말했다.

"욕실 3개짜리 조그만 집이 60만 달러라니. 캘리포니아 남부가 전부 이렇지는 않겠죠?"

리가 말했다.

"물론이죠. 계곡 지대에서는 3분의 1만 주면 이런 집을 구할 수 있어요. 패사디나 같은 동부는 더 쌀 거예요. 하지만 스모그가 심하죠. 여기는 베벌리힐스라구요. 학군도 훌륭하구요."

내가 말했다.

"젊은 부부가 애써서 이 집을 샀다고 쳐요. 그런데 대출을 받았다면 이자만 해도 매달 3천 달러가 넘을 텐데요. 세금을 합하면 한 달에 6천 달러 넘게 들어가겠군요."

"말씀드렸다시피 맞벌이를 해야겠죠."

내가 물었다.

"어디서요?"

우리는 6~8블록 떨어진 윌셔 북부, 그러니까 산타모니카 북쪽으로 집을 보러 갔다. 이곳은 윌셔 남부보다는 고급 주택가였다.

우리가 간 집은 영국식으로, 문이 잠겨 있었다. 대지는 2㎢ 정도로, 옆에는 다른 집들이 인접해 있었고, 뒤로는 골목길이 나 있었다. 집 안에는 들어가 볼 수 없었다. 열쇠를 맡기지 않은 데다, 집에는 아무도 없었다.

"이건 헐고 새로 지을 집이네요." 어마가 말했다.

"헐고 다시 짓다니요?"

"마음에 들지 않으실 거예요. 구조가 좋지 않은 데다 수리도 해야 하거든요." 그녀가 설명했다.

"이 집을 사서 헌다구요? 집값이 얼만데요?"

"1백만 달러를 불렀는데, 95만까지는 주어야 할 거예요."

다시 한 블록 떨어진 빈집을 보았다. 이 집은 건축업자가 사들여 부엌을 리모델링하고, 인터폰을 설치하고, 작은 침실을 드레스 룸으로 개조했다.

"드레스 룸에 24미터짜리 기둥이 있네요." 어마가 말했다.

기둥은 나무 재질이었다. 기둥은 드레스 룸을 가로질러 걸쳐 있었다. 여기에 옷을 걸게 되어 있었다. 기둥은 방 안에 2단으로 걸쳐 있었다. 부부용 침실은 거품 욕조가 놓인 데크로 통해 있있다.

리가 말했다.

"집주인은 거품 욕조가 근사하다고 생각하더군요. 하지만 바깥으로 뚫려 있어서 양 옆에 있는 집이나 계곡 건너집에서 다 보여요. 그래서 저는 별로 좋다고 생각하지 않아요. 노출증 환자가 아니라면, 목욕할 때 수영복을 입어야 할 테니까요."

뒷마당은 산뜻했다. 테니스 코트가 있었다.

"이 테니스 코트에는 문제가 두 가지 있어요." 어마가 말했다.

하나는 나도 알 수 있었다. 코트의 길이를 줄여놓아 라인 뒤쪽 공간이 1.5미터 밖에 안 되었다. 원래는 6미터는 되어야 한다. 웬만큼 테니스를 치는 사람이라면 이렇게 하지는 않을 것이다.

"코트 방향이 동서로 되어 있네요." 어마가 지적했다. "코트는 남북 방향이 훨씬 낫죠."

리가 끼어들었다.

"코트를 헐고 남북 방향으로 다시 짓는 게 좋겠어요. 그러면 라인 뒤쪽에 공간도 충분하겠네요."

호가는 185만 달러였다.

어마가 말했다.

"집주인은 89만 달러에 사서 수리를 했대요. 욕조와 기둥을 들여오고 욕실에는 욕조를 높여놓고, 이것저것 다 했어요."

부부용 침실에는 멋진 욕실이 있었다. 기둥이 놓인 드레스 룸은 떨어져 있었다. 작은 침실 두 개는 욕실을 같이 썼다.

집주인이 185만 달러를 못 받으면 어떻게 되는 거냐고 물었다.

"200만 달러가 되겠죠. 시간이 갈수록 오르니까요." 어마가 대답했다.

"이란 사람이 살 수도 있어요." 리가 말했다.

어마가 반박했다.

"아니야, 1층이 어두워서 안 돼. 이란 사람들은 밝고 현대적인 집을 좋아해. 아치 따위는 없고 대리석으로 된 집 말이야."

"이란 사람들이 많이 찾아오나요?" 내가 물었다.

"많아요." 어마가 대답했다. "멕시코 사람들도요. 그 멕시코 사람 같으면 이 집을 좋아하겠는걸. 며칠 전에 멕시코 사람이 딸을 데리고 왔어요. 딸이 집을 맘에 들어 하니까, 1백만 달러가 현찰로 들어있는 가방을 내밀더군요. 또 일전에 가봉 대통령이 집을 샀는데 호가가 1백만 7천 달러 밖에 안 되는 집을 2백만 달러 줬어요. 급했거든요. 3일 만에 계약 완료했어요."

가봉에서 일어난 쿠데타에 대해서는 전혀 기억나는 바가 없었다.

"가봉은 아프리카에 있어요." 리가 말했다. "신문에 나왔던 걸요."

"지금의 호황이 전적으로 도피 자본에 의한 건가요?" 내가 물었다.

그런 거라면 나머지 우리들은 그 영향을 신경쓸 필요가 없을 테니.

나는 도피 자본의 뜻을 설명해야 했다. '도피 자본'이란 '어떤 좋지 않은 정치적 상황을 피해 유출되는 돈'을 의미한다.

"남아공에서 온 매우 젊고 매력적인 부부가 있었어요. 집값을 전부 다이아몬드로 치르겠다고 하더라구요." 어마가 말했다.

"아마 도피 자본이었을 겁니다." 내가 말했다.

"하지만 톨레도와 시카고에서도 많이 찾아와요." 리가 말했다. "거기는 작년에 눈이 너무 많이 왔거든요."

그것은 도피 자본이 아니었겠군.

"집을 팔 때 제일 값나가는 게 뭔가요?" 내가 물었다.

"테니스 코트요." 어마가 대답했다.

"얼마나 더 받을 수 있을까요?"

"베벌리힐스 같으면 50만 달러는 더 받아요." 어마가 대답했다. "코트가 실제로 있을 경우에요."

"하지만 없는 걸 있다고 말할 수는 없잖아요?" 내가 물었다.

"코트 만들 공간만 있어도 '테니스 코트 부지'라고 말할 수 있어요. 하지만 50만 달러는 턱도 없어요. 기껏해야 2백 달러 정도죠."

"말도 안 되는 집값도 있는 거죠." 리가 한마디 거들었다.

어마와 리가 목록에 올려놓은 집들은 로스앤젤레스 서부의 6개 지역에 있었다.

진짜 베벌리힐스에서는 500블록에 있는 집 같으면 80만 달러, 3블록 떨어진 800블록에 있는 집 같으면 180만 달러는 나간다. 다음으로, 주소만 베벌리힐스이지 실제로는 로스앤젤레스에 속해 있는 언덕과 골짜기가 있었다. 그 다음, 선셋스트립과 웨스트할리우드에는 작고 낡은 집들이 있었다. 그리고 UCLA 주변 지역인 웨스트우드가 있었다. 마지막으로 브렌트우드와 퍼시픽팰러세이즈가 있었다.

어마는 솜씨가 좋았다. 1백만 달러짜리 집을 6채 팔면 중개수수료는 36만 달러가 떨어진다. 이것을 할리와 나눈다쳐도 사람들에게 집 보여주고 그 정도 받으면 괜찮은 보수이다.

리는 이제 막 시작했지만 야심만만했다. 그녀는 조그만 아파트에 살고 있다. 작년에 그녀는 고작 3만 1,000달러를 벌었다. 하지만 첫 해인 데다, 그것도 중간에 시작했기 때문이다.

"스타가 되고 싶어요." 리가 말했다.

영화 스타? TV 스타?

"아니오, 영업 쪽이오."

"부동산업계의 스타 말이군요."

"맞아요. 조이스나 마샤처럼요. 조이스는 1973년에 자격증을 땄어요. 학교 선생님이었어요. 그 전에는 시간제 스튜어디스였을 거예요."

"부동산 중개사 자격증을 따는 데는 얼마나 걸리나요?"

"6주 과정이에요."

"그렇다면 중개인들은 갈수록 늘어나겠군요."

"그렇죠. 열심히 하지 않으면 안 돼요. 매도인 명단을 갖고 다니면서 매수인들을 재촉해야 해요. 사무실의 다이아몬드 차트에 이름이 올라 있는 여자들 중에는 거래를 성사시킬 때마다 진짜 다이아몬드를 사는 사람도 있어요."

"당신도 큰 것 한 건 하면 살 생각인가요?"

"아니오, 픽서어퍼나 한 채 사서 수리할래요."

"50만 달러짜리로요?"

"집 몇 채 팔고 담보대출 넉넉히 받으면 충분해요."

우리는 사무실로 돌아왔다. 아직도 전화벨 소리가 요란했다. 나는 앉아서 로스앤젤레스 전역의 목록을 넘겨보고 있었다. 집마다 옆에 설명이 딸려 있었다. 사진이 붙어 있는 집도 많았다. 제일 싼 집은 19만 7,000달러였다.

금발 염색을 하고 자주색 블라우스를 입은 여자가 파티션에 기대어 리와 이야기하고 있었다.

"록스베리 집이 280만 달러에 팔렸어." 그녀가 말했다.

"대단한걸." 리가 탄성을 질렀다. "누가 해낸 거야?"

"마샤가 했어." 여자가 말했다.

리는 의미심장한 눈빛으로 나를 쳐다보았다.

내가 말했다.

"스타가 되고 싶어하는 것 알아요."

친구 하나가 UCLA의 부동산 1일 강좌에 다녀왔다.

"캘리포니아는 부동산 침체가 없을 것입니다." 강사는 이렇게 말했다. "이곳에 투자하고 싶어 하는 자금이 워낙 많거든요. 여러분들에게 가장 좋은 것은 건축비가 상승하고, 인플레이션이 증가하는 것입니다."

이날의 강사는 샌포드 굿킨이었다. 그는 부동산 투자자에게 자금을 지원하는 국영 기업의 사장이다.

"물가는 상승합니다." 굿킨이 말했다. "캘리포니아에는 땅이 얼마 안 남았습니다. 우리에겐 인플레이션이 정말 좋은 현상입니다. 문제는 부동산업계에는 좋지만 여타 국가 경제를 파괴한다는 것입니다."

캘리포니아의 부동산 호황은 로스앤젤레스 서부지역에만 국한된 것이 아니었다. 친구 하나가 캘리포니아 북부의 대형 장비업체로부터 장기경영계획 이사자리를 제안 받았다. 그는 뉴저지 교외에 살고 있었는데, 침실이 4개 딸린 그의 집은 구입 당시 9만 달러였던 것이 25만 5,000달러로 뛰었다. 하지만 그의 부인이 샌프란시스코 교외에 집을 물색하러 갔을 때, 그곳에서는 비슷한 집이 자그마치 70만 달러나 나갔다. 결국 그를 고용한 회사에서, 새집을 장만하고 수리하는데 보조를 해주어야 했다.

캘리포니아 집값 상승 덕에 역설적으로 뉴잉글랜드의 경기가 되살아나고 있다. 샌프란시스코 남부에서는 컴퓨터와 반도체 산업이 호황이었다. 이들은 빠른 속도로 성장하고 있었다. 하지만 이 회사들은 집값이 상대적으로 싼 뉴잉글랜드에 기술자들을 빼앗기고 있다.

과연 오르는 것은 떨어지게 마련일까?

침실 4개짜리 집이 1백만 달러 나가는 것을 처음 본 사람이라면 이렇게 말할 것이다.

"거품이야. 일시적인 현상이라구. 17세기 네덜란드에서 튤립 한 송이가 좋은 배 한 척의 절반 값까지 올라갔던 때처럼 말이야."

집값이 세 배로 뛴다면 좋아하지 않을 사람이 없다. 희망 호가가 세 배가 되면, 융자를 제외한 그 집의 순 가치는 열 배까지도 오를 수 있다. 부동산 중개업자들은 회의론을 불식시키며, 사무실을 빌리고 사람들을 고용하여 판매 경쟁에 정력을 쏟았다. 그들은 연간 5억 달러 규모의 거래에 수수료로 3천만 달러 버는 것을 당연하게 여겼다.

이런 옛말이 있다. 시장이 성장해야 돈 버는 천재가 나타난다. 붐은 영웅을 창조한다. 동전을 던져서 열 번 다 앞면이 나오는 사람에게는 동전 튕기는 비법뿐 아니라 워싱턴에서 일어난 사건에 대한 의견도 물어볼 것이다.

지금까지의 생각은 집값은 터지기 일보 직전의 거품이라는 것이었다. 거품을 언급한 잡지로는 〈월스트리트 저널〉 〈비즈니스위크〉 〈포브스〉 〈배런즈〉 〈파이낸셜 월드〉 그리고 〈머니〉가 있다.

"망상은 모두 파국으로 끝났다." – 〈비즈니스위크〉
"영원한 붐은 없다." – 〈포브스〉

"이번 경우만 다를 이유는 없다." – 〈배런즈〉

이 말은 집값 거품 폭발의 여파가 1929년 주식시장 붕괴만큼 위력적일 것이라고 예측한 연구논문에서 인용한 것이다.

거품은 캘리포니아 만의 현상이 아니었다. 콜로라도 아스펜에서는 1974년에 15만 달러 나가던 침실 3개짜리 스키 콘도가 5년 뒤에 67만 5,000달러로 뛰었다. 시카고, 워싱턴 DC, 플로리다에서도 같은 일이 벌어졌다. 뉴캐난, 럼슨, 리버오크스와 같은 살기 좋은 교외에서도 1백만 달러짜리 주택이 즐비했다.

"이 가격은 정말 터무니없어요."

한때 자신을 중산층이라 여겼던 사람들은 이렇게 말했다. 동시에 그보다 더 저렴한 집을 가진 사람들도 집 사길 잘했다고 생각하고 있었다. 이들 지역에서 침실 2개짜리 집은 곧 캘리포니아의 1980년 가격인 20만 달러가 될 테니. 20만 달러면 지금도 적은 돈은 아니다. 물가 상승률이 10퍼센트로 유지될 경우 1백만 달러짜리 집을 심심치 않게 볼 수 있을 것이다. 이것은 7년마다 집값이 두 배로 뛴다는 뜻이기 때문이다.

"더 이상 집 지을 땅이 없을 것이다"라고 말하는 사람들이 있다. 맞는 말이다. 하지만 비교적 인구밀도가 높은 지역이라도 사람들이 살곳은 아직 많이 남아있다. 필라델피아에서 출발하여 미국에서 가장 인구밀도가 높은 주인 뉴저지를 지나 뉴욕으로 차를 몰아보면, 교외가 끊임없이 이어져 있는 것을 볼 수 있다. 방향을 바꾸어 북서부에서 남동부로 가보면, 30분을 달려도 집 한 채 볼 수가 없다.

집은 벽돌, 모르타르, 나무, 페인트로 이루어졌을 뿐인데, 물가상승률보다 더 빨리 가격이 오르는 이유는 무엇일까? 부동산에 대한 화폐 가치가 감소하기 때문만은 아니다. 바로 화폐에 대한 '신뢰'가 기하급수적으로 떨어지고 있기 때문이다. 따라서 오르는 것은 떨어지게 마련이라는 기존의 상식이 틀렸을 수도 있는 것이다.

다른 나라에서는 물가 폭등이 일어났을 때, 화폐의 액면가를 수십, 수백 배로 낮추기도 했다. 1백 달러짜리 구(舊)프랑이 1달러짜리 신(新)프랑으로 바뀐 것처럼 말이다. 국가 기준에서 볼 때 1백만 달러짜리 집이 너무 터무니없다면, 10만 달러짜리로 만들 수 있는 것이다. 물론 다른 조치가 뒤따르지 않는다면 이것은 눈속임에 불과하다.

1929년 주식시장 붕괴와 같은 부동산 폭락이 일어날까?

분명한 것은, 캘리포니아 오렌지카운티에서 투기꾼이 한 집의 미실현 가격 평가를 이용하여 다음 집을 사는 식으로 공동주택 15채를 사서 가격을 올렸다면, 그는 금방 퇴출될 것이라는 사실이다. 임대 수입으로 담보대출금을 갚지 못하고, 임대료보다 세금이 더 빨리 인상되고, 거래가 지속적으로 성사되지 않을 경우, 투기꾼은 손실을 입을 가능성이 크다. 동시에 오렌지카운티의 공동주택 가격도 떨어질 것이다. 물건이 없을 때는 사려는 사람이 몰려들었다가, 갑자기 비어 있는 집이 몇 채 매물로 나오면 뒤로 물러서게 되는 것이다.

하지만 오렌지카운티가 그렇다는 얘기는 아니다. 또한 투기꾼이 공동주택을 15채나 소유하는 곳은 찾아보기 힘들다. 뉴욕 버팔로 시(市)에서는 아직도 1백만 달러 하면 큰돈으로 생각한다. 그럼에도 중동인 몇 명만 있으면 베벌리힐스의 평지 가격을 좌우할 수 있으며, 플로리다 남부의 집값을 천정부지로 뛰어오르게 하는 데는 돈 많은 라틴아메리카 사람 몇이면 충분하다.

집값에 대해 역사는 무엇을 말해 주는가?

*오래 전 역사: 인구조사국에 의하면 1893년과 1907년의 공황은 집값에 영향을 미치지 않았다고 한다. 1913~14년과 1920~21년의 소규모 불황도 마찬가지였다. 하지만 이것은 패니, 프레디, 지니, 그리고 모든 사람은 집을 가져야 하며, 이를 제공하는 것은 정부의 책임이라는 사회적 합의가 있기 전의 일이다.

1930년대 대공황기에는 집값이 실제로 내렸다. 하지만 집값 하락은 대부분 1930년에서 1933년 사이에 일어났다. 이때는 금융기관들이 문을 꼭꼭 닫아걸고 있던 때였다. 1934년 국가주택법은 집값을 안정시켰고, 1930년대 내내 안정을 유지했다. 1940년대 들어 집값이 오르기 시작했으며, 그 이후로 멈출 줄을 모르고 있다.

*요즘의 역사: 1966년, 1970년, 1974년 주식시장 붕괴를 헤치고 집값은 순항을 계속했다. 이 시기는 신용 경색이 일어났으며, 금리가 올라가고, 대출은 어려웠다. 1974년 주가가 49퍼센트 폭락하고, 금리는 최고점에 달했다. 그리고 주택 건설은 65퍼센트 감소했다. 하지만 1가구 주택의 국가 지수는 여전히 상승을 이어나갔다.

다음은 미국 부동산중개사협회에서 발표한 기존 주택의 평균 판매가이다.

1972년	30,000달러	1976년	42,200달러
1973년	32,900달러	1977년	47,900달러
1974년	35,800달러	1978년	55,500달러
1975년	39,000달러	1979년	64,200달러

역사가 보여주듯, 집값이 주변의 폭풍우를 견뎌내는 비결은 무엇일까?

어떤 시장에서든 심리는 중요한 요인이다. 퇴직연금 펀드매니저는 IBM 주식에서 재무부 증권으로 갈아탔다가 다시 IBM 주식으로 바꿀 수 있다. 이렇게 하는데 전화 한 통화, 아니 세 통화면 충분하다. 효율성은 좀 떨어지지만 미술품, 우표, 중국 도자기시장도 있다. 하지만 당신에게 필요한 것은 미술품이나 중국 도자기가 아니다. 당신이 정말 필요로 하는 것은 살아갈 장소인 것이다.

이것은 두말할 필요 없이 당연한 사실이다. 하지만 경제적 분석에서는 너무나 명백한 사실은 일화적 사실로 치부해버리는 경우가 종종 있다. 6만 달러를 주고 집을 샀다고 치자. 그 집이 지금 15만 달러 나간다고 이웃이 말해준다. 그런데 왜 집을 팔지 않는가? 그것은 네 마디로 이루어진 다음 질문 때문이다.

"그러면 나는 어디로 가나?"

다른 주택도 마찬가지로 값이 올랐고, 아파트 임대도 마찬가지인데다, 건물도 많지 않아 옮길 곳을 찾기가 쉽지 않다.

하지만 방법은 있다. 살 아파트를 찾고 싶으면 부동산 중개업자에게 연락하라. 집안 여기저기를 돌아다니고, 커튼을 만지작거리고, 옷장 문을 쾅 닫아보기도 하면서 잠재 구매자의 즐거움을 만끽하라.

다른 시장에서는 가격이 하락하면 매물이 늘어난다. 가격이 더 떨어지리라 생각하는 물건을 파는 것이기 때문이다. 반면 요즘 집주인들은 집값이 떨어지더라도 팔려고 하지 않는다. 불경기가 지나갈 때까지 기다려보려는 것이다.

주식시장이나 상품 시장에서는, 당신의 주식 또는 상품 가격이 하락하면 마진콜을 요청 받는다. 즉, 증거금을 더 예치해야 하는 것이다.

하지만 이웃이 집을 산 가격보다 더 싸게 팔았다고 해도 은행에서는 신경을 쓰지 않는다. 대출금만 밀리지 않으면 아무 문제없다. 설령 대출금을 제 때 갚지 못하더라도, 은행에서 검은 콧수염을 만지작거리며 식탁 주위로 당신의 예쁜 딸을 쫓아다니지는 않는다. "다 나가! 금요일 정오까지 나가라구!"라고 은행에서 말하려면 법정 비용이 들고, 자기들의 장부에도 벌점이 기록되며, 거기다 집을 되팔아야 한다. 또한 집을 보여주면서 "커튼 만지작거리지 마세요"라고 말할 사람도 구해야 하는 것이다. 은행은 그런 일을 하고 싶어 하지 않는다.

한 가지 요인이 더 남아 있다. 이번 것도 너무나 명백해서, 표현하지 않으면 간과하기 쉽다. 뉴욕 증시는 전국 어디에서나 누구든지 볼 수가 있다. 상품 시장도 마찬가지이다. 중개 사무소에 들어가거나, 전화 한 통 해보거나, 조간신문을 읽어보기만 하면 되는 것이다.

하지만 앨라배마주 도선에 사는 사람이 오렌지카운티의 집값 폭등에 대해 들어볼 일은 별로 없다. 켄터키주 렉싱턴이나 미주리주 케이프지라르도에 사는 사람이라면, 베벌리힐스에 사는 이란 사람들이 모조리 집을 팔고 이란으로 돌아가더라도 알 방법이 없는 것이다. 토크쇼 진행자 자니 카슨이 거기에 대해 농담이라도 하지 않는 한 말이다.

도선, 렉싱턴, 베벌리힐스가 한 나라 안에 있지 않다고 얘기하는 것이 아니다. 이 도시들은 패니, 프레디, 지니 이전에는 더 떨어져 있었다. 하지만 지금은 주택담보가 전국 단위로 이루어지고 있으며, 집값과 통화량의 규모가 전국적으로 확대되었다.

이제 다음 페이지에 있는 매우 흥미로운 도표를 들여다보자. 이것은 포드 대통령의 경제자문위원회에 몸담았던 앨런 그린스펀이 작성한 것이다. 이 표의 수치는 단위가 매우 크다. 사실 숫자마다 소수점 뒤에 자릿수가 9개 빠져 있다. '0'이 9개 빠졌다는 것이다. 다시 말하면, 모든 수치는 10억 단위이다.

우선 15번째 줄을 살펴보자. 이것은 총 주택담보대출인데, 1970년에 2,236억 달러였던 것이 1979년에는 6,540억 달러로 늘었다. 이는 패니, 프레디, 지니의 도움으로 저축대부조합과 은행에서 대출한 금액의 총계를 뜻한다.

이제 14번째 줄을 보자. 미국에서 주택의 총 시장가치는 6,456억 달러에서 2조 2,537억 달러로 급증했다. 말하자면 2조 2천억 달러 이상, 즉 2,253,700,000,000달러가 늘었다는 것이다. 이것은 비현실적일 정도로 큰 숫자이다.

14번째 줄에서 15번째 줄을 빼면 1조 6천억 달러가 남는다. 이것은 미국인들이 주택으로 보유하고 있는 재산 총액, 즉 주택담보대출의 순이익이다.

이것을 뉴욕증권거래소에 상장된 주식 총액 9,610억 달러와 비교해

보라. 또한 채권 총액인 4,600억 달러와 비교해보라. 그러면 다음과 같은 결론이 나온다.

미국인들의 저축은 주택으로 흘러 들어갔다. 투기 자금 일부도 주택으로 들어갔다. 하지만 미국인들은 1조 6천억 달러나 되는 주택을 소유하고 있는 것이다.

당신이 주택경제 전문가라면 이것이 얼마나 사실에 가까운지 생각해볼 수 있을 것이다. 앨런 그린스펀은 저축률이 4퍼센트가 아니라 8퍼센트일 거라고 말한다. 예금이 은행으로 들어가지 않고 주택자금을 상환하는데 들어갔기 때문이라는 것이다. 당분간 이 논쟁은 주택경제 전문가들에게 맡겨두자. 첫째 결론에 기반한 나의 둘째 결론은 이것이다.

"주택은 폭락다운 폭락을 겪지 않는다."

8,600만 채의 주택이 있고, 5,600만 채의 주택은 살고 있는 사람이 소유주라면, 이는 매우 강력한 정치력을 갖는다. 1929년 주식 붕괴 당시에는 청산할 증권계좌가 137만 개에 불과했다.

가격 폭락이 닥쳤을 때, 이를 오래 끌고 싶어 하는 정부는 없을 것이다. 5,600만 채의 자가 주택에 집집마다 부모형제 등 가족들이 살고 있다면, 이들은 거대한 유권자 집단인 것이다. 연간 소득이 2만 달러를 넘는 가족 중 84퍼센트가 집을 소유하고 있다. 정부보증 면세채권은 부유층에게도 혜택을 주고 있다. 집을 소유한다는 것은 주일날 교회에 가는 것보다 더 보편적인 현상이다.

1974년의 주식 투자자는 이렇게 말했을 것이다.

"에이번 프로덕츠 사(社)의 주식을 갖고 있는데, 90달러 하던 것이

1가구 자가 주택

단위 : 10억 달러('0' 을 9개 더하면 된다)

	1970	1971
시장 가치 증가분 - 총액	51.4	96.1
−신규 주택 구입	19.6	26.0
=기존 주택의 시상 가치 증가분	31.7	70.0
−실현된 자본이득	8.5	13.7
=미실현 이득에 대한 추가분	23.2	56.3
주택담보대출연장−신규주택	10.6	17.2
−분할 상환	13.4	14.3
=기존 주택의 대출 순(純)연장을 제외한 주택담보대출증가	-2.8	2.9
총 주택담보대출 증가액	11.1	21.4
기존 주택에 대한 순(純)연장	13.9	18.4
주택 순가(純價)증가−총액	40.3	74.7
자본 이득에 해당하는 금액	17.9	51.6
기타에 해당하는 금액	22.4	23.1
총 시장 가치(연말)	645.6	741.6
총 주택담보대출(연말)	223.6	245.0
부채/시장 가치	0.346	0.330
참고−가처분 개인 소득 :	685.9	742.8
+기존 주택에 대한 순(純)대출 연장	13.9	18.4
=가처분 개인 소득+부채	699.8	761.2
−개인 지출	635.4	685.5
=개인 저축액(보정)	64.4	75.7
(보정) 저축률	9.2	9.9
(보정) 저축률	7.4	7.7

(출처 : 타운센드 그린스펀)

이 표를 읽기가 쉽지는 않다. 하지만 핵심 수치는 굵은 글자로 표시되어 있다. 미국에는 2조 2천억 달러어치의 주택이 있으며, 그에 대하여 6,540억 달러의 주택담보대출이 있다.

1972	1973	1974	1975	1976	1977	1978	1979
90.0	155.2	109.8	121.0	156.4	226.7	353.1	299.9
32.7	35.3	31.4	35.4	49.8	66.9	80.1	81.8
57.3	119.9	78.5	85.6	106.6	159.8	273.0	218.1
18.3	25.2	29.2	36.1	49.2	69.8	77.3	90.4
39.0	94.7	49.3	49.5	57.4	90.0	195.7	127.7
21.8	23.6	20.3	20.8	26.4	39.0	48.3	51.3
15.8	17.8	19.6	21.3	23.6	27.2	31.9	37.2
5.9	5.8	0.7	-0.5	2.8	11.8	16.4	14.1
29.8	31.0	26.0	31.8	49.7	71.8	82.1	86.7
23.9	25.1	25.3	32.3	46.9	60.1	65.7	72.6
60.2	124.2	83.8	89.2	106.7	154.8	271.0	213.1
33.4	94.7	53.2	53.3	59.7	99.7	207.3	145.5
26.8	29.5	30.7	35.9	47.0	55.1	63.7	67.7
831.6	**986.8**	**1096.6**	**1217.7**	**1374.1**	**1600.7**	**1953.8**	**2253.7**
274.8	**305.7**	**331.7**	**363.6**	**413.3**	**485.1**	**567.3**	**654.0**
0.330	0.310	0.303	0.299	0.301	0.303	0.290	0.290
801.3	901.7	984.6	1086.7	1184.5	1305.1	1458.4	1623.2
23.9	25.1	25.3	32.3	46.9	60.1	65.7	72.6
825.2	926.8	1009.9	1119.0	1231.4	1365.2	1524.1	1695.8
751.9	831.3	913.0	1003.0	1115.9	1240.2	1386.4	1550.4
73.3	95.5	96.9	116.0	115.5	125.0	137.7	145.4
8.9	10.3	9.6	10.4	9.4	9.2	9.0	8.6
6.2	7.8	7.3	7.7	5.8	5.0	4.9	4.5

지금은 16달러 밖에 안 됩니다."

디너파티 석상에서 "이 집을 6만 달러 주고 샀는데, 지금은 15만 달러 나가요"라고 말했던 사람들이 이제는 "이 집을 5만 달러 주고 샀는데, 지금은 3만 달러 밖에 안 나가요"라고 말하는 장면을 상상할 수 있겠는가? 아니면 더 나쁜 경우, "이 집을 7년째 갖고 있는데, 이제는 버틸 수가 없어. 은행에서는 금요일에 처분하러 온다는군"은 어떤가?

은행과 저축대부조합이 모두 파산하는 것이 가능하지 않다는 것은 말할 필요도 없다. 이런 일이 일어날 수는 있다고 본다. 하지만 그 때는 더 이상 자본주의나 수정자본주의 사회는 아닐 것이다. 그런 체제에서는 부모가 집을 소유했던 학생은 대학에 갈 수 없을 것이다. 구(舊)부르주아 특권 계급의 일원일 테니까 말이다.

분명 주택 가격이 폭락할 수도 있다. 이것은 상상할 수 있으면서 동시에 상상할 수 없는 일이기도 하다. 마치 핵전쟁처럼. 주택에 들어간 1조 6천억 달러가 사라져버린다면, 아무도 은행 편을 들지 않을 것이다. 검은 콧수염을 만지작거리며 금요일까지 나가라고 말하는 은행원은 아무도 없을 것이다. 남아있는 은행이 없을 것이기 때문이다.

어쩌면 단 하나의 은행만 존재할 것이다. 구소련에는 진짜 은행이 하나밖에 없다. 바로 고스방크라고 불리는 은행이다. 이것은 세계에서 가장 큰 은행이다. 그리고 러시아의 은행은 모두 고스방크이다. 1929년 주식 폭락과 같은 식으로 집값이 폭락한다면, TV 광고에서는 CM 송과 함께 '아메리칸고스방크'의 예금 이자를 들려줄 것이다.

하지만 신중한 당신은 주택에 대한 확실한 예측의 끝에 이르렀다.

폭락다운 폭락은 없을 것이다. 그렇다면 무슨 일이 일어날 것인가?

집은 더 이상 인플레이션의 훌륭한 대비책이 되지 못할 것이다. 집의 판매가는 계속 오를 테고, 집값이 물가상승을 앞지를지 뒤따를지는 지역의 위치와 크기, 집마다의 가치에 따라 정해질 것이다.

다음 페이지의 표를 보면 주택 산업의 장래는 밝다. 이것은 가족 형성에 대한 것이다. 인구통계학을 약간 적용해보았다. 여기에서는 전후(戰後) 베이비붐을 보여주고 있다. 이미 성숙 단계에 들어선 베이비붐은 그 자체로 증가세를 이어가고 있다. 물론 부모 세대만큼 출산에 열정적이지는 않지만. 당신이 대학에 가든 가지 않든 주택 산업은 중요하다. 원한다면 당신은 여자 친구와 다락방에서 살 수도 있지만, 태고의 유전자와 원시의 본능이 당신을 사로잡을 테고, 당신은 25세에서 34세의 나이가 될 것이다. '가족 형성'을 할 나이가 되는 것이다. 그리고 '가족 형성'이란 집을 사게 된다는 것을 뜻한다.

이미 8,600만 채의 주택이 지어져 있다. 가족 형성의 이면에는 가족 형성의 침체가 예정되어 있다. 또한 시장은 장래를 예측한다. 아니면 예측해야 한다.

결국엔 가족 형성이 감소하겠지만 지금은 그 문제를 제쳐두자. 그때가 되면 에너지를 비롯한 모든 비용으로 인해 삶의 패턴 전체가 변해 있을 테니. 꽤 오랫동안 원시적인 본능이 우세할 테고, 가족 형성은 계속될 테고, 집은 계속 지어질 것이다.

그 밖에 필요한 것은? 바로 돈이다. 1970년대, 주택담보대출을 받는 사람들의 전통적인 구매력은 사실 집값을 따라가지 못했다. 집을 넘

베이비붐과 주택수요

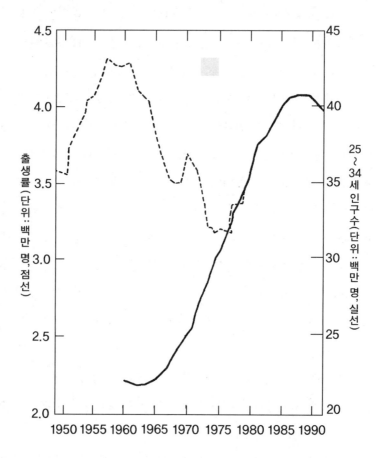

(출처 : 프린스턴 대학 드와이트 M.야페 교수)

이 그래프는 컴퓨터로 그린 것이다. 점선은 제2차 세계대전 이후 베이비붐 곡선을 나타낸다. 이 것은 1950년대 후반에 절정에 달했다. 한 세대가 지난 후 베이비붐 자녀들은 자연스럽게 '가구 형성'을 하게 되었다. 이들은 25-34세의 결혼 적령기 남녀이며, 실선으로 표시되었다. 이 그래 프는 1950년대의 베이비붐이 촉발한 가구 형성이 1980년대 초에 절정에 달한 다음 정체기를 거쳐 감소했다는 것을 보여준다. 베이비붐 이후에는 출생률 급감이 이어졌다. 이는 1970년대 태 어난 자녀들의 가구 형성을 뜻한다. 따라서 최초 주택 수요 증가율은 감소할 것이다.

볼 수 있게 된 것은 노동에 새로운 요소가 더해졌기 때문이다. 일하는 부인, 즉 맞벌이 가족이 생겨난 것이다. 대출업체들은 대출 심사를 할 때 2차적 수입을 인정하기 시작했다. 이것은 정부 기관의 지원을 통해 소수자, 여성, 1인 가구의 수입을 인정한 것과 마찬가지이다.

다음 도표는 꽤 까다로운 제목을 달고 있다. '현금 가처분 소득의 백분율로 나타낸 주택담보대출, 할부 대출, 분할 상환 및 이자율' 이라는 제목의 뜻은 한 마디로 이것이다. 당신은 지불 능력이 있는가? 이 항목을 줄여서 '상환액' 이라고 부르자. 현금 가처분 소득의 12퍼센트에서 거의 30퍼센트에 이르기까지, 상환액은 30년에 걸쳐 지속적으로 증가했음을 알 수 있다. 이것은 총 통계 수치이다. 미국인 20퍼센트는 빚이 전혀 없기 때문에, 빚이 있는 나머지 사람들의 상환액 비율은 훨씬 높다.

패니, 지니, 프레디 덕에 상환이 수월해졌고, 일하는 아내도 여기에 일조했다. 하지만 40퍼센트 후반대가 되면 진짜 저항이 시작될 것이다. 다른 물가가 함께 오르고 있는 상황에서 소득의 절반을 집에다 쏟고 싶은 사람은 없을 것이다. 주택 건축 비용은 감소하지 않을 것이다. 배관공들이 값을 내릴 리는 없다. 그들도 자기 집을 사야 하기 때문이다. 석공, 전기 기술자, 지붕 없는 사람, 측량 기사, 변호사, 권리분석 회사 직원도 모두 마찬가지이다.

금리가 한 칸씩 오를 때마다, 구매자는 무더기로 떨어져 나간다. 전국주택건축업협회 보고서에 따르면 금리가 13퍼센트에서 9퍼센트로 떨어질 경우 상환을 감당할 수 있는 구매자가 70퍼센트 늘어난다.

현금 가처분 소득의 백분율로 나타낸
주택담보대출, 할부 대출, 분할 상환 및 이자율

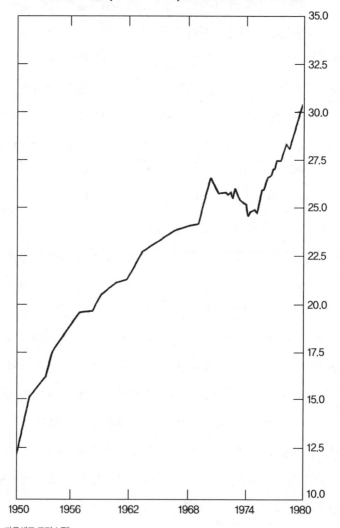

(출처 : 타운센드 그린스펀)

질문은 이것이다. 사람들이 주택 구입 자금을 치를 수 있는가? 그래프는 이것이 갈수록 어려워 진다는 것을 보여준다. 수입이 증가하더라도 납입금이 더 빨리 증가하여 수입에서 차지하는 비중이 늘어나기 때문이다.

그렇다면 결론은 무엇인가? 집에 대한 무임승차는 이제 끝났다는 것이다. 무임승차란 장기 고정금리 주택담보대출, 즉 '딕 카베트 쇼'에서 내가 언급했던, 손해 볼 것 없는 상황을 말한다. 대출업체는 점점 영리해지고 있다.

이제 패니, 프레디, 지니는 대출업체와 차용인을 한 자리에 모으는 역할밖에 하지 못하고 있다. 이들 3인방은 미국인들이 확신을 가지고 저축기관에 돈을 맡기도록 했다. 이는 연방 주택대부은행 등 선배 격의 기관들이 동요하는 은행들로 하여금 확신을 가지고 대출을 계속하도록 했던 것과 같다. 인플레이션이 저축의 구매력을 잠식하지 않는 한 시스템은 잘 돌아간다.

1960년대에는 30년 만기 대출을 6퍼센트 이하의 금리로 받을 수 있었다. 뉴욕의 바우어리 저축은행은 아직도 6퍼센트 이하의 대출금이 5억 달러나 된다. 무슨 일이 일어나더라도 이들 주택소유자의 상환액은 동일하다. 물론 대출금은 점차 갚아나가겠지만 말이다. 1970년대에는 30년 만기 대출을 7 내지 8퍼센트의 금리로 받을 수 있었다.

이들 대출금은 대부분 요구불예금에서 충당되었다. 크리스마스 선물값을 모으는 통장인 크리스마스 클럽, 유대교의 명절인 하누카 선물값을 모으는 하누카 클럽을 통해 아이들은 스케이트와 카세트를 사기 위해 저금을 한다. 1조 1,760억 달러가 아직도 요구불예금 형태로 남아 있다. 이 돈을 보유한 대출업체들은 캘리포니아의 부동산 재벌, 시카고의 공동주택 구매자, 기타 모든 주택 구매자를 지원해왔다.

요구불 예금자 중 영리해진 일부는 자금을 같은 은행의 저축 증권으로 옮겼다. 이곳은 10 내지 12퍼센트, 또는 그 이상의 높은 이자를 제공한다. MMF와 재무부 증권 등을 구매한 이도 있었다. 가장 영리한 이들은 은행 문을 박차고 나갔다가 차용인으로 변신하여 다시 들어왔다.

소액 예금통장이 어리석음을 상징하는 현실은 건전하지 못하다. 저축이 주택으로 흘러 들어갔다 하더라도, 미국인의 저축률은 다른 산업국에 훨씬 못 미친다. 독일인들과 일본인들의 수입 대비 저축은 미국인들보다 훨씬 높다. 이 돈은 최신 장비와 신규 투자에 쓰인다. 또한 우리도 모르는 사이에 도요타, 닷산(현재의 닛산 - 역자 주), 폭스바겐의 자동차를 어디에서나 볼 수 있게 되었으며, 미국의 크라이슬러 사(社)에서 일하는 직원들, 그의 가족 친지들, 딜러들은 불안감을 감추지 못하고 있다. 그러니 통장 소유자인 어리석은 아이들도 무임승차에 한 몫 했던 것이다.

그 밖에 또 누가 대금을 지불하는가? 저축은행 스스로도 얼마간을 지불한다. 다른 식으로 인플레이션을 억제하지 못한다면 어떻게 될까? 대출이 줄고, 차용인들이 주택 산업에서 빠져나가며, 주택담보 대출금리가 너무 높아져서 차용인들은 겁에 질리고, 결국 저축은행의 수익은 사라져버리는 것이다. 이것이 저축은행의 주기적인 고질병이다. 그렇다고 저축은행이 바로 파산하지는 않는다.

새로운 차용인들이 대금을 지불하는 것이다. 6퍼센트, 8퍼센트, 9퍼센트로 돈을 빌린 옛 차용인들은 안전하다. 저축은행도 도산하지 않는다. 그러니 요구불예금을 하고 있는 아이들을 그렇게 오랫동안 써먹을 수밖에 없는 것이다.

그렇다면 여러분은 어디에서 돈을 구할 수 있을까? 바로 집을 사고 싶어 하는 젊은이들이나 손에 손을 맞잡은 가족들이다. 이들은 예전의 7퍼센트 차용인들을 위해 높은 이자를 부담해야 한다. 부풀려진 주택시장에 진입할 수 있는 젊은이들의 숫자는 점점 줄어들 것이다.

마지막으로, 우리 모두 대금을 지불한다. 무임승차를 낳은 인플레이션은 우리 모두에게 영향을 미치며, 신발값, 고기값, 학비 상승은 누구에게나 동일하기 때문이다. 7퍼센트 주택담보대출을 받았으며 50만 달러짜리 집을 가지고 있는 사람도 다른 사람들과 마찬가지로 신발값, 고기값, 학비에 대해 불평을 터뜨릴 것이다. 하지만 이들의 속내는 그렇지 않다.

다른 표를 들여다 보자. 1970년 이전에는 주택담보대출이 연간 150억 달러 이상 증가한 적이 거의 없다. 그러나 1970년대 후반에는 연간 1천억 달러까지 치솟았다. 이를 부채질하는 것은 주택 구입과 주택담보대출을 향한 무조건적인 열광이다. 마치 상어가 우글거리는 수족관을 보는 듯하다. 이런 열광으로 인해 주택시장이 거품으로 보이는 것이다.

주택담보대출이 이토록 증가하게 된 원인은 무엇일까? 기존 주택에 대한 평가차익도 1천억 달러씩 상승하고 있다. 연간 4백만 채의 집이 팔리며, 이들의 평균 평가차익은 2만 5,000달러이다. 집을 새로 산 사람은 최대한의 주택담보대출을 받는다. 집을 판 사람은 다른 집을 사고, 마찬가지로 자신이 얻을 수 있는 최대한의 주택담보대출을 받는다.

이것은 일부 경제학자들이 1970년대 후반의 경기 침체를 예견했던

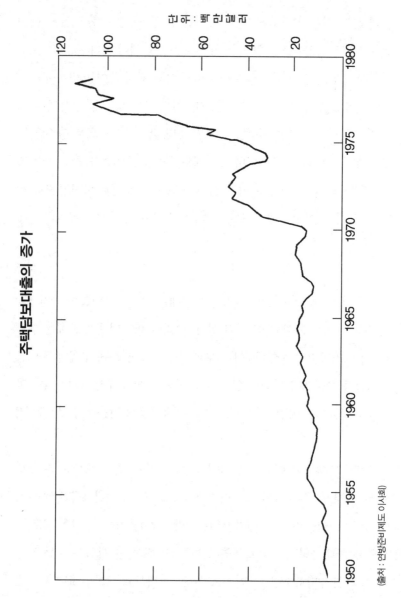

단위 : 천억 달러

주택담보대출의 증가

120 100 80 60 40 20

1950 1955 1960 1965 1970 1975 1980

(출처 : 연방준비제도 이사회)

이 그래프는 주택 호황을 촉발한 요인이 주택담보대출이라는 것을 보여준다. 1950년에서 1970년까지 20년간 주택은 '살아가는 장소'였다는 것을 알 수 있다. 주택담보대출은 매년 수천억 달러씩 증가했다.

이유이기도 하다. 경기 침체가 오려면 아직 멀었는데도 말이다. 그들은 통계 수치를 보고는 이렇게 말한다.

"음, 사람들이 돈에 쪼들리는군. 그렇다면 경기 침체가 오겠지."

하지만 그들이 예측한 시기에 경기 침체는 오지 않았다. 전통적으로 평가차익과 대출은 수입으로 치지 않았는데, 경제학자들도 마찬가지였기 때문이다. 수치만 볼 때 사람들은 돈에 쪼들리고 있었다. 하지만 수치는 집값 거품을 염두에 두지 않았다. 매년 팔리는 4백만 채의 주택은 평균 2만 5,000달러의 평가차익을 내고 있었던 것이다.

1980년, 무임승차는 마침표를 찍었다. 적어도 무임승차의 마침표를 찍기 시작한 것은 분명하다.

저축은행의 장부를 보면, 1960년대의 차용인들에게는 6퍼센트의 금리로 30년간 돈이 묶여 있었고, 1970년대의 차용인들에게는 7 내지 8퍼센트의 금리로 묶여 있었다. 1980년 금융 위기 당시 저축은행들은 돈에 쪼들리고 있었으며, 매우 힘겨운 시기를 보냈다. 밤 사이에 예금이 증발할 수도 있었다. 실제 그러기도 했다. 이를 막기 위해 저축은행들은 대가를 지불해야 했다. 어리석은 이들의 통장에 넣어주는 5퍼센트 정도가 아니라 16퍼센트까지 지급해야 했던 것이다. 차용인과 투기꾼들이 30년 동안이나 자금을 묶어두자 은행들은 짜증이 나기 시작했다.

매일 밤, 저축은행들은 예전의 원장 대신 컴퓨터 출력본을 들여다보고 있었다. 여기에는 아직도 6퍼센트, 7퍼센트 집이 허다했다. 하지만 아무 조치도 취할 수가 없었다. 또한 '탈중개화'로 인해 예금이 빠져나가버릴 위험이 상존하고 있었다. 그야말로 진퇴양난의 상황이었다. 그리하여 저축은행은 기업들의 관행이 되어버린 읍소 작전을 쓰기에 이르렀다.

이들은 워싱턴에서 눈물로 하소연했다. 이곳에서는 정치적인 연줄만 있다면 눈물의 효과를 종종 볼 수 있다. 연방 공인 저축대부조합을 규제하는 연방 주택대부은행 이사회가 관심을 보였다. 물론 예전에 관심이 없었다는 얘기는 아니다.

"대출업체들이 향후 30년간 대출 비용을 보증할 수 있을 것 같지는 않습니다." 이사회 의장 제이 재니스는 말했다. "집 앞의 주유소에 가서 휘발유 값을 보증하라고 하는 것과 같은 일이죠."

그래서 이사회는 모든 연방 공인 저축대부조합이 롤오버 주택담보대출, 즉 '이자율 재협상 주택담보대출'을 시행하도록 해주었다. 여전히 25년 만기, 또는 30년 만기로 주택담보대출을 받을 수는 있지만, 3년마다 (은행의 대출 상품 종류에 따라 4, 5년이 될 수도 있다) 은행에서는 당신이 지급해야 할 이자율을 조정할 수 있다. 은행에서 당장 시중 금리로 인상할 수는 없다. 하지만, 가령 3년이 지나면 연간 1.5퍼센트 포인트로 증감할 수 있게 된다. 은행에서 이자율을 조정하기로 했다면, 당신은 90일간 더 나은 조건을 찾아다닐 수 있다.

마치 1920년대로 돌아간 것 같았다. 하지만 둘 사이에는 결정적인 차이점이 있다. 1931년이었다면 은행에서는 이렇게 말했을 것이다.

"대출 기간이 만료되었습니다. 더 이상 담보는 필요 없어요. 당장 갚으시오."

이제 은행에서는 대출을 갱신해야 한다. 여러분 마음에 들지 않는 것은 기한뿐일 것이다.

최근 몇 년간 일부 주에서는 벌써 저축대부조합이 변동 금리 주택 담보대출을 하기 시작했다. 이로 인해 일부 고객들은 지급 금액이 훌쩍 뛰었다는 느낌을 받게 되었다. 이자율 재협상 주택담보대출은 대출업체의 생존 전략 중 하나이다.

이들은 다른 방법도 고안해냈다. 시간이 지날수록 지급 금액이 늘어나는 점증상환대출과 역주택담보대출이 그것이다. 최근의 혁신적인 상품으로는 '수익참여융자'가 있다. 대출업체에서 돈을 빌려준 다음, 당신이 집을 팔 때 수익의 3분의 1을 가져가는 것이다. 이런 상품들 덕에 주택 구매가 가능하긴 하다. 하지만 장기 고정금리 주택담보대출보다는 더 비싸게 돈을 빌리게 되는 것이다.

여기에서 미국 국세청을 한 번 언급해보자. 모두가 집을 가져야 한다는 사회적 합의는 주택 소유자에게 혜택을 주는 조세제도인 4중 보조금을 낳았다. 이제 국세청은 수월하게 혜택을 깎아낼 수 있는 주말용 주택, 임시 주택에 대해 이자면제 및 감가상각 일정을 제한하고 있다. 이러한 조치가 '모든 이에게 집을'이라는 중심적인 합의에 영향을 미치지는 않는다. 하지만 주택에 대한 투기적 측면에는 효과가 있다. 국세청이 뚝심 있게 밀고 나간다면, 시간이 지남에 따라 혜택은 더 줄어들 것이다.

대출 기관들이 마침내 인플레이션에 적응한다면, 5,600만 가구가 이미 집을 소유하고 있다면, 소유자가 살지 않는 집에 대해 국세청이 눈살을 찌푸린다면, 수입에서 대출 상환이 차지하는 비중이 계속 커진다면, 결론은 이것이다. 무임승차는 끝났다. 우리가 철석같이 믿었던 집값 상승은 필연적이지도, 확실하지도 않은 것이다.

하지만 과열되었던 경기가 식는다고 해서 올랐던 것이 그만큼 그대로 하락하지는 않는다. 요구불예금 통장을 손에 쥔 어리석은 아이들의 구매력을 회복시켜줄 리는 없으며, 캘리포니아와 텍사스에 새로 이사온 사람들은 아직 떠날 준비가 되어있지 않다.

가족 형성을 지켜보고 있는 전문가들은 주택 붐이 몇 년간 계속될 것으로 본다. 당분간 수요는 존재할 것이다. 환경 규제는 없어지지 않을 것이다. 이미 주택 못지않은 사회적 합의를 이루고 있기 때문이다. 땅값이 내려가지는 않을 것이다. 그리고 건설을 규제하는 지방 기관들이 건설업을 내몰지는 않을 것이다. 자동차와 마찬가지로 집도 더 작아지고, 더 에너지 효율적으로 될 것이다. 사람들이 살고 싶어 하는 지역에는 집값보다 더 많은 돈이 몰려들 것이고, 집값은 상승할 것이다. 사람들이 떠나는 지역에서는 집은 넘쳐나는데 집을 살 돈은 없을 것이고, 집을 팔기도 힘들어질 것이다.

가족 형성의 팽창으로 인해 베이비붐 이후 세대가 탄생하고 있다. 하지만 25-34세의 손에 손을 맞잡은 가족 형성에도 불구하고 베이비붐 뒤를 이은 출생률 급감으로 인해 대학 신입생은 줄어들고, 기숙사는 방이 비고, 초등학교는 문을 닫고 있는 것이 현실이다. 향후 10년간 주택시장에서는 출생률 급감의 영향이 모습을 드러낼 것이다.

전국 주택건축업협회에서 경제학 모델을 가지고 추산해보니, 1979년에 6만 3,300달러 나가던 중간급의 집이 1989년에는 15만 6,500달러가 될 것으로 나왔다. 이것은 사람들이 기대하는 일확천금은 아니다.

여기에는 제2장에 등장한 깡통 따개와 같이 비현실적인 가정이 몇 가지 있다. 하나는 대출업체들이 차용인들에게 계속 돈을 빌려줄 것이며, 저축은행의 예금자와 생명보험 가입자들로부터 계속 돈이 생겨나리라는 것이다. 주택 보조금이 그대로 유지되리라는데 동의할 수는 있다. 모두가 집을 소유해야 한다는 사회적 합의도 여전히 유효할 것이다. 화폐와 비교해 보면, 집값은 계속 오를 것처럼 보인다. 화폐는 가치 하락을 방지할 표준이 없기 때문이다.

하지만 10년만 지나면 주택은 1억 채가 될 것이다. 근사한 새 집도 있을 것이고, 오래된 낡은 집도 있을 것이다. 집은 더 이상 투자 수단이 되지 못할 것이다. 즉, 화폐에서 도피하는 방법으로 활용될 수 없다는 것이다. 집은 단순히 우리가 사는 곳이 될 것이다. 장기 고정금리로 대출을 받기만 하면, 인플레이션이 증가할수록 이익을 얻는다.

허버트 후버가 백악관 창 밖으로 말 탄 경찰관과 보너스를 요구하는 시위대를 쳐다보고 있었을 때, 그는 국가 재정 구조를 뒤바꿀 장기적인 변화를 의도한 것은 아니었다. 프랭클린 루즈벨트는 뚜렷한 목표가 없었다. 그도 마찬가지로 은행을 살리려고 했으며, 자신을 미식축구의 쿼터백이라고 생각했다. 쿼터백의 임무는 다음 공격을 시작하기 전에 그 전 공격을 분석하는 것이다. 하지만 재정 구조는 아주 조금씩 변화했다.

캘리포니아 남부에서 다이아몬드 차트에 이름을 올리고 싶어 했던 리와 어마는 자신의 노력이 사회 변혁과 무슨 관계가 있다고는 생각하지 않는다. 시카고, 오렌지카운티, 플로리다 남부에서 공동주택을 열심히 사들이는 구매자들도 마찬가지이다. 가구와 함께 길바닥에 나앉은 1930년대의 가족사진은 흐린 기억 너머로 사라졌다.

　화폐로부터의 탈출 행렬이 시작되었을 때에는 주택시장이라는 피난처가 있었다. 보이지 않는 네 가지 보조금의 지원을 받는 곳 말이다. 1970년대, 집은 단순히 사는 곳이 아니라 투자 수단, 곧이어 투기 수단이 되었다. 이제 우리는 병원과 슈퍼마켓이 공동 주택으로 바뀌는 시점에 도달하고 있다. 이 때 소유자는 채무자가 되기도 한다.

　이러면 사회 변혁은 애초의 의도를 넘어서 진행된다. 공정한 수준을 지나 절차가 먹혀들지 않는 단계가 되는 것이다. 우리는 적당한 가격의 임대 주택도 구할 수 있어야 한다. 주택은 국가의 예금을 보관하기에 부적절한 곳이다. 예금은 고정되고, 부채의 축적은 가속화된다. 비록 부채라는 것이 페이퍼 머니 시대에 대한 논리적 대응으로 시작되기는 했지만. 축적이 오랜 기간 지속되면 우리가 애초에 가졌던 합의, 즉 자기 집을 가질 수 있는 가족의 이미지가 깨어지게 된다.

　주택담보대출이 팽창하고, 집이 투기 수단이 되는 것은 논리적인 수순이었다. 하지만 논리적이라고 해서 건전한 것은 아니다. 집이 단순히 사는 곳이 되려면, 보다 안정적인 재정적 조건이 필요하다. 그리고 이것은 다른 변수, 디지털 학자인 아더가 말한 외생 변수에 달려 있다. 어쨌거나 달러에서 도피하는 수단으로 집만 있는 것은 아니다.

PAPER
MONEY

Chapter
06

범람하는 달러
—기축 통화가 절하되는 이유

사랑하는 나의 스위시

몇 년 전, 친분이 있던 보스턴의 촉망 받는 변호사 한 명이 더 이상 달러를 보유하지 않기로 결심했다. 그는 집을 팔고 세를 얻었다. 주식도 팔았다. 그는 수익금을 금, 은, 외화에 투자했다. 그는 정기적으로 스위스에 가서 외환 전문가와 점심을 먹기 시작했다.

나는 종종 그와 논쟁을 벌였다. 재무부에 근무하는 친구들이 달러가 싸다고 말해주기도 했지만, 나는 차마 미국을 저버릴 수 없었다. 금값이 150달러에서 850달러로 오르거나 미국이 석유 수입에 연간 1천억 달러를 쓰게 되리라는 생각은 나의 상상 밖의 일이었다.

그 보스턴 변호사는 큰 성공을 거두어서 자신의 화폐를 친구로 여길 정도였다. 그는 애완동물에게 하듯 화폐에게 말을 걸었다.

"우리 스위시들." 그는 자신의 스위스 프랑을 이렇게 불렀다. "우리 스위시들은 살 때는 35센트였다네. 우리 스위시들은 금 태환이 되는 데다가, 스위스의 물가상승률은 어느 나라보다도 낮지. 다른 사람들이 모두 늙은 달러를 손에 쥐고 있을 때에도 우리 스위시는 45센트, 55센트, 65센트까지 올라가지 않았겠나. 이리 온, 귀여운 녀석들아. 70센트도 금방이다. 너희들은 할 수 있어. 연말까지는 1달러가 될 거다."

그는 자신의 독일 마르크와는 약간 문제가 있었다. 다시 말해 애칭을 불러주면서 이들과 친밀감을 갖는 것이 힘들었다는 뜻이다. '도이처'라고 부르면 될까? '도이지'라고 부르면 되려나? 그는 이 직은 친구들과는 스위시만큼의 편안함을 느낄 수 없었다. 그는 이들을 그냥 'DM'이라고 부르기도 했다. 하지만 DM도 그에게는 좋은 친구였다. 그의 네덜란드 길더는 스위시나 DM처럼 가족까지는 아니었고, 사촌정도나 되었지만 달러와 비교해보면 이들도 훌륭했다.

그 보스턴 변호사는 '그레샴의 법칙'에 나오는 경제적 인간의 살아 있는 표본이 되었다. 토머스 그레샴(Thomas Gresham)은 1599년 런던 왕립 증권거래소를 설립한 인물이다. 여러분은 그의 법칙 '악화가 양화를 구축한다'도 기억할 것이다. 이 말은 언제 들어도 이상하다. 왜 양화는 인디언을 공포에 떨게 한 제7 기병대처럼 악화를 몰아내지 못한단 말인가?

하지만 두 가지 통화, 가령 미국 달러와 스위스 프랑이 있는데 하나(악화)는 가치의 절반을 잃게 생겼고 다른 하나(양화)는 가치를 유지한다면, 당신은 어느 것을 써버리겠는가? 그리고 어느 것을 예금하겠는가? 이런 이유로 악화는 밖으로 나가 순환하게 되고, 양화는 모아서 고이 간직하게 되는 것이다. 이것이 토머스 그레샴의 말이다. 나의 친구 보스턴 변호사는 값이 떨어지는 달러를 내다 팔고, 사랑하는 스위시를 모아 들였다.

여러분이 가진 달러를 교환하고 싶다면 어려운 일이 아니다. 은행에 가서 전 세계의 어느 통화든 사면 된다. 미국인들은 이것을 당연하게 여긴다. 하지만 외환 거래 통제 때문에 대부분의 나라 국민들이 자국의 통화를 환전하지 못했던 시기가 있었다. 미국인들 기억 속의 영국 관광객들은 해외에서 매력적인 짠돌이였다. 영국을 떠날 때 50파운드밖에 가지고 나갈 수 없었기 때문이다.

당신은 현금뿐 아니라 마르크, 엔, 스털링으로 표시된 여행자수표를 살 수도 있다. 현금이나 여행자수표를 살 때의 문제는, 그 돈에서 뽑을 수 있는 이자를 포기해야 하며 어딘가에 그 종이 뭉치를 놓아두는 불편을 감수해야 한다는 것이다.

해외에 '경화(硬貨)' 예금계좌를 개설할 수도 있다. 하지만 달러 예금계좌보다 금리는 낮을 것이다. 스위시의 경우, 스위스 은행에서는 돈을 맡아주는 대가로 수수료를 요구하기도 한다. 이들은 스위스 프랑의 가격을 올려놓는 달러를 달가워하지 않는다. 스위스 프랑의 가치가 상승하면 초콜릿, 시계, 전자제품을 팔 때, 미국인과 같은 달러 보유자들에게 판매하는 가격이 비싸지기 때문이다. 그러면 시장에서, 가령 시계 시장에서 자신들의 몫이 줄어드는 것이다(사실, 그런 현상은 벌써 일어났다). 마찬가지로 독일인들도 마르크의 지나친 인기를 원하지 않는다. 마르크의 달러 대비 가치가 상승하면 폭스바겐 가격이 1만 5,000달러가 되어 디트로이트의 미국 자동차 회사들에 비해 가격 경쟁력이 없을 것이기 때문이다.

그렇지만 당신은 채권을 살 수 있다. 스위시, DM, 그리고 엔화로 된 채권도 있다. 게다가 이자도 받을 수 있다. 달러 가치가 계속 하락하면, 나중에 DM 채권을 팔아서 훨씬 많은 달러를 벌어들일 수 있는 것이다. 물론 이론이 그렇다는 것이다.

정말 도박을 하고 싶다면, 통화 자체뿐 아니라 장래에 지급될 통화에 대한 선물 거래를 할 수도 있다. 스위시가 10센트 오를 거라 생각했다면, 아무 외환 시장에서든 스위시 선물을 사고 대금은 대부분 대출로 충당할 수 있다. 6개월 후에 스위시를 인도받아 달리로 바꾸면 큰돈을 벌 수 있다. 물론 스위시가 떨어진다면 판돈을 잃게 된다.

내 친구 보스턴 변호사는 달러를 떠나보내면서 더 이상 홈팀 응원가를 부르지 않게 되었다. 나에게 나쁜 소식은 무엇이건 그에게는 좋은 소식이었다. 나는 미국의 에너지 과소비 때문에 매달 10억 달러씩 빠져나가는 것이 걱정되었다. 그런데 같은 뉴스가 그에게는 신나는 소식이었다. 그는 이렇게 말하곤 했다.

"지난달 미국의 무역 적자가 얼마였는지 들었나? 이건, 정말이지. 사우디가 유가 인상을 철회하지 않을 거란 소식 들었나? 원유 현물 가격이 40달러를 향해 가는군. 사막에 사는 이 작자들은 올해 수천억 달러를 벌어들일 작정이야. 이들이 석유 판 돈을 모두 달러로 보유하리라고 생각하나? 이미 달러는 지천으로 널렸는데 말야. 안 되지. 투자를 다각화해야 할 텐데. 분데스방크의 전 총재 오트마 에밍거(Otmar Emminger)가 말하기를 아랍인들이 달러를 끌어가지 않아도 올해 발행하는 화폐 상당수가 외화를 사려고 빠져나간다는 거야. 우리 스위시는 1대 1이 될 참이지. 1달러당 1스위시 말이야."

내가 대꾸했다.

"스위스 초콜릿은 3달러가 되겠군."

"그래서 어쨌단 말인가?" 그가 말했다. "스위스인들은 금융업으로 돈을 긁어 들이고 있다구. 전 세계의 초콜릿을 다 살 수도 있을 걸세."

카터 대통령이 이란의 자산을 동결하라고 명령했을 때, 내 친구 보스턴 변호사는 기세가 등등했다.

"이런! 은행 예금을 가둬 놓는다구? 우리 사막 친구들, 겁 꽤나 먹겠군. 미국은 머리를 써야 해. 우리는 숨겨둔 게 많다구. 우리 자산도 동결하면 어떡하냐고? '월스트리트여 굿바이, 프랑크푸르트여 반갑다'가 되는 거지. 스위스는 달러가 쏟아져 들어오는 걸 막을 수 없을 걸세. 독일 마르크와 네덜란드 길더에도 여파가 미치겠지. 돈 벌기 참 쉽다네."

나는 홈팀 미국에 절망하고 있었다.

당시 유럽인들은 분노했다. 자신들의 에너지 사용은 줄어든 반면, 미국인들의 에너지 사용은 늘어났기 때문이다. 또한 욕조에서 손목을 그은 것 마냥 아무 고통 없이 달러가 흘러내리고 있었기 때문이기도 했다. 미국인들은 이것을 이해하지 못했다.

내가 사우디의 제다나 쿠웨이트, 아부다비에 앉아 있었다면, 올해 벌어들인 수천억 달러를 어디에 두려고 했을까? 스위시는 규모가 너무 작아서 큰손이 사들일 만큼의 물량이 돌고 있지 않았다. 게다가 금리도 마이너스였다. 다음 후보는 마르크였다. 마르크는 충분히 있었고, 독일의 물가상승률은 여전히 비교적 낮았기 때문이다. 나는 DM 채권의 포트폴리오를 모았다. 나는 친구인 보스턴 변호사의 외환 코치인 스위스 은행 직원 에드가를 만나기로 했다.

보스턴 변호사, 은행 직원 에드가, 스위시에 대한 얘기는 잠시 후 다시 하도록 하겠다. 그 보스턴 변호사는 그레샴 법칙의 살아있는 표본이자 미시경제적 행위의 좋은 사례이기도 하다. 굳이 스위시가 아니더라도 통화에서 통화로 이동하는 그의 행위는 기관들, 전 세계의 은행들, 초국적 기업들, 브리티시 페트롤레움(BP), 폭스바겐, IBM, 쉘의 재무 담당자들에 의해 훨씬 큰 규모로 이루어지고 있다. 내 친구 보스턴 변호사가 스위시를 이토록 수월하게 주무를 수 있는 것은 국제 통화 시스템이 작동하고 있기 때문이다. 이를 통해 통화가 환전되고, 다양한 언어로 주문이 내려지며, 석유, 커피, 컴퓨터에 투자하고, 인도하며, 대금을 지불하는 것이다. 이 시스템은 2차 세계대전 이래로 역사상 가장 위대한 번영의 시대를 안겨다 주었다.

그런데 이 시스템이 지금 약간의 문제를 맞고 있다. 이 시스템에서 평판이 높은 인물 중에 요하네스 비트빈(Johannes Witteveen)이 있다. 그는 대머리에 안경을 쓴 네덜란드인으로, 입은 가늘고 옷에는 메달을 주렁주렁 달고 있었다. 비트빈은 국제통화기금의 전 총재이자, 네덜란드의 전 재무장관이기도 하다. 그는 말했다.

"너무나 많은 변화가 일어났습니다. 게다가 너무나 빨랐죠. 정말로 국제 통화 시스템을 이해하고 있는 사람은 아무도 없습니다. 이 시스템의 장기적인 안정성에 의구심이 듭니다."

이와 같은 의견을 훨씬 웅변조로 들은 적이 있다. 1년에 걸쳐 국제 통화 시스템을 다룬 학회의 한 세미나 석상에서였다. 그곳의 모습은 이랬다. 비영리 후원, 저명한 참석자, 칸막이 벽, 지난 시절 저명한 학자들의 초상화, 'U'자형의 길다란 테이블, 노란색 받침대, 자리마다 놓인 깨끗하게 깎은 연필, 받침대 오른쪽 상단에 놓인 물 한 잔, 사전에 발송된 서류. 테이블 맞은편에는 살로몬 브라더스 사(社)에서 온 헨리 카우프만(Henry Kaufman)이 앉아 있었다. 세 칸 옆에는 앨버트 울지노어(Albert Woljinower)가 있었다. 그는 퍼스트 보스턴 사(社)의 경제 전문가로 경제에 대한 암울하지만 정확한 예측으로 '닥터 데쓰'라는 별명을 가지고 있었다. 토론은 점차 달아올랐다. 비(非)은행가들은 은행가들이 해외에 너무 많은 대출을 해주는 바람에 장래가 위태롭게 되었다고 공세를 폈다. 백발이 성성한 은행가들 중 하나가 대꾸했다.

"하지만 그럴 경우 국제 통화 시스템은 살아남을 수 없을 겁니다! 2차 대전 이후 미국이 만들어낸 이 멋지고 정교한 체제, 무역과 통화의 흐름을 조절하는 세계적 시스템, 지금까지 잘 해온 이 시스템이 죽는단 말입니다! 그러면 미국은 유례없는 불황에 빠지게 될 것입니다! 국제 통화 시스템은 반드시 살아남아야 합니다!"

좌중에는 정적이 감돌았다. 이들은 그런 감정, 시적인 표현에 익숙하지 않았다. 이 표현이 링컨의 두번째 취임 연설에서 나왔는지, 셰익스피어의 희곡 〈리처드 2세〉에서 나왔는지, 그것도 아니면 스타워즈에서 나왔는지는 분명치 않았다. 하지만 다들 동의한 말이 있다. 시스템은 살아남아야 한다.

하지만 더 이상의 동의는 없었던 것으로 기억된다.

국제 통화 시스템에 대한 토론은 극히 추상적인 표현을 쓰는 경향이 있다. 예를 들면 국제수지 적자, 무역수지, 경상계정, J 커브, 유동성 등이다. 내가 〈뉴욕 타임스〉 편집위원회 위원으로 활동하면서 이 시스템의 문제점에 대해 열을 내고 있을 때였다. 내가 중요한 의견을 제시할 때마다 깊은 한숨을 내쉬던 교열자가 이렇게 말했다.

"유동성이 뭔가요? 유동성이 무엇인지는 아무도 모른다구요."

나는 말했다.

"자산을 현금으로 바꾸는 능력입니다. 또한 이를 통한 충분한 통화 공급, 화폐와 준화폐의 등급을 뜻합니다."

그러면 이렇게 반문을 했다.

"'유동성'의 한 단어짜리 동의어가 뭐죠?"

나는 한 단어짜리 동의어를 찾지 못했다. 독자들께서 알려주신다면 고맙겠다. 결국 '유동성(流動性)'이란 단어 자체는 신문에 실리지 못했다.

나는 이런 용어들에 익숙했지만, 위풍당당한 위원회의 교양과 관심을 갖춘 참석자들조차 내가 용어를 쓸 때마다 손가락을 두드리거나, 발을 바닥에 구르거나, 메모장에 낙서를 하곤 했다. 이들은 대통령의 외교 정책이나, 의회의 국내 정책이나, 일반 시민들의 경제 행위에 대해 조언을 해주고 싶어 안달이었다. 나 또한 월요일, 화요일, 수요일, 목요일 할 것 없이 의견을 개진했지만, 정작 신문에 게재되는 것은 언제나 토요일이었다. 토요일은 〈뉴욕 타임스〉의 판매 부수가 가장 적은 날이다. 내가 물었다.

"왜 나는 고생하는 토요일의 아이(영국의 전래 동요 '일요일의 아이'에서 인용 – 역자 주)인가?"

그러자 이런 대답이 돌아왔다.

"정부에서 월요일 아침에 당신 글을 읽잖아요. 제일 머리가 맑을 때

말이죠"

　하지만 나는 알고 있었다. 무역수지, 경상계정, J 커브, 국제수지 적자가 손쉬운 아침식사 거리는 아니지 않은가. 이어지는 본문에서 나는 좀 경박하고, 국제 통화 시스템의 전문가들에게는 초보적으로 보일 수도 있는 어투를 쓸 것이다. 이렇게 하면 토요일의 아이 신세는 면할 수 있으려나.

기축 통화를 소유한 국가는
특권을 누린다

기축 통화는 전 세계에서 기준으로 사용하는 통화이다. 세계는 이런 식으로 이야기하는데 익숙해져 있다.

"달러로는 얼마입니까?"

우리가 달러에 대해 이야기할 때에는 국제 통화 시스템의 기준이라는 지위를 초월한 정서적인 느낌을 갖게 된다. 그것은 이 기축 통화가 바로 미국의 통화이고, 지갑에 항상 넣어 다니는 것이기 때문이다.

먼저 간단한 사례를 들어보자. 사우디인들은 석유가 매우 많다. 그들은 주바일에 공장을 건설하기 위해 입찰을 요구한다. 한국이 낮은 가격을 써내어 사업을 따낸다. 한국은 대규모 직원들을 사우디아라비아에 파견한다. 이들은 기숙사에 살면서 비버처럼 열심히 일한다.

한국은 공장을 만들기 위해 철강, 밸브, 기계, 배관, 플라스틱을 들여온다. 그리고 일본 선박이 상품을 들여온다. 사우디 통화는 리얄이다. 한국의 통화는 원화이다. 일본의 통화는 엔화이다. 그렇다면 한국인들은 어느 나라의 통화로 월급을 받을까?

정답은 위에 없다. 한국인들은 달러를 받는다. 세계는 달러로 무역을 한다. 달러는 바로 기축 통화이다. 거래는 사우디와 한국 사이에서 이루어진다. 이것이 실제 사례라면 사우디 은행에서 한국 은행으로 송금이 이루어질 것이다. 아니면 런던이나 도쿄를 경유할 수도 있다. 하지만 화폐는 달러인 것이다. 달러를 모르는 사람은 없다. 그 가치가 어떻게 될 것인가에 대해서는 이론의 여지가 있겠지만. 그리고 거래가 달러로 이루어지기 때문에 조만간 뉴욕의 원장에 기록이 남게 된다.

이것이 한 가지 문제이다. 신고서 양식을 작성하지 않고 5천 달러 이상을 국외로 반출하는 것은 연방법 위반이라는 안내문이 미국의 공항마다 붙어 있다. 하지만 전 세계는 달러로 무역하고, 달러로 송금하고, 달러로 투자하고 있다. 그리고 미국은 언젠가는 이들 달러에 대한 지불 요구를 받게 될 것이다. 해외의 달러는 미국인들이 소비해야 하는 사과, 컴퓨터, 섬유를 싹쓸이하는데 쓰일 수 있다. 그뿐 아니라 달러 보유자들은 달러의 상태에 대해 짜증 섞인 목소리를 낼 수도 있다. 게다가 이들이 단순히 짜증만 내는 것은 아니다. OPEC은 이렇게 말한다.

"달러를 절하한다고? 우리는 달러 잔고가 충분하다구. 수지를 맞추기 위해 유가를 인상해야겠군."

그러면 석유를 사야 하는 사람들은 분통을 터뜨리게 된다. 그런데 비난의 화살은 OPEC뿐 아니라 미국에게까지 날아오는 것이다. 유가가 상승하면, 그 비용이 전가되어 인플레이션이 증가한다. 그러면 달러는 다시 하락하고, 유가는 또 상승한다. 이것은 악순환의 고리이다.

프레드 버그스턴은 〈달러의 딜레마 The Dilemmas of the Dollar〉에서 기축 통화의 생애가 세 단계로 나뉜다고 말한다. 제1단계에서는 모두가 만족하며, 현지 통화로 바꾸려고 하는 사람은 없다. 제2단계에서는 기축 통화가 많이 풀려 이른바 '과잉' 현상이 일어난다. 이 근사하고도 불길한 단어를 버그스턴이 처음 쓴 것은 아니다. 제3단계에서는 기축 통화 시스템이 붕괴할 조짐을 보이면서 다들 기축 통화를 현지 통화로 바꾸려고 한다. 달러를 보유한 개인이 제일 먼저 현지 통화로 바꾼다. 다음으로 기관 보유자들이 걱정하기 시작한다.

나는 우리가 제3단계에 들어섰다고 확신한다. 과잉은 이미 일어났으며, 점점 커지고 있다. 미국 바깥에 완전한 달러 거래 시스템이 존재한다. 이들은 미국의 규제를 받는 영역을 벗어나 있다. 은행 창구에서 줄이 시작되어 도로까지 이어지기를 바라는 사람은 아무도 없다. 그렇게 되면 더 이상 갈 곳이 없기 때문이다. 특히 대형 기관 달러 보유자는 더욱 그렇다.

기축 통화를 소유한 국가는 나름의 방식으로 은행의 특징을 갖게 된다. 어떤 특징이 있을까?

은행에 돈을 맡기는 사람은 다시 찾을 수 있기를 바란다. 이게 첫째 특징이다. 돈을 돌려받지 못할 수도 있다고 생각한다면, 당신은 그 돈을 침대 밑에 보관할 것이다. 이 때문에 미국 은행들은 이런 광고를 해대는 것이다. "10만 달러까지 예금 보장." 이 요소를 '안전성(安全性)'이라고 부르자.

은행에 돈을 맡기는 사람은, 자신이 원할 때 다시 찾을 수 있기를 바란다. 이런 말을 듣고 싶지는 않을 것이다. "이 신청서를 작성하고 60일을 기다리시오." 다시 말해, 사람들은 자신의 자금이 묶이는 일이 없도록 은행이 현금을 가지고 있기를 바란다. 이 요소를 '유동성(流動性)'이라고 부르자.

돈을 사용하면 가치를 창출할 수 있다. 그러니 그 돈을 쓰지 않고 빌려주는 당신은 이자, 즉 돈에 대한 임대료를 받고자 한다. 이 요소를 '수익성(收益性)'이라고 부르자.

이제 국가의 통화에 대해서 이들의 의미를 살펴보자. '안전성'이란 은행이 망하지 않아야 한다는 것을 뜻한다. 국가는 정치적으로 안정되어야 한다. 1958년 쿠바 아바나에 개설되었던 대형 은행계좌가 1960년에는 휴지조각이 되었다. 따라서 국가는 안정된 제도를 갖추어야 하고, 법률을 존중해야 한다. 법규가 바뀌면 기축 통화의 구매자들이 혼란을 겪기 때문이다. 세상사란 모르는 것이기 때문에, 국가의 제도는 군사력과 정치력을 통해 보호해야 한다.

또한 국가는 국내외에서 기축 통화의 가치를 보전해야 한다. 화폐는 자신의 가치를 유지해야 한다. 이를 위해서는 건전한 경제, 즉 경제성장과 물가 안정이 필요하다. 바로 여기에서 '유동성'이 생겨난다.

'수익성'은 통화의 수요와 공급을 통해 관리하게 될 것이다. 금리를 높이면 화폐 가치 하락을 어느 정도 보충할 수 있다. 현대 사회에서 수요와 공급은 시장에서만 생겨나는 것이 아니다. 정부의 은행, 즉 중앙은행에서도 수요와 공급을 조절한다. 중앙은행의 임무는 신뢰를 구축하는 것이다.

영국에서 과학 천재 아이작 뉴튼(Isaac Newton)이 조폐국 장관으로 있을 때, 파운드화를 금화에 고정시킨 연유를 나는 모른다. 아마도 그의 머리 근처에 사과가 떨어졌나보다. 아이작 뉴튼 하면 미적분, 광학, 역학, 운동의 법칙, 프린키피아, 중력, 그 밖에도 수많은 탁월한 과학적 업적이 떠오른다. 조폐국 장관 아이작 뉴튼이 떠오르는 사람은 없을 것이다. 하지만 1717년, 조폐국 장관은 1기니, 즉 21실링이 금 129.4그램과 같다고 공표했다. 이어 그는 이 통화가 가치를 유지하도록 할 작정이라고 말했다. 이렇게 해서 그는 기축 통화를 창조한 것이다. 창조했다고 말한다 해도 과언이 아니다.

아이작 뉴튼이 그 당시 조폐국 장관을 맡고 있었던 것은 이 자리가 한직이었기 때문이다. 영국 과학계뿐 아니라 전 세계의 과학계를 주름잡고 있던 그는 종종 신경쇠약으로 고생했다. 그의 절친한 친구인 스위스 출신 수학자 파티오 드 딜리에(Fatio de Duillier)가 세상을 떠나자 그는 크게 상심했다. 그리고 그는 우익 정당에 소속되어 있었다. 그가 조폐국 장관이 된 것은 충성심과 업적에 대한 보답이었다. 그는 그 자리를 무척 마음에 들어 했다.

아이작 뉴튼이 어느 날 아침 집무실에 도착해 이렇게 말하지는 않았을 것이다.

"향후 200년간 우리나라에 필요한 것은 세계의 은행이 되는 것이오. 그러니 오늘 아침 나는 기축 통화를 발명하려 하오."

그렇다고 내가 이 사건을 역사책에 나오는 신기한 주석 정도로 치부하는 것은 아니다. 아이작 뉴튼은 신비주의와 연금술에 심취한 천재였기 때문이다. 이 주제에 대한 그의 저술들은 그의 주문에 따라 아직도 출판되지 않은 채 케임브리지 대학에 보관되어 있다. 연금술사에게 금은 변화를 일으키는 열쇠이다. 아이작 뉴튼은 종교적인 열정을 가지고 위폐범들을 추적했으며, 그들이 교수형에 처해지는 것을 보면서 기뻐했다.

뉴튼이 고안한 기니 주화는 깎아낼 수 없도록 디자인되었다. 주화를 깎아낸다는 말은 가장자리의 금속을 벗겨낸다는 뜻이다. 당신이 부스러기를 모두 모아 녹인다면, 이것은 당신 손을 거쳐 간 주화들에게서 통행세를 받은 셈이다.

역사상 통화는 귀금속으로 주조되었다. 하지만 이익을 더 얻고 싶었던 왕들은 주화를 깎아낼 수 있었던 것이다. 물론 이 경우 화폐의 가치가 떨어진다. 따라서 사람들은 깎아낸 주화는 있는 대로 써버리고 깎아내지 않은 주화를 모아두려고 했다. 토머스 그레샴은 이를 발견했고, 아이작 뉴튼은 이를 해결했다.

아이작 뉴튼이 만든 깎아낼 수 없는 기니 주화는 떨어뜨리면 소리가 울렸다. 그의 화폐는 믿을 수 있었다. 사람들은 뉴튼의 주화를 모으기 시작했다. 이로 인해 기니는 은으로 만들어진 스페인 달러에 필적하게 되었다.

하지만 기축 통화는 귀금속만으로 이루어지는 것은 아니다. 기축 통화를 발행하는 은행이 되고자 하는 의지와 역사적인 계기가 있어야 한다. 18세기, 전 세계의 무역상들은 린딘으로 돈을 송금하여 '스털링' 화로 보관했다. 스털링은 이후 영국 화폐의 이름이 되기도 했다. 스털링은 '순수한, 고귀한, 고급의'라는 뜻을 지니게 되었으며, 은의 순도를 의미한다.

사람들은 남성 애프터쉐이브를 비롯하여, 온갖 물건에 스털링이란 이름을 붙였다. 스털링의 어원인 '이스털링'은 에스토니아의 무역업 가문으로, 은괴에 자신들의 이름을 찍었다. 영국 금융사에서, 스털링은 은에 고정되었다. 은 11온스 2드램(약 315그램 - 역자 주)은 20실링 3펜스에 해당한다.

1717년에서 1931년 사이에 영국에서 자국 통화의 태환을 보류한 것은 단 두 번뿐이다. 두 경우 모두 전쟁을 치르느라 태환이 허용하는 것보다 더 많은 돈이 필요했기 때문이다. 전쟁의 상대는 나폴레옹과 카이저였다. 전쟁이 늘 그렇듯 이들 전쟁에서도 지폐가 발행되었고, 인플레이션이 발생했다.

워털루 전투가 끝난 후, 스털링은 기축 통화의 요건을 모두 충족했다. 정부는 안정되었고, 시스템은 존중 받고 보전되었다. 영국 해군은 전 세계를 누비고 다녔으며, 그 깃발을 따라 무역이 성행했다. 영국은 산업혁명을 달성한 최초의 국가였기에, 영국제 상품은 전 세계에 팔려나갔다. 제국의 변방에서는 전투가 끊이지 않았다.

파운드화에 위기가 닥칠 때마다, 금융 당국은 금리를 대폭 인상했다. 이로 인해 국내 경제는 침체되었으나, 높은 금리로 인해 외화를 끌어들일 수 있었기 때문에 파운드화는 가치를 보존할 수 있었다. 영국은 원자재, 즉 1차 상품을 수입하고 공산품을 수출했다. 원자재의 가격이 점차 하락했기 때문에 파운드화의 가치는 더욱 증가했다.

영국 정부는 '콘솔(consols)'이라 불리는 영구 국채를 발행했다. 아버지는 자식에게, 자식은 또 그 자식에게 국채를 물려주었다. 그리고 시간이 지남에 따라 국채의 가치는 실제로 증가했다. "정리 공채는 절대 팔지 마시오." 골즈워디의 소설 〈재산가 The Man of Property〉에서 주인공 솜즈 포사이트가 한 말이다.

전 세계는 런던으로 돈을 가져와서 스털링으로 바꾸었다. 런던에서는 그 돈을 안전하게 보관해주었다. 지도 제작자들은 세계지도에서 영국을 분홍색으로 칠했는데, 세계의 절반이 분홍색이었다. 영국의 영토는 희망봉에서 카이로까지, 수에즈 운하에서 오스트레일리아까지 걸쳐 있었다. 1897년, 빅토리아 여왕 즉위 60주년 기념일을 축하하기 위해 모인 함대가 5열로 늘어섰다. 각 열은 8km에 달했다. 정박지인 스핏헤드에서 열병하는 데만도 4시간이 걸렸다.

영국의 자본은 못 가는 곳이 없었다. 미국 철도와 서부의 대목장에도 영국의 자금이 들어왔다. 영국의 투자자들은 미국뿐 아니라 아르헨티나의 대목장도 소유하고 있었다. 영국의 기업들은 남아프리카공화국에서 금을, 말레이 반도에서 주석을 채굴했고, 탕가니카에서 대마를, 태즈매니아에서는 사과를 재배했으며, 멕시코에서는 석유를 시추했다. 상하이의 전차 회사, 모스크바 전력 회사를 운영한 것도 그들이었다.

영국은 제1단계에 아주 오랫동안 머물렀다. 누구나 영국의 통화를 원했고, 아무도 현금으로 바꾸고 싶어 하지 않았다.

제1차 세계대전은 엄청난 전비가 들었다. 말레이 반도의 주석 광산, 미국 서부의 대목장, 멕시코의 유전을 팔아 포탄을 비롯한 무기를 사야 했다. 이 무기들은 경제적 관점에서 볼 때 비생산적인 물품이다. 모스크바 전력 회사는 다른 곳으로 넘어갔다. 파운드화는 더 이상 예전의 파운드화가 아니었다.

기축 통화가 되는 것은 힘든 일이다. 그런데 기축 통화이기를 그만 두는 것 또한 힘든 일인 것이다. 1920년대에 걸쳐 영국은 파운드화의 가치를 4.86달러로 유지하려고 애를 썼다. 심지어는 낡은 19세기 방식을 쓰기도 했다. 금리를 높여 외국 자본을 끌어들이고, 자국의 경제를 침체시키는 방법 말이다. 이 방법은 효과를 거두지 못한 채 국내 경제만 엄청난 고통을 당해야 했다. 1929년과 1930년의 주식 대폭락과 신용 붕괴로 스털링의 오랜 통치는 막을 내렸다.

1931년 영국은 파운드화에 변동 환율제를 도입하고, 금 태환을 폐지했다. 파운드화는 더 이상 고정 환율로 금에 고정되어 있지 않았고, 언제든, 구매자와 판매자가 합의하는 어떤 가격에든 거래할 수 있었다. 국제 통화 시스템은 무너졌다. 기축 통화는 사라졌다. 무역은 끝장났다. 미국에서는 노동자의 4분의 1이 일자리를 잃었다.

하지만 파운드화의 통치력은 너무나 강력했기 때문에 아직도 그 때의 기억과 관계가 어른거리고 있다. 페르시아만에서 영국 해군은 물러났지만, 쿠웨이트와 아부다비는 아직도 런던에서 은행 거래를 하고 있다.

영국 파운드가 전성기를 구가한 유일한 기축 통화는 아니었다. 프랑스의 프랑화 역시 자신의 영향력이 미치는 범위 안에서 쓰이고 있었다. 하지만 2백 년 동안 왕좌를 차지한 것은 파운드화였다. 영국 은행은 부와 권력을 상징했다. 대공황기에 세계는 몇 개의 블록으로 나뉘어졌다. 각 블록은 자신의 통화를 절하하여 수출과 일자리를 늘리고자 했다. 자국 경제를 위해 타국을 희생시키는 이러한 인근 궁핍화 정책은 재앙을 초래했다.

제2차 세계대전을 거치면서 달러가 기축 통화로 되었다. 금은 미국으로 몰려들었고, 미국은 세계를 먹여 살렸으며, 자국의 영토 내에서 전쟁의 타격을 피해갔다.

미 재무부의 마이클 블루멘털(Michael Blumenthal) 전 장관은 파운드에서 달러로의 전환을 몸소 체험했다. 그는 베를린에서 태어났으며, 그의 가족은 2차 세계대전이 일어나기 전에 중국으로 이주했다. 중동 순방 이후 그는 이렇게 회상했다.

"하루나마루호(號)를 타고 가면서 정박했던 항구들이 모두 기억납니다. 사이드, 수에즈, 아덴, 뭄바이, 콜롬보, 싱가포르, 홍콩, 그리고 상하이항에 도착했죠. 항구마다 영국 국기 유니언 잭이 휘날리고, 무릎까지 오는 양말에 머리에는 인도식 토피 모자를 쓰고, 지휘봉을 든 영국 장교가 배에 올라와 영국 억양으로 인사를 하더군요. 하지만 이제 영국은 한물갔습니다. 어디를 가든 정부의 최고위층은 미국에 시선을 고정하고 있습니다. 미국의 정책이 어떻게 바뀔까? 미국 대통령은 어떻게 행동할까? 이런 것에 촉각을 곤두세우고 있죠. 분명 우리는 과대평가되고 있습니다. 우리가 할 수 있는 일에 대해서도 실제보다 많은 기대를 받고 있습니다."

1944년, 세계 44개국의 재무장관이 뉴햄프셔 브레튼우즈의 여름 휴양지에 모여들었다. 그리고 모든 통화의 환율이 고정되었다. 어떤 나라의 중앙은행원이 미국에 35달러를 가져오면, 금 1온스를 받을 수 있었다(미국인들은 아직도 금을 소유할 수 없었다). 다른 통화는 모두 달러에 고정되었다.

달러는 기축 통화의 요건을 모두 충족했다. 미국은 자국의 책무를 기꺼이 받아들였다. 미국은 군사력과 정치력을 보유하고 있었다. 또한 안정된 제도를 갖고 있었다. 경제 성장과 가격 안정의 요인은 충분했다. 게다가 훨씬 압도적인 요건이 하나 있었으니, 달러 말고는 기축 통화가 될 만한 통화가 없었다는 것이다.

통화를 귀금속에 고정한다고 해서 기축 통화가 되지는 않는다. 하지만 지폐를 찍어내는 것을 제한할 수는 있다. 귀금속의 양은 제한되어 있기 때문이다. 그리고 이를 통해 통화에 대한 신념이 유지될 것이라는 징표가 될 수 있는 것이다. 그러나 남아프리카공화국의 랜드화(貨)는 부분적으로 금본위제였는데도, 아무도 랜드화를 쓰려고 하지 않았다. 통제와 규제가 지나치게 엄격했기 때문이다. 스위스 프랑 등 몇몇 유럽 통화 또한 금본위제를 채택하고 있으며, 통화 안정을 지키려는 의지도 있다. 하지만 스위스는 군사력도, 정치적 영향력도 없는 조그만 나라인 것이다. 세계는 준거로 삼을 기축 통화가 절실히 필요했다. 덕분에 스위스는 안정적인 프랑화를 바탕으로 전 세계의 돈을 끌어 모아 이를 굴려 이익을 얻을 수 있었다. 하지만 스위스 프랑은 전 세계의 무역을 매개할 만큼 충분하지 않다.

무시무시한 대공황의 조짐이 보일 때 스스로를 남들이 믿어주지 않았던 예언자 카산드라라고 불렀던 케인즈(John Maynard Keynes)는 국제적 번영을 위한 계획을 브레튼우즈에 제출했다. 그의 희망대로라면 이 계획은 개별 국가의 야망을 충족하면서도 1930년대로 돌아가는 것은 막아줄 것이었다. 그가 제안한 것은 국제 통화인 '뱅코어(Bancor)'

와 국제 은행인 '국제청산동맹(International Clearing Union)'이었다. '뱅코어'는 당시로서는 너무 급진적이었다. 미국이 자금을 투입하여, 황폐화된 유럽에 돈을 빌려주자는 것이었다. 이 계획은 채택되기는 했지만 그리 오래 가지는 않았다.

하지만 브레튼우즈에서 만났던 국가들은 1930년대의 통화 전쟁을 피하고 상호협력하기를 원했다. 브레튼우즈 협정의 결과로 국제 통화 시스템을 위한 국제기구들이 출범했다. 국가간 통화 관계를 관장하는 국제통화기금(IMF), 세계를 재건하기 위한 국제부흥개발은행(IBRD), 그리고 관세 및 무역에 관한 일반 협정(GATT)이 그것이다.

미국은 세계의 재건을 위해 돈을 빌려주었다. 이것은 마셜 플랜의 원조와 차관을 통해 이루어졌다(마셜 플랜을 통해 미국은 자국의 지배력을 유지할 수 있었다. 만약 청산동맹에 참여했다면 이 정도는 달성하지 못했을 것이다). 국제 통화 시스템은 성장과 번영을 이루었다. 은행, 커뮤니케이션의 네트워크, 그리고 무역은 계속 성장하고 있었다. 경제학자들은 달러가 부족하게 되는 '달러 갭'을 걱정하고 있었다. 무역에 충분한 달러를 어떻게 조달할 것인가? 이것은 매우 오랜 이야기처럼 보인다. 하지만 1950년대, 미국은 전 세계 원유의 절반을 생산하고 있었고, 자동차의 절반, 공산품의 40퍼센트를 만들어냈다.

미국인 관광객들이 해외여행을 할 때면, 누군가 이들을 으슥한 골목으로 유인하여 이렇게 말하곤 했다. "쉿! 달러 바꿔줄까요?" 그들은 공식 환율에다 웃돈을 얹어주겠다고 제안하는 것이었다.

1958년까지 국제 통화 시스템은 잘 굴러갔다. 무역은 호황이었고, 주요 통화는 서로 태환되었으며, 금보다 달러를 가지고 있는 것이 더 나왔다. 번거롭게 금을 가지고 있을 사람이 누가 있겠는가? 금이 꼭 필요하다면, 언제든 달러를 금으로 바꿀 수 있었다.

하지만 금은 비생산적이었다. 이자도 받지 못하는 데다가, 보관료까지 지불해야 했기 때문이다. 모두들 달러를 원했다. 이제 대양을 누비는 것은 미 해군이 되었으며, 세계 각국의 수도마다 미국 은행의 깃발이 펄럭였다. 미국 기업들은 전 세계의 니켈 광산과 자동차 부품 공장을 소유했다.

미국인들은 해외에서 마음껏 달러를 뿌려댔다. 미국 기업인들은 해외에서 공장, 설비, 원자재를 사들였다. 미 국방성 펜타곤은 기지와 군대 주둔 비용을 달러로 지불했다. 1960년대 내내 들어오는 달러보다 나가는 달러가 더 많았다. 그리하여 해외로의 달러 과잉이 일어났다. 국제수지에서 적자가 발생한 것이다.

점차 외국인들은 전 세계 생산량의 절반을 차지하는 미국산 자동차를 사기 위해 달러를 필요로 하지는 않게 되었다. 이제 마음만 먹으면 독일의 폭스바겐, 일본의 닛산, 프랑스의 르노를 살 수 있었기 때문이다. 또한 더 이상 텍사스에서 전 세계 석유의 절반을 사기 위해 달러가 필요하지는 않게 되었다. 어디에서나 석유가 넘쳐났다. 사실, 미국인들 자신이 폭스바겐과 닛산을 사기 위해 달러를 소비하고 있었다. 외국인들이 달러를 신뢰할 수 있었던 것은, 원할 경우 자국의 중앙은행에서 35달러를 금 1온스로 바꿀 수 있다는 미국의 보증 덕이었을 것이다. 그러나 달러가 점차 해외에 쌓여감에 따라, 더 많은 달러가 미국에 들어오고 그만큼의 금이 빠져나가고 있었다.

닉슨 대통령이 달러의 금 태환 정지를 선언하게 된 동기와 과정은 경제사학자에게 맡기자. 공식적인 '골드 윈도(달러-금 교환 창구 - 역자 주)'에서 취해진 행동들로 인해 환율 재설정이 일어난 것일까? 갑작스런 금 유출을 저지하려고 했던 것일까? 재무장관 존 코닐리의 조치가 늘 그렇듯, 치밀한 계획에 따른 것은 아니었던 걸까?

이 글에서 정확한 이유는 중요하지 않다. 1971년 8월, 미국 재무부는 달러에 대한 금 판매를 전면 중단했다. 하지만 금에 대한 잠재적인 요구는 너무나 컸다. 해외에서는 이런 요구로 인해 유로달러라는 괴상한 통화가 등장하기도 했다. 이것은 단지 해외에서 통용되는 달러한 장에 불과했다. 유로달러는 미국에서는 여느 달러와 마찬가지였지만, 외국의 공식 기관에서는 금을 대신할 수 있었다. 미국이 달러와 금 사이의 연결을 끊어버렸을 때, 기축 통화는 더 이상 귀금속 본위제로 통용될 수 없었다.

꿈의 나라, 유로랜드

유로달러는 국적이 없는 화폐였다. 유로달러는 국경을 초월했으며, 수은 방울만큼이나 다루기 어려웠다. 연못에 자라는 백합이나 8월의 돼지풀처럼 자생적으로 자라났다. 유로달러의 창시자를 찾는 것은 조폐국 장관 뉴튼 시대의 가장 위대한 과학자를 찾는 것만큼이나 비상식적인 일이다. 유로달러를 고안해낸 것은 러시아인들이었다.

1950년대 중반, 다른 이들과 마찬가지로 러시아인들 또한 국제 거래에 달러를 사용하고 있었다. 달러가 기축 통화였기 때문이다. 루블을 원하는 사람은 아무도 없었다. 여러분이 달러를 벌어들였다면, 그 달러를 가지고 미국에서 석유, 항공기, 밀, 콩, 자동차, 그리고 원하기만 한다면 금까지도 구할 수가 있었다. 아니면 뉴욕의 은행에 달러를 넣어두고 이자를 받을 수도 있었다. 다른 이들과 마찬가지로 러시아인들 또한 뉴욕에 달러를 예치하고 있었다.

1956년 헝가리 혁명 이후, 한 러시아 관료가 자국의 달러 계좌를 런던에 있는 모스크바 나로드니 은행으로 옮겼다. 이 은행은 영국에서 설립되었지만 실은 러시아가 소유하고 있었다. 그는 이렇게 생각했을 것이다. 냉전이 격화되면 미국이 뉴욕에 예치되어 있는 러시아의 달러를 동결할지도 모르니 정치권의 영향력이 미치지 못하는 유럽에 보관하는 것이 나을 거라고.

나는 역사책에 실릴 만한 얼굴 없는 이 관료를 찾아본 적이 있다. 러시아인 은행가가 이렇게 말했을 때만 해도 그 관료를 찾아낼 희망이 보였다.

"드레가소비치가 유로달러를 고안한 게 아닙니다. 그 밑의 사람들이 했지요. 그는 모든 공적을 독차지했을 뿐입니다."

하지만 그 이후 실마리가 끊어졌다. 유로달러의 창안자는 러시아 금융계의 미궁 속으로 사라져버렸다. 지금쯤 그는 주말 농장인 '다차'를 소유하고 쿠바산 시가를 공급하고 있을 수도 있다. 아니면 조국에서 존중 받지 못했다고 느끼고는 자신이 캘리포니아에서 자랐다면 미국 최대의 은행인 뱅크오브아메리카의 총재가 되었을 수도 있다고 손자에게 말하고 있을지도 모른다.

내가 상세한 설명을 요구하자, 모스크바 나로드니 은행은 '사회주의 은행의 발전'을 다룬 무미건조한 소책자 하나만을 던져주었다. 그것은 지금 아무 소용도 없는 책자이다.

1957년 2월 28일, 런던의 모스크바 나로드니 은행은 런던 상업은행을 경유하여 총 80만 달러를 대출해주었다. 비록 사소한 금액이지만 달러가 미국의 금융 제도를 벗어나 대출되고 상환된 것이다. 러시아는 파리에도 은행을 소유하고 있었다. 이름은 북유럽 상업은행이었으며, 텔렉스 주소를 '유르뱅크(Eurbank)'로 정했다 파리의 러시아 은행은 나로드니 달러를 가져와 대출했다. 이 달러들은 '유르뱅크 달러'로 알려졌다가, 결국에는 '유로달러'라는 이름으로 불렸다.

유로달러의 역사에서 러시아인들의 등장은 여기까지이다. 자본주의 국가의 은행가들은 모두 유로달러를 마음에 들어 했다. 은행가들에게 유로달러의 매력은, 어디에도 속하지 않고 누구에게도 속박되지 않는다는 것이었다. 유로달러는 누구의 규제도 받지 않았다. 연방준비은행, 영국은행, 분데스방크 등 각국의 중앙은행은 유로달러에 영향력을 행사할 수 없었다. 연방준비은행은 은행들에게 예금 잔고의 일부를 준비금으로 보관하라고 요구할 수 있다. 다른 기관들은 대출의 성격과 규모를 통제한다. 하지만 유로달러에 대해서는 그렇게 할 수 없었다. 유로달러가 예치되고, 대출되고, 상환되는 것을 연방준비은행은 멀찍이서 지켜볼 수밖에 없었다.

달러가 지나치게 유출되는 것을 막기 위해 연방준비은행은 회원 은행들에 이렇게 말할 수 있었다.

"당분간 유럽 공장들을 사기 위해 달러를 유출해선 안 됩니다. 알겠죠?"

그러면 회원 은행들은 그 말에 따르는 수밖에 없었다.

하지만 대출을 원하는 사람들은 필요한 만큼 빌려갈 수 있었다. 미국 달러가 아니라 유로달러로 말이다. 캐나다 은행, 네덜란드 은행, (가능성은 낮지만) 런던의 모스크바 나로드니 은행, 심지어는 유로달러를 소유하고 있으며 이를 빌려주고 싶은 미국인들이 후원하는 유로뱅크에서도 유로달러로 대출해주었다.

연방준비은행은 통화 공급을 제한하고 싶을 때면 모든 은행들에 준비금을 2퍼센트 올리라고 말하면 되었다. 아니면 30일이 경과하기 전에는 정기예금 이자를 지급하지 못하도록 할 수도 있었다. 그것도 아니면 이자율 상한선을 둘 수도 있었다.

하지만 이러한 규제를 피하기 위해 미국 은행들은 런던으로 위치를 옮겨 유로달러 업무를 시작했다. 유로달러에는 이자율 상한선이나 준비금 따위는 없었기 때문이다. 런던에서 활동하는 미국 은행에 대해 연방준비은행이 불이익을 주려고 하면, 미국 은행들도 나름대로 할 말이 있었다.

"영국, 독일, 네덜란드가 우리 사업을 다 빼앗아가길 바라는 것입니까?"

미 금융 당국은 미국 은행들이 어디에 있든 어느 정도는 규제할 수가 있었다. 예를 들어 통화감독관은 자신의 견해에 따라 은행의 안전을 보장하기 위한 규칙을 발효할 수 있었다. 금융업법에는 "은행은 누구에게도 자기 자본의 10퍼센트 이상 대출할 수 없다"라고 나와 있더라도, 감독관은 규정을 보다 엄격하게 적용할 수 있었다. 감독관이 생각하기에 융자액 비율이 위험 수위에 도달했다면, 해당 은행이 징계를 받게 할 수도 있었다. 체이스맨해튼 은행이 해외 지점이 있을 경우, 감독관은 지점의 융자액을 본점의 융자액에 포함시킬 수도 있는 것이다.

독일에서는 분데스방크조차 그럴 권한이 없었다. 나치 통치하의 독일 은행들은 독일 바깥에 있는 은행조차도 유대인들의 은행 계좌를 정부에 보고했다. 그리하여 전후(戰後) 개혁 과정에서 개인 정보를 보호하기 위해, 새로운 독일 정부에서는 은행이 국경을 넘어 정보를 수집하지 못하도록 했다.

이렇듯 은행에 대한 규제는 나라마다 차이가 있다. 하지만 한 번 달아난 통화는 돌아오지 않는다. 다시 불러들일 방법이 없는 것이다. 규제의 위협이 있을 경우, 유로달러는 겁에 질린 새 떼처럼 날아올라 다른 나라에 둥지를 틀 것이다.

유로랜드라는 꿈의 나라 뒤에는 '역외' 라 불리는 훨씬 환상적인 나라가 있었다. 유로랜드에서 달러는 통화 당국의 영향력을 벗어나 대출되고 예치되었다. 역외는 세무 당국으로부터도 벗어나 있었다. 국적이 없는 달러를 위해, 금융 제도를 갖추지 않은 은행 수백 개가 있는 나라들이 있었다. 바하마 군도, 네덜란드령 안틸 제도, 케이먼 제도가 그들이다.

유로랜드와 역외의 경계는 매우 모호하고 겹쳐 있었다. 그리고 어떤 경우에든 이들 두 나라의 존재 근거는 이들이 뉴욕과 런던에 있는 대형 로펌의 서류 캐비닛에 존재하지 않는다는 사실이었다. 네덜란드령 안틸 제도는 허가증과 우표를 판매하고 있었기 때문에 역외라는 조건이 마음에 들었다. 이것은 은행들도 마찬가지였다. 이곳은 은행가들이 바람처럼 자유로운 '캔디 동산(무릉도원을 묘사한 떠돌이의 노래 – 역자 주)' 이었기 때문이다. 이름 없는 은행들도 있었고, 친숙한 이름들도 있었다. 체이스, 시티코프, 바클레이즈, 뱅크오브아메리카, 도이체방크, 알게마이네 네덜란드와 같은 이들 은행들은 역외에서 허가를 받아 유로랜드에서 영업을 했다.

유로랜드의 통화는 미국의 국제수지 적자에서 비롯되었다. 즉, 미국으로 들어오는 달러보다 나가는 달러가 더 많았기 때문이다. 폭스바겐을 사느라 유출된 달러가 모두 대출이나 투자를 통해 뉴욕으로 되돌아왔다면, 유로달러는 존재할 수 없었을 것이다. 하지만 유출된 이들 달러 중 일부는 다시 되돌아오지 않았다. 이들은 카리브 해의 태양이 내리쬐는 유로랜드에 안착했다.

이 모든 현상은 모스크바 나로드니 은행이 런던에서 대출해준 80만 달러에서 시작되었다. 7,500억 달러 가량의 유로달러가 돌아다니고 있다. 그 밖에도 유로마르크, 유로엔, 유로프랑도 생겨났다. 이들 모두 편안하게 누워 일광욕을 즐기면서, 도무지 집에 돌아갈 생각이란 하지 않는 것이다.

이들 유로달러의 문제는 이들이 집에 돌아올 수도 있다는 것이다. 이들은 꿈의 나라에 갇혀 있는 것이 아니었다.

이들이 지나치게 많아지면 어떤 일이 일어날까?

전면 방어

유로달러 덕에 달러는 가족계획에서 벗어나 증식할 수 있었다. 유로달러의 옹호자인 상업 은행들은 세계적인 호황을 뒷받침한 것은 유로달러라고 말하고 있다. 상업 은행을 규제하고 싶어 안달인 중앙은행, 정부의 금융 당국자들은 유로달러를 악마의 자식쯤으로 여겼다. 이탈리아은행의 총재 귀도 카를리는 유로달러가 모든 악의 근원이라고 말했다.

유로달러든 미국달러든, 달러는 어디에서나 통용되었다. 바로 기축 통화였기 때문이다. 페루 사람이 폭스바겐이나 독일의 공장을 사려고 할 때, 독일인들은 페루의 솔화(貨)를 받으려들지는 않을 것이다. 폭스바겐을 사고 싶다면, 구리를 캐오든지 앤초비를 잡아오든지 해서 마르크나 달러를 벌어야 한다.

하지만 미국인들은 무언가를 먼저 팔지 않아도 되었다. 그냥 달러를 발행하기만 하면 되었던 것이다. 이 달러는 페루 사람이 구리를 캐내 벌어들인 달러와 똑같은 달러였다.

드골 장군은 이에 반대했다. 그는 미국이 누리고 있는 기축 통화의 지위란 '터무니없는 특권'이라고 말했다. 미국인들이 달러를 찍어내어 프랑스를 사버린다 해도 어떻게 막을 수 있단 말인가?

달러가 전성기를 구가하고 있을 때에도 일부 경제학자들은 은행, 즉 미국의 기축 통화와 그에 기반하고 있는 시스템에서 문제점을 찾아내고 있었다. 금은 1935년 가격 그대로 1온스당 35달러였다. 그리고 달러는 금으로 바꿀 수 있었다.

과연 이 가격은 적당했는가? 예금 인출 사태가 일어나면 어떻게 될 것인가? 다른 나라들이 달러를 금으로 바꾸기 시작하면 어떤 일이 일어날 것인가?

문제를 인식하고 있던 경제학자 중에는 옥스포드 대학의 로이 해로드(Roy Harrod)도 있었다. 그는 케인즈의 전기 작가이기도 했다. 또 한 사람은 하버드를 나온 벨기에인으로 명랑하면서도 회의적인 인상을 지닌 로버트 트리핀(Robert Triffin)이었다. 그는 자신의 저서에서 다른 경제학자들을 언급할 때 날카로운 비판을 했다. 그는 전 세계의 준비금을 충당하기 위해 미국이 국제수지 적자와 달러 유출을 활용하는 것은 재앙을 불러일으킬 것이라고 확신했다.

미국인 밀튼 길버트(Milton Gilbert)는 1960년부터 1975년까지 바젤의 국제 결제은행에서 수석 경제학자로 일했다. 국제 결제은행은 중앙은행들의 은행 격인 기관이다. 그는 고정환율제도를 유지하기 위해 금값을 두 배로 올릴 것을 제안했다. 프랑스가 공공연히 미국의 금을 싹쓸이하고 있었기 때문에, 청구에 응할 만큼 충분한 금을 미국이 보유하고 있지 못할까봐 다른 산업국들이 걱정하고 있었기 때문이다. 이 나라들은 미국에게 그 문제를 끄집어내고 싶지 않았다. 미국은 나토의 방패 역할을 하고 있었고, 이들은 미군이 유럽에서 철수하는 것을 원하지 않았기 때문이다.

"저는 우리나라 국민들을 설득하지 못했습니다." 국제 결제은행을 그만둔 후 길버트는 1975년에 이렇게 말했다. "그들은 국내 정치에서 마음을 비울 수 없었습니다. 제가 틀렸다고 말하는 정도가 아니라, 아예 반쯤은 매국노로 매도했습니다."

1960년대 프랑스의 와인 판매상, 이탈리아의 구두 제조업자, 독일의 자동차 회사, 일본의 TV 업체들은 미국 수출로 짭짤한 재미를 봤다. 미국은 달러를 충분히 벌어들이지 못했을 때는, 그 차액만큼을 새로 발행했다. 일본에 있는 도요타 수출업자가 일본에서 골프를 치고 싶었다. 그에게는 달러가 잔뜩 있었다. 골프장에서는 엔화만 받기 때문에, 그는 일본 은행에 달러를 가지고 가서 엔화로 바꾼 다음 골프를 치러 갔다. 일본 은행이 달러를 충분히 보유하고 있다면, 이 달러를 바꾸어주기 위해 엔화를 더 찍어내야 한다고 불평할 것이다. 즉 미국은 인플레이션을 수출하고 있었던 것이다. 그 다음, 일본 은행은 이 달러를 가지고 미 재무부 채권을 사들였다. 미 재무부는 달러를 받고 차용증, 즉 채권을 내주고는 상환 기일을 알려줄 것이다. 이런 식으로 적자를 보전한 것이다.

존 F. 케네디의 통화 담당 재무부차관 로버트 루사(Robert Roosa)는 달러 인출 사태를 막기 위해 자신의 표현에 의하면 '전면 방어'라고 하는 것을 고안해냈다. 그는 외국 은행들과 신사협정을 맺기 위한 정지 작업을 벌였다. 이는 달러를 외국 은행에 예치할 수는 있지만 뉴욕으로 가져와 금과 바꿀 수 없도록 하기 위한 것이었다.

루사는 재무부 채권에 스위스 프랑으로 액면가를 매겨 특별 발행하는 방법을 생각해냈다. 이것은 달러를 흡수하는데 어느 정도 효과가 있었다. 재무부는 이른바 '루사 채권'을 발행했다. 이는 외국 달러를 끌어들이고 장래에 스위스 프랑으로 상환하는 식이었다(그의 방식이 먹혀들긴 했지만 비싼 대가를 치렀다. 스위스 프랑이 절상되어 10억 달러의 추가 비용이 들었던 것이다).

루사는 다른 외국의 중앙은행들과 '교환 예치'를 추진하기도 했다. 이는 프랑스 프랑이나 네덜란드 길더로 환전해야 할 달러가 너무 많을 경우, 재무부가 이 달러를 소유자에게서 대출하여 미국으로 들여오는 대신 원 소유자에게는 달러 하락으로 인한 손실을 보장해 주는 것이다.

폭스바겐과 프랑스산(産) 와인의 사례를 든 것은 현상을 구체적으로 보여주어 쉽게 이해할 수 있도록 하기 위한 것이다. 수많은 달러가 해외로 유출된 것이 오로지 사치품을 사거나 해외여행을 즐기느라 그런 것은 아니었다. 이름만 대면 알 수 있는 미국의 초국적 기업인 IBM과 엑손은 해외 자회사를 설립하느라 달러를 써댔다. 미 국방성도 마찬가지로 미군기지 건설에 돈을 뿌렸다. 달러를 약화시킨 이 국방 정책을 옹호하는 이들은 이렇게 말할 것이다. 독일과 일본은 스스로의 군사력이 없으므로 미국이 그 비용을 지불한 것이라고.

기축 통화를 보유한 세계의 은행으로 오랫동안 군림했던 영국은 통화를 방어하기로 결정했었다. 미국은 우선순위를 두어야 할 일이 또 있었다.

그 중의 하나는 베트남 전쟁이었다. 베트남 전쟁은 세금으로 재원을 마련하지 않았으며, 그로 인해 더 많은 달러가 넘쳐나게 되었다. 미 행정부는 달러 유출을 막고자 했다. "달러를 해외로 가져가지 말아 주십시오"라고 하는 '자발적 대외신용규제' 프로그램이 있었고, "달러 유출을 엄금함"이라고 하는 '의무적 대외신용규제' 프로그램도 생겨났다.

하지만 유로달러는 급속히 불어났고, 국기에 대한 맹세보다 그레샴의 법칙을 더 신봉한 몰지각한 사람들은 달러를 빌려다가 스위스 프랑과 독일 마르크와 같은 강한 통화를 사들였다.

1971년 5월, 독일의 중앙은행인 분데스방크는 더 이상 달러를 받고 마르크를 내줄 수 없게 되었다. 국제 통화 시스템은 비록 붕괴하지는 않았지만 얼마간 기능이 마비되었다. 5월 6일에는 독일, 네덜란드, 벨기에, 오스트리아, 스위스의 외환 시장이 모두 문을 닫았다. 외환 시장을 다시 열었을 때, 스위스와 오스트리아는 자국의 통화를 절상했고, 프랑스는 프랑스 은행 이외의 외환 거래를 금지했다. 그리고 독일은 마르크화와 외국 통화와의 관계를 단절시켰다.

1944년 브레튼우즈에서 창안된 단정하고 고상한 세계는 달러를 중심에 놓고, 온스당 35달러의 금으로 달러를 떠받쳤으며, 그 밖의 통화는 모두 달러에 대해 고정했었다. 이제 그 시스템이 무너지고 있었던 것이다. 금에 비해 달러가 너무 많았다. 유로달러 소유자들이 모두 달러를 금으로 바꾼다면, 포트녹스의 미 연방 금괴 저장소는 하루아침에 알거지가 되어버릴 것이 분명했다.

1971년 8월, 닉슨 행정부는 달러의 금 태환을 중지했다.

"파운드를 버렸을 때는, 달러한테 갈 수가 있었다." 네덜란드은행의 당시 총재였던 옐레 제일스트라는 이렇게 말했다. "하지만 달러를 버리고 어디로 갈 수 있단 말인가? 달에라도 가야 하나?"

주요 산업국 10개국이 워싱턴의 스미소니언 연구소에 모였다. 이들은 브레튼우즈를 되살리고자 했다. 금 가격을 올리고, 달러를 절하하며, 모든 통화에 대해 새로운 고정 환율을 매기자는 것이었다.

하지만 고정 환율 제도는 18개월도 지속되지 못했다. 고정 환율 기간 동안 전 세계의 통화 공급은 다시 폭증했다. 골프를 치러고 했던 일본의 도요타 수출업자를 생각해보자. 달러 대 엔 환율이 고정되어 있을 때 그가 달러를 들여올 경우, 일본 은행은 달러에 맞추어 엔화를 더 찍어내야 했다.

엔화도, 마르크화도, 사실 모든 통화가 증가하는 것이다. 금리가 싸고 물가 상승률이 비교적 낮을 때 미국이 금융 긴축을 했어야 한다는 불평이 들려왔다. 달러를 빌려 다른 통화를 사라. 엔, 마르크, 프랑, 그리고 달러까지 모두 시장에 쏟아져 나왔다. 식품, 섬유, 광물을 다루는 로이터의 상품가격 지수는 1971년 말부터 1973년 봄까지 65퍼센트 상승했다. 오르지 않은 것은 석유뿐이었다.

세계의 중앙은행들은 차례로 고정 환율 관계에서 벗어나기 시작했다. 어디에서나 환율이 변동하고 있었다. 달러의 가격은 그날그날 판매자와 구매자가 합의하는 선에서 매겨졌다.

변동 환율의 세계

변동 환율은 학계의 한 분파 전체의 열렬한 환영을 받았다. 이것이야말로 문제를 해결할 것이라고 그들은 말했다. 나와 안면이 있는 독일 은행가는 정부의 정치적 낙관론보다는 시장의 자연적인 냉소론이 더 마음에 든다고 말했다.

변동 환율의 문제는 환율이 도처에서 요동친다는 것이다. 무역 수지가 적자로 나오면 달러는 떨어지기 시작한다. 러시아가 군대 10만 명을 국경선에 파병하여 주변국을 위협하면 달러의 값이 오르게 된다. 사람들은 제2 요인인 유동성, 즉 일정한 가치를 희생하고 제1 요인인 안정성, 즉 은행의 항존성을 선택하는 것이다. 독일 마르크는 안정적인 것으로 보인다. 하지만 러시아의 탱크가 프랑크푸르트로 진격하는 순간 휴지조각이 되어버린다.

OPEC이 유가를 급격히 인상하면 우선 달러가 오를 것이다. 미국은 석유를 대량 수입하고 있기는 하지만 매장량도 아직 상당하기 때문이다. 독일과 일본은 석유가 나지 않기 때문에 석유 살 돈을 벌어들이기 전까지는 적자가 늘어날 것이다. 다음 단계가 되면 달러는 하락할 것이다. 독일과 일본은 석유 살 돈을 충분히 벌었을 것이고, 미국은 여전히 석유 살 달러를 찍어내고 있을 것이기 때문이다. 지금까지 유가와 달러의 관계는 바로 이런 식이었다.

제조업체에서는 10퍼센트의 이윤이면 충분하다고 생각할 것이다. 하지만 한 나라에서 생산하고 다른 나라에서 판매한다면, 변동 환율 하에서 통화는 하루 사이에도 크게 바뀔 수 있다. 예를 들어 부품 하나를 생산하는데 8개월이 걸렸고, 판매하는데 4개월이 걸렸다면, 환율 인상으로 이윤이 몽땅 사라져버릴 수도 있는 것이다.

이론상으로는 선도시장이 발전하여 제조업체를 보호하게 된다. 1981년에 상품 계약을 체결하면 1982년 선도통화계약을 구매하게 되는 것이다. 이는 그 상품이 완성되었을 때 판매 손실을 보전하게 된다. 또한 손실 보전을 위해 지불하는 비용은 보험계약과 마찬가지로 사업 비용의 일부가 된다. 이러한 선도계약은 다양한 중개업자, 은행, 거래소를 통해 구매할 수 있다.

선도시장은 과연 효과가 있는가? 보통은 효과가 있지만, 그렇지 않은 경우도 있다. 선도시장이 효과를 보는 것은 상황이 안정되어 있을 때이다. 만일 모든 사람들이 파운드나 달러와 같은 통화로부터 동시에 손실을 보전하려고 한다면, 선물시장은 기능이 마비된다. 선물시장도 하나의 시장이기 때문이다.

변동 환율제에서 통화에 대한 의견은 모두 컴퓨터 화면에 즉시 나타난다. 예를 들어 아랍산 석유에 대한 금수조치 기간 중에 처음에는 달러가 상승했다가 (세상이 요동칠 때는 안정성을 선택하게 된다) 다음에는 하락했다. 미국의 석유 수입량이 증가하여 점점 더 많은 달러를 석유 대금으로 해외에 지불했기 때문이다.

시장에서는 토머스 그레샴의 조언을 따라 약한 통화를 팔아 치우고 강한 통화를 사들이고 있었다. 더 좋은 방법은, 약한 통화를 빌려 강한 통화를 사는 것이다. 상환은 약한 통화가 더 약해졌을 때 하면 된다.

미국 정책을 옹호하는 이들은 세계의 기축 통화가 30퍼센트 하락한 사실을 이렇게 설명했다.

"독일과 일본은 영웅이 아닙니다. 이들의 통화 공급은 미국보다 훨씬 빠르게 증가하고 있습니다. 스위스는 통화를 보호한 대가를 치렀습니다. 1973년 이래 성장이 멈추어 있는 것입니다. 독일과 스위스가 통화 공급 증가에도 미국보다 물가 상승률이 낮은 것은 사회적 손실 없이 경제 규모를 축소할 수 있기 때문입니다. 이들의 공장은 터키인, 포르투갈인, 이탈리아인들로 채워져 있습니다. 이들이 경제 규모를 축소하면 터키인들과 포르투갈인들을 고국으로 돌려보내면 그만입니다. 이런 식으로 해서 독일과 스위스에는 아직 실업 문제가 없는 것입니다. 실업자들은 이스탄불로 돌려보내진 것입니다. 미국은 이렇게 할 수 없습니다. 미국의 실업자들은 미국 시민들이기 때문입니다. 사회적으로 볼 때, 미국은 독일이나 스위스처럼 인플레이션에 대해 공포감을 갖고 있지 않습니다. 이들의 공포는 결속을 강화하고 합의적 정책을 밀고 나가게 해줍니다. 일본은 결속력이 무척이나 강한 벌집 사회로 생산에 전력을 기울여 제품을 전 세계에 수출할 수 있습니다.

강한 통화에 대해 달러가 30퍼센트 절하된, 이 기축 통화의 재앙이 우리 때문이라구요? 세계 전체를 하나로 바라보십시오. 베네수엘라 볼리바르화, 폴란드 즐로티화, 그리고 캐나다 달러화에 대해서는 잘 해가고 있지 않습니까."

하지만 세계는 즐로티화나 캐나다 달러화를 준거로 삼지는 않는다. 준거 통화는 대개 미국 달러인 것이다. 게다가 막을 수 없는 두 가지의 무임승차가 미국에서 진행되고 있었다.

첫째는 물가 상승률이 금리를 상회했다. 10퍼센트의 금리로 돈을 빌릴 수 있는데 물가 상승률이 12퍼센트라면, 돈은 공짜다.

둘째 무임승차는 휘발유 가격이었다. 휘발유 가격은 통제를 받고 있기 때문에 부분적으로 공짜였다. 에너지 정책에 대한 논쟁은 제쳐두자. 미국에서 휘발유는 사소한 문제가 아니다. 미국은 전 세계 석유의 3분의 1을 소비한다. 이는 자유진영의 석유 8배럴당 1배럴이 미국의 고속도로에서 연소되고 있다는 뜻이기도 하다. 미국은 석유를 사기 위해 달러를 지불했다. 수입이 늘수록 적자가 늘어나고 달러는 약해졌다.

따라서 에너지 정책 논쟁은 재정적 의미와 심리적 의미를 띠게 되었다. 미국의 석유 소비에 끝이 없을 것이고, 적자도 계속될 것이라고 내다본 해외의 달러 보유자들은 이렇게 말했다.

"미국에는 에너지 정책이 없어. 적자는 더 커질 테고, 달러는 더 넘쳐날 것이다. 달러를 팔아 스위스 프랑을 좀 사야겠군. 러시아 탱크가 올해 취리히로 진격하는 일은 없겠지. 게다가 언제든 계획을 바꿀 수도 있으니."

1978년 10월, 달러에 대한 지불 청구로 인해 금융계는 공포에 사로잡혔다. 미국은 금리를 인상했고, 교환예치와 신용에 300억 달러를 썼다. 여기에 대해서는 루사의 방법을 참조하기 바란다. 그리고 이렇게 방어된 환율은 1979년 위기 전까지 지속되었다.

환율 방어는 쉬운 일이 아니다. 자국의 국민들, 대개는 유권자들에게 손해를 입히기 때문이다. 예를 들어 당신이 미 연방준비제도이사회 의장이라고 해보자. 시장은 먹이를 노리는 매처럼 목요일의 통화 공급량을 주시하고 있다. 당신은 의회의 여러 위원회에 출두해야 한다. 자신의 소관 은행도 챙겨야 한다. 미국의 무역 수지를 해외에서 달갑게 여기지 않는다는 불평도 듣게 된다.

해가 진 후에는 바깥쪽 방어 지역의 도로도 안전하지 않다. 새벽 3시에 침대 머리맡에서 전화벨이 울린다. 도쿄와 싱가포르의 외환시장이 개장하자 달러에 대한 지불 청구가 이어진다. 온통 팔려는 사람들뿐, 사려는 사람은 하나도 없다.

그 다음, 런던의 외환시장이 문을 연다. 여기에서도 달러는 외면당한다. 판매자들은 수통의 물 한 모금 마시지 않고 전면 방어선으로 돌진한다. 당신은 스왑과 거래선을 던져 넣는다. 판매자들은 이들을 모조리 먹어치우고 계속 전진한다. 스왑은 단지 몇 개 소대의 진격 속도만을 늦출 뿐이다. 나머지 판매자들은 마치 중국 군대 같다. 오로지 전진하기만 할 뿐 몇 명이 죽든 상관하지 않는다. 당신은 독일 분데스방크, 영국 은행, 일본 은행에 전화를 걸어 이렇게 외친다.

"구조를 요청합니다! 후방에 소음과 연기를 일으키고 행동을 취해서 주의를 분산시켜 주시오. 누군가 내 침실 옆으로 뛰어 지나갔소."

당신은 위원회에 전화를 걸어 양말과 신발을 신고 사무실로 나오라고 말한다. 그 다음, 대통령에게 전화를 걸어 창문 틈에 손가락이 내려오는 것을 봤다고 말한다. 요는 이렇다. 금리를 20퍼센트로 인상하여 은행의 돈을 모두 말려버리자는 것이다.

대통령은 경제학자는 아니지만 금리 20퍼센트가 무엇을 의미하는지는 알 수 있다.

"당신 미쳤소?" 대통령이 소리친다. "나라를 불황에 빠뜨릴 작정이오? 금리가 20퍼센트라면, 자동차 판매상들이 전시용 자동차에 대한 이자도 물지 못하오! 타이어도, 유리도 마찬가지요. 미시건이 큰일 났군! 미시건의 자동차 산업은 어떡한단 말이오? 이런, 철강도 있었지! 펜실베니아! 펜실베니아의 철강은 어떡하라고! 주택업자들은 …."

당신은 이렇게 말한다.

"그렇다면 외환 거래를 중단할 준비를 하는 게 낫겠습니다. 은행도 닫는 게 좋겠구요. 이번 공격은 곧장 전면 방어선을 치고 들어왔습니다. 다른 문제는 책임지고 싶지 않습니다. 저는 물러나렵니다."

대통령은 당신의 사직 문제는 나중에 처리하겠다고 말한다.

그렇게 당신은 금리를 인상하여 혼란을 진압한다. 10퍼센트 금리에 탈출 러시를 이루던 달러는 이제 이런 생각을 한다. 이자를 20퍼센트 받을 수 있다면 돈을 갖고 좀 기다려보는 것도 괜찮겠지? 달러가 20퍼센트 하락하지는 않을 테니. 시장은 진정되고 침입자들은 철수한다.

이제 당신은 이렇게 생각한다. 휴! 상황이 종료되었군! 멍청한 노새한테마냥 경제의 이마에 망치를 내려치지 않고서도 통화를 구할 수 있는 더 좋은 방법이 있을 텐데. 대체 어떤 방법이 있을까. 아침은 뭘 먹을까? 어제는 힘든 밤을 보냈으니.

아침을 실컷 드시라. 당신에게 열 받은 사람들이 무척 많으니까. 그들이 문제 삼는 건 통화가 아니다. 그들 중에는 주택업자들이 있다. 저축은행들은 빗발치는 항의를 감당할 수 없어 모두 수화기를 내려놓았다. 자동차 판매상들은 할부기간을 86년으로 늘려 아무도 새 금리를 눈치 채지 못하게 할 심산이다. 경제는 비틀거리기 시작한다.

어느 날 내가 연방준비제도이사회 의장의 비서실에 들렀을 때였다. 구석에 30㎜×30㎜×300㎜짜리 목재 더미가 깔끔하게 쌓여 있었다.

"아, 저것 말입니까?" 의장 비서가 대답했다. "주택업자들이 계속 소포로 부치고 있는 것들입니다. 금리에 대한 불만을 토로하는 것입니다. 우리 때문에 일자리를 잃었다는 거죠."

토요일 아침의 세레나데

달러는 기축 통화로서의 자격과 특권을 잃어버렸다. 달러는 이제 부도난 기축 통화다. 전 세계 준비금의 80퍼센트는 여전히 달러다. 하지만 이 상황을 마음에 들어 하는 사람은 하나도 없다.

미국은 결코 세계의 은행이 되고 싶지 않았다. 영국과 달리 미국은 대외 무역에 의존한 적이 없다. 무역은 국내 총생산의 8퍼센트에 지나지 않는다. 따라서 스털링을 기축 통화로 만들었던 확신과 필요성이 미국에게는 없었던 것이다(사족으로, 파운드가 더 이상 기축 통화가 아니게 된 시절에도 솜즈 포사이트의 후손들이 "정리공채는 절대 팔지 마시오"를 되뇌고 있었다면, 이후의 영국 인플레이션 기간에 그들은 자신의 구매력 96퍼센트를 상실했을 것이다). 미국의 경제 구조는 상대적으로 자족적이었다. 아이러니컬한 사실은, 세계가 기축 통화로서의 달러에 신물이 난 지금 미국이 이전보다 덜 자족적이라는 사실이다. 이는 미국이 석유, 보크사이트, 망간, 그 밖의 미량 광물을 필요로 하고 있기 때문이다.

전 세계는 세계의 은행으로서의 미국의 은행이 존속할 것이라 믿는다 (안정성). 하지만 통화가 그 가치를 유지할 것이라고는 보지 않는다. 그러니 가치가 얼마나 떨어질지 가늠해보려고 애쓰고 있는 것이다. 1년에 10퍼센트는 떨어질까? 금리를 16퍼센트로 올려놓으면 달러를 회수할 수 있을 것이다. 하지만 외화를 차용해야 하는 산업은 힘들어질 것이다. 금리를 내리면 국내 산업은 호전될 것이다. 하지만 국제 자본은 달러에서 탈출할 테고, 침입자들이 다시 뭉칠 것이다.

기축 통화이기를 포기한다면 세계의 은행으로서 누렸던 특권을 반납해야 한다. 영국은 아르헨티나의 대목장과 상하이의 전차 회사를 반납했다. 따라서 미국은 현재 취약한 상태에 놓여 있다.

페르시아만에 사는 친구 하나가 있다. 유산으로 사막과 파리떼, 그리고 석유 채굴권을 받은 그는 30년 전만 해도 진흙 궁전 앞에 앉아 부채를 부치면서 자신의 '마즐리스', 즉 의회를 다스리고 있었을 터이다. 부족민 두 사람이 양 세 마리를 놓고 다투는 것을 들어주고, 도망간 신부에게 그 아비와 남편이 제기한 소송을 해결하고 있었을 것이다. 그러는 동안에 세계에서 가장 커다란 선단의 꽁무니에서는 성조기가 미풍에 펄럭이고 있었다. 영국 해군은 이들에게 자리를 물려주었다. 그리고 달러만 있으면 대성당은 아닐지라도 그리스식 기둥이 세워진 멋진 사원 정도는 지을 수 있었던 것이다. 마치 19세기 미국의 은행들처럼.

또한 오늘날, 석유로 부자가 된 페르시아만(자신은 아라비아만이라고 불렀을 테지만)의 그 친구가 수십억 달러에 이르는 예금계좌의 일부를 뉴욕에서 프랑크푸르트로 옮기고, 그럼으로써 달러를 팔고 마르크를 사들인다면, 미국의 건설업자들은 건설에서 손을 떼야 하고, 자동차 판매상들은 자동차를 더 이상 팔 수 없으며, 은행들은 신용대출을 줄여야 하고, 소규모 기업들은 돈을 빌릴 수 없게 된다. 참으로 골치 아픈 과정이 일어나는 것이다.

달러가 유일한 기축 통화이기에는 시기가 너무 늦어버렸다. 미국이 무역 흑자를 내고 예산 수지가 균형을 맞추더라도, 신뢰는 이미 금이 갔으며, 더 이상 유일한 기축 통화로서의 역할을 감당할 수는 없게 된 것이다. 그러니 이제는 그 짐을 나누어 져야 한다. 사실 사람들은 독일 마르크와 일본 엔화를 모으고 있다. 프랑과 파운드를 모으는 사람들도 있긴 하다. 이런 나라의 중앙은행들은 준비통화가 되는 것을 달가워하지 않는다. 지금에 만족할 뿐, 위와 같은 거북한 국내적 압력을 받고 싶지는 않은 것이다.

세계의 은행이 되고자 하는 이는 아무도 없다. 아무도 기축 통화를 소유하고 싶어 하지 않는 것은 산업민주주의와 세계의 은행을 동시에 이룩하는 것이 힘들기 때문이다. 영국은 이 일을 한 적이 있다. 하지만 그들조차 다시 이 일을 하고 싶어 하지는 않는다. 그래서 여러 개의 기축 통화라는 임시방편의 제도가 생겨난 것이다.

국제통화기금의 금융 숙련공은 달러 보유자들을 조용히 물러나게 할 방법을 생각해냈다. '대체계정'이라고 하는 이 방법에서는 정부가 달러를 예치하고 혼성의 준비자산인 특별 인출권을 받게 된다. '대체

계정'은 아직도 시행되지 못하고 있다.

그 숙련공에게는 다른 아이디어도 있었다(숙련공이라는 단어는 비난 조로 쓴 것이 아니다. 헨리 포드와 토머스 에디슨도 숙련공이었다. 이들은 시스템을 손보는 사람들이다. 이에 반해 아이작 뉴튼과 같은 이들은 전체 시스템을 구상하는 사람들이다). 몇 가지 손을 본 결과는 이렇다. 중앙은행들은 외환시장 바깥에서 증권을 발행할 수 있었다. 낡은 '루사 채권'의 새로운 버전도 생겼다. 바로 환차손을 보장하는 외화표시증권이다. 아니면 600억에서 800억 달러에 이르는 IMF의 금 보유고를 활용하여 대체계정을 보증할 수도 있었다. 이를 통해 개별 회원 은행들이 아니라 스스로의 자산을 자본으로 하는 일종의 슈퍼 은행이 탄생하는 것이다.

이런 아이디어에 대한 반응은 신통치 않았다. 슈퍼 은행이라고? 누가 운영을 맡는단 말인가? 그들의 운영 방식이 마음에 안 들면 어떡하지? IMF는 140개국에 달하는 회원국이 있긴 하지만, 그동안은 서유럽의 개인 금고처럼 쓰여 왔다. 최근 들어 부유한 아랍 국가와 떠들썩한 개발도상국 덕분에 서구인들의 통제력이 예전 같지는 않다. 아랍 국가들은 팔레스타인해방기구의 상황을 호전시키기 위해 압력을 넣고, 개발도상국들은 손쉬운 장기 대출을 요구한다. 경화 보유국들은 이런 걱정을 한다. IMF가 정말로 슈퍼 은행이 되면 어떡하나? IMF가 제3세계의 수중에 들어가면 또 어떡하나? 돈을 마구 찍어내지는 않을까?

중앙은행 총재들은 사교 모임을 갖고 저녁을 먹으면서 대화를 나눈다. 하지만 중앙은행 총재는 선출직이 아니라 임명직이다. 임명권자가 새로 선출되면, 그는 대개 중앙은행 총재를 해고하거나 고통스럽게 만든다. 중앙은행 총재들은 탈세나 정부 지출 프로그램의 의혹에 발목이 잡히거나 유권자들의 심판을 받기도 한다.

그러는 동안에 숨겨놓은 뼈다귀를 찾아다니는 개처럼 시장은 코를 킁킁거리며 이 통화, 저 통화를 들쑤시고 다닌다. 하지만 기본적으로 시장은 정도의 차이만 있을 뿐 모든 통화와 모든 정부를 불신한다. 중앙은행은 전통적으로 시장보다 규모가 컸다. 하지만 시장의 페이퍼 머니가 급속히 성장하여 이제는 시장의 규모가 중앙은행보다 훨씬 커졌다.

통화가 상승한다는 것은 무언가에 비해 상승한다는 뜻이다. 기준이 되는 달러 가치가 낮다는 것은 미국인들의 상대적 생활수준이 낮아진다는 것을 의미한다.

이번 토요일 아침의 세레나데에서는 한 가지 교훈을 얻을 수 있다. 자기 집부터 정돈해야 한다는 것이다. 위대한 기축 통화의 시대는 지나갔다. 이는 미국이 수많은 나라들 중 하나에 불과하며, 그들과 마찬가지로 생산하고 판매해야 한다는 뜻이다. 생산을 위해서는 생산성, 숙련된 노동력, 저축과 투자, 적극적인 태도와 같은 청교도적 가치가 요구된다. 미국은 수출에 힘을 쏟아야 한다. 역사적으로 볼 때 수출은 별로 신경 쓰지 않았던 부분이다. 내수로도 충분했기 때문이다.

이것이 그렇게 힘든 일은 아니다. 미국은 여전히 매우 부강한 나라이다. 미국의 기축 통화가 요동치는 모습만 바라본다면 이 사실을 망각하기 쉽다. 우리에게는 막대한 '과잉(overhang)'이 있다. 이것은 '후유증(hangover)'과 동전의 양면이다. 이것이 더 커지도록 방치할 수는 없다. 부란 우리에게 남아 있는 2억 6,500만 온스의 금을 의미하지 않는다. 부가 의미하는 것은 재능, 창의력, 에너지, 대학, 그리고 비즈니스 시스템이다.

기계는 시간을 조금 벌어줄 뿐이다. 통화를 창조하는 것은 오로지 노동, 저축, 투자와 같은 진부한 청교도적 가치인 것이다.

이제 국제 금융에 대해서는 충분히 설명했다. 남은 일은 세부 내용을 채워 넣는 것이다. 내 친구 보스턴 변호사와 마찬가지로, 달러로 돈을 벌 수 없다면 다른 방법을 찾아야 한다는 것을 알았을 것이다. 주요 통화는 아직도 환전이 가능하다. 따라서 외국의 통화로 예금계좌를 개설하거나 유로본드를 사는 것도 가능하다.

유로달러 시장은 미국 시장만큼 안정되어 있지 않다. 가격은 등락을 거듭한다. 내가 옹호하는 것은 청교도적 가치이지, 통화 투기가 아니다. 하지만 세계는 더 이상 전적으로 미국의 지배하에 있지는 않다. 다른 나라들도 위험, 번영, 그리고 보답을 함께 나누고 있는 것이다.

보스턴 변호사가 자신의 스위스 은행 직원인 에드가를 불러들였다. 모임은 내가 생각했던 대로 흘러가지 않았다.

에드가의 선택

에드가는 작은 메모장을 세 개 들고 다닌다. 그는 양복을 잘 받쳐 입고 있어서 메모장이 불룩 튀어나오는 일은 전혀 없다. 첫째 메모장에는 전 세계 은행가와 고객의 전화번호가 들어있다. 둘째 메모장에는 새로 알게 되어 한 번 가보고 싶은 레스토랑의 이름이 적혀 있다. 셋째 메모장에는 둘째 메모장에 적힌 레스토랑에 함께 가고 싶은 사람들의 전화번호가 쓰여 있다.

우리는 골동품점을 개조한 레스토랑에서 만났다.

"선생님의 분석은 훌륭합니다." 에드가가 말했다. "우리의 사막 친구들은 믿을 수 없을 만큼 돈을 쓸어 담고 있어요. 1차 석유 파동 이후 이들은 돈을 써대거나 달러로 바꿨습니다. 이제 더 다루기 힘들어졌어요. 다음 파도는 금과 은을 휩쓸고 지나갔습니다. 금은 8개월 만에 250달러에서 850달러로 올랐고, 은은 1년 만에 6달러에서 48달러로 뛰었습니다. 파도가 오기 전에 좀 사놓았더라면, 돈 좀 벌었을 텐데요."

나는 파도의 비유를 메모장에 적어놓았다. 파도에는 좋은 파도와 나쁜 파도가 있다. 그레샴의 법칙에 좋은 화폐와 나쁜 화폐가 있는 것처럼. 좋은 파도는 당신을 원하는 곳에 데려다 준다. 나쁜 파도는 당신을 내던진다.

에드가가 말했다.

"이제 구리, 고무, 설탕, 아연에 돈이 몰리고 있습니다. 설탕은 6개월 만에 10센트에서 24센트로 올랐어요. 금과 은의 값을 올리는 데는 돈이 별로 필요 없어요. 엄청나게 풀린 달러와 비교해보세요."

나는 독일 마르크(DM) 채권의 포트폴리오를 꺼내 보였다.

"아주 좋아요." 에드가가 말했다. "하지만 기다려야 할 겁니다. 독일은 마르크가 절상되는 걸 원치 않아요. 하지만 수요는 존재하죠. 그래서 독일 분데스방크는 중동의 구매자들에게 직접 채권을 발행합니다. 이들은 시장에서 값을 올리지 않거든요. 이제 분데스방크는 사람들이 달러를 싸들고 오는 것을 원하지 않습니다. 그래서 분데스방크와 뉴욕의 연방준비은행은 전체 외환 수지를 맞추고 있습니다. 그러니 투자자들은 이윤을 내지 못하는 거죠. 가령 오늘 달러 채권에서 15퍼센트의 수익을 얻는다면 독일 채권에서는 5퍼센트를 얻게 됩니다. 그러니 수지가 맞으려면 독일 마르크가 10퍼센트 올라야 하겠죠. 독일 마르크에 절상 압력이 가해질 때쯤이면 국제통화기금이 더 강력해져 있을 겁니다. IMF 내에 달러를 벗어날 방도가 존재할 수도 있죠. 그런 식으로 시스템은 굴러가는 겁니다."

나는 에드가에게 어떤 통화를 좋아하는지 물었다.

"달러죠." 그가 대답했다.

"달러라구요?"

"예. 달러 맞습니다." 에드가가 다시 말했다.

"하지만 미국은 에너지를 수입하고, 적자도 있는 데다 …."

"맞습니다. 그로 인해 전체 시스템이 결국 무너질 수도 있습니다." 그가 말했다. "6개월 전만 해도 선생님 말씀이 옳았습니다. 달러는 절대 아니란 말씀 말입니다. 하지만 지금 보세요. 아프가니스탄을 침공한 소련군들을 보세요. 아프가니스탄을 손에 넣으면 또 다른 곳에서 문제를 일으킬 겁니다. 독일에 탱크를 보내진 않을 겁니다. 하지만 소동을 부려 비상사태를 일으킬 수는 있죠. 그러면 일상적인 사업은 엉망이 됩니다. 저 같으면 혼란이 발생했을 때 미국으로 피하겠습니다. 그것은 유럽의 부정적인 측면입니다. 미국에서 볼 때는 긍정적인 측면도 있죠. 미국인들은 정신을 차리게 될 겁니다. 석유에 세금을 매겨서 휘발유 1갤런에 2달러 50센트가 나간다고 생각해보세요. 유럽처럼 말입니다. 그렇게 되면 석유 소비가 줄겠죠. 언젠간 미국도 에너지 프로그램을 세우게 될 겁니다. 그러는 동안 저는 투자한 달러에서 15퍼센트의 수익을 올리는 거죠. 금리가 오르면 더 벌 수도 있구요. 제 사막 친구들은 1973년보다 지금 더 현명해졌습니다. 배럴당 30달러 하는 석유를 가지고 이들은 원하는 경제학자들을 모두 고용하고, 필요한 싱크탱크를 모두 손에 넣을 수 있습니다. 이들은 저에게 이렇게 말합니다. '에드가씨, 아이오와에 있는 농장 하나 사주시오. 미국 어디에 회사 좀 사주시오.'"

"미국이 석유에 세금을 매기지 않고, 에너지 프로그램도 가동하지 않는다면 어떻게 될까요?"

"그렇다면 달러를 너무 많이 찍어내어 아무도 달러를 원하지 않게 될 겁니다. 하지만 저는 스위스인입니다. 스위스인이 어떤 사람인지는 당신도 잘 아실 겁니다. 저희는 금을 오랫동안 보유해왔습니다. 이렇게 금방 850달러가 되었는데, 앞으로는 어떻게 되겠습니까?"

스위스인들이 어떤 사람인지는 잘 알고 있다. 고백컨대 나 자신은 스위스 은행가들을 썩 좋아하지는 않는다. 에드가는 내일이라도 달러를 저버릴 수 있는 사람이다. 경화를 보유한 무리들은 파국을 예감하고는 스위스 은행에 계좌를 개설하라고 입버릇처럼 말한다.

나의 경우는 너무 일렀다. 나는 한 때 스위스에서 가장 빨리 성장하는 은행을 공동으로 소유하기도 했다. 바젤에 위치한 유나이티드캘리포니아 은행으로 당시 은행장은 파울 에드먼이었다. 또한 미국 2위의 은행 지주회사가 대주주로 있었다. 하지만 은행은 교묘한 순도 100퍼센트 스위스 중개인의 놀음에 도산하고 말았다. 스위스에는 연방예금보험공사와 같은 기관이 없다. 나는 변호사, 회계 감사관과 3개 국어로 언쟁을 벌였는데, 이들 또한 영락없는 스위스인이었다. 환한 복도에서조차 이들과 다시 마주치고 싶지는 않다.

스위스는 익명 은행계좌를 유행시켰다. 이들은 물러난 라틴아메리카의 독재자, 아랍의 왕자, 아시아의 장군 및 부하들의 돈을 거두어 들였다. 스위스의 비밀 은행계좌는 지긋지긋하고 부패한 세계가 갈망하는 창조물이었다. 그렇게 해서 스위스 은행가들은 돈의 흐름을 알게 된 것이다. 내가 만나본 스위스인 중에서 금을 좋아하지 않는 사람은 하나도 없었다.

수년 전 취리히의 금융업자와 행한 인터뷰를 출판한 적이 있다. 그는 오직 금만을 믿었다. 그는 인터뷰 덕분에 유명세를 탔다. 그는 1966년에 이렇게 예언했다. 재무부가 달러와 금의 관계를 단절하고 주식 시장은 하락할 것이며, 금값은 오를 것이라고. 그는 이유를 조목조목 제시했다. 그가 말했다.

"위기가 생기느냐, 마느냐는 믿음과 불신 중 무엇이 승리하느냐에 달려 있습니다. 달러는 진정한 국제 통화입니다. 달러가 없는 세상은 아수라장이 될 것이기 때문입니다. 우리(금융업자들)는 불신을 대표합니다. 우리는 사람이 매우 오랜 기간 동안 합리적으로 자신의 일을 처리할 수 있는가에 대해 기본적으로 냉소적입니다."

그 금융업자는 말했다. 금은 실재이며, 인쇄된 화폐에 대한 견제 장치라고. 아아, 1970년대에 그의 말은 들어맞았다. 불신이 승리했고, 위기가 닥쳤다. 시장은 불황에 허덕였고, 금값은 20배가 뛰었다. 공포와 지폐가 금값을 천정부지로 올려놓을 터였다. 케인즈는 금을 '미개시대의 유물'이라 불렀다. 그는 합리적인 인간은 자신의 일을 합리적으로 처리할 수 있다고 믿었다. 서구 산업 국가들은 금을 표준으로 선호하지 않았다. 양이 너무 제한되었기 때문이다. 국가 정책의 발목을 잡고, 2대 금 생산국인 남아프리카와 소련의 배만 불려준다는 생각에서였다. 산업민주주의 국가들은 통화를 뒷받침하는 준비금으로 필요한 금을 이들 두 나라에게 의존하는 것을 원치 않는다.

사실 소련의 금 매장량은 세계 최대이다. 50억 온스 가량의 금이 땅속에 묻혀 있는 것이다. 전 세계의 금 매장량은 70억 온스에 달할 것으로 추정된다. 따라서 현 시세로 따져 소련은 대략 3조 달러의 금을 보유하고 있는 것이다. 금본위 제도가 온전히 시행된다면 소련은 서구와 사사건건 충돌할 필요도 없이 서구를 아예 사버릴 수도 있다.

금이 정부 지출의 브레이크 역할을 했다면, 그 밖에 무엇이 그 역할을 할 수 있을까? 자동 브레이크 따위는 없다. 정답은 인플레이션의 영향을 이해하고 이를 중단시키기 위한 조치를 취하고자 하는 사회적 합의이다.

이제까지 고정 환율의 기축 통화 시스템에서 적자가 어떤 식으로 인플레이션을 일으키는지를 보았다. 또한 시스템이 어떻게 해서 페이퍼 머니의 부동하는 세계로 변화했는지를 알게 되었다.

통화 무한 팽창의 시대가 영원하지는 않을 것이며, 사실 끝이 보인다는 게 내 생각이다. 부동하는 세계, 느슨함은 이를 둘러싼 사회를 반영한다는 생각도 든다. 부동하는 세계에서의 덕목은 유연성과 이동성이다. 하지만 사람들은 즉각적인 충족에 익숙해져 있다고들 말한다. 자본주의는 본질적으로 일종의 지연된 충족에 바탕을 두고 있다. 그것은 정부에 의한 것일 수도 있고, 사람에 의한 것일 수도 있다. 그렇기 때문에 자본의 시초 축적, 투자, 이윤 획득이 가능한 것이다.

제도를 존중하는 마음이 시들해지고 있다는 말들을 한다. 또한 결혼, 학교, 법원과 같은 제도가 예전 같지 않다고도 한다. 하지만 자본주의가 순조롭게 작동하기 위해서는 의회 제도가 필요하다. 이는 씨앗이 땅에 떨어져 싹을 틔우고 자랄 수 있도록, 즉 투자가 성숙할 수 있도록 시간을 주기 위해서이다. 사람은 집을 만들고, 집은 사람을 만

든다.

　원자물리학자가 양자역학의 소립자 우주를 기술하기 시작했을 때, 이들은 기준이 되는 현재 세계에 대한 기술이 필요했다. 이를 '뉴튼의 우주관'이라고 불렀다. 다르게는 고전적인 세계, 균형 잡힌 세계, 고정된 세계라고 할 수도 있다.

　뉴튼의 우주를 알려면 아이작 뉴튼을 생각해보라. 왕립학회를 괴롭히고, 위조범이 목 매달리는 것을 기쁜 얼굴로 바라보던 뉴튼 말이다. 그러면 기축 통화를 보유한 세계의 은행으로 미국이 누렸던 짧은 기간이 떠오를 것이다. 우리는 자신의 특권을 거의 염두에 두지 않았으며, 제대로 써본 일이 없다. 하지만 병든 달러는 곧 훨씬 심각한 위협에 직면하게 된다.

PAPER
MONEY

OPEC
─세계 역사상 가장 거대한 부의 이동

OPEC의 창안자

완다 야블론스키의 아파트에서 나는 그녀와 커피 테이블을 마주하고 앉아 있다. 완다는 석유 산업에 대해 큰 식견과 영향력을 갖춘 인물로 〈페트롤리엄 인텔리전스 위클리〉의 사장 겸 발행인이다. 또한 그녀는 대담성을 지녔으며, 이 잡지를 혼자서 창간하고 키워냈다. 이 때는 유수의 비즈니스 스쿨에서 여학생을 받아 현재의 여성 기업가들을 키워내기 전이었다.

완다와 나는 한 재단이 후원하는 학회를 함께 주최하기로 되어 있다. 학회의 명칭은 '서구 경제에 대한 OPEC 가격의 영향'이다. 이름난 숫자 전문가들이 전 세계에서 모여들었다. 엑손과 모빌의 수석 경제학자, 중동의 전문가, 국제 은행, 연방준비은행, 소규모 석유 회사의 관계자들, 심지어는 유럽에서도 일부 참석했다.

이따금 내가 하는 일이라고는 오로지 서구 경제에 미치는 OPEC 가격의 영향에 대해 고민하는 것뿐이라는 생각이 들기도 한다. 내가 기억하기로 달러가 통화의 제왕이었을 때 사우디아라비아는 기껏해야 낙타경주나 하고 있었다. 그 후로 채 몇 년 지나지 않아 50명, 아니 50명도 채 안 되는 사람들이 사우디의 수도 리야드에 모여 세계 경제를 불황에 빠뜨릴지 말지를 결정할 수 있게 된 것이다.

금융 시스템은 위기에 처해 있고, 화폐는 고체에서 액체로, 다시 기체로 변해 날아가 버렸으며, 주권 국가들이 파산 위험에 직면해 있고, 값싼 집이 10만 달러나 나간다. 게다가 밀튼 프리드먼은 1974년에 자신이 한 말을 다들 잊어주길 바라고 있다. 그는 OPEC은 몰락할 것이며, 석유는 절대 배럴당 10달러까지 오르지 않을 것이라 예견했다. 우리는 세계 역사상 가장 거대한 부의 이동을 목도했다. 그것도 총성 한 발 울리지 않은 채.

유가가 어디까지 오를지 예측할 수 있다면 금융 시스템이 살아남을 수 있을지, 10만 달러짜리 주택이 50만 달러가 될지 5천 달러가 될지, 주식시장과 중앙 난방, 그리고 서구 문명에는 무슨 일이 일어날지에 대한 실마리를 잡을 수 있다.

그래서 나는 늘 하던 질문들을 이번 학회에서도 던지려고 한다. OPEC은 단합할 수 있을까? 그들이 유가를 조종할 수 있을까? 유가는 어디까지 오를까? 10년 전 유가는 배럴당 1.80달러였다. 얼마 후 네 배로 뛰어오르더니, 금세 12.70달러가 되었다. 학회가 열릴 당시 유가는 28달러에 달했다. 다음엔 얼마나 될 것인가? 배럴당 50달러? 아니면 100달러? 멕시코와 캐나다를 비롯하여 비(非)OPEC 산유국들은 어떤 상황인가? 그들에게서 도움을 받을 수 있을까? 대략 이런 질문들이다.

다음, 우리의 계획은 석유와 관련된 수치들을 모두 금융 분야로 넘겨 세계의 금융 시스템이 OPEC 체제 하에서 살아남을 수 있을지 알아보는 것이다.

완다는 이마로 흘러내린 머리카락을 쓸어 올리며 묻는다.

"OPEC이 어디에서 시작했는지 알고 있나요?"

나는 1960년, 바그다드라고 답한다. 나의 자료철에는 OPEC의 모든 기록이 담겨 있는데, 이 자료철이 1960년부터 시작하기 때문이다.

"아니오, 1959년 나일힐튼 호텔의 제 스위트룸에서 시작했어요. 그곳에서 제가 페레스 알폰소를 압둘라 타리키에게 소개했거든요."

"예정된 일이었나요?"

내가 물었다. 이것은 마치 진주만 공습이 일어나기 전에 일본의 해군 함대 사령관 야마모토 장군에게 진주만 구경을 시켜준 것이 자기라고 말하는 것처럼 들렸기 때문이다.

"뭐, 제가 아니었어도 서로 만났겠지만요." 완다가 대답했다.

사실 그녀가 아니었어도 그 둘은 만났을 것이다. OPEC은 실제로 중동에서 시작된 것도, 아랍인이 창안한 것도 아니었기 때문이다.

OPEC의 비화는 미국에는 거의 알려져 있지 않은 데다 아이러니로 가득하다. 그 중 하나는 OPEC이 미국의 기관을 모델로 했다는 사실이다.

OPEC을 창안한 사람은 베네수엘라 출신으로 빈틈없는 학자풍의 변호사인 후안 파블로 페레스 알폰소(Juan Pablo Perez Alfonso)였다. 그의 이름 넉 자는 스페인 식으로 부르면 넷으로 들리지 않는다. 후안 파블로는 존 폴이며, 스페인 이름에서 페레스는 부계의 성을, 알폰소는 모계의 성을 나타낸다. 후안 파블로 페레스 알폰소는 1903년, 카라카스에서 태어났다. 그의 조부는 커피 경작과 무역으로 부를 얻었다. 하지만 후안 파블로가 10대가 되었을 때 부친의 수입 상사가 어려워져, 그는 대학을 몇 학기 휴학하고 가족의 사업을 도와야 했다. 또한 그는 장남으로서 11명의 형제들을 책임져야 했다. 어린 나이에 부여 받은 책임과 한정된 자원으로 인해 그는 자원에 대해 신중한 태도를 갖게 되었다.

페레스 알폰소는 카라카스에 있는 센트럴 대학에 복학하여 법학 학위를 받았다. 몇 학기를 쉰 탓에, 졸업 당시 그는 과에서 가장 나이 많은 학생이었다. 그는 민법을 가르쳤고, 시의원을 거쳐 1938년에는 국회의원에 당선되었다. 젊은 시절의 사진에서 그는 늘씬하고 잘생긴 모습이었으나 이마는 이미 벗겨지고 있었다. 이후에 그는 라틴 특유의 가는 콧수염을 기르고, 라틴 아메리카의 지식인들이 즐겨 쓰는 뿔테 안경을 썼다.

베네수엘라인이라면 누구나 석유에 관심을 가지는 것이 당연했다. 베네수엘라는 세계에서 손꼽히는 석유 수출국으로, 석유는 국가 수입의 대부분을 차지했다. 1922년 대규모 유전이 처음 발견되었으니까, 페레스 알폰소가 의회에 진출하기까지 거의 20년간 석유가 넘쳐흘렀던 것이다. 페레스 알폰소는 신생 야당인 민주행동당의 지도부에 있었으며, 스스로 당의 석유 전문가가 되었다. 또한 논리 정연한 법률 논문을 쓰기도 했다.

그는 1943년 베네수엘라 석유법을 기초하는데 참여했다. 이 법은 베네수엘라인들에게 역사적인 사건으로 여겨진다. 1945년 민주행동당이 선거에서 승리하자, 개혁론자인 로물로 베탄쿠르가 대통령이 되었고, 페레스 알폰소는 광업 및 탄화수소 장관, 즉 석유장관직에 올랐다.

페레스 알폰소가 취한 첫 번째 행동은 자신의 봉급을 20퍼센트 삭감하고 다른 장관들에게도 삭감을 권한 것이다. 이는 당이 개혁을 진지하게 고민하고 있다는 것을 국민들에게 알리기 위해서였다.

그의 두 번째 행동은 텍사스 철도위원회의 수석 기술자를 불러들인 것이다. 1945년에 벌써 그는 석유가 유한한 자원임을 인식하여 석유 소각, 적정 석유 채굴량, 가장 안전한 유정 폐쇄 절차 등에 텍사스 철도위원회의 보존 기법을 적용하고자 했다.

텍사스 '철도' 위원회라는 이름의 기관이 이 책에 등장하는 것이 이상하게 들릴 것이다. 사실 이 기관은 철도위원회인 동시에 석유위원회이기도 하다. 1930년대 텍사스에서는 석유를 지나치게 파내는 바람에 시장질서가 엉망인 데다 유가는 배럴당 10센트 아래로 떨어지는 일도 있었다. 경쟁이 과열되어 서로의 구역에 시추공을 뚫기도 했고, 유정탑의 다리가 겹치는 적도 있었다. 기술자들은 석유 고갈과 낭비에 대해 불평을 늘어놓았다.

텍사스 석유업계는 주 정부에 도움을 청했고, 텍사스 철도위원회에 석유 시추와 생산에 대한 규제권을 부여하도록 지원했다. 이때까지만 해도 철도위원회의 임무는 당연히 철도 규제였다. 위원회 활동의 근거는 석유를 보존하는 것이었다. 따라서 위원회는 유정의 수명을 연장하기 위한 규칙을 실시했다. 위원회의 등장은 독립 석유업자들의 정치력에 주어진 선물과도 같았다.

텍사스에는 메이저 석유회사들이 있었는데, 이들은 석유 시추뿐 아니라 정제까지 맡았으며, 자체 주유소나 판매상을 통해 판매까지 담당했다. 여기에 시추만을 하여 원유를 시장에 내다 파는 독립 석유업자들이 있었다. 독립 석유업자와 메이저 회사들이 같은 유전에 유정을 파는 일도 있었다. 음료수에 빨대를 두 개 꽂아 마시는 것처럼. 이는 지하의 석유가 토지 소유권 경계를 따르지 않기 때문이다. 수요가 감소하더라도, 메이저 석유 회사는 계속 석유를 뽑아 올릴 수 있었다. 독자적인 판매망을 갖추고 있었기 때문이다. 판매할 시장이 없어서 시추를 중단해야 하는 독립 석유업자들은 메이저 회사들이 자신의 석유를 빼간다고 불평을 늘어놓았다.

독립 석유업자들은 메이저 회사들보다 훨씬 규모가 작았다. 하지만 개인으로 볼 때 그들 중 몇 명은 억만장자였다. 이들은 어떠한 석유회사 사장보다도 훨씬 부유했으며, 정치권에도 아낌없이 기부를 할 수 있었다. 독립 석유업자 중에 헌트(H. L. Hunt)와 존 메컴(John Mecom)도 있었는데, 이들은 미국에서 가장 부유한 사람에 속했다. 이런 식으로 독립 석유업자들은 자신들의 주장에 사람들이 귀를 기울이게 할 수 있었다.

텍사스 철도위원회는 유가를 결정하지는 않았다. 단지 생산량을 결정했을 뿐이다. 초창기 임명된 위원들의 면면은 석유 생산자의 관점에서 볼 때 위원회가 공정한 기관이라는 명성을 얻는 데 일조했다. 수요가 급락하면, 텍사스 철도위원회는 업계 관계자들을 모아 실제 수요가 얼마나 될지 의견을 모았다. 그리고 허용 생산량을 정하여 생산 설비가 노는 날을 최소화했다. 이런 식으로 보존을 통해 시장을 안정화시키는 메커니즘을 만들어낸 것이다. 유가가 떨어질 조짐을 보이면, 텍사스 철도위원회는 석유를 생산할 수 있는 날 수를 줄였다. 1959년에 〈포춘〉지(紙)는 이렇게 썼다.

"위원회의 정책은 유가를 높게 유지하여 한계 생산자인 텍사스의 '꼬마' 들도 수익을 내게 해주는 것이 되었다. 이는 물론 비한계 생산자인 미국의 메이저 회사들에게도 훌륭한 해결책이었다. 이를 통해 연간 50퍼센트를 소화할 수 있었던 것이다. 또한 해외 메이저 회사들도 이 정책을 두 손 들고 환영했다."

해외의 회사들에게 환영 받은 이유는 텍사스 유가가 곧 미국의 유가인 '걸프(Gulf)' 가격이었기 때문이다. 이때의 '걸프' 는 페르시아만이나 아라비아만이 아니라 멕시코만을 뜻하는 것이었다. 그렇게 텍사스 유가는 전 세계의 유가가 되었다. 따라서 석유는 또 다른 '걸프' 인 페르시아만을 떠나 엑손 사(社)와 걸프 사(社)의 유조선에 실려 배럴당 1.80달러인 텍사스 유가로 팔렸다. 석유가 배럴당 10센트 밖에 하지 않던 때의 이야기이다.

문제는 세계 곳곳에서 석유가 발견되고 있었기 때문에 '걸프' 가격이 텍사스 이외의 지역에서는 일정하지 않았다는 것이다. 값을 깎으려 드는 사람이 언제나 생겨났다. 텍사스 철도위원회는 감산을 명령하여 미국의 유가를 높게 유지할 수 있었다. 하지만 여전히 해외에서 미국으로 석유를 들여올 수 있었고, 운반비도 저렴했다. 그러자 미국의 석유회사들은 자발적 협약을 통해 수입을 제한했다. 이는 이후에 미국 정부의 명령에 의해 의무사항이 된다. 영국 경제학자 폴 프랭클(Paul Frankel)은 이렇게 말했다.

"그들은 외부 세계에 보이지 않는 장벽을 쳤다."

1948년 페레스 히메네스가 군사 쿠데타를 일으켜 베네수엘라를 장악했다. 후안 파블로 페레스 알폰소는 망명길에 올랐다. 처음에는 워싱턴 DC에 머물렀다가 다시 멕시코시티로 옮겼다. 그는 소책자와 기사를 쓰면서 검소하게 살았다. 카라카스에 있는 그의 부동산에서는 이따금 수표가 날아왔다. 그의 자녀들은 그가 집안을 돌아다니면서 TV를 끄고는 쓸모 있는 일을 하라고 잔소리를 하던 것을 기억한다. 페레스 알폰소는 10년의 유배 생활을 독서와 저술, 그리고 텍사스 철도위원회의 활동을 연구하면서 보냈다. 다음은 그가 쓴 글을 옮긴 것이다.

「베네수엘라는 자국의 운명을 통제하지 못하고 있다. 이래서는 안 된다. 우리는 라틴 아메리카에서 가장 부유한 나라일지는 모르겠지만, 국민들은 여전히 가난에 허덕이고 있으며 석유도 무한정 나지는 않는다. 마라카이보 호수는 그 아래에서 석유를 파내느라 매년 30cm씩 가라앉고 있다. 그런데 그 대가로 우리가 받는 돈은 우리의 통제 밖에 있다. 세계의 석유 시장에 의해 값이 매겨지는 것이다. 어떤 때는 석유가 부족하고, 어떤 때는 온통 넘쳐나는 바람에 카라카스의 삶의 질은 높아질 줄을 모르고 있다. 공급, 수요, 그리고 사회의 필요를 충족시키기 위한 자금은 서로 딱 들어맞아야 한다.」

베네수엘라가 자국의 운명을 통제하지 못한다고 했는데, 그럼 누구의 손에 놓여있단 말인가? 그것은 바로 국제 석유 카르텔이다. 베네수엘라가 조금이라도 골칫거리가 되면 카르텔은 베네수엘라와의 거래 관계를 가차없이 끊어버리고 광대한 제국 내의 다른 나라에서 석유를 파낸다. 하지만 베네수엘라의 역사를 되돌아보면 석유 회사와 베네수엘라 정부의 관계는 돈독했기 때문에 위와 같은 일은 불필요했다. 베네수엘라에서 활동 중인 카르텔 멤버로는 엑손, 걸프, 텍사코, 로열더치, 모빌이 있다.

카르텔은 1928년 9월에 결성되었다. 로열더치쉘의 사장 헨리 데테르딩(Henri Deterding)은 엑손(당시에는 뉴저지의 스탠더드오일)과 BP(브리티시 페트롤레움)의 사장들을 스코틀랜드의 아크나카리에 있는 자신의 영지로 초대했다. 겉으로는 새를 사냥하기 위해 모인 것으로 꾸몄다. 하지만 새 사냥꾼들이 한 일은 파괴적 경쟁을 종식시키기 위한 원칙을 명시한 무서명 문서에 합의한 것이다. 이들은 최초 세 명의 멤버로 시작하여 이후에 텍사코, 걸프, 모빌, 소칼을 추가로 받아들였다. 이들의 카르텔을 깨뜨리려 했으나 실패한 이탈리아의 석유업자 엔리코 마테이는 이들을 '세븐 시스터즈(Seven Sisters)' 라 불렀다.

1952년, 미 연방통상위원회는 이렇게 발표했다.

"이 카르텔은 미국 이외 지역의 모든 주요 석유 생산 지역, 해외의 모든 정유소, 특허, 정제 기술을 통제했으며, 세계 시장을 나누어 가졌다."

런던과 뉴욕에 위치한 카르텔의 위원회에서는 생산 쿼터를 정하고 전 세계의 석유 보급을 조절했다. 법무부의 한 변호사는 이들의 카르텔 계약을 '석유 산업의 기업적 세계 정부를 향한 거대한 정책 청사진'이라 불렀다. 1952년 카르텔의 미국 멤버 5사(社)가 독점금지법을 위반했다며 법무부가 제기한 형사 소송은 이후에 민사 소송으로 격하되었다가 화의로 일단락되었다. 1953년 CIA의 지원을 등에 업은 이란의 팔레비 왕조가 수상 모사데그를 실각시키자 미 국가안전보장회의는 조치 비망록 875b를 통해 '근동 자유세계의 이익을 보호할 해결책'을 명령했다. 그 결과 법무부는 반독점 조치를 취했고, 석유 회사들은 이란에서 카르텔을 유지할 수 있었다.

페레스 알폰소는 어느 것 하나 놓치지 않고 주시하고 있었다. 그는 워싱턴과 멕시코의 망명지에서 이 사건들을 면밀히 연구했다. 이 사건의 일부는 1970년대 중반, 상원의원 프랭크 처치가 이끄는 다국적 기업에 대한 상원 소위원회에서 이에 대한 청문회를 개최하기 전까지는 대중에게 알려지지 않았다.

1959년, 베네수엘라 군사 정부는 해외로 도피했다. 그들의 가방에는 현금이 잔뜩 들어 있었다. 그리고 로물로 베탄쿠르가 대통령으로 복귀했고, 페레스 알폰소 또한 석유장관으로 돌아왔다(베탄쿠르의 추종자들이 전한 바로는 그는 대통령직을 떠날 때 단돈 383달러 밖에 없었던 유일한 베네수엘라인이었다고 한다).

페레스 알폰소는 텍사스 오스틴에 전화를 걸어 텍사스 철도위원회의 직원을 초청하여 조언과 자문을 구했다. 그리고 그는 난해하면서도 꼼꼼한 필체로 지시를 내리기 시작했다.

첫째, 그는 텍사스 철도위원회를 본떠 보존에 역점을 두었다.

다음, 그는 베네수엘라를 위하여 "정당하지 않은 가격 하락으로 인한 금전적 손실을 방지"하고자 한다고 말했다. 즉 이런 뜻이다. 우리는 유가가 떨어지는 것을 원치 않는다. 수입이 줄어드니까.

그 다음으로, 그는 미국에서 유가가 높게 유지되는 것은 주와 정부의 통제로 모든 생산자들이 시장을 나누어 가졌기 때문이며, 베네수엘라 또한 이렇게 해야 한다고 말했다.

그래서 베네수엘라에서는 새로운 석유 법률을 제정했다. 하지만 예전의 국제 카르텔은 여전히 존재하고 있었다. 또한 베네수엘라는 여전히 석유 자산에 전적으로 의존하고 있었으며, 인구 또한 증가하고 있었다. 그리고 가장 거대한 시장이자 소비자인 미국에 석유를 항상 보내지는 못했다. 바로 그 놈의 보이지 않는 장벽 때문이었다. 베네수엘라 생산자, 특히 독립 석유업자가 그 놈의 보이지 않는 장벽을 넘어 석유를 판매하지 못한다면, 세계 시장 다른 어디에선가 석유를 팔아치워야 한다는 얘기인데, 그렇게 되면 베네수엘라의 수입이 줄어드는 것이다.

페레스 알폰소는 술, 담배를 하지 않았으며 불면증에 시달렸다. 그는 침대 머리맡에 연필과 메모지를 놓아두고 잠이 오지 않을 때면 문제들과 씨름하곤 했다. 때로는 밤새도록 책을 읽다가 아침을 맞기도 했다.

메모지를 끄적거리던 페레스 알폰소의 머리에 엄청나게 대담하고도 원대한 계획이 떠올랐다. 그것은 국제 텍사스 철도위원회를 만드는 것이었다! 단, 텍사스 인들은 빼고. 바로 전 세계를 위한 텍사스 철도위원회인 것이다! 유가가 하락하면, 모든 회원국들은 유가가 다시 오를 때까지 생산을 중단하게 된다. 또한 석유 생산자들, 즉 페레스 알폰소의 말로는 석유가 나는 나라들이 힘을 합치면 거대 석유회사를 가진 산업 강대국들에 맞설 수 있을 터였다.

　당시 베네수엘라는 세계 석유 매장량의 7퍼센트를 차지하고 있었다. 반면 중동의 매장량은 70퍼센트에 달했다. 베네수엘라는 생산을 중단하고 끝까지 버틸 수가 없었다. 그래 봐야 아무런 영향이 없는 것이다. 마치 펜실베니아가 텍사스 철도위원회를 설립하는 꼴이다.

　페레스 알폰소는 자신의 계획, 자신이 쓴 소책자, 그리고 베네수엘라의 새로운 석유 법률을 모두 아랍어로 번역했다. 그기 자료를 모두 아랍어로 번역하는 동안, 압둘라 타리키도 분노의 불을 뿜고 있었다.

별난 커플

압둘라 타리키(Abdullah Tariki)는 서구에 유학을 갔다 온 사우디 관료 1세대였다. 그는 텍사스 대학을 다녔으며, 미국 여성과 잠깐 결혼 생활을 했고, 어려운 시기에는 미국 석유회사 텍사코에서 훈련생이 되기도 했다. 압둘라 타리키는 연방통상위원회의 1952년 보고서에서 석유 회사들에 제기한 주장들을 면밀히 검토했다.

1959년, 그는 사우디아라비아 석유장관이 되었다. 그리고 그는 당시 사우디 상황에 비추어 볼 때 급진주의자였다. 그는 사우디아라비아에 독자적인 종합 석유회사가 있기를 원했다. 아람코가 석유를 파내고 가져가는 것을 두고 볼 수 없었던 것이다. 아람코는 엑손, 모빌, 소칼, 텍사코의 합자 회사였다.

압둘라 타리키가 분노한 것은 석유회사들이 유가를 내렸기 때문이었다. 사우디아라비아는 정교한 관리 체제를 전혀 갖추고 있지 못했다. 사우드 국왕은 적어도 125차례 결혼을 했으며, 부인마다 집과 생활비를 받았다. 국왕이 돈이 필요할 때면, 신하가 아람코에 전화를 걸어 가불을 요청하곤 했다. 사우디아라비아의 자금 부족은 위험 수위에 도달했다. 압둘라 타리키에게는 전화가 빗발쳤고, 석유회사들은 유가를 깎으려 들었다. 이로 인한 사우디아라비아의 손실은 3,400만 달러에 이르렀다.

페레스 알폰소는 13명의 측근을 소집해서는 베네수엘라 석유법의 번역본을 손에 들려 카이로 행 비행기에 태워 보냈다. 좌석은 물론 일반석이었다. 이들은 최초로 개최되는 아랍 석유회의에 참가하려는 참이었다.

압둘라 타리키는 아직도 분노에 사무친 채 사우디의 석유 관료들과 카이로 행 비행기에 몸을 실었다.

그렇게 해서 1959년 4월 16일, 완다는 이렇게 말하게 된 것이다.

"그런데 압둘라 타리키 장관님, 후안 파블로 페레스 알폰소 장관님을 아시는지요?"

하지만 이것은 이미 예정된 일이었다. 두 명의 석유 장관은 텍사스에 대한 농담을 몇 개 주고받은 후 페레스 알폰소의 측근들이 아랍어 문서를 압둘라 타리키의 측근들에게 건네주기 시작했던 것이다. 페레스 알폰소의 측근 두 명은 압둘라 타리키의 텍사스 대학 동문이었다.

페레스 알폰소는 범세계적인 텍사스 철도위원회 구상을 상세히 설명하기 시작했다. 그것은 보존하고, 감축하고, 단결하고, 통제한다는 방식이었다. 돈을 더 벌고 싶으면, 석유를 더 많이 팔게 아니라 더 적게 팔 일이다.

압둘라 타리키는 주의 깊게 경청했다.

어떤 식으로 효과를 거두게 됩니까? 각국의 감축량을 누가 결정하게 됩니까? 감산을 어떤 식으로 강제할 수 있을까요?

압둘라 타리키가 이라크, 쿠웨이트, 바레인 등 석유가 나는 모든 부족들에게 이 계획을 설명하기로 결론이 났다. 이들 부족은 협력하기보다는 다투는데 더 익숙했으며, 마치 아버지에게 하듯 석유회사들에 의지하고 있었다. 쿠웨이트는 조그만 도시국가에 불과했고, 아랍에미리트는 중세를 막 벗어난 진흙 궁전과 염소 떼의 나라였다. 예멘의 수도 아덴에서는 영국 국기 유니언 잭이 휘날리고 있었고, 영국의 침략자들은 페르시아만의 파도를 헤집고 다녔다. 그러니 단결과 협력, 그리고 석유의 봉쇄를 외치는 것은 급진적인 생각이었던 것이다.

하지만 압둘라 타리키 자신이 바로 급진주의자였다.

"효과가 있으리라 생각합니다."

그는 이렇게 말하고 다른 나라들을 설득하러 나갔다.

압둘라 타리키는 아랍 국가들을 순방했으며, 페레스 알폰소는 이란으로 갔다. 여기에서 그는 이란 국왕을 만나기 전에 기자 회견부터 열었다. 그 다음, 그는 모스크바에까지 갔다.

러시아인들은 메이저 석유회사 못지않게 적대적이었다. 페레스 알폰소는 OPEC이 석유 카르텔의 전초 기지가 아니라는 것을 해명해야 했다.

1959년 8월, 〈포춘〉은 별난 커플의 순회 설교를 주목하고 있었다. 기사의 논조에는 흥미와 냉소가 섞여 있었으며, 늘 그렇듯 거대 산업의 관점을 띠고 있었다. 기사를 읽으면 마치 시간이 거꾸로 가는 듯했다.

〈포춘〉은 공급 과잉이 문제라고 주장했다. 석유가 너무 많이 난다는 것이다. 〈포춘〉은 계속해서 이렇게 썼다.

"게다가 공급 과잉은 오래 지속될 것이 틀림없다." 그 이유는 이렇다. "땅속에는 엄청난 석유가 묻혀 있고 파내는 것은 너무나 수월하여, 손만 대면 석유가 쏟아져 나오기 때문이다."

매장량 대 소비량의 비율이 예전에는 20대 1이었다. 즉, 1배럴을 신적하면 20배럴이 땅속에 묻혀 있었다는 것이다. 이제는 그 비율이 40대 1로 늘었다. 그리고 중동에서는 비율이 100대 1에 달한다. 새로운 유정을 하나도 파지 않는다 해도, 석유는 넘쳐나고 있기 때문에 향후 10년 안에 매장량 대 소비량이 20대 1로 돌아갈 리는 없다는 것이었다.

"국제 석유 회사들은 가만히 앉아서 당하지는 않을 작정이다."〈포춘〉의 기사가 이어졌다. "이들은 석유제품 사용을 늘리기 위한 노력을 배가하고 있다."

제너럴 모터스와 소칼은 이미 로스앤젤레스의 대중 운송 철도 시스템을 사들여 문을 닫아버렸다. 엑손도 적극 협력하기로 약속했다. 운전과 난방을 늘리자는 캠페인이 도처에서 벌어지고 있었다.

'공급 과잉은 끝이 없는가?' 라는 부제 하에 〈포춘〉은 다음과 같이 써내려 갔다.

"요즘 들어 수 년 내 처음으로 기업들이 임금, 판공비, 유지비에 칼을 대기 시작했다."

고속도로신탁기금은 주를 연결하는 도로망 건설로 힘을 보탰다. 거기에 교외가 날로 확장되어 운전 거리를 늘려나갔다.

'세계 석유에 대한 기묘한 새 계획', 이는 〈포춘〉의 기사 제목이다.

「이 대담한 제안은 미국을 제외한 거대 산유국들이 단결하여 석유 생산을 제한하고 유가를 관리하자는 것이다. 제안의 의도는 뻔하다. 미국 이외의 지역에서 원유의 가격은 추풍낙엽처럼 떨어지고 있다. 하지만 미국에서는 유가가 비교적 높게 안정되어 왔다. 이것은 강력한 텍사스 철도위원회가 주와 연방 당국의 지원을 받아 미국 석유의 시장 생산을 사실상 조절하고 있기 때문이다. … 국제적 텍사스 철도위원회는 원유 생산을 수요에 맞추고 산유국과 석유회사 사이에 생산량을 고르게 할당할 수 있을 것이다. 이를 통해 미국에서 유지되고 있는 적절한 수준으로 유가를 유지할 수 있을 것이다. 이 제안의 가장 큰 아이러니는 풋내기 석유업자조차 코웃음을 치기에 딱 알맞다는 사실이다. … 이러한 범세계적 구상은, 설사 실현 가능성이 있다 하더라도 명백히 자유 기업 경제의 원칙에 철저히 반하는 것이다. … 석유 매장량의 추가 발견으로 소비자들이 더 값싼 석유를 찾고 있는데, 이러한 기본적인 욕구를 일순 날려버릴 것이다.」

〈포춘〉은 이렇게 주장했다.
"모든 사실을 고려해볼 때 페레스 알폰소와 압둘라 타리키의 제안은 실용성이 없을 뿐 아니라 경제학상으로도 터무니없다."
이에 대한 〈포춘〉의 제안은 미국이 더 많은 석유를 수입하라는 것이었다. 이렇게 하면 미국은 세계 유가의 압박에서 벗어나게 되고, 다른 나라들은 보다 현실적인 해결책을 모색하리라는 것이다.

〈포춘〉은 시대의 흐름을 잘못 읽었다. 하지만 1959년에 석유를 수입하자는 제안은 일리가 있었다. 달러는 강했고, 석유는 배럴당 1.80달러 이내에 수입할 수 있었으며, 그럼으로써 세계 시장에 도움을 주는 동시에, 자국의 한정된 자원을 보호할 수 있다는 것이다.

이제 미국은 배럴당 30달러에 석유를 수입하고 있다. 게다가 그 석유의 일부를 루이지애나의 소금 동굴에 비축용으로 저장하고 있는 실정이다. 20년 전만 해도 석유를 자체 생산하여 소비하던 것이, 이제는 1959년 당시 비용의 스무 배를 들여 유조선을 통해 들여오기에 이르렀고, 다시 땅 속에 묻기까지 하는 것이다.

하지만 1959년에 미국 국내의 독립 석유업자들은 석유를 더 많이 수입하는 것은 원하지 않았다. 그들은 '보이지 않는 방벽'이 자신들을 보호해 주기를 원했다. 리비아와 베네수엘라 등 해외에서 활동 중인 석유업자들은 더 많은 석유를 찾고 있었다. 이는 세븐 시스터즈도 마찬가지였다.

〈포춘〉이 '공급 과잉'이라며 제시한 수치는 석유회사들이 제공한 것이었다. 그에 따라 기자의 시각도 제한될 수밖에 없었다. 하지만 한 가지만은 분명했다. 페레스 알폰소와 압둘라 타리키의 '기묘한 새 계획'은 석유 소비자들을 염두에 두지는 않았으며, 자유 기업 경제의 원칙에 철저히 반한 것은 사실이었다. 하지만 자유 기업의 원칙에 철저히 반했다고 치자. 그 바탕이 되는 모델도 과연 그랬을까? 이것은 아이러니였다. 자유 기업을 목 놓아 외친 것은 석유회사 자신들이었기 때문이다.

시간을 거슬러 또 다른 사실을 살펴보자. 압둘라 타리키를 분통 터지게 했던 유가 삭감 손실은 연간 3,400만 달러였다. 사우디아라비아는 지금 단 하루에 1억 6,600만 달러를 벌어들이고 있다. 이 비율을 마음에 새기면 페이퍼 머니의 시대를 이해하는데 도움이 될 것이다.

페레스 알폰소와 압둘라 타리키는 별난 커플이기는 했지만 일을 착착 진행시켜 갔다. 여기 치밀하고, 명석하며, 대머리의 조짐이 보이는 데다, 뿔테 안경에 가는 콧수염을 하고, 열정적이면서도 신경질적인 얼굴에, 머리맡에는 메모지를 놓아두고 잠 못 이루는 밤에 떠오르는 아이디어를 받아 적으려는 라틴계 남자가 있다. 한편 그의 옆에 있는 아랍 친구는 피부가 다소 까무잡잡했다. 그는 두꺼운 머리카락과 넓은 코 때문에 텍사스의 식당에서 종종 멕시코 인으로 오해 받곤 했다. 압둘라 타리키는 거침이 없었고, 페레스 알폰소는 치밀했다. 그는 대중 앞에서 연설하는 것을 즐겼지만 개인적으로는 수줍음을 잘 탔다. 그는 연설할 때 이렇게 외치곤 했다.

"아람코는 도둑입니다. 아람코는 도둑놈입니다."

그리고는 통계 수치를 읊어댔다. 통계 수치는 현실과는 별 관계가 없는 것들이었다.

"멋지지 않습니까?" 그는 말했다. "그래서 어쨌다구요? 석유는 우리의 것이란 말입니다."

압둘라 타리키는 제다에서 혼자 살았다. 담장으로 둘러싸인 정원이 딸린 집에서 그는 가젤, 닭, 칠면조를 비롯하여 병든 동물들을 보살폈다. 그가 기르는 살루키종(種) 사냥개들은 집안을 누비고 다녔는데, 손님이 와도 의자에서 일어날 줄을 몰랐다.

압둘라 타리키는 열성적인 아랍 민족주의자였다. 그는 이렇게 말했다.

"저는 아랍인이지, 사우디인이 아닙니다."

이 별난 커플은 각국을 함께 누비며 이렇게 선포했다.

"단결하고, 통제하고, 보존하고, 감축합시다."

1960년 봄에는 텍사스주 타일러에서 자신들의 계획을 이야기했다. 텍사스 독립 석유업자 회의에 모인 사람들은 주의 깊게, 또한 냉소적으로 이들의 주장을 경청했다.

뉴욕 록펠러센터의 우아한 회의실에 앉아 있던 먼로 래스본에게는 이 별난 커플의 외침이 모기 두 마리가 윙윙거리는 소리로 들렸을 것이다. '잭' 래스본은 엑손이 '엑손-에쏘'로 불릴 때 사장으로 있었다. 그리고 1960년 여름, 그의 눈에는 온통 과잉 공급밖에 보이지 않았다. 러시아도, 이탈리아도 석유를 팔고 있었다. 어디에서나 유조선들이 석유를 내려놓고는 가져갈 수 있는 것이면 무엇이든 실어 가고 있었다.

완다가 편집장으로 있던 〈페트롤리엄 인텔리전스 위클리〉에서는 유가 하락의 낌새를 채고 혼란이 일어날 것이라고 예측했다.

엑손의 이사인 하워드 페이지와 윌리엄 스토트는 많은 나라들이 예산을 유가에 의존하고 있다고 경고했다.

잭 래스본은 화학 기술자였다. 엑손의 다른 이사들과 마찬가지로 그 또한 외교적인 인물은 못 되었다. 엑손의 최고위층들은 '엑손 아카데미' 출신이었다. 이것은 실은 배턴 루지에 있는 거대한 정유공장의 별명이다.

엑손은 산유국 중 어디에도 알리지 않고 가격을 내렸는데, 당시에는 다들 그렇게 했다. 그러자 다른 석유회사들도 가격을 내렸다.

중동 국가들의 예산은 사라져버리고 혼란만이 들끓었다. 그로 인해 중동의 전반적인 분위기가 바뀌기 시작했다. 이들은 별난 커플의 설교를 떠올렸다.

압둘라 타리키는 1960년 9월 9일, 바그다드에서 회의를 소집했다.

유가 하락은 인구가 증가하고 있던 이란에게는 치명타였으며, 이는 사회 서비스를 위한 대규모 프로그램을 계획 중이던 사우디아라비아에게도 마찬가지였다.

15년이 지나 이란 국왕은 영국의 언론인 앤서니 샘프슨(Anthony Sampson)과의 인터뷰에서 당시의 상황을 떠올렸다. 그는 말했다.

"유가 인하가 기본적으로 적당했다 하더라도 우리의 동의가 없었기 때문에 받아들일 수 없었어요." 그는 분노했으며, 산유국들이 가진 권력에 대한 믿음을 잃었다. "우리는 안개 속을 헤매고 있었습니다. 어둠 속은 아니었어요. 다만 안개가 끼었던 거죠. 여전히 강대국들에 대한 열등감이 있었고, 이들 나라의 배후에 있는 신비한 권력과 마법에 주눅이 들었던 겁니다."

별난 커플을 전투 부대장으로 하여 사우디아라비아, 이란, 이라크, 쿠웨이트, 베네수엘라 5개국이 바그다드에서 회합을 가졌다. 이들은 OPEC, 즉 석유수출국기구의 탄생을 선언했다. 한 참석자의 표현을 빌자면 '카르텔에 대항하기 위한 카르텔'인 셈이었다.

"우리는 매우 배타적인 클럽을 결성했습니다." 페레스 알폰소는 말했다. "우리는 전 세계 원유 수출의 90퍼센트를 통제합니다. 게다가 이제는 단결하고 있는 것입니다. 우리는 역사를 만들고 있습니다."

이것을 세계 언론들은 너무나 중대한 사건으로 여겼기 때문에, 역설적으로 거의 보도하지 않았다. 9월 9일의 역사적인 사건에 대해 로이터 통신은 9월 24일에야 특보를 타전했다. 〈뉴욕 타임스〉는 9월 25일자 신문 뒷면에 단신으로 처리했다.

OPEC의 독립 선언은 항구에 차를 쏟아 붓던 식민지 주민들의 분노를 연상시키지만, 미치광이 조지 왕은 실은 석유회사들이었다.

OPEC의 첫 마디는 이러했다.

"우리는 더 이상 석유회사들의 태도에 무관심할 수 없다."

OPEC은 회사들이 "유가를 안정적으로 유지"할 것을 요구했다. 이는 사실 "인하 이전 수준으로 유가를 회복하라"는 것이었다. 인하 금액은 배럴당 9센트였다. 훗날의 관점에서 보면 웃음이 나올 만큼 사소한 금액이다. 하지만 보스턴 항구의 차에 매겨진 세금도 그랬던 것이다. 새로이 탄생한 카르텔은 "석유는 개발을 위한 자금을 지원하고 예산 균형을 맞추기 위해 필요한 것이며, 언젠가는 사라져버릴 자산이기 때문에 다른 자산으로 대체해야 한다"고 말했다.

이후에 좀 더 과격한 수사가 더해져 식민주의, 고난, 제3세계, 독립 등이 자주 등장하게 되었다. 처음에 OPEC은 엑손 이사회가 인하하기 이전으로 유가를 되돌리고자 했다.

미국 대중이 이 중대한 시점에 한 눈을 팔았다 하더라도 주의력 결핍이라는 비난은 할 수 없다. 당시 대통령 후보인 리처드 닉슨과 존 F. 케네디는 중국 연안의 조그만 두 섬, 금문도(金門島)와 마조도(馬祖島)

를 놓고 열띤 논쟁에 여념이 없었던 것이다.

석유회사들은 석유 제품을 팔아치울 방법을 생각해내느라 머리를 싸맸다. 〈포춘〉의 표현을 빌자면 '끝없는 공급 과잉'을 태워 없애자는 것이었다.

우리는 매우 배타적인 클럽을 결성했습니다

"우리는 매우 배타적인 클럽을 결성했습니다."

페레스 알폰소는 말했다. 이것이 과거 OPEC의 실체였으며, 현재도 마찬가지이다. OPEC의 정체는 클럽인 것이다.

회원국의 조건은 무엇이었는가?

한 가지 분명한 사실은, 석유수출국기구의 회원국이 되려면 석유 수출국이어야 한다는 것이다. 처음에는 '상당량의 석유를 순(純)수출' 하는 국가로 되어 있었다.

둘째 기준은 기존 회원국들과 '본질적으로 유사한 이해관계' 가 있어야 한다는 것이었다. 따라서 석유 수출국이라고 해서 모두 회원국이 될 수 있는 것은 아니었다. 캐나다와 소련은 회원국이 될 수 없었다. 이유는 달랐지만. 어쨌든 둘 다 기존 회원국들과 '유사한 이해관계' 가 없었던 것이다.

OPEC의 규칙은 모든 회원국의 4분의 3이 찬성해야 새로운 회원으로 받아들인다는 것이었다. 하지만 창립 회원국 중 하나라도 반대표를 던지면 들어올 수 없었다.

실제로 배타적인 클럽이 다들 그렇듯, '본질적으로 유사한 이해관계'는 헌장의 표제인 '석유 수출' 이상의 의미를 지니기 시작했다. 토후국에 불과한 카타르는 '상당량의 석유를 순수출' 하지 않았지만 가입이 승인되었다. 마찬가지로 아프리카의 가봉 또한 상당량의 수출국은 아니었던 것이다. 하지만 서반구의 섬나라 트리니다드 토바고는 가입이 거절되었다. '본질적으로 유사한 이해관계'가 없었던 탓이다.

OPEC은 제네바에 사무소를 열었다. 스위스는 OPEC을 국제기구가 아니라 클럽으로 치부했다. OPEC 사무총장 압둘 아미르 쿠바(Abdul Amir Kubbah)는 이의를 제기했다.

"스위스 정부는 OPEC의 목적이 회원국의 사사로운 개별적 이해를 방어하는 것이며 국제적인 이해관계는 없다고 판단했습니다."

OPEC이 원한 것은 대사관 지위였다. 즉 치외법권, 면책 특권, 면세, 조례와 특사 및 대리인을 둘 수 있는 권리를 요구했던 것이다.

오스트리아는 이를 받아들였다. 그래서 1965년 OPEC은 빈으로 이전했다. 이들이 자리잡은 건물은 건물주의 명칭을 따라 '텍사코 하우스'라고 불리고 있었다.

거부권을 가진 5개 창립 회원국 중 3개국은 아랍 국가였다. 12개 총회원국 중에서는 7개국에 달했다. 이후에 아랍 국가들이 OPEC의 부속 기관인 OAPEC, 즉 아랍석유수출국기구를 설립했을 때에도 '본질적으로 유사한 이해관계'가 무엇을 뜻하는지에 대해 의문이 제기되지는 않았다.

아랍 국가가 아닌 베네수엘라는 자국이 '본질적으로 유사한 이해관계'를 지니고 있어 회원 자격이 충분하다는 것을 보여주기 위해 앞으로 이스라엘에는 석유를 팔지 않겠다고 선언했다.

OPEC은 사무소, 조직, 회의 체계를 갖추고 있었다. 이들은 아서 D. 리틀 컨설팅 회사에 유가에 내한 연구를 의뢰했다. 1962년, 압둘라 타리키는 해임되었으며, 동시에 사우디아라비아에서 추방되었다. 사우디 왕가는 그가 이집트의 나세르 대통령을 존경하는 것을 받아들일 수 없었다. 아니면 그의 급진주의가 거슬렸거나.

그의 뒤를 이은 셰이크 아메드 자키 야마니(Sheikh Ahmed Zaki Yamani)는 당시 32세에 불과했다. 압둘라 타리키는 카이로로 건너가 컨설턴트가 되었다.

야마니는 덜 급진적이며 마찰을 피하는 성격이라 서구의 이해관계에 훨씬 들어맞았다. 메카에서 판사의 아들로 태어난 그는 카이로에서 자라 뉴욕대와 하버드에서 수학했다. 그는 오페라 가수처럼 깔끔하고 뾰족한 턱수염을 길렀다. 그는 최초로 국제 석유업계의 명사가 될 인물이었다.

페레스 알폰소는 베탄쿠르가 대통령직을 사임할 때 함께 석유 장관에서 물러났다. 하지만 그의 부하들은 자리를 지켰기 때문에, 페레스 알폰소는 베네수엘라 석유 정책을 배후에서 조종할 수 있었다. 그는 기자 회견을 열고, 정부가 석유회사들에 지나치게 관대하다고 꾸짖었으며, 세제 개혁의 새 물결을 이끌었다.

하지만 OPEC은 제2의 텍사스 철도위원회가 될 수 없었다. 석유 생산 프로그램은 엄청나게 복잡한 과정으로 정교한 시장 분석과 협상 능력이 필요하다. OPEC 사무국에서는 감산과 통제라는 두 가지 조절 계획을 추진했으나 아무런 소득이 없었다. 특히 사우디는 그러한 방안이 자국의 주권을 침해한다고 주장했다. 빈에 있는 OPEC 사무국 직원들이 임의로 일을 처리할 수 있다는 것이었다. 사우디 왕가는 OPEC 직원들의 지휘 따위는 받지 않았다. 이라크는 이란과 사사건건 다투었고, 이란은 사우디와 충돌을 일으켰다. 쿠웨이트는 이라크를 의심하고 있었다. 사실 이라크에 대한 쿠웨이트의 소유권을 주장한 적이 있기도 하다. 이란과 사우디는 세계 최대의 석유 수출국으로 베네수엘라를 앞서고 있었다.

페레스 알폰소는 베네수엘라의 주도권과 OPEC에 대한 영향력이 쇠퇴하고 있다며 불평했다. 아랍 국가들이 베네수엘라를 업신여긴다는 것이었다. 석유에는 본질적인 가치가 있으며, 산업국들은 곧 이 사실을 깨닫게 되리라고 그는 주장했다.

하지만 유가는 올라가지 않았다. 사실은 1960년대 내내 떨어지기만 했다. 페르시아만의 '공식 가격'인 배럴당 1.80달러는 세금을 매기는 데나 사용되었다. 이따금 배럴당 1달러까지 내려가는 일도 있었던 것이다. 하지만 텍사스의 '보이지 않는 방벽' 뒤에서는 1960년대 말 유가가 배럴당 3.45달러에 이르고 있었다.

중동의 유가 하락을 부채질한 것은 운송 수단의 발전이었다. 1950년대 중반, 유조선은 2만 톤급이 보편적이었다. 그 다음, 일본의 조선업계에서 대형 유조선을 개발했으며, 다시 25만 톤에 달하는 초대형 유조선을 내놓았다. 이것은 원유의 정유공장 도착 가격을 현저하게 떨어뜨렸다.

석유는 두 개의 전쟁을 겪었다. 첫째는 에너지 사용이 점진적으로 변한 것이었고, 둘째는 프랑스의 불도저가 페레스 알폰소의 애초 구상이었던 통제를 실현시킨 것이었다.

에너지 사용의 변화는 말할 것도 없이 석탄에서 석유로의 전환이다. 석탄은 부피가 크고 운송이 힘들었으며, 연소시 대기 중에 매연을 내뿜었다. 펜실베니아, 웨일스, 로렌 등 석탄 산지 어디에서나 채굴은 어렵고 위험한 작업이었으며, 광부들과의 마찰도 끊이지 않았다.

전 세계의 자동차 인구는 기하급수적으로 불어났다. 많을수록 좋다는 생각이 마치 자동차에까지 미친 것 같았다.

1940년, 석탄은 전 세계 에너지의 3분의 2를 차지했다. 하지만 1970년에는 3분의 1을 밑돌았다. 같은 기간 미국에서는 총 에너지 소비에서 석탄이 차지하는 비중이 47.2퍼센트에서 18.6퍼센트로 떨어졌다.

1960년대 내내 OPEC과 7대 석유 회사들은 배럴당 몇 센트를 놓고 으르렁거렸다. 이란 국왕은 대규모 정부지출 프로그램을 세웠으며, 이를 뒷받침하기 위해 보다 많은 수입이 필요했다. 사우디는 그 프로그램을 의심의 눈길로 쳐다보고 있었다. 1967년, 6일전쟁 기간 중에 아랍 국가들은 보이콧을 선언했고, 수에즈 운하가 닫혔다. 보이콧은 그다지 성공을 거두지 못했다. 6일전쟁이 끝난 후에도 OPEC은 살아남았지만, 이미 만신창이가 되어 있었다. 이란과 베네수엘라는 그 틈을 타 석유 수출을 늘렸다.

1960년대 초반, 미국의 물가상승률은 연간 1퍼센트 내외였다.

균형이 무너지다

산유국들이 서로 으르렁대는 동안, 미국은 미래를 대비하고 있었다. 텍사스 철도위원회는 추가 감산을 요구했던 것이다. 그러는 동안 북해에서 유전이 발견되었다. 리비아에서 석유를 뽑아 올린 독립 석유업자들은 그곳으로 몰려들었다.

지진이 시작되는 미세한 진동과도 같이 균형은 서서히 변화하기 시작했다. 계산에 넣지 못한 우연 요인이 있었으니, 바로 유정이 말라버리기 시작했다는 것이다. 미국의 석유 생산은 정점에 달했다. 리비아에서도, 알제리에서도 말라버렸거나 경제성이 없어진 유정이 늘어났다. 이들 국가는 자산이 사라져가는 문제를 보다 심각하게 인식하기 시작했다.

수에즈 운하가 다시 닫혔다. 하지만 사우디 대평원에서 레바논의 시돈까지 송유관이 건설되어 있었으며, 유조선들은 수에즈 운하를 거치지 않고 페르시아만에서 석유를 실어 올렸다. 그리고 유럽에서 지중해만 건너면 닿을 수 있는 리비아가 있었다. 운하도, 대형 유조선도 필요 없었다. 리비아는 유럽 석유의 4분의 1을 공급하고 있었다.

미국은 베트남전에 정신이 팔려 있었다. 12개월도 안 되어 균형이 무너지고 있었으나, 이를 눈치 챈 사람은 거의 없었다.

1969년 9월 1일, 리비아의 급진파 대령인 무아마르 알 카다피 (Muammar al Qaddafi)가 이드리스 국왕에게서 정권을 인수했다. 국왕은 석유회사들에 채굴권을 내준 인물이었다. 리비아는 석유 수출로 외환 보유고가 넉넉했다. 재정 압박은 전혀 받고 있지 않았다. 신임 수상 술레이만 마그레비(Suleiman Maghrebi)는 조지워싱턴 대학에서 박사 학위를 받고 엑손에서 변호사로 일한 적이 있으며, 석유 노동자 파업을 조직했다는 이유로 투옥된 전력이 있다. 카다피 대령은 서구의 석유회사를 국유화하기로 결심했다. 이는 이념적이자 재정적인 동기에서 비롯한 것이다. 그는 러시아와의 협상에서 불협화음을 일으켰다.

1970년 5월, 시리아에서 작업 중이던 프랑스의 불도저 한 대가 우연히 '탭라인'을 파손했다. 탭라인은 지중해를 가로지르는 아랍 횡단 송유관이다. 시리아인들은 통행세를 올려 받기 전까지는 송유관을 수리하지 않겠다고 했다. 나이지리아는 내전 중이었다. 비아프라의 유전 지대를 중심으로 교전이 벌어졌고, 석유 생산은 중단되었다. 갑자기 완충제가 사라져버린 것이다. 아직까지 전 세계적인 석유 부족 현상은 일어나지 않았다. 하지만 정치적인 사건으로 인해 석유 수송이 중단되곤 했다.

카다피 대령의 새 정권은 석유회사들과 정면으로 맞섰다. 리비아를 통해 유럽으로 편리하게 석유를 운송하는 대신 배럴당 40센트를 더 내라는 것이었다. 석유회사에서는 5센트를 제안했다. 리비아는 석유 채굴을 허가해준 회사들을 조사했다. 독립 석유업자 중에서 가장 큰 수익을 올린 곳은 파업 와중에 리비아 최대의 생산업체로 올라선 옥시덴털이었다. 옥시덴털은 석유 대부분을 유럽에 팔았으며, 세븐 시스터즈와 경합을 벌이고 있었다. 리비아는 석유회사들을 하나하나 손보기로 결심했다. 석유 보호라는 명분 아래 카다피 대령은 옥시덴털에 감산을 지시했다. 옥시덴털은 엑손에 달려가서 옥시덴털이 리비아의 요구를 거절할 경우 엑손이 다른 곳에서 원가로 석유를 공급해줄 수 있는지 물었다. 엑손은 그보다 높은 제삼자 가격을 제안했다가, 이내 옥시덴털과의 계약을 철회했다. 다른 원유 공급선이 없던 옥시덴털은 리비아에 백기를 들었다.

이 사건이 잘 알려진 것은 상원의원 프랭크 처치가 이끄는 미 상원 외교위원회의 소위원회에서 1974년 특별 청문회를 열었기 때문이다. 쉘은 리비아의 요구를 거절했다가 석유 공급이 끊겼다. 당시 쉘의 사장이었던 데이비드 바란은 정확한 발음의 소유자로 외알 안경을 낀 영국 귀족 출신이었다. 나중에 그는 처치 의원에게 보낸 서한에 이렇게 썼다.

"우리의 결론은 산유국들이 조만간 석유회사와 소비자에게 온갖 요구 조건을 내걸 것이며, 이를 저지하려는 노력을 해야 한다는 것입니다."

석유회사들은 워싱턴의 국무부에 모여 어떤 지원을 받을 수 있는지 모색했다. 국무부가 회의석상에서 팔레스타인이 겪고 있는 고통을 들

먹이자 석유회사들은 놀라움을 금치 못했다. 이 문제는 석유와는 연관성이 없는 데다 급진적인 리비아가 즐겨 쓰는 수사였기 때문이다. 국무부는 석유회사 지원에 열의를 보이지 않았다. 사실 국무부는 리비아 바로 옆에 붙어 있는 알제리의 천연 가스를 공급 받기 위해 알제리와의 관계 개선에 열을 올리고 있었던 것이다. 국무부의 석유 전문가인 제임스 앳킨스(James Atkins)는 이렇게 말했다.

"리비아는 유리한 위치를 차지하고 있는 데나 능력도 뛰어났습니다. 꼼수를 쓰지 않고서도 게임에서 이길 수 있었던 거죠."

앳킨스는 이들의 요구가 정당한 것이었다고 말했다. 석유회사들은 하나 둘 투항하기 시작했다. 산사태를 일으킬 첫 돌이 구르기 시작했다. 지금도 진행 중인 유가 인상 게임은 이 때 시작된 것이다.

압둘 아미르 쿠바는 이렇게 썼다.

"OPEC 국가들은 리비아가 거둔 성공에 어리둥절했다." 쿠바는 OPEC이 너무나 온건했다고 말했다. 이어 쿠바는 말했다. "우리는 베네수엘라 친구들의 조언을 따르지 않고 10년을 낭비했습니다. 카다피 대령이 우리에게 충격을 준 덕에 계획을 실행에 옮길 수 있었습니다."

리비아가 주도권을 쥐게 되자 이란의 국왕은 발끈했다. 자칭 '샤한샤', '왕중의 왕', '지상에 드리운 신의 그림자' 등으로 불리고 있던 그였는데 난데없이 애송이 대령 하나가 OPEC을 좌지우지하게 된 것이다.

중동에서 국왕의 권력은 영국 왕실보다 열 배, 아니 스무 배는 더 강력했다고 한다. 그는 석유회사를 앞세워 결집하지 말라고 석유 소비국들에게 경고했다. 그는 석유회사들에게도 산유국의 정당한 요구를 꺾기 위해 뭉치는 일 따위는 하지 말라고 경고했다. 이제 석유회사들이 협상해야 할 대상은 페르시아만의 국가들이라는 것이다.

이렇게 해서 '샤한샤'는 OPEC의 강경파를 다독일 수 있었다. 이라크, 알제리와 같은 강경파는 이미 리비아의 수준에 맞추어 유가를 널뛰게 하고 있었다.

하지만 그 해 12월 베네수엘라 카라카스에서 OPEC이 회동했을 때 강경파와 온건파 사이에는 조금의 차이도 없었다. 한 달 후 석유회사들은 테헤란에서 페르시아만 국가들과 회합했다.

회의를 주최한 이란 국왕은 영미 정부가 석유회사들을 외교적으로 지원하지 않는다는 사실을 알아차리고는 단호한 태도를 보였다. 리비아는 세계의 부를 이동시킬 방법을 찾아냈다. 그것은 일시적인 시장 상황을 이용하여 유가를 인상하는 것이었다. 이론적으로 탭라인 파손은 일시적인 현상이었다. 마찬가지로 나이지리아 내전도, 수에즈 운하 폐쇄도 일시적이었다. 심지어는 1970년 여름, 유럽의 석유 수요 증가도 일시적인 것으로 보였다.

미국은 아무런 걱정이 없었다. 심지어 근시안적이기까지 했는데, 이는 당시 석유 대부분을 서반구에서 들여왔기 때문이다. 미국의 최대 석유 공급처는 미국 본토와 캐나다, 베네수엘라였다. 중동 석유의 비중은 3퍼센트에 지나지 않았다.

강력한 생산자와 사분오열된 소비자 간에 '협상'이란 불가능하다는 것을 리비아는 보여주었다. 페레스 알폰소가 처음으로 베네수엘라 의회에 진출했을 때 석유 카르텔이 가격을 쥐락펴락하던 때와는 정반대의 상황이 벌어진 것이다. 이란 국왕은 적정 유가가 지금의 열 배는 되어야 한다고 말했다. 이 정도는 되어야 대체 연료의 가격에 근접한 다는 것이다.

석유회사들은 비밀리에 뉴욕에 모여 전략을 모의했다. 독립 석유업자뿐만 아니라 독일, 스페인, 일본, 프랑스, 벨기에의 석유회사와 같은 경쟁자들도 자리를 함께 했다. 석유 카르텔의 오랜 역사를 생각해보면 석유회사들이 OPEC에 보낸 서한은 아이러니였다. 서한은 석유회사와 산유국 모두가 안정을 필요로 하며, 유가 널뛰기는 매우 불안정하기 때문에 OPEC은 공동보조를 맞추고 회원국들을 결속시켜야 한다는 내용이었다!

이란 국왕이 제안했듯 석유 회사들은 두 군데에서 협상을 진행하고 싶지는 않았다. 널뛰기 제2 라운드가 벌어질까 두려웠던 것이다. 미 국무부 대변인 존 어윈은 테헤란으로 날아가 석유회사들이 뭉쳐야 하는 이유와 단일한 협상 창구를 가져야 하는 이유를 설명했다. 이란 국왕은 어윈을 설득하여 단념시켰다. 석유회사들은 이란 국왕의 계획을 따르는 수밖에 없었다.

한 때 강력한 카르텔을 형성했던 석유회사들이었지만, 한 목소리를 내는 데는 서툴렀던 것이다. 이들이 대화를 나누기 위해서는 법무부의 반독점 예외를 적용 받아야만 했다. 이들은 조심스럽게 협력과 '안전망' 에 대해 논의했다. 이렇게 해서 이들은 테헤란의 협상 테이블 한쪽에 줄지어 앉았다.

세븐 시스터즈를 이끈 인물은 배런 스트라달몬드(Baron Strathal-mond)였다. 석유업계에서는 빌리 프레이저(Billy Fraser)라는 이름으로 잘 알려져 있던 그는 BP의 공동 이사였으며, 그의 부친은 이란에서 큰돈을 번 전력이 있다.

협상 테이블 반대쪽의 상대도 호락호락하지는 않았다. 이들은 회사가 아니라 국가를 대표하여 나왔다. 뉴욕대와 하버드대 출신의 셰이크 야마니는 미끈한 얼굴이지만 굳은 의지가 엿보였고, 얌시드 아무제가(Jamshid Amouzegar)는 호리호리한 체격에 얼굴 윤곽이 뚜렷했다. 냉소적인 성격의 소유자인 그는 이란 출신으로 코넬 대학에서 석사와 박사 학위를 받았다. 무뚝뚝한 표정의 근엄한 사둔 하마디(Saadoun Hammadi)는 위스콘신 대학에서 박사 학위를 받은 이라크인이었다. OPEC 팀은 모두 미국에서 교육을 받았으며, 자국의 석유장관을 대표해 참석했다.

협상은 43일간 계속되었다. 석유회사들은 런던에 있는 BP 건물에 본부를 차려 놓고, 테헤란에 있는 현장 팀과 연락을 주고받았다.

회담이 진행되는 동안 OPEC의 대표단은 대담한 협박을 가해왔다. 원하는 것을 얻지 못하면 석유 생산을 중단하겠다는 것이었다. "회원국 모두가 일사불란하게 동시에 행동을 취하겠다"고 으름장을 놓았다.

영국 참관단 중 한 명은 이렇게 말했다.

"우리는 무척 놀랐습니다. 다혈질의 이라크와 온건한 사우디는 언제나 서로 으르렁대고 있었습니다. 서구는 경제 공갈에 대해서는 전혀 대비가 되어 있지 않았습니다. 이란인들은 수입보다 지출이 20퍼센트나 많았으니 유가 인상이 절실하다는 것은 이미 알고 있었습니다. 하지만 우리가 놀란 것은 이들이 하나 같이 강경한 입장으로 돌변했다는 것입니다."

회담을 시작한 지 43일이 지났지만 OPEC 회원국들은 첫날 제시한 것보다 더 높은 배럴 당 가격을 다시 들고 나왔다. OPEC의 요구는 배럴당 50센트 추가 인상이었다. 석유회사들은 5년 동안만이라도 잠잠해지길 바랄 뿐이었다. 하지만 이마저도 그들의 뜻대로 되지는 않았다. 10여 년 전에 압둘라 타리키의 법률 자문이었던 미국인 변호사 프랭크 헨드릭스(Frank Hendryk)가 서구 법의 개념을 소개했는데, 주권국 정부는 국민들의 정당한 이익에 반하는 상업적 계약을 피기할 권리가 있다는 내용이었다. 아랍 국가들은 당시에 이미 이 원칙을 잘 알고 있었다.

1971년 2월 14일, 계약이 체결되었다. 발렌타인데이의 대학살이라는 표현이 꼭 어울리는 날이었다. 중요한 것은 배럴당 50센트가 아니었다. 그것은 주도권이 이제 OPEC으로 넘어갔다는 것이었다.

테헤란에서 "총구 앞에 선 심정으로" 협상을 했던 석유회사 협상단은 이제 또 다른 협상을 위해 리비아로 이동해야 했다. 테헤란에서는 페르시아만 국가들만을 상대했던 것이다. 리비아는 발렌타인데이 대학살 때 OPEC이 지나치게 관대했다고 생각했다. 리비아의 석유장관 에제딘 엘 마브룩(Ezzedin el Mabruk)은 매일 아침마다 서구의 죄악, 이스라엘에 대한 지원, 오랜 착취에 대해 한 시간씩이나 열변을 토했다. 탭라인 파손으로 유럽은 어느 때보다도 리비아에 의존할 수밖에 없었다. 마브룩은 석유 생산을 중단할 준비가 되어 있다고 말했다.

"우리는 5천 년간 석유 없이 살아왔으며, 앞으로도 석유 없이 잘 살아갈 수 있다."

테헤란에서 합의한 금액의 세 배를 요구하는 그를 저지할 수 있는 것은 다른 OPEC 회원국들뿐이었다. 그럼에도 그는 페르시아만 국가들보다 더 큰 수확을 얻었다. 석유회사들은 자국으로 돌아갔다. 유조선, 정유소, 석유화학공장, 주유소는 여전히 그들 손 안에 있었다.

하지만 석유는 그들의 손을 떠나버렸다. 단결하고, 통제하라. 보존하고, 감축의 협박을 하라. 이 방법은 효과가 있었다! 페레스 알폰소는 카라카스에서 만족스러운 표정으로 OPEC의 소식을 읽고 있었다.

OPEC 협상단의 뛰어난 능력을 재차 언급한 데는 이유가 있다. 서구인들의 눈에 비친 아랍의 이미지는 머리에 헝겊 조각을 두르고 낙타에게 물을 먹이며 소년들에게 욕정을 품는 식이었다. 6일전쟁이 TV로 보도되자 맨발로 모래 위를 걸어 이집트로 돌아가는 병사들의 이미지가 추가되었다.

"엑손은 아랍이 단결하리라고는 꿈도 꾸지 못했습니다." 엑손의 전직 임원은 이렇게 회상했다. "우리는 아랍인들에 대해 영화 '아라비아의 로렌스'에 나온 그런 이미지를 갖고 있었습니다."

하지만 테헤란에서 테이블 반대편에 앉아 있던 세 명의 무슬림은 미국에서 외국어인 영어로 박사 학위를 딴 사람들이었다. 외국어로 학위를 따는 것이 협상 기술의 징표는 될 수 없겠지만, 이번 경우에 이들은 만만치 않은 상대였으며, 자신이 어떤 패를 쥐고 있는지 정확히 알고 있었다. 사우디 협상 지원팀의 일원은 이후에 이렇게 말했다.

"우리가 힘을 갖게 된 것은 우리가 힘을 갖고 있다는 것을 깨달은 순간부터 입니다."

셰이크 야마니가 엑손의 이사인 조지 피어시에게 말했다.

"당신들은 회사 문을 닫고 싶어도 닫을 수가 없지요."

하지만 1971년 겨울, 이들은 회사 문을 걸어 닫는 것이 훨씬 나을 뻔했다.

애틀랜틱 리치필드는 협상단에 포함되어 있지 않았다. 아르코의 이사들은 맨해튼의 회의실에 모여 발렌타인데이에 일어난 사건에 대해 보고를 받았다. 이사 한 명이 메모지에 써놓은 추상적인 패턴을 더듬어 갔다. 이것은 마치 제임스 베이어의 양탄자에 수놓은 추상적인 무늬 같았다. 기억을 떠올린 그는 비쏘는 투로 말했다.

"아랍을 저렇게 만든 건 우리 자신이었습니다."

발렌타인데이 대학살의 유가 인상에도 수요는 꺾이지 않았다. 오히려 전 세계적으로 석유 수요는 늘어가기만 했다. '보이지 않는 방벽' 뒤에서 텍사스산 석유의 가격은 배럴당 3.45달러에 고정되었다. 이는 닉슨 행정부가 물가와 임금을 통제한 때문이었다. 이제 미국은 석유의 23퍼센트를 수입하고 있었다. 하지만 여전히 캐나다와 베네수엘라에서 대부분을 들여왔다. 중동산 석유는 사우디아라비아의 라스타누라 항에서 배럴당 2.20달러에 거래되었다. 여전히 텍사스산 석유보다는 싼 가격이었다.

1960년대 내내 석유회사들의 걱정은 끝이 보이지 않는 공급 과잉이었다. 1967년 5월, 휴스턴에서 열린 주주 총회에서 엑손의 회장인 마이클 헤이더(Michael Haider)는 이렇게 말했다.

"살아생전에 미국 이외의 지역에서 원유가 바닥나는 것을 봤으면 좋겠습니다."

1968년 12월, 소칼은 메모에서 북극에서 석유가 개발되면 공급 과잉이 계속될 것이라고 경고했다.

1972년이 되자 공급 과잉은 사라졌다. 텍사스 철도위원회는 한 달에 몇 일이나 석유를 파올릴 수 있는지 걱정할 필요가 없었다. 매일 최대한의 석유를 뽑아 올리고 있었던 것이다. 자동차 휘발유, 제트기 등유, 화학제품, 제초제, 비료, 플라스틱 등 도처에서 수요가 발생했다.

리처드 닉슨은 50개 주 중에서 49개 주에서 승리를 거두어 재선되었다. 조지 슐츠가 이끌고 있던 닉슨의 에너지 대책본부에서는 아랍이 석유를 보이콧할 위험성은 거의 없으니 수입 제한을 완화해야 한다는 보고를 올렸다.

1970년대 초, 기술 문헌을 검토하는 것은 흥미로운 일이다. 석유 전문 학술지들은 채굴권, 세율, 분배와 같은 일상적인 현상에 정신이 쏠려 있었다. 그들 앞에 놓여 있는 끔찍한 미래에 대해서는 신경을 쓰지 않았다. 공급 과잉으로 인해 모든 석유 관련 산업이 성장했다.

무미건조한 당국의 계간지 〈포린 어페어스〉지(紙)에서 경고를 찾아볼 수 있다. 1971년, 석유 자문 월터 레비는 석유회사뿐 아니라 석유 소비국 정부 또한 석유 수급 비율의 변화에 주의를 기울여야 한다고 경고했다. 국무부 관료로서 석유회사들이 리비아와 타협에 이르는데 자문을 제공했던 제임스 앳킨스도 〈포린 어페어스〉에서 국무부의 입장을 옹호했다.

1973년 4월, 그는 향후 20년간의 세계 석유 소비량은 이전까지의 전체 소비량과 맞먹을 것이라고 말했다. 중동 국가 중 두 곳에서 석유 생산을 중단하기만 해도 위기가 닥칠 것이며, 유가는 배럴당 5달러까지 치솟으리라는 것이었다.

앳킨스의 비판자들은 그를 친아랍파로 몰아붙였다. 앳킨스는

OPEC 회담에서 이렇게 말했다. "여러분들은 지금까지의 성공에 대해 부끄러워할 필요가 전혀 없습니다." 한편 산유국들에게 이렇게 조언했다. "이 쇠막대기 [석유회사]를 구부리되 꺾어버리지는 마십시오."

앳킨스의 비판자들은 그가 공갈의 청사진을 아랍에 제공했다는 비난을 퍼부었다. 전 세계에서 이 기사를 읽었음에 틀림없다. 페레스 알폰소는 카라카스 전역에 기사를 유포했다. 하지만 산유국들은 무슨 일이 일어나고 있는지 알기 위해 미국의 기사 따위는 필요하지 않았다. 석유의 국제 거래량은 아래와 같이 증가했다.

1950년	하루 370만 배럴
1960년	하루 900만 배럴
1970년	하루 2,560만 배럴
1973년	하루 3,420만 배럴

미 석유업계의 '보이지 않는 방벽' 은 두려움에 떨기 시작했다. 이것의 목적은 해외의 값싼 석유가 들어오는 것을 차단하고자 했던 것이었다. 이제 방벽은 날아가 버렸다. 이는 외부의 공급 압력 때문이 아니라 내부의 수요로 인한 것이었다. 수입 제한이 철폐되었다.

그러자 치솟은 것은 물론 달러였다. 달러는 해외로 빠져나가 빠듯하게 공급되는 석유를 놓고 경쟁을 벌였다. 워싱턴은 이 혼란을 수수 방관했다. 그들은 다른 궁리를 하고 있었다. 이제 조치를 취할 차례가 되었다.

하버드 대학에서 열린 세미나에서 브리티시셸의 회장은 에너지 문제는 이제 정치 문제로 비화되었으며, 석유 소비국 정부는 단결해야한다고 말했다. 워싱턴의 국무부는 유럽과 회담을 계획하고 있었다. 그리고 1973년 6월, OECD 즉 경제협력개발기구가 탄생했다. 긴급한 석유 정책을 논의하여 11월까지 보고서를 내놓기 위한 목적에서였다.

하지만 너무 늦었다. 석유 수요는 모든 예상을 뛰어넘어 증가하고 있었다. 독립 석유회사들은 유전을 차지하기 위해 7대 메이저 석유회사들과 경쟁을 벌였다. 일본의 무역회사들은 독립 석유회사들을 앞지르려고 했다. 사우디아라비아에서는 아람코만이 여유분을 보유하고 있었지만 그마저도 얼마 남지 않았다.

1973년 9월, 시장 가격이 처음으로 '고시' 가격을 앞질렀다. OPEC은 이것이 정치적으로 어떤 의미를 갖는지 쉽게 알 수 있었다. 전임 사무총장 나딤 알 파차치(Nadim al Pachaci)는 총회에서 이렇게 말했다.

"이제 아랍은 에너지와 통화 위기에 대한 열쇠를 쥐고 있습니다. 이 두 가지가 어떻게 정치적 무기로 사용되는지 사람들은 알게 될 것입니다."

안와르 알 사다트 이집트 대통령은 사우디아라비아로 날아가 파이잘 국왕과 군사 계획을 논의했다. 쿠웨이트의 통치자인 셰이크 사바 이븐 살림 알 사바 또한 파이잘 국왕을 방문한 다음, 카이로로 가서 이스라엘과의 전투에 대비해 쿠웨이트의 석유를 무기화하겠다고 약속했다.

그해 10월, 이집트는 이스라엘이 바레브 전선에 세운 모래 요새를 함락시키기 위해 독일제 고압 소방 호스를 이용했다. 모래로 만들어진 요새의 토대는 말 그대로 녹아버렸다. 이집트는 곧장 수에즈 운하를 건넜다. 수출 중단의 위협에도 이스라엘에 대한 미국의 공급 재개가 단행되었다. OPEC은 쿠웨이트에서 회담을 열어 5퍼센트 감산과 유가 인상을 선언했다. 사우디아라비아는 훨씬 큰 규모의 감산을 발표했다.

OPEC의 관료들이 앉은 테이블 맞은편이 비어 있는 것은 사상 유례가 없는 일이었다. 엑손도, 모빌도, 텍사코도, BP도, 쉘도 자리에 없었다. 이들은 초대 받지 못했다. 협상도 없었다. OPEC은 유가를 배럴당 5.12달러로 인상한다고 발표했다. 발표는 칙령, 법령, 또는 최고 사령부의 명령으로 이루어졌다. 보도자료는 아랍어로만 제공되었다.

당시 쿠웨이트에는 나와 친분이 있는 인사가 영국 측의 참관단으로가 있었다. 그는 신의 은총이라도 받는 사람마냥 절제된 생활을 한다. 하지만 겉보기에만 그럴 뿐이다. 그는 이렇게 말하곤 한다.

"아랍어를 한 자라도 더 배우는 게 낫겠다고 생각했지."

실은 18개월 동안 일주일에 7일, 하루에 16시간을 레바논에 있는 영국계 아랍어 교습 학교에 다녔다는 것이다. 나중에 이 영국인 친구는 OPEC의 아랍 친구와 자리를 함께 하게 되었다. 아랍 친구는 이 순간을 다음과 같이 표현했다고 한다.

"우리는 석유의 새 가격을 공표했어요. 좀 이상하긴 했지요. 석유회사들은 하나도 자리에 없었거든요. 역사상 최대의 유가 인상이었어요. 이걸 명심하세요. 영국 함대가 우리 안마당을 차지하고 있었지요. 우리는 영국이나 미국 학교를 나왔어요. 우리는 군대도, 병원도 없는 작은 나라 출신이지요. 그런데 지금 유가가 거의 두 배로 뛰었단 말이죠."

"잠시 앉아있기라도 하면 머리 위로 제트기가 윙윙거리는 소리가 무의식중에 들려옵니다. 마치 우리를 벌하려는 듯이요."

"물론 아무 일도 일어나지 않았지요. 하지만 저는 그 당시를 기억합니다. 저 강대국들을요! 이제 우리는 결코 다시는 두려워하지 않을 겁니다."

훗날 영국 친구는 이렇게 말했다.

"베트남이 한 방 먹였지요. 운동화를 신은 군대에게 거인이 당했다는 것 아닙니까."

몇 주 지나지 않아 OPEC은 다시 유가를 두 배로 인상했다. 어려울 것은 전혀 없었다. 감산 이외에도 아랍은 미국과 네덜란드에 대한 석유 수출을 금지했다. 이들이 이스라엘을 지원한 데 따른 보복이었다.

감산은 전 세계 공급량의 10퍼센트에 지나지 않았지만 구매자들은 미친 듯이 호가를 외쳐댔다. 이란 석유회사는 배럴당 17달러로 경매에 내놓기까지 했다. 일본 무역회사들은 경매 전날 밤부터 문 앞을 지키고 있었다.

몇 주 후 1973년 12월, 테헤란에서 열린 OPEC 회의는 베르디의 오페라 아이다에 나오는 '승리의 행진'을 방불케 했다. 거대한 검은 리무진이 정문에 도착하자 푸른색 맞춤 레인코트를 입은 셰이크 야마니와 각진 얼굴의 얌시드 아무제가가 차에서 내렸다. 서방 외교관과 참관단들은 샛문으로 쏟아져 들어와서는 누가 누구에게 무슨 말을 하는지, 대체 무슨 일이 일어나고 있는지 알아내기 위해 귀를 쫑긋 세웠다. 언론사로 말할 것 같으면 〈플라츠 오일그램〉이나 완다의 〈페트롤리엄 인텔리전스 위클리〉 정도가 아니었다. CBS, BBC, 일본의 마이니

치, 브라질의 오글로보까지 다들 모여들었다.

얌시드 아무제가는 이란 국왕이 대체 연료 연구를 명령했다고 말했다. 코넬 대학을 뛰어난 성적으로 졸업한 아무제가는 이렇게 말했다.

"놀라운 사실이 있습니다. 미국에서 연료 중 석탄이 차지하는 비중은 1951년에 51퍼센트였습니다. 그런데 이제는 19퍼센트 밖에 안 된다는 것입니다. 값싼 석유 때문에 대체 자원 개발이 무시되고 있습니다. 서구에서는 석유가 고갈되었을 때 어떤 일이 일어날지 걱정하는 사람이 하나도 없습니다."

수출 금지로 인해 서구 경제의 취약성이 드러났다. OPEC 경제위원회에서는 유가를 배럴당 17달러로 결정했다. 셰이크 야마니는 지나친 유가 인상에 우려를 표했다.

"이전보다 훨씬 안 좋은 결과를 낳지 않을까 걱정스러웠습니다. 서구에 대규모 공황이 일어날 것 같았거든요. 서구가 침체되면, 우리도 침체될 테니까요."

야마니는 파이잘 국왕을 알현하고자 했으나 만날 수 없었다. 그가 유가를 계속 낮게 유지하면 OPEC에 타격을 줄 수는 있겠지만 사우디 또한 고립될 것이었다. 야마니는 OPEC에 남아 인상률을 줄일 것을 주장하다가 파이잘 국왕의 견책을 받았다.

하지만 OPEC 장관들이 회담을 끝내기도 전에 이란 국왕이 기자회견을 소집하자 야마니는 어안이 벙벙했다. 이란 국왕은 유가가 배럴당 11.65달러가 될 것이라 말했다. 이것은 야마니가 동의할 수 있는 수준을 훌쩍 뛰어넘은 것이었다.

회견장에 모여든 외교관과 기자들은 국왕의 거만한 태도에 아연실

색했다. 그는 새 유가가 매우 낮은 것이며 "관용과 호의를 바탕으로 정해진 것"이라고 말했다. 서구의 석유 소비국들은 이제 절약하는 것이 이로울 것이다. "부유한 가정에서 태어나 끼니 걱정을 할 필요 없고, 자기 차를 갖고 있으며, 테러리스트와 다를 바 없이 곳곳에 폭탄을 떨어뜨리는 사람들은 이 모든 특권을 다시 생각해야 할 것이다. … 이들은 더 열심히 일해야 할 것이다."

캘리포니아 클레어몬트 대학에서 내 친구의 제자였으며 쿠웨이트 기금의 이사인 압둘 라티프 알 하마드는 말했다.

"우리가 이렇게 많은 관심을 끌고 있다는 사실에 놀랐습니다. 당신들처럼 우리도 충격을 받았다구요. 우리는 자신이 거인 앞에 선 난장이인 줄 알았는데, 이제 거인은 평범한 사람에 지나지 않으며, 헤라클레스의 기둥은 종이 반죽에 불과하다는 사실을 알게 되었습니다. 이전에는 석유회사들이 우리를 세상으로부터 보호해 주었지요. 그들이 떠나간 지금, 우리는 모든 것을 스스로 결정해야 했습니다. 마치 엄청난 재산을 상속 받은 고아가 된 기분이었지요."

충격의 반응이 전 세계에서 일어났다. 헝가리 국립은행의 부총재인 야노스 페케테(Janos Fekete)는 훗날 한 가지 사실을 나에게 상기시켰다. 그는 빈틈없는 은행가이자 훌륭한 공산주의자였으며 유머 감각이 있었다. 그가 말했다.

"사무실에 가서 부하 직원들에게 이렇게 말했지요. '이제 위대한 서방이 떨쳐 일어나는 것을 보게 될 거야! 그들이 이런 속임수에 굴복할 수는 없지. 유가는 비용에 비해 너무 터무니없다구! 이것은 명백한 사기야! 저는 흥분한 상태였습니다. 오히려 직원들이 더 침착하더군요. 그들은 이렇게 말했습니다. '부총재님, 이제 예산을 전면적으로 따져봐야 합니다. 적자를 내고 있다구요.' 그래서 저는 이렇게 말했죠. '나도 안다구!' 빌어먹을! 우리는 러시아에서 석유를 수입하는데 글쎄 OPEC 가격을 받지 뭡니까! 러시아 석유 가격이 네 배나 뛰었다구요!"

페케테의 경험은 제3세계에서 다양하게 되풀이되고 있다. 처음에는 아시아와 아프리카의 모든 나라에서 환호성이 울려 퍼지고 있었다.

"전세가 역전되었다! 이슬람 팀이 거인 팀에게 66 대 0으로 이기고 있다! 화이팅! 추운 나라에 사는 푸른 눈의 악마들은 그런 꼴 당해도 싸다구! 오만한 코쟁이 악당도 꼴좋다! 우리를 꼬붕으로 만들려고 한 제국주의의 압제자들도 이젠 끝장났다!"

그러면 페케테와 같은 금융인이 이렇게 말하는 것이다.

"하지만 우리도 석유 값으로 네 배나 더 지불해야 합니다. 우리는 석유가 없잖습니까. 그 돈을 어디에서 마련하죠?"

이 책을 쓰게 된 계기는 바로 이와 같은 사례였다.

하워드 씨의 주유소에서는 기름값이 네 배로 뛰지는 않았지만, 그해 추운 겨울 휘발유가 충분하지 않았다. 그의 주유소 앞에는 휘발유를 사려는 행렬이 장사진을 이루었다. 하워드 씨 자신도 성난 고객들을 응대하느라 제정신이 아니었다.

나는 일단 차를 몰고 휘발유가 얼마나 남았는지 보러 갔다. 두 시간을 기다렸는데 "다 떨어졌습니다"라는 말을 들으면 낭패일 테니까. 하워드 씨가 말했다.

"줄 끝으로 가시오. 오늘까지는 괜찮습니다."

행렬은 가다 서다를 반복했다. 게다가 눈까지 내리기 시작했다. 나는 가지고 있던 재정 보증서를 다 읽었다. 그리고는 〈월스트리트저널〉, 〈뉴욕 타임스〉, 그리고 〈이코노미스트〉까지 다 읽었다. 줄은 아직도 한참 남아 있었다. 이런 생각이 들었다.

이 차들은 휘발유를 얻기 위해서 휘발유를 써버리고 있지 않은가. 그러면, 유가가 네 배로 뛰면 우리는 어떻게 감당할 수 있을까? 우리, 즉 미국은 어떻게 되는 걸까? 그래, 아랍에 물건을 팔 수가 있지. 미국이 재배하거나 생산하고 판매하는 상품은 무엇이 있지? 항공기, 밀, 콩, 첨단장비 등이 있군.

그렇다면 그들이 무엇을 살지 살펴보자. OPEC에는 어떤 나라들이 있나? 가봉, 에콰도르, 카타르 따위는 별 것 아니니까 건너뛰어도 되겠지. 어떤 나라들이 있을까? 이라크? 통과. 미국과 관계가 없는 나라이니까. 리비아, 쿠웨이트, 사우디아라비아, 이란이 있군. 리비아는 인구가 200만 미만이지. 쿠웨이트는 30만이 채 안 되고. 사우디아라비아는 600만이야. 조그만 나라들이군. 대형 항공사도 없어. 보잉 727이나 747 한두 대를 팔면 휘발유 행렬이 10분은 줄어들겠군. 밀과 콩은 어떨까. 조그만 나라는 많이 먹지도 않는 걸. 미국에는 차가 1억 2천만대 있지. 차들마다 시동을 켠 채 주유소 앞에 줄을 서 있어. 리비아, 쿠웨이트, 사우디아라비아가 모두 먹을 수 있을 만큼 밀과 콩을 팔아도 전국의 주유 행렬은 한 블록 밖에 줄지 않을 거야. 더 적을지도 모르지. 고작 1미터 줄어들려나. 물론 이란은 3,300만이 살지. 국왕에게 항공기를 팔아볼까? 항공기 한두 대는 더 팔 수 있겠지. 밀도 있고. 항공기에다 무기도 있군. 이란 국왕에게 무기를 팔면 되겠네.

하지만 나머지 국민들한테는 무엇을 파나. 아니야. 우리가 석유를 사려면 달러가 있어야 해. 세계는 달러를 받고, 달러로 무역을 하니까. 산유국들은 자신이 받아든 달러를 가지고 원하는 것을 할 수 있지. 하지만 그 규모는 아무도 몰라. 미국이 석유 필요량의 절반을 수입한다고 해보자. 유가가 배럴당 10달러라면, 하루에 30만 배럴이라 치고 1년 365일을 곱해보면, OPEC이 1년에 벌어들이는 돈은 1천억 달러가 넘는걸. 조만간 2천억 달러도 되겠는걸. 그러면 뉴욕증권거래소의 주식 절반을 살 수도 있군. 그것도 1년 만에 말이지. 내년에도 자동차 1,200만 대가 주유소에 몰려들 테고, OPEC은 또 1천억 달러를 벌게 되지. 이렇게 보관증을 쌓아두다가는 뉴욕증권거래소 주식을 몽땅 살 수도 있겠군. 그들은 보관증을 모으고, 우리는 차를 굴리고. 공기 중에 태워 없앨 상품을 사다가 미국까지 팔아치우겠는걸. 식민지가 될지도 몰라. 아니야, 이건 옳지 않아. 이대로 놓아둘 순 없어.

드디어 내 차례가 돌아왔다.

하워드 씨는 말했다.

"나한테 욕하지 마쇼. 나는 주유소를 운영하고 있을 뿐이니까."

나는 하워드 씨를 욕하지 않았다. 단지 무엇이 잘못 되었는지 알아내고 싶었을 뿐이다. 우리는 공기 중에 태워 없앨 것을 사느라 우리나라를 넘겨줄 보관증을 써주고 있는 것이다. 불행하게도, 아주 불행하게도 몇 년이 지날 때까지도, 내가 칼럼을 몇 편 더 쓸 때까지도, 경제학자들도, 의원들도, 에너지부 관리들도, 아랍인들과 금융인들도 몰랐지만 내 생각은 틀린 것이 아니었다. 물론 나만 이런 생각을 한 것은 아니었다.

OPEC의 승리는 역사상 유례가 없는 것이다. 이러한 부의 이동이 언제 또 있었겠는가? 스페인이 페루의 금과 은을 약탈했을 때? 영국이 인도를 지배했을 때? 과거에도 부의 이동은 있었지만, 이렇게 신속하게 일어난 적은 한 번도 없다.

나일힐튼 호텔에서 별난 커플이 만났을 때부터 프랑스의 불도저가 탭라인을 파손할 때까지는 11년도 채 걸리지 않았다. 발렌타인데이 대학살로부터 치면 2년도 안 된다. 그리고 그로부터 3년도 지나지 않아 그 승리는 완성되었다. 이것은 세계 역사상 가장 거대한 부의 이동이었다. 그러나 말로 설명하기는 쉽지 않다. 가령 유가가 배럴당 1.80달러에서 11.65달러로 오른다면, 그 인상폭은 엄청난 것이지만 그래도 10달러밖에 되지 않는다. 올해 석유 수입에 900억 달러를 쓴다고 해보자. 이것은 너무 추상적이다. 900억 달러를 오렌지 주스로 환산하는 것은 어리석은 일이다.

단결하고, 통제하라. 보존하고, 감축하라.

별난 커플의 이 설교를 처음 휘갈겨 쓴 것은 텍사스 철도위원회를 본받고 싶었던 베네수엘라 출신의 왜소한 변호사였다. 하지만 독자들은 주마간산 격으로 살펴본 이 짧은 역사에 무엇이 빠져 있는지 금방 알아차릴 수 있을 것이다.

그것은 바로 서방 국가들이다. 이제까지의 통념은 그들이 책임을 방기하고 자신이 할 일을 석유회사들에 맡겨버렸다는 것이었다. 처칠의 표현을 빌자면, 그들은 제국의 파산을 주재했다. 아니, 그들은 전혀 주재하지 않았다. 그들은 나약했고, 분열되어 있었다.

모빌의 베테랑 협상가 한 명은 이렇게 말했다.

"프랑스는 반미 정서가 너무 강했어요. 영국은 EC 가입에 퐁피두 프랑스 대통령이 힘써준 것 때문에 꼼짝달싹 못할 처지였지요. 이탈리아는 세븐 시스터즈를 혐오하는 마테이가 쥐락펴락했어요. 일본은 OPEC을 지나치게 두려워했고…. 미국, 영국, 독일, 네덜란드는 태풍이 지나가기만을 바랐습니다. …그들에게 정말 필요한 것은 연대라는 것을 아무도 깨닫지 못했지요."

단결하고, 통제하라. 보존하고, 감축하라. 이것은 서구에서 시작된 것이지만, 그동안 잊혀져 있었다.

새로운 시각도 있었다. 서구의 일부에서는 유가 인상을 내심 환영했다는 것이다. 이 시각의 핵심은 리처드 닉슨과 헨리 키신저가 이란 국왕과 거래를 했다는 주장이다.

이것을 처음 제기한 사람은 칼럼니스트 잭 앤더슨이었다. CBS의 TV 쇼 '60분'에서도 이 문제를 다루었다. 외교국 관리이자, 아랍통에 석유 전문가인 제임스 앳킨스는 유력한 정보 제공자 중 하나였다. 그는 〈포린 어페어스〉에 '석유 위기: 이번에는 정말 늑대다'를 기고하기도 했다. 앳킨스는 사우디아라비아 대사로 임명되었다가 1975년 키신저에 의해 해임되었다.

닉슨과 키신저는 1972년 모스크바 정상 회담을 마치고 돌아오는 길에 이란에 들렀다. 여기에서 그들은 위험한 상황을 목도했다. 1971년 말, 영국은 페르시아만에서 철수했고, 미국은 여전히 베트남에 발목이 잡혀 있었다. 전략적 요충지인 중동에 권력 공백 사태가 벌어진 것이다. 이란 국왕은 아랍을 손에 넣을 수도 있었으나, 이를 위해서는 무기가 필요했다.

무기를 살 돈은 어떻게 마련할까? 그것은 바로 유가 인상이다. 베트남에 여전히 군대가 주둔해 있는 상황에서 이란을 무장시키려고 수십억 달러를 내주도록 할 의원은 없었다. 제임스 앳킨스는 사우디가 이란의 병력 증강과 유가 인상 전망에 위협을 느끼고 있다는 보고서를 올렸다. 고유가는 서구의 안정을 해칠 것이었다. 사우디의 은행계좌와 생존은 서구에 달려 있었던 것이다.

당시 재무부장관이었던 윌리엄 사이먼(William Simon)은 '무기를 사들이기 위한 유가 인상' 이라는 생각에 대해 이렇게 말했다.

"거기에 일말의 진실은 있다고 봅니다. 미국은 베트남에 깊이 관여하고 있었습니다. 발을 빼고 싶었지요. 대통령은 워터게이트로 곤경에 처해 있었구요. 지구상의 다른 곳에서는 문제가 없길 바랐어요. 동맹국들과도 단단히 결속되어야 했지요. 러시아가 미국의 지정학적 문제와 베트남 문제를 이용하지 못하도록 말입니다. 그들이 공산 진영에서와 같은 장난질을 치게 놓아둘 수는 없잖아요."

사이먼을 두고 경제자문위원회의 직원은 이렇게 말했다.

"사이먼은 현명하지 못해요. 열성적인 시장주의자이기도 하지요. 그는 고유가로 인해 석유 생산이 늘어나서 카르텔이 깨어지리라 생각했어요. 우리는 무기를 팔아서 오일 달러를 다시 벌어들이구요. 과잉생산된 석유는 미국의 은행을 배불려 금리를 4퍼센트까지 떨어뜨리겠죠. 사이먼은 이렇게 말해요. '우리는 누구나 실수를 저지릅니다. 키신저가 그 기회를 날려버린 것입니다.' 하지만 그도 마찬가지인걸요."

키신저와 사이먼은 국제 에너지기구를 출범시켰다. 20개 서방 국가로 이루어진 이 기구는 공동 소비를 줄이고, OPEC에 대항하는 것을 목표로 했다. 하지만 성과는 미미했다.

네 배로 뛴 유가가 이란 국왕의 무기 대금이라면, 이것은 역사상 가장 비싼 대가를 치른 실수였다. 부의 이동이 어떤 규모로 이루어졌는가를 파악하는 것은 어렵다. 이 경우 계산은 아무 의미가 없다. 연간 9천억 달러를 오렌지 주스로 환산하는 것이 어리석게 들린다면, F-14 톰캣으로 따져보는 것도 마찬가지이다.

유가를 배럴당 10달러 인상할 경우, 여기에 OPEC의 하루 생산량인 약 3천만 배럴을 곱하면 OPEC의 수입은 연간 1,095억 달러가 늘어난다. 물론 OPEC은 여러 국가로 이루어진 전체 그룹이다. 여기에는 소비를 많이 하는 곳도 있고, 적게 하는 곳도 있다.

이제 롱아일랜드의 그루먼 군수공장으로 가보자. F-14 외부를 돌아보고, 타이어도 만져 본다. 선팅 유리, 희게 칠한 내부, AM-FM 라디오, 항공용 전자 기기, 거기에 레이더까지 모든 장비가 완벽하게 갖추어져 있다. 1974년 F-14 완성품 제조비용은 9백만 달러 이내였다. 이것은 대공 미사일은 제외한 금액이다. 그루먼은 연간 80대의 F-14를 생산할 수 있었다. 1년 동안 생산된 전투기를 다 실어 날랐다고 해보자. 그래도 7억 2천만 달러밖에 안 된다.

이제 세인트루이스에 있는 맥도널 더글러스로 가보자. 조종사를 더 데려와야겠군. 맥도널 더글러스는 그루먼보다 생산 대수가 더 많으니까. 돈도 더 많이 벌어들이는군. F-15 이글은 최신 전투기 아닌가. 1974년 완성품 가격은 1,200만 달러에 달한다. F-15 100대로 이루어진 비행단의 가격표에는 12억 달러라고 붙어 있다. 전투기에 20억 달러를 채 못쓴 것이다. 20억 달러라고 해두자. 예비 부품과 타이어도 필요할 테니까.

그 밖에 무엇이 있을까? 최대의 방어 수단인 원자력 항공모함은 어떤가? 1974년 현재 항공모함은 모델과 옵션에 따라 7억 7,100만 달러에서 13억 5,400만 달러까지 팔린다. 원자력 항공모함은 두 대를 산다. 거기에 구축함 몇 대와 미사일 순양함도 두어 대 산다. 잠수함도 몇 대 산다.

계산이 되는가? 최신예 전투기뿐만 아니라 쓸 만한 함대를 사고서도 1천억 달러 가량 남는다. 그것도 올 해에만 말이다. 전투기는 1년 쓰고 버리는 물건이 아니다. 게다가 내년에도 1천억 달러를 추가로 벌어들이는 것이다. 따라서 서구는 공군 함대와 해군 함대 하나씩을 보내고서도 매년 1천억 달러를 빚지게 된다.

키신저와 이란 국왕에 얽힌 이야기에 일말의 진실은 있으리라 생각한다. 하지만 이것은 너무 단순하다. 나는 좀 더 이전으로 돌아가 석유 수요 증가로 인해 어떻게 페레스 알폰소의 클럽이 기회를 얻었는가를 살펴보았다.

수요와 OPEC 회원국의 호전성을 놓고 보면, 유가는 상승하게 되어 있었다. 하지만 이 정도까지는 아니었다. 닉슨 행정부가 이란을 중동의 군사적 맹주로 세웠다는 데는 이견이 없다. 그리고 이란 국왕이 권력을 잡은 이후에는 그를 효과적으로 통제할 수가 없었다. 그래서 그와 나머지 OPEC의 가격 협잡꾼들은 유가를 조종할 수 있게 된 것이다.

유가 인상에 개의치 않은 사람들도 있었다. 그것은 언젠가 OPEC을 대신할 석유 공급처가 생기리라 생각했기 때문이다. 아니면 다른 동기가 있었는지도 모른다.

하지만 유가가 네 배나 뛰었다는 것은 충격적이었고, 이것이 지속되리라고 생각한 사람은 거의 없었다. 밀튼 프리드먼이 자신 있게 예견했듯, OPEC은 분명 붕괴할 것이다. 태풍은 지나갈 것이다. 계산 문제에 대한 정답은 아무도 문제를 풀지 못했다는 것이다.

모빌의 참관인은 이렇게 말했다.

"석유 소비국 정부는 절망감에 서로를 헐뜯기만 했습니다. 난국에서 탈출할 방법은 누구도 궁리하려 들지 않았지요. [그들은] 주도권과 연대를 상실하여 발생한 재앙이 얼마나 큰 규모인지 감을 잡지 못했습니다."

이제 서구 산업경제는 인플레이션과 불황이 동시에 닥친 최악의 상황을 맞았다. 고유가는 세금과 같은 재정적 억제 효과로 작용했다. 고유가는 비료, 플라스틱, 휘발유, 난방유의 가격 상승을 뜻했다. 주유비, 난방비, 식료품비가 인상되면, 자동차 구입을 미루게 될 것이다. 그러면 자동차 제조업체에서는 직원을 해고할 것이고, 이들은 지갑을 걸어 잠글 것이다. 1974~75년의 불황은 1930년대의 대공황 이후 최악이었다.

그와 동시에 물가도 가파르게 상승했다. 미국은 직간접적 에너지 비용이 세전(稅前) 가계 소득의 10퍼센트에 달했다. 에너지 비용이 100퍼센트 상승하면 그것만으로도 물가가 10퍼센트 상승하게 된다.

에너지에 석유만 있는 것은 아니었다. 그리고 석유가 모두 중동에서 오는 것도 아니었다. 그러나 OPEC의 유가는 400퍼센트 인상되었고, OPEC 유가는 곧 세계의 유가가 되었다.

미국만이 예외였다. '보이지 않는 방벽'은 날아가 버렸지만, 텍사스 유가는 아직까지도 세계 시세보다 낮았다. 정부에서 텍사스 유가가 점진적으로 상승하도록 규제했던 것이다. 미국의 어떤 지역에서는 국내산 석유와 가스를 사용했으며, 다른 지역에서는 수입산 석유를 사용했다. 정부는 에너지 비용이 전국에 고르게 분산될 수 있는 가격과 구조를 찾아내려 했다. 석유 생산업자들이 떼돈을 버는 것은 원하지 않았던 것이다.

주지 않는다면 빼앗는 수밖에 없다

1975년의 추운 겨울, 서구는 갑자기 자신들이 사용하는 석유의 절반이 자기들 것이 아니라는 사실을 깨달았다. 이로 인해 '애국주의(jingoism)' 가 득세하게 되었다('징고(jingo)' 라는 단어는 19세기 영국의 속가에서 유래한 것이다. 이 노래의 가사에 '우리는 싸우고 싶지 않으나, 결단코(by jingo) 싸워야만 한다면' 이라는 구절이 있다). 결단코, 그들이 석유를 주지 않는다면 빼앗는 수밖에 없다.

"미국이 무력에 의존할 상황이 없다고 말하는 것은 아닙니다."

헨리 키신저는 교묘한 이중 부정을 써서 이렇게 말했다.

열강들은 전략 회의에 돌입했다. 전쟁 게임의 목표는 페르시아만이었다. 런던의 〈이코노미스트〉지(紙)는 이렇게 썼다.

"주 작전은 서너 대의 항공모함이 포함된 해군 기동부대에서 수행할 것이다. … 강습함에서 발진한 헬기 강하 해병대가 … 가와르 유전의 선택 지점을 점거하고, 라스타누라 정유공장과 터미널을 확보한다."

마일스 이그노투스(무명용사)라는 필명으로 〈하퍼스〉지(紙)에 기고하고 있으며, 군사 전문가이자 존스홉킨스 대학 교수인 에드워드 러트웍(Edward Luttwak) 또한 라스타누라 정유공장과 가와르 유전을 전략적 요충지로 선택했다. 그는 '아랍 석유의 획득'이란 제목의 기고문에서 이렇게 쓰고 있다.

"영국 최대의 산업 합동 기업인 브리티시 레일랜드 모터스는 70년 이상 수만 명의 영국 노동자들이 흘린 땀의 결실이었다. 그런데 쿠웨이트의 한 가문에서 6일간 생산한 석유만 가지고도 [이 기업을] 차지할 수 있는 것이다. 수천억 달러의 부동산과 산업이 신흥 식민주의자들의 손에 넘어가는 것을 왜 보고만 있어야 하는가?"

또한 '무명용사'는 해병대와 제82 공수부대, 그리고 유정의 화재를 진압하기 위한 소방대원들을 언급하면서, 국제 석유원조기구를 설립하여 이곳에서 석유를 퍼올려 투자 기금을 마련하고 빈국을 원조하며 "사우디와 같은 나라가 필수품을 살 수 있도록 일정액을 주자"는 제안을 했다. 우리가 이런 일을 할 수 없다면, 군대가 무슨 소용인가? 1년에 850억 달러를 쏟아 붓고도 왜 이렇게 무기력한가?

아이러니컬하게도 공상적인 군사작전 계획은 유가에 관해서는 '비둘기'와 같은 온건파인 사우디아라비아를 직접 겨냥하고 있었다. 수요에 맞추어 생산량을 늘리고 잉여 수익을 곧장 서구의 은행에 예치하며, 서구의 안녕에 대해 서구 자신보다 더 걱정을 하는 사우디 말이다.

OPEC의 성공은 군사적 공상만을 자극한 것이 아니었다. 모방이 잇따랐다. 우라늄 생산국들은 이미 카르텔을 형성할 계획을 세웠다. 구리 생산국들도 또 다른 카르텔을 모의하기 시작했다.

이 중 보르도 지방의 포도 생산업자들은 누구보다도 비신사적이었다. 이들은 보르도의 훌륭한 포도를 가지고 장난을 치려고 했던 것이다. 이 단체의 이사인 쟝 미셸 쿠르토(Jean Michel Courteau)는 샤토 라피드 로쉴드, 샤토 무통 로쉴드, 샤토 라투르를 망라하는 이 생산업자 연합에서 "시장을 규제하고 가격을 안정시킬 어떤 조치를 취하겠다"고 선언했다.

이번엔 포도주 공급 과잉이라니! 생산업자들은 보존하고 감축하고자 했다. 이 일에 대해 OPEC을 비난할 수는 없다. OPEC의 13개 회원국 중 10개국은 포도주가 공식적으로 금지된 이슬람 국가였던 것이다.

과연 OPEC은 단일하고 강력한 카르텔이었을까?

출범 이후 10년 동안 OPEC은 전혀 영향력이 없었다. 수에즈 운하가 폐쇄되고, 프랑스 불도저가 탭라인을 파손하고 나서야 상황이 바뀐 것이다. 공급이 달리기 시작하자, 조직과 아이디어는 상황에 대응할 준비를 갖추었다. 통제를 위해 필요한 감산을 단행한 것은 시장을 향한 침착하고 사려 깊은 손가락이 아니었다. 그것은 정치적인 열정이었다. 바로 아랍인들이 라마단 전쟁이라고 부른 제4차 중동 전쟁이었다. 유가가 네 배나 인상되자 큰 충격을 받은 서구 경제는 수요가 급감했다. 1975년 4월이 되자 OPEC은 총 생산 용량의 35퍼센트만을 뽑아내고 있었다.

OPEC이 붕괴하리라고 밀튼 프리드먼이 예견한 이유를 여기에서 알 수 있다. 소규모의 생산국인 에콰도르와 가봉은 돈이 절실했다. 다음으로 하루 2백만 배럴 정도를 생산하는 중간 규모의 생산국인 알제리, 인도네시아, 베네수엘라, 나이지리아가 있었다. 이들은 모두 석유 보존을 원하고는 있었지만 인구 증가로 인해 돈이 필요한 나라들이었다. 수요가 감소하면 이들은 서로의 시장을 잠식하지 않을까?

하지만 그럴 필요가 없었다. 그것은 쿠웨이트와 사우디아라비아가 감산을 했기 때문이다.

사우디아라비아만 해도 OPEC 생산량의 3분의 1을 차지했던 것이다. 국제 텍사스 철도위원회는 자신의 '텍사스'를 발견했다. 하지만 그만큼 산뜻하게 생산량을 할당하고 시장을 결정하지는 못했다. 석유 회사들은 시장을 찾아 다녔고, 석유를 운반하고 정제했다. 이란의 얌시드 아무제가는 말했다.

"석유회사들이 우리를 대신해 시장을 찾고 이를 관리할 수 있는데 왜 이들을 철폐합니까? 우리는 가만히 눌러 앉아서 이들이 우리 대신 일하게 하면 됩니다."

OPEC은 35퍼센트의 추가 생산여력이 있었음에도 가격을 유지했다. 당시 빈의 OPEC 사무국에서는 몇 가지 경제학 연구를 진행하고 있었다. 컨설팅업체인 파라, 라모스 & 파라 사(社)의 카라카스 지사에서는 OPEC의 석유와 기타 에너지 자원을 조사하고 있었다. 뉴욕의 켐 시스템즈 인터내셔널도 같은 일을 하고 있었다. 빈의 국제무역 대학과 제네바의 바텔 연구소에서는 OPEC의 세계 에너지 모델을 구축하는 2,800만 오스트리아 실링의 계약을 맺었다.

보상의 대가

테헤란의 OPEC 회의 이후, 전 세계의 석유 소유자들은 재산이 4배로 늘어났다. 게다가 조만간 10배로 늘어날 것이다. 때로는 이로 인해 생활 방식에 극적인 변화가 일어나기도 한다.

두바이의 셰이크 라시드를 예로 들어보자(셰이크는 아랍권에서 족장을 가리키는 보통 명사 ─ 역자 주). 두바이는 19세기에 영국이 페르시아 만 연안의 사막과 소금 습지의 황막한 지역을 군사 점령하면서 '협상 국가'로 불렸던 지역 중 한 곳이다. 석유가 나기 전에 셰이크 라시드는 '도우'라는 목조 범선에서 돈을 뜯어냈다. 이들은 인도로 금과 은을 '재수출', 또는 밀수출하는 길에 그에게 세금을 바쳐야 했다.

1957년 석유가 발견되기 전까지 셰이크 라시드는 강 건너 '데이라'라고 하는 마을과 적대 관계에 있었다. 이들의 충돌에서 사용된 무기는 옛 범선에서 가져온 대포들로, 그 중에는 수백 년 묵은 것도 있었다. 대포를 채운 것은 강탈한 자동차에서 빼낸 부속품과 피스톤이었다. 포탄이 부족했기 때문에 일몰 기도를 마친 뒤 야간 휴전 기간에 전투원들이 전장을 샅샅이 뒤져 포탄을 회수하기도 했다.

석유가 나기 전의 어느 날, 셰이크 라시드는 강 건너 마을의 저녁 초대를 받았다. 그런데 그의 부하들이 상대방의 우두머리를 살해했다. 리처드 3세와 다르지 않은 중동의 전통에 따라 그는 패배한 데이라 통치자의 13살 난 딸을 자기 동생과 결혼시켜 승리를 공고히 했다. 이제 '셰이카 사나'로 불리게 된 이 여인은 기개가 있는 여성으로 남편의 넷째 부인을 총살하기도 했다. 그녀는 어린 시절의 경험이 자신을 강인하게 만들었다고 말한다. 지금 그녀는 택시 사업으로 번창하고 있다. 셰이크 라시드는 자신의 딸 미리암을 이웃 카타르의 셰이크에게 결혼시켰다. 그는 강에 다리를 놓을 때 돈을 빌려준 인물이다.

석유가 나기 전에도 셰이크 라시드는 현명한 통치자로 인정받았다. 매력 있는 인물인 셰이크 라시드는 국민들이 자신에게 접근할 수 있도록 했다. 그는 두바이의 전화번호부에 자신의 응접실, 침실, 요트, 정원의 전화번호를 등록해 놓았다. 그의 책상 위에 놓인 액자에는 이렇게 쓰여 있다.

"중요한 인물이 되는 것은 멋진 일이다. 하지만 멋진 인물이 되는 것이야말로 중요한 일이다."

셰이크 라시드는 자신의 국민들을 위해 두 개의 항구, 두 곳의 국제공항, 시멘트 공장, 알루미늄 제련소를 건설했다. 그의 수입은 연간 10억 달러 정도이다. 이제 두바이에서 포탄을 주우러 다니는 사람은 아무도 없다. 그의 사돈인 카타르의 셰이크는 석유를 더 많이 생산하고 있으며, 그보다 훨씬 부자이다.

19세기에 영국 해군은 인도로 향하는 항로를 보호하기 위해 페르시아만을 활개치고 다녔는데, 이제는 예전에 보호 받던 페르시아만의 피후견인들이 런던을 누비고 있다. 셰이크 라시드의 대사인 모하메드 마디 알 타지르는 2년 만에 영국의 부동산 6천만 달러어치를 사들여 언론의 외국인 혐오증에 불을 질렀다. 그가 사들인 것은 도시 주택, 별장, 수 세기 전에 지어진 귀족의 성 등이었다. "아랍인들은 아름다운 것을 좋아하지"라고 그는 짧게 대꾸했다.

영국 언론은 이 방문자들의 새롭고 악마적인 이미지에 경악했다. 〈데일리 미러〉지(紙)는 "아랍인들과 데이트를 한 후에 사라져버리는 여학생"들에게 경고했다. 이들은 "롤스로이스를 타고 고급 레스토랑으로 들어가 버린다"는 것이다.

아랍인들을 악마로 묘사하는 현상은 영국에만 국한된 것이 아니었다. 인기를 끈 영화 '네트워크'에서는 사우디인이 미국의 TV 네트워크를 사들이는 장면이 나온다. FBI 수사관들이 의원들에게 뇌물을 제공하고 그 장면을 녹화한 '앱스캠' 스캔들에서, 수사관들은 '아랍의 셰이크'로 가장했다.

유명한 영국 언론에서 '셰이크의 사랑의 노예가 겪은 시련' 따위를 상세히 보도하는 동안, 영국 전체로는 새로운 유가로 인해 이득을 보았다. 비싼 유가로 인해 북해의 얼음 바다에 연안 시추 장비를 설치하게 된 것이다. 당분간은 수입 석유에 대해 비싼 값을 지불해야겠지만, 유가가 배럴당 11.65달러에 이르면 북해의 석유에 투자하는 것은 확실한 이득을 보장했다. 이는 석유의 자급과 강한 파운드화를 뜻했다.

노르웨이도 마찬가지로 흐뭇해하고 있었다. 북해 유전의 나머지 절반은 자신들 소유였기 때문이다.

나머지 유전 보유국들도 모두 즐거워하고 있다고 볼 수 있다. 멕시코는 폭발적인 인구 증가에 대처할 수 있을 테고, 루이지애나는 소득세를 인하할 수 있었다. 알래스카는 아예 소득세를 철폐할 수도 있다. 그리고 텍사스 지하에 묻혀 있는 120억 배럴의 석유는 정부가 허가하는 족족 OPEC 수준으로 가격을 올리고 있었다.

행복해하기는 석유회사들도 마찬가지이다. 1970년대 중반까지만 해도 이들은 전면 광고로 불만을 토로하곤 했다. 석유 1달러를 팔아봐야 고작 1센트 밖에 벌지 못한다는 것을 보여주는 차트를 만들기까지 했다. 하지만 이들은 여전히 OPEC 석유를 운반하고, 정제하고 있다. 게다가 OPEC 이외의 석유도 많이 보유하고 있는 것이다. 이들은 전 세계에서 가장 거대한 기업들이다. 원자재 가격이 상승함에 따라 이들의 총 규모도 커지고 있었다.

석유회사들은 엄청난 현금 회전을 이용하여 석탄, 우라늄, 유모혈암, 그리고 삼림 자산을 사들였다. 국립경제연구소에서는 "삼림자산의 잠재적인 이익은 보호 구역의 가치가 상승함에 따라 필연적으로 증가한다"고 말하고 있다.

행복에 겨운 이들이 또 있다. 송유관 건설을 위해 채권을 판매한 투자 은행들, 굴착 장비, 벌채 기구 및 연안 시추 장비의 제조업체가 그들이다.

중동의 무기상과 군납업자들도 행복하긴 마찬가지였다. 이란은 수년에 걸쳐 190억 달러어치의 무기를 계약했다. 사우디아라비아도 150

억 달러어치를 도입하기로 했다. OPEC 연간 순수익의 절반에도 미치지 못했지만, 무기 주문이 끊이지 않았다.

세계의 30대 거대 은행들도 흐뭇해하고 있었다. 보수적인 사우디와 쿠웨이트는 생각할 시간이 필요했기에 돈을 은행에 예치해 두었다. 이들은 큰 것이 좋은 것이라고 생각했기 때문에, 거대 은행들은 오일 달러 예금을 가지고 금융계에서 자신의 입지를 굳힐 수 있었다. 은행은 단기 예금을 장기로 대출해주고 있었다. 이는 잠재적인 문제의 씨앗이 되었다.

수십억 달러의 건설 공사 계약을 따낸 건설업자도 있다. 이들은 샌프란시스코의 벡텔, 캘리포니아 어바인의 플루어, 패사디나의 랠프 파슨스 등이다.

거래를 성사시키는 중개인들도 행복의 비명을 질러댔다. 샤푸르 리포터(Shapoor Reporter)라는 특이한 이름의 뭄바이 출신 페르시아인은 영국이 이란과 계약을 맺는데 큰 역할을 한 덕에 기사 작위까지 받아 샤푸르 리포터 경이 되었다.

수수료 수입도 엄청났다. 상원 다국적 기업 소위원회에서는 록히드 사(社)가 지원의 대가로 아드난 카쇼기(Adnan Kashoggi)라는 사우디인에게 1억 6백만 달러를 지불했다는 사실을 알아냈다. 카쇼기의 전 부인은 이혼 소송에서 카쇼기가 24억 달러의 순수익을 올렸다고 증언했다. 이로 인해 그는 스탠포드 동문 중에서 가장 전도유망한 회원의 자리에 올랐다. 4,400만 달러짜리 요트에는 헬기 착륙장이 있었고, 맨해튼 올림픽 타워에 있는 3백만 달러짜리 아파트는 수영장까지 딸려 있었다. 그는 한국인 보디가드를 거느리고 있었으며, 매일 아침 시종이 특수 제작된 의자에 앉은 그에게 면도를 해주었다. 열두 채나 되는 그의 집마다 똑같은 의자가 하나씩 있었다.

텍사스 석유업자 넬슨 벙커 헌트는 세계 은(銀) 시장에 대규모 투자를 계획하고 있었다. 일설에는 그가 은을 독점하려 한다고도 했다. 전 텍사스 주지사 존 코널리가 또 다른 사우디인인 셰이크 칼레드 빈 마푸즈와 면담을 주선했을 때, 보디가드 40명이 묵기 위해 워싱턴의 메이플라워 호텔 한 층을 통째로 빌렸다고 한다.

억 단위가 아니라 만 단위의 좀 더 적은 규모로는 뉴욕, 워싱턴, 런던의 로펌들이 있었다. 이들은 구매자와 판매자를 연결시켜 주기도 하고, 계약서를 작성하기도 했다.

진짜 거물들은 눈에 띄지 않았다. 그 중에는 케네디의 보좌관에서 워싱턴의 변호사로 변신한 프레드 더튼(Fred Dutton)과 전직 재무부 차관 출신의 워싱턴 변호사인 제럴드 파스키(Gerald Parsky)가 있었다. 그런데 계약을 기다리며 리야드의 인터컨티넨털 호텔의 복도를 거닐고 있는 이 사람은 대체 누구인가? 설마, 스피로 애그뉴 아닌가?

에너지 및 석유 전문가와 재단들은 행복까지는 아니라도 만족한다고는 볼 수 있다. 이들은 석유 상황에 대해 120개 이상의 정식 연구를 내놓았던 것이다. 이 책을 쓰면서 수집한 것은 처음 36개 밖에 되지 않는다.

모든 경기에는 승자와 패자가 있는 법이다.

패자는 에너지에 이해관계가 없는 우리 모두였다. 우리는 휘발유 값, 난방비, 냉방비, 항공 요금, 석유 제품에 대해 더 비싼 값을 지불했다. 우리의 삶의 질은 하락했다.

승자는 석유를 보유한 이들만이 아니었다. 석유 보유자들에게 서비스를 제공할 수 있는 이들도 마찬가지로 승자였다. 여기에는 미국인들만 있는 것이 아니었다. 사실 미국인들은 그다지 덕을 보지 못했다. 중동 14개국의 건설 계약 중에서 미국 회사가 따낸 것은 2퍼센트도 되지 않았다. 이는 브라질, 유고슬라비아보다도 적은 수치였으며, 한국에는 한참 뒤처져 있었다.

발레리 지스카르 데스탱 프랑스 대통령은 아랍 국가들을 의기양양하게 순방하며 팔레스타인의 주장을 선전해주는 대가로 공장 주문을 따냈다. 1960년대만 해도 프랑스는 이스라엘과 특별한 관계를 맺고 있었다.

스칸디나비아의 선박 박람회는 아랍의 항구 여덟 곳을 돌아다니면서 10만 명에 달하는 관람객에게 제품을 전시했다.

권투 선수 무하마드 알리는 사우디아라비아를 순회하면서 도요타 자동차를 선전했다.

매일같이 누군가는 현상 유지에 투자를 하고 있었다.

자식들을 버리고 싶은 심정

이 이야기 중에는 특별히 행복할 일이 없는 인물이 하나 있다. 바로 페레스 알폰소였다. 그는 공직에서 은퇴한 후, 카라카스 로스초로스로 물러났다. 그곳에는 1941년에 사들인 조그만 농장이 있었다. 석유 붐으로 팽창된 도시는 그의 농장까지도 거쳐 지나갔다. 그는 여전히 소박한 생활 방식을 고수하고 있었다. 밤늦게까지 독서를 하고, 새벽이면 눈을 떴다. 카라카스의 거리에서는 누구나 그를 알아볼 수 있었다. 몇 가닥 남지 않은 머리를 밀어버려 베네수엘라의 '율 브린너'라고 할 법했기 때문이다. 아니면 1970년대 미국의 인기 드라마 주인공인 '코작'과도 흡사했다. 그가 속한 민주행동당에서 대통령 출마를 제안하자 그는 한 마디로 거절했다. 그는 디너파티에 입고 갈 재킷도 없고, 너무 검소하게 살았으며, 리본 커팅이나 칵테일 파티에도 가지 않는 내가 어떻게 베네수엘라의 대통령이 될 수 있겠느냐고 반문했다.

그가 텍사스 석유위원회를 좋아한 것은 보존 정책을 실현했기 때문이다. 그가 OPEC에 바란 것은 석유에 온당한 가치를 부여하고, 그 생명을 연장시키는 것이었다. 이는 거대 석유회사들의 권력을 무너뜨리고, 산업 국가들이 자원을 얼마나 낭비하고 있는지 보여주려는 것이었다. 그는 말했다.

"OPEC 회원국들은 전 세계 다른 나라들에게 삶의 모범을 보여야 합니다."

하지만 OPEC은 적절한 본보기가 되지 못했다. 사치스러운 산업 세계의 방식에 동화되고 있었던 것이다. 이들은 스스로도 맹렬한 기세로 석유를 소비했다.

사려 깊은 보수주의자 페레스 알폰소는 고개를 들 수가 없었다. 그는 베네수엘라인들을 꾸짖었다. 미국인들은 휘발유를 사기 위해 장사진을 이루었고, 도시는 등화관제를 실시했다. 마침내 그들은 석유가 자원이라는 사실을 배우게 된 것이다. 그런데 카라카스는 무슨 짓을 하고 있는 것인가? 밤새도록 불을 켜놓고 있지 않은가! 미국산 대형 자동차가 고속도로를 질주하고 있다니! 베네수엘라가 쥐고 있던 OPEC의 주도권은 어떻게 되었나? 그것은 사라지고 있었다! 주도권은 매일 몇 배럴의 석유를 뽑아내느냐로 결정되는 것이 아니다. 바로 도덕에서 비롯하는 것이다. OPEC은 단지 아랍에 불과했던가?

베네수엘라인들은 페레스 알폰소를 진정으로 존경했다. 하지만 이런 감정은 미국인들이 보스턴의 엘리트 작가들에 대해 느끼는 그런 호감에 지나지 않았다. 이들은 아침 6시에 그리스어와 히브리어를 공부하고, 한겨울에도 보스턴 항구에서 프로비던스 항구까지 건강을 위해 산책하는 사람들이다. 소박한 삶과 고결한 사고는 경외의 대상일 망정 라틴적이지는 않았다.

게다가 페레스 알폰소는 괴상한 일면이 있었다. 이마는 벗겨진 데다 자원을 아끼고 뭐든 저축하라고 잔소리를 늘어놓고 보이스카우트 바지를 입고 카라카스를 활보했던 것이다. 석유 수입이 네 배나 뛰는 바람에, 카라카스는 남들이 잠자리에 들 시간인 새벽녘에 일어나 파티를 열곤 했다. 식탁 위에는 열대 과일이 넘쳐났고, 보석상 H. 스턴과 고급 의류업체인 구찌는 사업이 날로 번창하고 있었다. 바다 전망이 멋진 고급 아파트들이 우후죽순처럼 생겨났다. 어디에나 돈이 넘쳤다. 한 베네수엘라 잡지는 이 진지한 대머리를 표지 인물로 실었다. 부제도 없이 그냥 '페레스 알폰소'라는 제목을 달았다. 내용은 뻔했다. 올바른 정신에 국가의 장래에 대한 근심, 이런 식이었다. 베네수엘라에도 랄프 왈도 에머슨 같이 존경 받을 수 있는 인물 한 명쯤은 있어도 좋지 않았을까? 거대한 부의 이동을 촉발한 인물이 스파르타인처럼 검소하다는 것은 하나의 아이러니이다.

페레스 알폰소는 이란 국왕도, 셰이크 야마니도 좋아하지 않았다. 그는 말했다.

"저는 제왕들한테는 관심이 없습니다."

그들은 자원을 보존하려 하지 않았으며, 수입을 마음대로 써버렸다. 알폰소는 베네수엘라에 부가 흘러 들어오는 것을 경계했다. 그는 말했다.

"불로소득은 사람들의 가치를 왜곡시킵니다."

OPEC은 유가를 끌어올리는 데만 혈안이 되어 있었지, 그 수입이 어디에 쓰이는지에 대해서는 관심이 없었다. 그들은 보존주의자도 아니었다. 그는 이렇게 탄식했다.

"저는 OPEC의 아버지 같은 존재라고 할 수 있습니다. 하지만 지금은 자식들을 버리고 싶은 심정입니다."

페레스 알폰소는 1979년 암으로 죽었다. 유족으로는 부인과 5명의 장성한 자녀가 있었다. 그는 유언을 하는 순간까지도 고결하고 엄격한 청교도적 태도를 잃지 않았다. 그는 미국에서 화장을 하되, 베네수엘라에서는 일체의 공식적인 조문을 하지 않도록 했다. 자신의 집은 평생학습센터라는 조그만 재단에 기부했다. 그곳에서 사람들이 정원에서 뛰놀며 자연의 아름다움을 만끽하도록 했다. 하지만 그의 집에서 내려다보이는 것은 카라카스의 자욱한 스모그였다.

별난 커플의 나머지 반쪽인 압둘라 타리키는 컨설팅 사업을 계속했다. 유목민의 너그러움을 지닌 사우디 정부는 그가 망명 중일 때에도 예전의 봉급을 계속 지불했다.

위스콘신 대학 박사 출신으로 이라크의 석유장관이 된 무뚝뚝한 표정의 사둔 하마디는 외무장관으로 자리를 옮겼다. 이후에 그는 미국에게 이란을 돕지 말라고 경고하기도 했다.

셰이크 야마니는 남다른 균형 감각을 발휘했다. 심지어는 자신의 세계적인 명성이 사그라든 후에도 여전히 건재했다.

발렌타인데이 대학살을 주도한 코넬 출신의 이란인 얌시드 아무제가는 이란 국왕이 사임하자 이란을 떠났다. 현재 이란의 UN 대사관에서도 그가 어디에 머물고 있는지 알지 못했다. 다만 미국 어딘가에 있으리라 추측할 뿐이었다. "그 돼지 같은 놈은 숨어버린 거죠." 호메이니의 측근들은 이렇게 말했다.

세븐 시스터즈의 중역들은 아직도 현직에 있거나 여유로운 은퇴 생활을 즐기고 있다. 하워드 씨의 모빌 주유소는 살아남지 못했다. 하워드 씨는 모빌의 처사에 치를 떨었다. 휘발유를 충분히 판매하지 못했다는 이유로 계약을 취소당한 것이다.

제2차 석유 파동

1970년대 제1차 석유 파동을 일으킨 것은 리비아의 전쟁 광신자 무아마르 카다피였다. 이따금 사막에 들어가 한 달간 기도를 하곤 하는 독실한 무슬림인 그는 서구의 민주 진영을 소름 끼치게 했다. 그는 우간다의 독재자 이디 아민을 비롯하여 전 세계의 테러리스트를 지원했던 것이다. OPEC 회원국들이 발렌타인데이 대학살에서 거둔 승리는 그의 호전성 덕분이었다. 이로 인해 OPEC은 자신의 힘을 깨닫게 되었고, 1973년 아랍 대 이스라엘 전쟁에서 일사불란하게 행동할 수 있었다.

1970년대 후반, 제2차 석유 파동을 촉발한 것은 종교 광신자 아야톨라 루홀라 호메이니였다. 그의 정부는 특별히 의도하지는 않았음에도 별난 커플의 가르침을 그대로 따랐다.

1970년대의 OPEC 회의는 유가를 올리고자 하는 매파와 내리려고 하는 비둘기파의 싸움이었다. 리비아와 이라크의 혁명 군사 정부는 사우디의 주도권을 빼앗기 위해 경쟁을 벌였다. 사우디는 전통적인 군주 국가로 어마어마한 수입을 거두고 있었으며, 서구의 안정에 의존하고 있었다.

이란 국왕이 물러날 때까지만 해도 전 세계 석유 공급에는 어느 정도 여유가 있었다. 고유가로 수요가 줄어들었고, 알래스카와 북해 유전에서도 석유가 나고 있었다. OPEC 연구자들은 카르텔이 손에 쥐는 돈이 점점 줄어드는 것을 발견했다. 유가가 인상되는 속도보다 서구 화폐 가치가 하락하는 속도가 더 빨랐던 것이다.

하지만 이란은 하루에 6백만 배럴을 생산하는 대규모 산유국 중 하나였으며, 국왕이 쫓겨나자 이란의 석유 생산량은 이전에 비해 극도로 감소했다. 하루 6백만 배럴이 감소하자 공급 부족이 다시 발생했다. 석유 쟁탈전이 재개된 것이다.

1970년대 석유 대부분은 거대 석유 기업인 세븐 시스터즈의 손을 거쳐 장기간의 계약으로 판매되었다. '보이지 않는 방벽' 이라는 표현을 지어낸 영국의 경제학자 폴 프랭클은 석유회사의 상황을 이렇게 비유했다.

"고지는 잃었지만 평야는 여전히 그들의 지배하에 있었습니다."

하지만 아야톨라 호메이니의 혁명은 '평야' 의 지배에도 영향을 미쳤다. 이란은 사우디아라비아와 쿠웨이트의 전통적인 왕정을 흔들 궁리를 했다. 또한 이란은 세븐 시스터즈와 석유를 거래하지 않았다. 이란의 수도 테헤란과 현물 시장을 차지하려고 쟁탈전을 벌이는 국가들을 상대했던 것이다.

석유 무역 업계에서는 현물 시장을 '로테르담'이라고 부른다. 로테르담 항구에 정박한 거대한 유조선에서는 하루 단위로 석유를 살 수 있었던 것이다. 하지만 '로테르담' 시장은 세계 도처에 널려 있었다. 사실 무역이 이루어지는 것은 텔렉스를 통해서였다. 로테르담 시장의 큰손으로는 일본의 거대 재벌 미쯔비시와 엥겔하드 국제 법인의 원자재 부문인 필립 브라더스가 있다. 물론 그 밖에도 여러 기업이 있다.

이란의 석유 생산 중단으로 공급에 차질이 생겼다. 이스라엘과 남아프리카는 더 이상 이란산 석유를 살 수 없었다. 이들은 눈에 불을 켜고 석유를 찾아다녔다. 이탈리아는 2주 분량의 석유만을 비축하고 있었으며, 스페인과 스웨덴도 마찬가지 상황이었다.

이란의 새 정부는 세븐 시스터즈와의 이전 계약을 무시하고 현물 시장에 석유를 팔기 시작했다. 1979년 5월 14일 월요일, 이란은 배럴당 23달러에 석유를 팔았다. OPEC의 고시 가격인 13.34달러를 훨씬 뛰어넘는 것이었다. 화요일에는 28달러로 올랐다. 목요일에는 다시 34달러로 올랐다.

아이러니컬한 것은, 세븐 시스터즈 또한 입찰에 참여했다는 것이다. 텍사코의 자회사는 비밀리에 32달러에 2백만 배럴을 주문했다. 페르시아만의 하르그 섬에서는 이란산 석유를 선적하기 위해 꼬리를 물고 기다리는 유조선들을 흔히 볼 수 있었다. 장기 계약을 맺은 유조선은 정박한 채 대기해야 했다(게다가 정박 수수료로 하루에 3만 5,000달러를 내고 있었다). 현물 계약을 맺은 유조선은 줄의 맨 앞으로 갈 수 있었다.

놀랄 일도 아니다. 현물 시장으로 석유가 몰리기 시작한 것이다. 이윤 극대화를 노린 미국의 석유회사들은 카리브 해에 비축하고 있던 정유를 현물 시장에 내다팔기 시작했다. 현물 시장의 유가는 배럴당 42달러까지 치솟았다.

카터 행정부는 석유 부족으로 민심이 동요하는 것을 막기 위해 카리브 해의 석유를 다시 들여올 때 배럴당 5달러의 보조금을 지급하기로 했다. 필요한 것은 다가오는 겨울을 대비한 난방유였다. 하지만 정유사들이 난방유 전환을 위해 혼합비를 바꾸면서 여름용 휘발유 공급에 타격을 주는 것은 원치 않았던 것이다.

국제 에너지기구는 차라리 권투 글러브나 나누어주는 것이 나을 뻔했다. 아니면 하키 스틱을 주든지. 싸움을 말리는 것은 불가능해보였다. 헝가리의 은행가인 야노스 페케테는 위대한 서방이 떨쳐 일어나고 있다는 보고를 기대하고 사무실을 찾았다.

하지만 위대한 서방이 정작 떨쳐 일어난 곳은 자기들끼리의 싸움판이었다. 수입 석유에 전적으로 의존하고 있던 독일은 미국의 보조금이 유가를 인상시킬 뿐이라고 비난했다. 미국은 자국의 석유회사를 지원하고 독일의 산업에 타격을 주기 위해 유가를 올리고 싶어 한다는 뉘앙스를 풍기기도 했다. 독일은 북해산 석유 지분을 얻기 위해 영국에 산업 투자를 제안했다. 영국의 대답은 '노'였다. 모두들 서로에게 손가락질을 해대고 있었다.

다른 OPEC 국가들도 장기 계약으로 퍼올린 석유를 현물 시장에 내다팔았다. 일부는 위험을 예견하기도 했다. OPEC은 통제력을 잃고 있었던 것이다! 리비아와 알제리는 카르텔이 정한 상한선인 배럴당 23.53달러를 어겼다. 쿠웨이트 석유장관 알리 할리파 알 사바는 이렇게 경고했다.

"유가는 걷잡을 수 없게 되어버렸습니다."

OPEC은 붕괴되고 있었다. 하지만 그것은 보이지 않는 윗부분에서 일 뿐이었다. 그런 생각을 한 사람은 아무도 없었다. 워싱턴의 에너지부에서는 관리들이 석유의 수요와 공급을 계산하고 있었다. 하루에 1백만 배럴씩 초과 생산되고 있는데, 왜 가격이 오르는 것일까? 에너지부의 한 분석가는 이렇게 답했다.

"현물 가격이 반영하는 것은 부족이 아니라 불확실입니다."

세계는 석유 비축에 열을 올리고 있었다. 일본은 원양 유조선 20대를 사들여 석유를 가득 채웠다. 정체가 의심스러운 퇴역 유조선들도 모두 새 주인을 찾았다. 공급을 제한당한 세븐 시스터즈는 곧이어 독립 석유회사에 공급하는 물량을 축소했고, 이들은 스스로 자원을 찾아 나설 수밖에 없었다.

결국 열광은 사그라들었다. 더 이상 채울 탱크가 없었던 것이다. OPEC 장관들은 회합을 갖고 다시 유가를 인상했다. 현물 시장은 당일 구매만을 목적으로 하는 듯했지만, 실상은 유가를 결정하고 있었다.

이제 보게 되겠지만, 제2차 석유 파동은 페이퍼 머니와 매우 밀접한 관계가 있다. 토머스 그레샴을 상기해보자. 그레샴의 법칙에서는 악화가 양화를 구축한다고 했다. 이것은 악화로 인해 양화가 통용되지 못하고 저축된다는 것을 뜻한다. 결국 사용되는 것은 악화이다. 제2차 석유 파동에서 저축된 것은 석유였고, 사용된 것은 화폐였다. 이제 석유가 가치를 저장하게 되었다. 엔, 마르크, 달러, 프랑은 사용되었으며, 오직 석유만이 저축되었다.

이 교훈은 잊혀지지 않았다. 석유는 양화이고, 돈은 악화라는 사실 말이다. 이란은 이전에 하루 6백만 배럴을 생산할 때보다, 생산을 재개한 후 3백만 배럴을 생산하면서 더 많은 돈을 벌었다. 쿠웨이트는 하루 50만 배럴 감축을 발표했다. 나이지리아는 20만 배럴, 베네수엘라는 15만 배럴을 감축하기로 했다.

석유는 그다지 훌륭한 양화는 아니다. 석유는 은행 금고에 고이 모셔둘 수가 없다. 석유 1리터를 주고 참치 통조림을 살 수도 없으며, 1배럴을 주고 신발을 살 수도 없다. 대단히 큰 규모로 수백만 켤레의 신발과 거래할 수는 있겠지만 꽤나 성가신 일일 것이다. 금이 화폐가 된 것은 나눌 수 있고 한정되어 있기 때문이다. 하지만 석유의 운명은 불타 없어지는 것이다.

아이러니컬하게도 페이퍼 머니의 시대를 연 것은 다름 아닌 석유의 화폐화였다. 페이퍼 머니의 운명 또한 불살라 없어지는 것이다. 단, 페이퍼 머니라는 이름은 잘못 붙인 것이다. 돈이란 컴퓨터 화면의 점에 불과하며, 점은 타지 않기 때문이다. 허나 과연 그럴까.

어쨌든 여러분이 가치의 저장 수단이라고 생각하는 것을 살펴보자. 1,000달러를 달러화로 갖고 있으면 10퍼센트의 이자가 붙는다. 같은 금액을 스털링화로 갖고 있으면 14퍼센트가 붙는다. 엔, 마르크, 스위스 프랑에도 적절한 이자가 지급된다. 아니면 1,000달러어치의 석유를 가질 수도 있다. 원하는 곳 어디에든 저장할 수도 있다.

석유를 선택하면 이자를 받을 수 없다. 게다가 이자에는 또 이자가 붙는다. 이제 내 말뜻을 알았다면 돈을 갖겠는가, 석유를 갖겠는가?

1973~74년의 제1차 석유 파동 때에는 유가가 2.69달러에서 11.65달러로 네 배 가량 뛰었다. 아야톨라 호메이니의 귀국에 이은 제2차 석유 파동 때에는 약 두 배가 뛰어 1979년에는 배럴당 28달러가 되었다.

OPEC은 게임을 잘 리드하고 있었다. 감산을 하면 공급이 달리게 된다. 인도를 줄이면 석유를 구하지 못한 사람들은 현물 시장으로 가게 된다. 그런데 현물 시장의 규모는 세계 석유량에 비하면 상대적으로 작다. 따라서 현물 시장 가격은 폭등한다. 그러면 이것이 석유의 진짜 시세가 되고, 석유 장관들이 모여 OPEC 유가를 현물 시장 가격으로 끌어올리게 되는 것이다. 하지만 현물 시장 가격이 다시 하락하더라도 공식 가격은 내려가지 않는다. 이제는 새로운 장기간의 OPEC 가격이 형성되었기 때문이다. 또한 OPEC 전체로 보면 지출을 위해 필요한 양은 하루 3,000만 배럴 중에서 2,200만 배럴밖에 되지 않는다. 나머지 800만 배럴은 임의로 처분할 수 있는 것이다. 그걸 가지고 장난을 칠 수도 있고, 필요하다면 처박아 둘 수도 있다. 하지만 널뛰기를 고안해 낸 것은 OPEC의 각료들이 아니었다. 그들은 다만 정치적 사건을 뒤따르면서 이익을 얻었을 뿐이었다.

거대 석유회사들의 입장은 이상하고 모호한 면이 있다. 한편으로 이들은 달러 단위로 따질 때 규모가 점점 커지고 있다. 이들의 원자재인 석유 값이 상승하기 때문이다. OPEC에서 유가를 인상할 때마다 석유회사들이 보유하고 있는 비(非)OPEC 석유의 값도 덩달아 오르게 된다. 하지만 OPEC은 이제 정유와 석유화학제품 같은 '하위 부문'에까지 손을 뻗치고 있다. 발렌타인데이 대학살 이후 OPEC은 고지를 지배하고 있다. 사실 고지는 그들의 소유인 것이다. 이제 소규모 교전을 벌이면서 이들은 평야로 이동하고 있다. 이들은 이렇게 말할 수 있을 것이다.

"우리에게 유조선을 양도하시오. 우리에게 정유 공장을 지어주시오. 우리의 정유 제품과 LPG를 사가시오. 하지만 가격은 우리가 정하겠소."

1974년 거대 석유회사들은 석유 교역량의 78퍼센트를 차지했다. 1979년이 되자 그들의 점유율은 44퍼센트로 떨어졌다. 그들의 입지는 점점 좁아져가고 있었다. 쉘의 부사장은 이렇게 말했다.

"우리 자회사, 우리 자신의 정유소, 우리 자신의 주유소에조차 석유를 공급할 자신이 없습니다."

석유 메이저가 사지 않았다면 대체 누가 사들인 것인가? 그것은 서구의 정부와 무역회사들이었다. 프랑스는 이라크와 10년 공급 계약을 체결하고는 곧장 사우디아라비아와 베네수엘라를 접촉했다. 스웨덴, 독일, 일본도 같은 전철을 밟았다. 이란의 과격파 학생들이 미국인을 인질로 잡자, 미국은 이란과의 교역을 중단했다. 일본은 기다렸다는 듯이 이란산 석유를 사들였다. 카터 행정부는 이들이 '꼴사납게 서두른다'며 비난했다. 이에 대해 일본 통상산업부에서 지적한 것은 일본이 석유의 80퍼센트를 본래 용도인 산업에 사용하고 있다는 것이었다. 이에 반해 미국에서는 산업에 쓰이는 석유의 비율이 20퍼센트밖에 되지 않는다. 통상산업부는 일본이 에너지를 매우 절약하고 있다고 변명하듯 말했다.

다른 산업국들은 미국을 바라보면서 걱정을 금치 못했다. 자유세계에서 생산되는 석유 8배럴 중 1배럴이 미국의 고속도로에서 연소되었다. 미국은 수입 석유 대금을 지불하기 위해 달러를 찍어냈다. 이로 인해 국제 통화 시스템이 약화되었다. 미국은 에너지 정책이라고 할 만한 것도 없었고, 이를 의회에서 통과시킬 수도 없었다. 미국의 높은 수요 덕분에 OPEC은 마음 놓고 가격을 올릴 수 있었다.

하지만 미국은 다른 나라들보다는 형편이 나은 편이있다. 자국의 석유로 수요의 절반을 충당할 수 있었기 때문이다. 일본은 에너지원이 전혀 없었으며, 독일은 에너지의 3분의 2를 수입했으며 석유는 전량 수입에 의존하고 있었다.

OPEC이 유가를 인상할 때마다 돈을 버는 미국인이 있었다. 사실 유정을 보유하고 있는 미국인들은 유가가 오르기 시작한 당시보다 4천억 달러나 재산을 불렸다. 세븐 시스터즈 중 엑손, 텍사코, 걸프, 모빌, 소칼 등 5개 회사는 미국인의 소유였다. 이들은 아람코를 통해 OPEC 석유에 접근할 수 있었다. 영국은 시스터 중 BP의 지분 전부와 로열더치쉘의 지분 절반을 소유했다. 로열더치쉘의 나머지 절반은 네덜란드가 가지고 있었다. 한편 영국은 북해 석유를, 네덜란드는 북해 가스 일부를 보유하고 있었다. 즉, 앵글로색슨이 다 해먹고 있었던 것이다.

런던발 〈이코노미스트〉지(紙)는 '미국의 석유 탐욕이 세계를 멸망시킬 것인가?' 라는 질문을 던졌다. 미국 경제가 성장하면서 전 세계의 상품을 사들였고, 이를 위해 석유를 필요로 했으며, 미국 내 석유 생산은 감소하고 있었으므로 미국은 석유를 보다 많이 수입해야 한다고 독자들에게 경고했다. 매우 시의적절한 대답이었다. 하지만 미국의 이미지는 카우보이 모자를 쓰고 6기통 캐딜락을 시속 180km로 몰고 다니는 어리석은 거인과 같았다. 그러면서도 날이 갈수록 부유해졌던 것이다.

그에 따라 위대한 서방의 국제기구인 OECD와 국제 에너지기구는 점차 힘을 잃었다. 회원국들은 이들 기관이 상황을 타개할 권한을 위임 받지 않았다고 여기고 있었다. 국제 에너지기구는 서구에 대해 수입 감축과 공급 할당 계획을 세우고 있었다. 서구 정부는 자국의 대표단이 파리, 제네바, 브뤼셀을 돌며 호텔에 투숙하면서 회의에 참석하고, 서로 협의하고, 논의 결과를 플라스틱 바인더에 담아오는 것까지는 허용했다. 하지만 그 와중에도 각국 정부는 국가 대 국가로 석유 계약을 맺고 있었던 것이다.

국제 에너지기구는 전 세계 석유 분배에 어느 정도 유연성이 있다는 가정 하에 설립되었다. 이런 식으로 말할 수 있었으리라.

"이제 합의를 보도록 합시다. 여기하고 저기는 감축을 하고, 일본은 좀 더 가져가고, 미국은 좀 줄이시오."

그리고는 각각의 항목에 대해 논쟁을 벌인다. 하지만 국가 대 국가 간으로 하루 5, 6백만 배럴을 계약하면서 이런 유연성은 사라져버렸다. 대신 장기간 거래가 그 자리를 차지했다. 세븐 시스터즈가 세계를 경영했을 때에는 그들이 석유를 할당할 수 있었다. 하지만 더 이상 그들은 세계를 경영하지 않는다.

서구가 분열되면서 OPEC 회원국들은 다음과 같은 권한을 갖게 되었다.

이들은 전 주인 세븐 시스터즈에게 석유를 얼마나 줄지 결정할 수 있었다. 이들은 정유와 마케팅에서 세븐 시스터즈와 얼마나 경쟁을 벌일지 결정할 수 있었다. 그 자리를 차지할지, 내버려둘지도 그들의 손에 있었다. 또한 이들은 기술 지원, 자금, 기타 판매되는 것이라면 무엇이든 요구할 수 있었다.

이들은 자신의 맘에 들지 않는 계약은 파기할 수 있었다. 한 달밖에 안 된 계약이든 10년간 지속될 계약이든 주권재민의 원리에 따라 국민들의 필요에 부합하지 못하는 계약은 유지되지 못했다. 이들로 인해 계약의 조항을 소급해서 바꿀 수도 있었다. "1977년 인도분에 대해 1백만 달러를 올리기로 결정했습니다"라고 말할 수도 있었던 것이다.

신규 석유 탐사도 이들이 결정했다. 석유 탐사에 전혀 열을 올리지 않는 지역도 있었다. 지금처럼만 해도 더 바랄 나위가 없었던 것이다.

이들은 이렇게 말할 수도 있었다.

"유가가 물가상승률에 맞춰 오르고 있습니다. 여기에 이윤을 좀 더 붙이겠습니다. 우리의 자산이 실제로 늘어나야 하니까요."

마지막으로 이들은 석유 거래 이외의 분야에서도 올바른(?) 의견을 가질 수 있도록 해주었다. 원자력을 어떻게 생각하는가? 중동의 현재 상황은 과연 어떠한가? 야세르 아라파트와 팔레스타인 해방기구(PLO)에 대해서는 어떻게 생각하는가?

이제 묻는다. OPEC은 유지될 수 있을 것인가?

경제학자들은 '노'라고 답했다. 그들은 이렇게 말한다. OPEC은 유지될 수 없다. 카르텔이기 때문에. 카르텔은 살아남을 수 없는 것이다.

여기 이 교과서에도 나와 있지 않는가.

하지만 경제학자들이 아는 것이라고는 수치밖에 없었다. 그들은 '아시바야'도 몰랐고, 아랍인들에게 공동체가 지니는 의미도 몰랐으며, 제3세계가 기지개를 켜고 있다는 사실도 까맣게 몰랐던 것이다.

한 번 물어보자. 유가가 어디까지 상승할까?

유가가 10배로 뛸 것이라는 것을 10년 전에 예견한 경제학자는 한 명도 없었다. OPEC은 클럽이지 카르텔이 아니다. 텍사스 석유위원회처럼 잘 조직되지도 못했다. 차라리 OPEC은 물자를 가득 실은 스페인 상선이 지나가기를 기다리는 18세기의 해적떼와 더 흡사했다. OPEC은 1975년 35퍼센트의 석유 수요 감소에도 살아남았으며, 회의석상에서 회원국들이 서로 으르렁거리면서도 버텨냈다. 주요 산유국인 이란과 이라크가 전쟁을 벌이는 와중에서도 붕괴되지 않았다. 분쟁이 끊일 날이 없었지만 그들의 결속력은 위대한 서방보다 강했던 것이다. 석유 소비국들이 에너지 자립을 달성하고 외교적 단결과 열강의 권력에 걸맞은 기술을 보유할 때까지 OPEC의 시대는 계속될 것이다.

다음 장에서는 그러한 독립이 가까웠는지, 독립을 달성했을 경우 어떻게 해야 하는지 살펴볼 것이다. 그러는 동안에도 유가는 계속 오를 것이다. 수요가 유가를 견인하는 것은 아니다. 실제 세계는 경제학자들의 세계보다 더 남루하기 때문이다. OPEC이 석유를 손에 쥐고 있는 한 유가는 오를 것이다. 또한 유가는 경제적 수요뿐만 아니라 정치적 기회에 의해서도 결정될 것이다. OPEC 사무총장은 자신이 수치를 간과했다며 자신의 생각에는 배럴당 60달러가 적절하리라고 말했다. 경제학자들과 마찬가지로 그런 추측은 누구나 할 수 있는 것이었다.

이제 OPEC은 머리 속에 단일한 이미지로 그려진다. 하지만 OPEC 역시 세븐 시스터즈와 다를 바 없는 사람들이다.

석유장관 압둘 아지즈가 차를 몰아 사무실로 출근하고 있다. 도로가 혼잡하기 때문에 운전은 기사가 하고 있을지도 모르겠다. 그러면 그는 뭔가 읽을 여유를 가질 수도 있다. 그는 자국의 교육 받은 엘리트 중 한 사람이다. 그는 이렇게 생각할지도 모른다. 이것은 실제로 OPEC 장관의 입에서 나온 말이다.

"저의 어머니는 장티푸스로 돌아가셨습니다. 마을에는 의사가 한 명도 없었어요. 당시 겨우 스물여덟이었죠. 안과 의사가 없어서 저는 시력을 잃을 뻔했습니다. 집에는 전갈이 있었어요. 물린 적도 있습니다. 영유아 사망률은 60, 70퍼센트에 달했지요. 자녀는 6, 7명을 낳았습니다. 그래야 하나 정도 건질 수 있거든요. 전기도 들어오지 않았습니다. 더 나은 삶을 염원하는 우리 국민들의 갈망을 염두에 두지 않으면, 현재 벌어지고 있는 상황을 이해할 수 없을 겁니다."

이윽고 그가 집무실에 도착하자, 수행비서가 이렇게 말한다.

"일본의 이치방 씨, 스웨덴의 룬트키스트 씨, 브라질의 코스탄조 씨, 독일의 뮌하우젠 씨가 기다리고 있습니다."

압둘 아지즈는 대기실을 들여다본다. 양복을 입은 사람들이 저마다 검은 서류 가방을 들고 앉아 있다. 그들은 모두 걱정스런 눈빛으로 서로를 바라보고 있다. 모두들 깨끗한 얼굴에 말쑥한 차림이었다. 압둘 아지즈는 이 사람들이 무슨 말을 하려는지 이미 알고 있다.

"이스라엘이 서안 지구에 새로운 정착촌을 건설했다고 합니다. 정말 끔찍한 일입니다".

그렇게 말하고 난 후, 깔끔하고 말쑥한 차림의 그는 서류 가방을 꺼내어 열변을 토할 것이다. 나머지는 여전히 대기실에서 기다리고 있을 테고.

압둘 아지즈는 이미 한 시간이나 늦었다. 중동에서는 시간이 서구와는 다른 식의 중요성을 지니기 때문이다. 문제될 것 없지. 압둘 아지즈는 서구인들이 모두 대기실에서 기다리고 있는 것에 개의치 않는다. 그는 바이어들 모두 자국에서 이런 얘기를 듣고 왔다는 것을 알고 있다.

"당장 석유를 확보하시오. 주유소 앞 장사진은 더 이상 안 되오. 공장이 굴러가야 하오. 추운 겨울에 우리의 정치 생명을 걸 수는 없소."

압둘 아지즈는 창 밖을 바라보며 이 순간을 즐긴다. 20년 전만 해도 그의 나라가 석유를 얼마나 생산할지는 세븐 시스터즈가 결정했을 것이다. 그는 이런 생각을 한다.

'고작 20년이 흘렀을 뿐인데! 20년 안에 얼마나 많은 일들이 일어났는가!'

'에너지 위기'가
재정적 위협이 되는 까닭

무엇이 에너지 위기인가?

무엇이 에너지 위기인가?

OPEC은 승리에 도취되어 있었다. 이들은 세계 역사상 가장 거대한 부의 이동을 이루어낸 것이다. 이는 석유 수요가 늘어나는 시점에 최대의 유전 지대를 끼고 앉아 있었던 덕분이다. 그 밖에도 OPEC은 정치적 위기, 그로 인한 중동의 정치적 위기를 이용하여 유가를 인상했다. 세븐 시스터즈의 카르텔을 대신하여 산유국 카르텔이 자리를 차지했다. 페레스 알폰스가 압둘라 타리키를 만나지 않았다면, 만나기만 하면 으르렁거리는 이 산유국들이 이런 결과를 가져올 수 있었을까?

'에너지 위기'라는 말이 대중에게 알려진 것은 1973~74년 석유 부족 사태가 발생했을 때였다. OPEC, 정확하게는 OPEC의 일부 회원국들이 석유를 감산하고 특정 국가에 대해 수출을 중단했다. 이로 인해 우리가 수입 석유에 얼마나 의존하고 있는지 여실히 드러났다.

OPEC의 지배가 가져올 위협은 주유소에 줄을 서서 기다리는 불편

따위가 아니다. 그것은 대기 중으로 불타 없어질 생산물에 대해 미국이 보관증을 써주고 있다는 사실이다. 우리는 언제까지나 보관증을 발행할 수 있으리라 생각하고 있다. 우리가 발행한 보관증 액수는 이미 일리노이, 노스캐롤라이나, 아칸소, 위스콘신, 조지아를 넘겨줘야 할 정도가 되었다. 미국이 발행하는 엄청난 달러는 오렌지 주스나 F-14 톰캣 전투기로 환산할 수 없다. 10년 후 '에너지 위기'의 위협은 재정적 위협이 될 것이다. 무역과 금융 시스템의 붕괴, 급격한 불황이 닥칠 것이다.

에너지 위기로 초점을 좁혀보자.

첫째, 지구의 자원이 바닥나고 있다는 주장은 한쪽으로 제쳐두기로 하자. 이것은 초거시적인 생태학적 주제로, 컴퓨터 모델링을 동원한 로마 클럽에서 예측 보고서가 나온 이후 격렬한 논쟁의 대상이 되고 있다. 이 토론의 적당한 시기는 21세기로 미뤄도 좋을 것이다. 물론 장기적으로는 지구의 자원에 대해 고려해야 할 때가 틀림없이 온다는데 이견이 없다.

'에너지 위기'라는 표현은 많은 사람들에게 혼동을 일으켰다. 위기의 존재 여부에 대한 회의가 널리 퍼져 있는 것이다. 문제는 우리가 현 상황에 부적절한 이름을 붙였다는 것이다. '위기'는 전환점을 말한다. 불안정한 상태에서 결정적 변화로 이어지는 상황인 것이다. 하지만 위기가 지속되면 사람들은 인내심을 잃게 된다. 게다가 잠재적인 에너지는 충분히 있다. 미국만 해도 4백 년 분량의 석탄을 가지고 있으니 잠재적인 에너지는 충분하다고 말할 수 있다. 그렇다면 대체 무엇이 위기인가? 위기가 정말 있기는 한 것일까?

대답은 '그렇다' 이다. 현재 우리의 액체 연료 위기, 즉 석유 위기는 재정 위기로 이어질 수 있다. 우리는 석유 사용을 피할 수 없다. 우리는 생산하는 것보다 더 많은 양의 석유를 사용한다. 우리가 OPEC의 석유를 사용하고, OPEC은 달러를 받고 석유를 보내주는 것은 이 때문이다. 석유의 대가로 우리가 OPEC에 보내주는 금액은 일주일에 10억 달러가 넘는다. 우리는 OPEC이 달러를 계속 받아주기만을 바랄 뿐이다. OPEC은 석유를 감산하고 가격을 올릴 수도 있다. OPEC에 대한 의존도를 줄이기 위해서는 시간, 돈, 그리고 정치적 의지가 필요하다. 우리는 이 의존도를 줄이기에 충분한 양의 석탄을 태울 준비가 되어 있지 않다. 또한 다른 대안도 마련되어 있지 않다.

간단한 표를 두 개 살펴보자. 왼쪽 표는 국제 거래를 통해 소비된 석유의 양이다. 오른쪽 표는 석탄 생산량을 톤 단위로 나타낸 것이다. 두 표가 보여주는 사실은 지구상에서 소비하는 연료의 중심이 석탄에서 석유로 바뀌었다는 것이다. 석유의 소비량이 10배 상승했다면 석탄은 단지 두 배 상승했을 뿐이다. 그동안 세계 인구와 산업 분야는 급속히 성장했다.

표A **석유** (단위: 하루 백만 배럴)		표B **석탄** (단위: 백만 톤)	
1950년	3.7	1950년	1,580
1960년	9.0	1960년	2,191
1970년	25.6	1970년	2,397
1973년	34.2	1973년	2,483
1979년	35.4	1979년	2,932

석탄은 수입 석유에 대한 의존도를 낮출 수 있다. 또한 미국은 석탄이 풍부하기 때문에 이를 수출해서 위스콘신과 조지아를 되찾을 돈을 벌 수도 있다. 추정치에 따라 다르지만 미국은 300년에서 500년 분량의 석탄을 보유하고 있다. 전 세계적으로는 200년 분량의 석탄이 묻혀 있다. MIT의 캐롤 윌슨(Carroll Wilson)이 편집한 〈세계 석탄 연구 The World Coal Study〉에서는 2000년까지 석탄 사용량을 세 배 늘리도록 권고하고 있다.

전 세계가 석탄에서 석유로 돌아선 이유를 우리는 알고 있다. 석탄은 부피가 크고 비효율적이다. 생산하기도 어렵고, 태울 때 유해한 물질을 배출한다. 심지어 이산화탄소를 방출하여 대기를 오염시키기도 한다. 이산화탄소 배출로 인해 산성비가 내리면 식물과 민물고기가 죽게 된다. 석탄을 생산하기 위해서는 그로 인해 야기되는 오염 문제를 먼저 해결해야 한다.

미국의 석탄 산업은 현재의 생산 가능 용량보다도 가동률이 낮으며, 2만 명의 광부가 일자리를 잃었다. 우선적이고 가장 손쉬운 석탄 사용 분야는 전력 생산이다. 하지만 이 개편 과정은 매우 느리게 진행되고 있는데, 이는 '정치적인' 이유 때문이다.

석유 의존도를 줄일 수 있는 석탄 기반 경제는 아직 인프라가 갖추어지지 않았다. 광부와 탄광이 필요하다. 새로운 광부와 새로운 탄광 말이다. 자연 경관을 망치거나 광부들을 혹사시켜서는 안 된다. 수천 명의 신참 광부들을 훈련시켜야 한다. 또한 미국 전역에 석탄을 운반해야 한다. 그러려면 화물 열차가 필요하다. 이것은 석탄을 대량으로 실어 나를 수 있는 대형 화물 열차여야 한다. 이를 위해서는 철도를 다시 건설해야 한다. 정치적인 문제 또한 불거질 수 있다. 대형 화물 열차가 마을 한가운데를 통과하는 것을 달가워할 곳은 없을 테니까.

석탄을 수출하고자 한다면 언제든 사겠다는 구매자들도 있다. 하지만 석탄 수출을 위해서는 석탄 항이 있어야 한다. 미 서해안에는 석탄 항이 하나도 없다. 동부 해안에 비교적 소규모의 설비가 있을 뿐이다. 게다가 세계 제1의 석탄 항인 햄프턴 로드의 버지니아 항은 물량을 다 소화하지 못하고 있다. 미국은 20년간 1년에 5대씩 차세대 석탄 운반선을 건조해야 한다. 현재 해상에 떠 있는 거대한 유조선단을 생각해 보라. 수백 척의 유조선이 전 세계를 돌아다니고 있다. 석탄을 운반하기 위해서는 우리도 비슷한 규모의 석탄 선박들이 필요하다.

탄광, 광부, 파이프라인, 철로 부지, 철로, 석탄 항, 석탄 운송선에 투자할 자금도 있어야 한다. 이를 달성하기 위해서는 기술을 개발해야 하며, 이를 위한 시간이 필요하다.

이제 가장 중요한 항목을 살펴보자. 국가의 목표 또는 목적에 대한 합의가 필요하다. 이것이 없이는 자연발생적인 다툼으로 인해 서로의 목표를 망쳐버리고 아무 것도 이룰 수 없게 된다. 몬태나와 와이오밍의 탄광촌에서는 이렇게 말할 것이다.

"우리는 지금의 경치가 맘에 들어요. 커먼웰스 에디슨이니 디트로이트 에디슨이니 콘솔리데이티드 에디슨이니 뉴저지 전기공사니 하는 전기회사들이 연료로 무엇을 쓰든 우리와 무슨 상관입니까?'

철도가 한가운데를 지나는 마을에서는 이렇게 말할 것이다.

"우리 마을을 지나면 안 됩니다. 오지 마세요."

환경주의자들은 소송을 걸어 금지 명령과 5년간의 연구를 요구할 것이다. 어떤 단체는 이러한 전략을 대놓고 '분석 마비' 전략이라 부르기도 한다.

우리가 OPEC에 줄 돈이 있고, 현재 1년에 8백억 달러를 지불하고 있다면, 탄광, 광부, 파이프라인, 철로 부지, 철로, 석탄 항, 석탄 운송선에 필요한 돈을 갖고 있는 것이다. 물론 이들을 지을 동안에는 돈이 더 들겠지만. 지금 우리는 자신의 건축 기술을 이용하여 OPEC을 위한 석유화학공업 단지를 그들의 땅에 지어주고 있는 실정이다. 따라서 자금과 기술은 충분하다. 그럼 해보자.

그러려면 무언가를 포기해야 할 텐데, 누가 먼저 시작하겠는가? 석탄은 다시 황금기를 맞을 것이다. 단, 지금 당장 가능한 것은 아니다.

다음으로는 원자력을 들 수 있다. 내 이웃에 사는 물리학자는 수십억 달러의 예산이 소요되는 거대한 연구소를 책임지고 있다. 그는 핵융합을 연구하고 있다. 이것은 우리의 에너지 문제를 일거에 해결할 수 있다고 한다. 그는 이미 섭씨 7천만 도까지 온도를 올리는데 성공했다. 온도가 섭씨 1억 도에 도달하기만 하면 핵융합 과정이 시작될 것이다. 내가 묻는다.

"나머지 3천만 도에 도달하려면 얼마나 걸릴까요?"

그의 대답은 이렇다.

"마지막 3천만 도가 가장 어렵습니다. 15년은 더 걸릴 테지요."

미국에는 원자력 발전소가 74기 있다. 현재 이를 두고 격렬한 논쟁이 벌어지고 있다. 뉴잉글랜드, 미드웨스트 북부, 애틀랜타 남부의 주에서는 이미 전기의 3분의 1을 원자력에서 얻고 있다. 전력회사의 원자력 의존도는 더 높아질 전망이다. 하지만 드리마일 섬 참사가 일어나기 전에도 방사성 폐기물 문제는 원자력 발전 확대를 가로막고 있었다. 드리마일 섬이라는 말 자체, 또는 그 지역은 세계적으로 유명해졌다. 하버드 비즈니스 스쿨 에너지 보고서는 이렇게 말하고 있다. "적어도 20세기의 남은 기간 동안 원자력 발전이 미국에 대규모로 기여할 합리적인 가능성은 제로이다." 원자력 발전이 불러일으킨 감정에 비하면 석탄을 둘러싼 정치 문제는 아무 것도 아니다.

공교롭게도, 프랑스는 원자력 발전소 건설에 총력을 기울여왔다. 세븐 시스터즈의 독립 컨설턴트가 작성한 시나리오에서는 향후 10년 이내에 원자력 사고가 일어날 "가능성이 있다"고 예측했다. 예상 지역은 프랑스였다. 프랑스는 원자력 프로그램을 급속히 밀어붙이고 있었기 때문이다. 프랑스는 이 소식을 전해 듣고 분개했다. 충분히 그럴 만도 하다. 그들은 이렇게 말했다.

"우리는 원자력 발전소를 많이 짓고 있다. 하지만 우리는 최고의 인력을 투입하고 있다. 당신네들이야말로 정비공들을 투입하고 있지 않은가."

상황을 알고 있는 사람들은 이 말을 듣고 발끈했다. 방사성 폐기물의 기존 문제들이 해결되지 않으면, 5년 안에 현재 가지고 있는 원자력 발전소도 폐기해야 할 것이다.

누구의 편도 들지 말고 이렇게만 말하자. 향후 10년 안에 원자력 발전이 추가로 이루어지지 않으면, 에너지 문제 해결은 기대하기 어렵다는 것을.

태양 에너지. 그렇다, 태양 에너지가 있군. 누구나 태양 에너지를 좋아한다. 매우 자연스럽고 건전하게 들리니까 말이다. 식물, 목재, 쓰레기와 같은 바이오매스에서 연료를 얻을 수도 있다. 그리고 풍차도 빼놓을 수 없다. 광 전지, 태양 전지, 태양열 전기도 있다. '국제 태양의 날'을 조직한 이들은, 2000년이 되면 에너지의 40퍼센트를 태양에서 얻을 수 있다고 말한다. 〈월드오일〉지(紙)는 "그래 봐야 모기가 코끼리 엉덩이를 무는 격이다"라며 평가절하했다.

태양 에너지는 재생 가능한 에너지이다. 미국의 자연을 과소평가하지 말라(찰스 라이히는 저서 〈젊어지는 미국 The Greening of America〉에서 데님의 파도를, 즉 미국이 다시 청바지를 입게 된다고 예언했다). 태양 에너지 중에서는 지금 당장 사용할 수 있는 것도 있다. 하버드 비즈니스 스쿨의 모데스토 메이디크 교수가 제안한 것이 모두 채택되었다고 해보자. 이를테면 낙관적인 전망으로 2000년까지 태양 에너지의 비중은 5퍼센트에서 15퍼센트로 높아지게 된다. 태양 에너지는 효과가 크기 때문에 지금 당장 시작해야 한다. 하지만 실제 효과는 훨씬 늦게 나타날 것이다. 우리는 눈앞에 기술을 더 펼쳐 보이기를 원하지만, 태양 전지 자동차를 본 사람은 아무도 없는 것이다. 요약하면 태양 에너지는 10년 안에는 그다지 도움은 못 될 테고, 10년이 지나도 미국의 주된 에너지원은 되지 못할 것이다.

보존은 어떤가? '보존'이라는 말에 많은 이들은 채식을 하면서 사람들에게 자전거나 하이킹을 권하는 시에라클럽 회원들을 떠올린다. 보존은 에너지에 관한 숫자 전문가들이 좋아하는 주제이다. 숫자는 언제나 딱 떨어지기 때문이다. 에너지 사용을 3분의 1, 또는 그 이상 줄이더라도 예전과 같은 생활양식을 그대로 유지할 수 있다. 겨울에 난방 온도를 8도 낮추면, 인도네시아 전체 에너지 생산량에 맞먹는 에너지를 절약할 수 있다. 타이어의 공기압을 적정하게 유지하고, 엔진을 손보고, 제한 속도를 지키기만 해도 아부다비까지는 아니더라도 바레인보다는 큰 아랍의 소국 하나쯤은 손에 넣을 수 있다. 커튼을 치면, 소국 하나를 더 얻을 수 있다.

보존의 제1부는 오로지 절약이다. 자동차의 연비를 두 배 향상시키면, 그 효과는 엄청나다. 그렇게 되면 전 세계의 석유 8배럴당 1배럴을 태워 없애는 대신 16배럴당 1배럴만 소모하게 된다. 이제 이란이나 이라크의 석유 생산량만큼을 절약하게 되었다.

보존의 제2부는 소형차와 같이 에너지를 덜 쓰는 새 장비를 장만하는 것이다. 하지만 기름 먹는 하마인 구닥다리 대형차를 처분할 때 연방 보조금을 주더라도, 자동차의 판도를 바꾸는 데는 시일이 걸린다 (수치상으로는 보조금 역시 효과가 있다).

여름에 기업들이 노타이에 반팔 차림을 허용하도록 할 수는 있겠지만, 이렇게 해서 에너지를 절약하려면 창문을 열고 에어컨을 꺼야 한다. 새로운 건물을 설계하고 건축하는 데는 시간이 걸린다. 낡았다고 해서 멀쩡한 건물을 허물 수는 없는 일 아닌가.

여기 좋은 소식과 나쁜 소식이 있다.

좋은 소식은 보존이 이미 일어나고 있다는 것이다. 돈을 절약할 수 있다면 기업들은 새 장비를 사들일 것이다. 로버트쇼, 하니웰, IBM은 에너지를 절감하도록 온도와 공정을 제어하는 장치를 만들어 수익을 올리고 있다. 이들은 제어 장치에 드는 비용을 상쇄할 만큼 충분한 에너지를 절감하는 것이다. 일본 수입차들에 의해 타격을 입은 제너럴 모터스는 1985년까지 휘발유 3.8리터로 50㎞를 달리는 자동차를 내놓을 예정이다. 수입차 업계에서는 이미 이런 제품을 팔고 있다. 이미 중대형 차의 판매량은 40퍼센트에서 4퍼센트까지 하락했다.

정말 좋은 소식은 하락의 비율에 있었다. 어떤 사람들에게 '보존'이란 말은 '비(非)성장'으로 들리기도 한다. 그것은 단순하게 생각해서 한 단위 성장하려면 한 단위의 에너지가 필요하다고 생각했기 때문이다(복잡하게 표현하자면 GNP 에너지 계수가 비탄력적이라는 것이다). 하지만 국가 성장의 감소폭보다 에너지 사용의 감소폭이 더 컸다. 이를 통해 성장에서 비성장 변수를 제외할 수 있다. 이것이 바로 좋은 소식이다.

나쁜 소식은 손쉬운 일부터 착수하게 된다는 것이다. 앞으로 산업 분야에서의 진전은 더디게 진행될 것이다. 운전 습관, 차종 전환, 신축 건물, 이 모두는 시간이 걸리는 일이다.

정말 나쁜 소식은, 한 정부 관료가 말했듯 '조직화된 보존 산업이 없다'는 것이다. 석유업계는 전면 광고로 온 나라를 뒤덮을 수도 있고, 로비를 위해 의회 복도를 어슬렁거릴 수도 있다. 석탄 산업은 대부분 석유업계에서 소유하고 있다. 보존을 위한 로비가 이루어지고 있기는 하다. 하지만 석유업계처럼 명쾌하지는 못하다.

그런데 아무리 생각해도 이상한 것이 하나 있다. 1980년, 그러니까 카터 대통령이 '전쟁의 도덕적 등가물'을 공표한 지 3년, 아랍권이 석유 수출을 금지한 지 7년, 발렌타인데이 대학살이 벌어진 지는 8년도 채 지나지 않았는데, 미국인 절반은 '에너지 위기'란 말을 믿지 않았다. 미국인 10명 중 7명은 휘발유 부족이 석유회사들의 교묘한 술책 때문이라고 생각했다.

갤럽 여론 조사에 따르면 미국이 석유를 수입해야 한다는 사실을 모르는 사람이 미국인 10명 중 4명 가까이나 되었다. 갤럽과 양켈로비치의 여론 조사를 10년 동안 지켜본 결과, 상황 인식을 끊임없이 거부하려는 태도를 확인할 수 있었다. 위기는 있는 것일까? 아니다. 문제를 일으키는 것은 어디인가? 석유 회사와 정부. OPEC은 어떤가? 1979년 'OPEC' 이란 머리글자를 알아본 사람은 13퍼센트였다. 이는 1974년 보다는 적어도 6퍼센트 증가한 것이었다.

매사가 석유회사의 음모라고 미국인 대부분이 믿고 있는데, 진정한 소통이 될 리가 없다. 미국인들은 왜 진실을 믿으려 들지 않는 것일까? 나도 모르겠다. 하버드 비즈니스 스쿨 에너지 보고서의 공저자인 다니엘 예르긴 교수는 언론이 국민을 가르치는데 실패했기 때문이라고 말한다. 그는 명백한 기사마저 독자가 이해할 수 없고 지루하다는 이유로 편집장이 거부하는 사례를 들고 있다. 이건 틀림없는 사실이다. 하지만 '독자' 는 사례로 들기에는 범위가 좁다. 미국인 대부분은 TV 에서 뉴스를 본다. 에너지는 복잡하고 추상적인 주제이다. 슬로비디오와는 도무지 경쟁이 되지 않는다. 비디오를 돌려볼까요. 슛! 골입니다! 터치다운을 했군요! 성추문이나 성혁명과도 상대가 되지 않는다.

갤럽 조사에 의하면 현재 대학 교육을 받은 미국인의 60퍼센트가 에너지 문제가 존재한다고 생각한다. 이들 중 절반은 에너지 비용 때문에 자신의 행동을 변화시켰다. 따라서 여기까지 읽어왔다면 여러분은 이제 혼자가 아닌 것이다. 하지만 당신이 읽은 것은 평범한 미국인 대부분이 평생 접하게 되는 분량보다 많은 것이다.

　많은 전문가들은 세계의 에너지 문제를 다루면서 꼭 미국의 에너지 소비 행태를 언급하곤 한다. 우리는 이렇게 말한다.

　"미국은 석탄 업계의 사우디아라비아이다."

　반면 해외에서는 이렇게 말한다.

　"미국은 소비 분야의 사우디아라비아이다."

　셰이크 야마니와 요하네스 비트빈은 이렇게 묻는다.

　"일요일 승용차 운행 금지는 어떻게 됐소? 차량 부제는 하고 있는 거요?"

　이런 대책들은 미국의 초대 재무장관 해밀턴식의 해결책이다. 즉, 합리적 해결책과 통화 유지를 위해 헌신하는 엘리트 리더십을 가정하고 있는 것이다.

　미국인들 자신은 과거의 에너지 소비 행태에 대해 죄책감을 느낄 필요가 없다. 미국인들이 이렇게 된 것은 '끝이 보이지 않는 공급 과잉'의 시절이 있었기 때문이다. 죄책감은 문제를 분명히 파악하는데 장애물이 될 수 있다. 문제를 인식하기 시작한다면 더 이상 죄책감을 느낄 필요는 없다. 갤럽 여론 조사에 드러나지는 않았지만, 나는 이런 주관적인 느낌이 든다. 예전에 사람들은 기꺼이 행동할 준비가 되어 있었지만 지도자들이 못 따라준 것이라고. 미국의 에너지 소비는 생활양식을 극도로 긴장시키지 않고서도 변화시킬 수 있다. 하지만 아무런 일도 일어나지 않은 것처럼 살아가는 삶은 메뚜기와 다를 바 없다. 그러다가는 달러화에서, 몇 년 뒤의 생활양식에서 긴장을 체험하게 될 것이다.

우리는 석탄, 원자력, 태양 에너지, 보존 등 석유에 대한 여러 대안 에너지를 살펴보았다. 이른바 탄화수소의 왕자인 천연 가스도 언급할 필요가 있을 것이다. 천연 가스는 매우 효율적인 연료이다. 하지만 대부분의 에너지 관련 연구에서는 미국의 천연 가스 매장량이 석유와 마찬가지로 제한되어 있다는 점을 지적하고 있다.

탐사업자들이 천연 가스를 독자적으로 다루기 시작한 것은 최근의 일이다. 이전까지는 석유 탐사의 부산물에 불과했다. 전문가들 중에는 천연 가스 공급량이 과소평가되었다고 생각하는 이들도 있다. 생산 비용이 훨씬 많이 드는 가스도 있기 때문이다. 지하 5km의 심층 가스, 저침투성 모래층에 매장된 가스, 혈암층 가스 등이 그것이다. 하지만 자본과 시간을 투자해야 하는 데다 성공 확률도 불투명하다.

에너지 분야에 대한 지출을 결정하는 사람들 대부분이 자라면서 끝이 보이지 않는 공급 과잉을 경험했다는 사실을 명심하자. 이들은 OPEC 유가인 30달러를 바라보면서 '그 가격을 무너뜨릴 대규모 유전이 왜 발견되지 않는 것일까' 하고 고개를 갸웃거린다. 이들은 '유가가 배럴당 50달러까지 올라 그 선에서 유지되리라는 사실을 알고 있다면 석탄, 중유, 혈암, 심층 가스에 투자할 텐데' 하고 생각한다. 하지만 돈을 쏟아 부었는데 유가가 떨어지면 어떻게 될까? 그러면 다들 석유로 돌아갈 것이고, 우리는 파산하여 길바닥에 나앉게 될 것이다. 1970년대 중반 탄광을 개발한 소규모 석탄업자들은 이미 어려움을 겪고 있다.

석유의 대안을 만들어내려면 시간과 돈, 기술이 필요하다. 또한 사람들이 결단을 내려야 한다. 그 결과는 10년은 지나야 현실화될 수 있다. 반면 그들은 2년 내지 4년이면 당선, 또는 재선이 되는 것이다. 기업가의 경우는 결과를 보기 전에 이미 은퇴했거나 후임자에게 자리를 물려주었을 것이다.

16세기 독일에서 마르틴 루터가 마르부르크 또는 라이프치히에서 벌인 신학적 논쟁은 사람들에게 격렬한 감정을 불러일으켰다. 이와 같은 감정을 일으키는 질문이 한 가지 있다. 석유 업계와 적대 세력은 모두 열정적이다.

만약 유가가 오른다면, 사람들이 석유를 더 파내게 될까?

석유가 있기만 하다면 충분히 그럴 것이다. 유가가 배럴당 500달러까지 올랐다고 해보자. 여러분이 이미 파크애비뉴, 피치트리가(街), 아니면 레이크쇼어 드라이브와 같은 번화가에서 석유를 파내고 있다면 그 정도로 가격이 오른다고 해도 별 차이가 없을 것이다.

하지만 유가가 배럴당 30달러일 때 생산되는 석유 중에는, 배럴당 3달러일 경우에는 생산되지 않을 것이 분명히 있을 것이다. 이렇게 되면 폐유전에 가서 증기나 물로 시추공을 다시 뚫어 남아있는 석유를 뽑아 올리는 것이 경제적이다. 새로운 유전이나 개발이 힘든 유전을 탐사하는 것이 경제적이게 된다. 지그재그 형태로 된 층상 단층은 매우 유력한 후보지이다. 하지만 미국의 석유업자들은 이렇게 말한다.

"파내기 쉬운 석유는 다 발견되었습니다."

전국적인 지형 조사, 탐사, 시추가 이미 끝났다. 지표면에 뚫린 시추공은 2백만 개가 넘는다. 오래된 유전도 있다. 유정은 시간이 지나면 석유가 흘러넘치지 않게 된다. 하지만 전국적인 석유 소비는 줄어들 기미가 없다. 현재 미국의 유정에서는 하루에 평균 17배럴의 석유를 생산하고 있다. 베네수엘라에서는 하루에 186배럴이 생산된다. 사우디아라비아는 1만 2,405배럴이다.

제1차 석유 파동 이후 텍사스의 "신(新)석유" 가격은 네 배로 뛰었다. "구(舊)석유"는 두 배까지 인상되었으며, 결국은 시장 가격까지 오를 것이다. 유가가 배럴당 30달러가 되면, 독립 시추업자들이 1950년대 이래 가장 열광적인 환호성을 지르며 돌아오고, 유전 관련 서비스를 제공하는 회사들은 호황을 맞게 된다. 하지만 미국의 석유 생산은 여전히 감소 추세이다.

알래스카 북부를 제외하면 미국의 석유 매장량은 1966년 이래로 매년 감소했다. 이는 석유산업 연구재단에서 과거의 생산량과 미래의 생산량을 아래와 같이 추산한 것에서도 알 수 있다.

1973년	하루 900만 배럴
1979년	하루 720만 배럴
1985년	하루 630만 배럴
1990년	하루 590만 배럴

이 수치는 석유업계가 희망 가격을 받는다는 가정을 근거로 한다. 이들은 국제 유가의 인상, 미국 유가의 자유화, 미국 내 알래스카 이외의 지역에서 연간 23억 내지 24억 배럴의 생산을 가정한다. 이는 최근 파악된 것보다 더 많은 양이다.

알래스카의 생산량 또한 정점에 도달한 후 감소할 것이다. 북극에는 보퍼트 해(海)와 같은 미탐사 지역이 남아 있다. 이곳에서 석유를 발견할 수도 있다. 단, 석유회사와 의원들의 논쟁이 아직 끝나지 않은 상태이다. 이 논쟁은 시급히 해결되어야 한다. 알래스카 송유관 사업은 5년째 표류 중이다. 알래스카에 대한 애정이 남다른 존 맥피와 같은 자연주의자마저도 알래스카의 송유관을 크기와 영향 면에서 뉴욕의 스태튼 섬에 놓인 실 한 가닥에 비유했을 정도이다. 연방 정부 소유의 토지에 묻혀 있는 석유는 논란의 여지가 있다. 하지만 연방 정부 소유의 도지와 알래스가의 나머지 지역에서 석유를 파내더라도 미국의 석유 생산량은 감소할 것이다. 생산량이 증가하리라 예상하는 전문가는 한 명도 없다. 추정치의 범위는 감소율을 제외한 것이다. 가장 비관적인 예측은 1990년에 400만 배럴이 되리라는 것이다.

유가가 상승함에 따라 석유 소비는 감소했다. 하지만 예상되는 생산량 감소로 인해 향후 10년간은 그 격차가 유지될 것이다.

다음은 1978년에 당시 에너지부 차관이었던 존 오리어리와 나눈 대화의 일부이다. 그는 나에게 자유 시장 가격이 석유 채굴을 늘리지 않을지, 미국에 석유를 공급할 비(非)OPEC 지역이 있지 않을지를 물었다. 나는 이렇게 대답했다.

"윌리엄 사이먼이 말하기를 가격을 자유화하면 시장이 알아서 한다고 합니다. 석유회사도 이렇게 말하고 있구요."

"그러겠죠."

"사이먼은 에너지부 따위는 필요 없다고 말합니다. 방해만 된다는 거죠."

"그것은 농업적인 시각입니다. 즉, 농업의 경제학에서 바라본 생각인 것입니다. 농업은 계절마다 똑같이 반복됩니다. 하지만 우리의 자원은 한정되어 있습니다. 따라서 계획을 세워야 합니다."

당시는 소폭의 공급 과잉이 주기적으로 있을 때였다. 내가 말했다.

"노스슬로프의 석유가 캘리포니아에 비축되고 있습니다. 항구에서는 유조선의 선원들이 시간을 죽이고 있더군요."

오리어리는 이렇게 대꾸했다.

"공급 과잉은 일시적인 현상입니다. 5만 배럴이라 해봐야 여름 한철일 뿐이지요. 공급 과잉은 언젠가는 없어질 것입니다. 과거와는 그 규모가 달라졌습니다. 예전의 일확천금이 아닙니다. 미국 경제가 하루에 1백만 배럴을 소비할 때는 하루 10만 배럴을 생산하는 텍사스 유전에서 파업이 일어나도 산업 전체가 들썩했을 테지요. 유가는 배럴당 10센트까지 떨어질 수도 있습니다. 하지만 지금 우리 경제는 하루 1,700만 배럴을 소비하고 있습니다. 경제를 뒤흔들 만한 횡재는 더 이상 없습니다. 노스슬로프만 해도 120년 만에 겨우 하나 찾아낸 것 아닙니까."

내가 맞받아쳤다.

"멕시코가 있지 않습니까. 멕시코는 시추했다 하면 석유가 쏟아져 나옵니다. 멕시코 대통령은 사우디아라비아보다 석유가 많이 나올 거라 호언장담하고 있습니다."

"멕시코에 주목하는 것은 당연합니다. 1985년에는 멕시코에서 하루에 250만 배럴의 석유를 얻을 수 있을 겁니다. 더 나올지도 모르죠. 하지만 준비 기간과 투자를 간과하지 마십시오. 멕시코가 사회에 돈을 지출한다면, 전부 투자에 쓰이지는 않겠죠."

완다 여사와 내가 주최한 학회에서 내가 물었다.

"멕시코는 어떤가요?"

테이블 주위의 금융 전문가들은 뭔가를 끄적거리고 있었다. 엑손의 경제학자는 글을 쓰고, 모빌에서 온 사람은 그림을 그리고 있었다. 그 자리에 앉은 석유업자 중에서 가장 젊은 사람이 대답했다.

"멕시코에서 막 돌아온 참입니다. 굉장하겠던 걸요. 지층 구조가 어마어마합니다. 한 마디로 미국 앞바다의 사우디라고 할 수 있죠."

모빌 직원은 안경을 고쳐 쓰더니 자신이 그린 도형을 뒤적거렸다. 그가 말했다.

"이건 비공식적으로 말씀드리는 겁니다. 그래도 괜찮겠죠? 1985년이 되면 비 OPEC 국가들을 통틀어 하루 350만 배럴이 추가로 생산될 것입니다. 대부분은 개발도상국으로 가게 됩니다. 한국과 브라질도 석유를 사들이죠. 미국의 석유 수요가 고정되어 있더라도, 전 세계의 수요는 하루 5,100만 배럴에서 6,600만 배럴로 증가할 것입니다. 전 세계의 수요에서 보면 하루 350만 배럴쯤은 아무 것도 아닙니다. 석유를 더 발견할 수는 있습니다. 하지만 석유를 가지고 있다고 해서 아무나 자기 석유를 파내어 팔 수 있는 것은 아닙니다."

1977년 말, 카라카스에서 열린 OPEC 회의에서 셰이크 야마니는 온건파를 이끌어 유가를 그대로 유지하도록 했다. 하지만 그는 석유 수요가 증가할 것이고, 10년 안에 유가는 두 배로 오를 것이라 경고했다. 그의 예측은 틀렸다. 유가가 두 배로 뛰는 데는 2년 밖에 걸리지 않았다.

에너지부의 존 오리어리가 말했다.

"전체 석유 상황을 놓고 볼 때, 중요한 질문은 단 두 가지입니다. 하나는, 석유 수요가 어떻게 될 것인가 하는 것입니다."

불황이 닥치면 수요는 감소한다. 자동차 공장도 문을 닫으면 전력을 쓰지 않는다. 해고된 노동자들은 정규직 노동자들이나 초과 근무 수당을 받는 노동자들만큼 자동차를 타거나 비행기를 탈 일이 없다. 주기적인 소규모 공급 과잉이 일어나는 것은 이 때문이다. 신문에 잘 나와 있지만, 그렇기 때문에 사람들은 문제가 사라졌거나 모두 석유 회사의 음모였다고 믿게 되는 것이다. 하지만 우리는 영구 불황 상태에서 살고 싶지는 않다.

존 오리어리가 다시 물었다.

"다른 질문은, 사우디가 어떻게 나올 것인가 하는 것입니다. 왜냐하면 사우디가 공급을 결정하기 때문입니다. 북해, 노스슬로프, 멕시코의 매장량은 한계를 드러내고 있습니다. 대부분의 주요 유전의 매장량도 파악이 됩니다. 하지만 사우디는 전 세계가 10년은 쓸 수 있는 매장량을 가지고 있습니다. 추가 생산의 여력이 있는 곳은 사우디 밖에 없습니다."

다시 OPEC으로 돌아왔다. 카르텔에 대해 우리가 배운 규칙들은 모두 카르텔은 무너진다고 했다. 구성원들 간에 다툼이 일어나고, 더 큰 몫을 차지하기 위해 가격을 내리기 시작한다는 것이다.

OPEC의 구성원들이 서로 다투고 있는 것은 분명하다. 이란과 이라크는 전쟁을 벌였고, 서로의 석유 시설에 폭격을 가했다. 하지만 두 곳 다 OPEC을 탈퇴하지 않았다. 나머지 회원국들은 차분하게 이번 페르시아만 전쟁으로 석유 시설이 파괴되었으니 틀림없이 유가가 오를 것이라 생각하며 관망하고 있었다.

세계의 선진 산업국 열강들이 한줌도 안 되는 부족 국가들에게 이토록 의존하고 있는 현실은 역사상 유례가 없는 일이다. 페르시아만의 한 쪽을 차지하고 있는 이란과 이라크는 둘 다 서구에 적대적이며, 서로 전쟁을 일삼고 있다. 이란과 이라크가 서로를 공격할 때면, 각국의 국영 라디오 방송은 '지하드', 즉 성전을 부르짖는다. 그리고는 적이 인종주의자, 시온주의자에 제국주의자인 미국과 손을 잡았다고 비난을 퍼붓는다. 에너지 자립의 필요성에 대해 아직 의심이 남아 있는 사람은 바그다드와 테헤란의 라디오 방송을 BBC에서 녹취한 원고가 있으니 꼭 읽어보기 바란다.

페르시아만의 다른 쪽에는 이른바 보수 국가들이 있다. 이들 국가는 가문의 소유물이다. 쿠웨이트는 알 살림 알 사바 가문이, 두바이는 라시드 가문이, 아부다비는 자예드 빈 술탄 알 나히안 가문이 소유하고 있다. 그리고 이들 모두를 압도하는 사우디 가문이 있다. 이들은 아라비아의 이름을 자기 가문의 이름을 따서 지어버렸다.

지금 우리가 위험할 정도로 의존하고 있는 이들은 과연 누구인가?

PAPER
MONEY

사우디 커넥션
—왕국과 권력

사우디아라비아

마이더스 왕의 저주

사우디아라비아

내가 알기로 사람들이 외경심을 갖고 '왕국(王國)'이라 일컫는 곳은 하나밖에 없다. 물론 천국을 말하는 것은 아니다. 스웨덴도, 네팔도, 아직까지 왕국으로 남아 있는 그 어느 곳도 아니다. 아랍 전문가들은 사우디아라비아를 단순히 '왕국'이라고 부른다.

에너지부에서 말하길, 두 가지 질문이면 충분하다고 했다. 하나는 '석유 수요가 어떻게 될 것인가' 하는 것이고, 다른 하나는 '사우디가 어떻게 나올 것인가' 하는 것이다. 추가 생산의 여력이 있는 곳은 사우디뿐이다.

석유 수요가 증가하면 사우디는 생산량을 늘려 유가를 유지한다. 사우디가 창고를 열지 않는다면 유가는 보다 가파르게 상승할 것이다. 유가가 갑작스레 상승하면 인플레이션이 촉진된다. 또한 불황을 낳게 될 수도 있다. 유가가 상승하면, 다른 재화와 서비스에 지불해야 할 돈을 석유로 돌려야 하기 때문이다. 그러면 이들 재화와 서비스를 생산하는 공장과 기업들은 문을 닫게 된다.

이런 식으로 '왕국'의 결정은 서구 산업 활동의 수준을 결정한다. 프랑스와 이탈리아에서 공산주의자들이 정권을 잡든, 극심한 인플레이션이 닥치든, 금리가 얼마가 되든, 증권시장이 어떻게 되든, 주택 경기가 어떻게 되든 상관없다. 사우디는 덩치에 걸맞지 않은 영향력을 행사하고 있는 것이다.

석유를 놓고 보면, '왕국'은 OPEC 석유의 대략 3분의 1을 차지한다. 페르시아만 해안을 따라 줄지어 있는 형제국들을 합치면 그 규모는 2분의 1에 달한다. OPEC의 나머지 절반과는 달리, 이들은 돈에 쪼들리지 않는다. 베네수엘라, 알제리, 인도네시아는 돈을 버는 대로 모두 지출해야 한다. '왕국'은 그렇게 하지 않는다. 따라서 사우디의 결정은 경제적인 고려가 아니라 정치적인 고려에 의해 이루어진다. '왕국'의 결정은 1980년대 경제에 영향을 미칠 것이다.

'왕국'의 크기는 미국의 미시시피강 동부 정도이다. 그 한쪽 구석에 있는 '아시르'라고 하는 남서부 지방에는 초록 골짜기가 펼쳐져 있다. 아라비아반도의 서남쪽 끝에 있는 예멘은 로마 시대에 '행운의 아라비아'로 불렸다. 예벨 알 히야즈 산맥이 습기를 차단하는 바람에 이곳은 세계 최대의 사막 지대가 되었다. '왕국' 남동부의 이 광대한 지역은 '룹알할리'라고 불린다. 번역하면 '공허의 4분의 1'이란 뜻이다. '왕국'에는 강이 하나도 없다. 여름에는 온도가 섭씨 50도까지 치솟는 데다 비도 오지 않는 날이 다반사이다. 이 혹독한 기후 조건으로 인해 인구는 얼마 되지 않는다. 오늘날 약 7백만 명이 이곳에 살고 있다. 정확한 숫자는 아무도 모른다.

1928년 캘리포니아 스탠더드 석유회사, 즉 소칼은 멕시코, 에콰도르, 필리핀, 알래스카의 석유 탐사가 모두 무위로 돌아간 참이었다. 소칼은 지푸라기라도 잡는 심정으로 걸프 사(社)로부터 바레인 섬의 석유 채굴권을 사들였다. 사우디아라비아 연안에서 30㎞ 떨어진 이곳에서는 석유가 일부 발견되었다.

소칼은 해리 세인트 존 필비와 손을 잡았다. 사우디의 포드 자동차 딜러인 그는 영국의 중개인으로 활동하기도 했으며, 사우디 재무장관 셰이크 압둘라 술라이만의 친구이기도 했다. 필비는 자녀 교육을 위해 돈이 필요했다. 자녀 중 하나인 킴은 제2차 세계대전 때 이중첩자로 이름을 날렸다. 소칼은 3만 5,000파운드의 금화를 지불하고 사우디아라비아의 채굴권을 사들였다. 셰이크 압둘라 술라이만이 직접 금화를 세었다고 전해진다.

1937년, 소칼의 석유 시추 장비인 담만 7호기는 지하 1,440미터에서 석유를 발견했다. 1939년 첫 석유가 유조선에 선적되었다. 담만 7호기는 아직도 석유를 퍼올리고 있다. 소칼은 석유를 직접 내다팔 시장이 없었기 때문에 텍사코에 석유 절반을 넘겼다. 이는 카르텔이 차지하는 시장을 확대하기 위해서였다. 소칼과 텍사코는 시장을 보다 확대시키기 위해 엑손과 모빌도 끌어들였다. 모두 세븐 시스터즈의 일원인 소칼, 텍사코, 엑손, 모빌 등 4개 석유 회사는 아람코, 즉 아라비아 미국 석유회사를 설립했다. 30년도 지나지 않아 아람코는 사우디아라비아에서 180억 배럴이 넘는 원유 매장층을 발견했다. 이는 지구상의 전체 석유 매장량의 4분의 1에 해당한다. 하지만 '왕국'의 실제 석유 매장량을 아는 이는 아무도 없었다.

지구상에서 사우디아라비아만큼 급격한 변화를 겪은 곳도 드물다. 이스라엘의 텔아비브에서 이집트의 카이로까지 철도가 놓이고 카이로가 비교적 문명화된 1930년대까지도 사우디는 성경에 나오는 생활 방식에서 벗어나지 못했다. 인구의 4분의 1 가량이 유목민이었으며, 절반은 소규모 농민이나 목축업자, 반(半)유목 부족민, 미을의 장인 등이었다. 나머지 4분의 1은 소도시에 살고 있었다. 여행자들은 텔아비브에서 카이로까지는 기차를 탈 수 있지만 사우디아라비아에서는 낙타를 타야 했다. 게다가 위험도 따랐다. 흙벽돌로 지어진 마을들은 해가 지면 문을 닫았고, 밤이 되면 빗장을 질렀다. 여행 중에 낯선 사람을 만나면 터번을 흔든다거나 모래를 한 줌 뿌리는 식의 미리 약속된 신호를 보내는지 살펴보아야 한다. 신호가 없으면 즉시 줄행랑을 쳐야 한다. 침략자들과 종족 간의 분쟁 때문에, 이곳을 여행하는 것은 위험한 일이었다.

사우디아라비아를 통일한 압둘 아지즈 이븐 사우드(Abdul Aziz ibn Saud) 국왕은 쿠웨이트에 유배된 채 어린 시절을 보냈다. 또한 그는 18세기의 개혁가 모하메드 이븐 아브드 알 와하브의 교리(Wahabism)에서 유래한 엄격하고 청교도적인 이슬람 전통 속에서 성장했다. 196cm의 거구인 이븐 사우드는 사막 스포츠와 사막 교전에 능했다. 1901년, 21세의 그는 휘하에 40명만 거느린 채 라이벌인 라시드족으로부터 사우디의 수도 리야드를 탈환했다. 와하비즘의 기치를 내걸고 전투를 치르면서 그는 서서히 나라 전체를 정복해갔다. 그리하여 1932년, 그는 나라 이름을 사우디아라비아로 개칭했다. 그는 자신에게 충성을 맹세한 부족들이 성전에 뛰어들거나 전쟁을 스포츠처럼 즐기지 않도록 막아야 했다. 또한 그는 라디오, 전신, 자동차와 같은 현대 문명의 침입을 허용할지 결단을 내려야 했다. 이븐 사우드가 성지 메카와 메디나를 정복하자 아라비아 바깥의 이슬람 세계는 크게 놀랐다. 전통적인 성지 순례지인 이곳을 와하비즘으로 물들이지 않을까 우려했던 것이다. 하지만 이븐 사우드는 사우디를 방문한 대표단을 최선을 다해 안심시켰고, 순례자들의 안전을 보장했다.

담만 7호기가 투입되기 전, 즉 석유가 발견되기 전의 사우디아라비아는 염소, 대추야자, 그리고 한 해 100만 명에 달하는 순례자들로 먹고 살았다. 메카는 예언자 마호메트의 출생지이기 때문에 사우디아라비아는 성지의 수호자로서의 역할을 극도로 진지하게 받아들인다. 엄격한 와하비즘 전통 속에서 사우디는 이슬람의 수호자를 자임하고 있기도 하다.

그런 사우디아라비아가 바뀌고 있다. 20년 전에 압둘 아지즈 국왕의 스위스인 요리장이 기록한 바에 따르면 왕궁의 요리실에서는 환관들이 일을 도왔다고 한다. 20년 전만 해도 노예 상인들은 아프리카에서 노예를 데려오곤 했다. 노예제도가 공식적으로 폐지된 것은 1962년이었다. 1962년까지는 공공 여학교가 없었다. 처음으로 격리된 학교에서나마 여성이 수업을 들을 수 있게 되었을 때, 성난 학부모들로부터 학교를 지키기 위해 국가 경비대까지 출동해야 했다. 석유가 흘러나오고 있었으면서도 20년 전의 사우디 재정은 사실상 파산 상태였다. 압둘라 타리키가 석유회사들의 유가 삭감에 분개한 것은 이런 연유에서였다.

메이저 석유회사들 중에서도 아람코는 비교적 깨어 있었다. 아람코는 자신의 석유를 생산했으며, 자신에게 충실했다. 아람코는 사우디인들이 미국에서 학교를 다닐 수 있도록 했다. 대부분은 아람코의 임원들이 졸업한 미 서부와 남부의 대학들이었다. 아람코의 직원들은 비번일 때에는 다란의 숙소에서 대부분의 시간을 보냈다. 숙소는 사우디아라비아에는 어울리지 않는 것이었다. 심지어 지금의 미국보다도 더 잘 꾸며놓았다. 마치 미국의 유명 잡지인 〈새터데이 이브닝 포스트〉에 등장하는 미국의 모습, 아니면 군사 기지를 연상케 했다. 푸른 잔디 위에 스프링클러가 물을 뿌리고 있었고, 집들은 장교 숙소처럼 보였다. 하와이 섀프터 기지에서 보냈던 7월의 하루가 생각났다. 사우디아라비아에서는 여성의 운전이 금지되어 있다. 단, 아람코 숙소에서만은 예외였다. 숙소 안에서는 바깥과 같은 엄격한 복장을 할 필요도 없었다. 바깥에서 여성들은 와하비즘의 엄숙주의에 따라 긴 치마와 소매를 입도록 되어 있었다.

우리는 〈붐 타운〉, 〈자이언트〉와 같은 옛날 영화를 통해 석유에 얽힌 드라마에 친숙하다. 유정탑의 상징처럼 되어버린 시커먼 간헐천에서 솟아오르는 기름 말이다. 하지만 프로펠러 제트기를 타고 다란에서 날아올라 세계 최대의 유전지대를 둘러보면, 볼 만한 광경은 별로 없다. 태양이 작열하는 라스타누라 항에는 유조선들이 도열해 있다. 호르무즈 해협 사이로 유조선들이 지나가고 있다. 해협 건너편은 이란이다. 다시 아래를 내려다보면 연갈색 모래가 끝없이 펼쳐져 있다. 마치 석유의 바다 위에 떠 있는 모래의 바다와 같다. 이따금 한국의 건설 노동자들이 머무는 숙소가 눈에 띈다. 검은 선이 사막을 꾸불꾸불 가로지르고 있다. 송유관이다. 이것이 바로 가와르 유전으로 러시아를 페르시아만으로 불러들이고, 은행들을 몸서리치게 만들었으며, 세계 역사를 바꾼 곳이다.

유정탑도, 표지판도 없이 고요하기만 하다. 검은색 펌프 하나가 외롭게 서 있다. 밝게 빛나는 지점에서는 가스가 불타고 있다. 석유업자들은 이곳의 석유는 티스푼으로 파낼 수 있을 정도로 퍼올리기 쉽다고 말한다. 지질 구조상 압력이 가해지기 때문에 펌프질할 필요가 없다는 것이다. 쿠웨이트에서는 송유관이 아래쪽의 유조선까지 연결되어 있다. 사우디에서는 지하에서 유조선까지 석유를 운반하는데 배럴당 15센트가 든다. 고작 8개의 펌프에서 사우디의 석유 60퍼센트가 흘러나오고 있다. 서구의 재정 안정이 펌프 8개에 달려 있다고 생각하니 마음이 편치 않았다.

사우디아라비아에는 서구에 유리한 조건이 하나 있었다. 이들이 서구와 손을 잡은 것은 '왕국'을 다스리는 와하브파가 공산주의를 광적으로 싫어하기 때문이다. 아람코는 비교적 깨어 있었기 때문에 시간이 흘렀어도 악의를 드러내지 않았다. 미국은 알제리에 진출한 프랑스와는 달리 사우디 사회에 물리적인 존재를 드러내지 않았다. 이로써 '특별한 관계'가 꽃필 수 있었다.

하지만 이런 요인들을 당연한 것으로 여길 수는 없다. 리비아의 카다피는 엄격한 무슬림으로, 신앙심이 깊은 왕을 내쫓은 다음 러시아를 불러들였다. 이슬람 국가인 이라크에서 소련의 존재는 잘 알려져 있다. 이란은 아야톨라 호메이니의 근본주의로 인해 미국과 매우 불편한 관계를 맺고 있다.

사우디는 어떻게 나올 것인가?

무슬림은 평생에 한 번, 여력이 된다면 그 이상 예언자 마호메트가 탄생한 메카를 순례해야 한다. '하즈(hajj)'라 불리는 순례를 마친 사람들은 스스로를 '하지(hajji)'라 부른다.

최근 몇 년간 미 재무부의 고위 관리들은 자기 나름의 '하즈'를 해오고 있다. 이들의 관심은 영적인 것이 아니라 물질적인 것이다. 목적지 또한 메카가 아니라 사우디아라비아의 수도인 리야드이다. 미국식 '하즈'는 대개 가을에 이루어진다. 이들이 경배하는 것은 사우디의 석유, 은행 구좌, 그리고 재정 흑자이다. 유가를 낮추어 달라는 간구가 울려 퍼진다.

1977년 후반, 나는 이런 '하즈'를 간 적이 있다. 당시 재무부 장관이었던 마이클 블루멘털, 차관이었던 앤서니 솔로몬, 차관보였던 프레드 버그스턴과 함께였다. 나는 항공 요금에 1달러를 덧붙여 미 재무부 출납국장 명의로 수표를 발행했다. 재무부는 항공사와 경쟁관계가 아니었다. 재무부는 복사기와 IBM의 전동 타자기를 갖춘 공군기를 이용한다. "저는 여러분이 탑승하신 비행기의 기장입니다"라는 목소리도 들리지 않는다.

'순례자'들은 이집트, 이스라엘, 이란, 그리고 쿠웨이트를 방문했다. 쿠웨이트의 재무장관은 압둘 라만 살림 알 아티키(Abdul Rahman Salim al Ateeqy)였다. 그는 검은 콧수염을 덥수룩하게 길렀다. 빌리 프레이저로 불린 스트라달몬드는 발렌타인데이 대학살 이전에 협상장에서 그를 이렇게 부르곤 했다.

"코미디언 그루초 마르크스(Groucho Marx) 납신다."

알 아티키는 깐깐한 인물로 정평이 나 있었다. 그가 말했다.

"석유회사들은 배럴당 1달러에 석유를 가져갔습니다. BP와 걸프는 툭하면 와서 '하루에 1백만 배럴은 생산할 수 있잖습니까. 저희가 다 팔아드리죠' 라고 말하곤 했습니다. 이제 그들은 힘을 잃었습니다. 우리는 세계를 돕기 위해 더 많은 석유를 생산하고 있습니다. 달러 하락에도 신경을 쓰고 있지요. 투자 대상으로 미국만한 곳은 없으니까요."

알 아티키는 묵주를 어루만졌다.

"우리는 생산량을 꽉 채우지 않습니다. 지하의 석유가 지폐보다 훨씬 낫거든요. 우리는 서구 경제의 구원자가 아닙니다. 영국의 노동조합이나 이탈리아의 골칫거리에 대해서 우리가 무엇을 할 수 있겠습니까? 우리는 좋은 무역 파트너일 뿐입니다. 한 가지 더 말씀드리죠. 중동의 안정을 위해서는 팔레스타인 거주지가 반드시 필요합니다. 팔레스타인은 국가가 있어야 합니다. 우리나라에 못된 팔레스타인 사람이 있다면, 어디로 내쫓을 수 있겠습니까?"

쿠웨이트의 1인당 국민소득은 1만 3,500달러이다. 반면 미국은 6,339달러 밖에 되지 않는다. 쿠웨이트에서 일하는 팔레스타인 사람의 수는 쿠웨이트 인구에 맞먹는다.

압둘 아지즈 알 쿠라시(Abdul Aziz al Qurashi)는 사우디아라비아 통화청의 총재이다. 그는 사람을 끄는 매력이 있으며, 깊고 풍부한 영국 억양의 소유자이다. 리야드에서 우리는 그와 무함마드 알리 아바 알 하일 재무장관을 면담했다. 둘 다 '토브'라 불리는 풀 먹인 흰 전통 가운을 입고 '카피에'라 불리는 두건을 두르고 있었다. 양말과 샌들이 옷 밖으로 드러나 있었다.

알 쿠라시의 음성은 CBS의 전설적인 앵커 월터 크롱카이트에 비길 만했다. 아니면 라디오 프로그램 '미국에서 온 편지'의 진행자 앨리스테어 쿡과도 견줄 수 있었다.

사우니는 무엇을 원하고 있는지 그에게 물었다.

"평화와 안정과 개발을 위한 기술입니다. 우리는 농업으로는 자급할 수 없습니다. 따라서 쌀, 설탕, 밀 등을 항상 수입해야 합니다."

알 쿠라시 총재가 미소를 지으며 덧붙였다.

"그리고 낙타도요."

"낙타를 수입한다구요?"

알 쿠라시 총재는 재미있어 하는 표정이다.

"낙타는 어디에 씁니까?"

"낙타 고기를 먹습니다."

알 쿠라시 총재는 남캘리포니아 대학을 졸업했다. 그는 웃음을 참지 못했다. 이전에도 이 농담을 즐겼음에 틀림없다.

아바 알 하일 장관은 사우디가 오일 머니를 지출해야 한다고 주장했다. 그들은 원대한 개발 계획을 가지고 있다. IMF, 아프리카 및 아시아 개발 은행에 대한 지원을 확대하고자 한다. 그리고 우리가 중동 어디에서나, 심지어 이스라엘에서도 들었던 주제가 등장했다.

"우리는 하루에 3백만 배럴만 퍼내면 충분합니다. 이것이면 먹고 살 수 있습니다. 3백만 배럴을 넘는 것은 모두 선물인 셈이죠."

1980년, 사우디는 하루에 900만 배럴을 퍼올리고 있었다. 그들의 필요량이 하루 400만 배럴, 아니면 500만 배럴까지 늘었나보다. 하루 500만 배럴씩 1년이면 550억 달러가 된다.

아바 알 하일 장관이 말했다.

"지폐를 지니고 있으니 석유를 갖고 있겠습니다."

수도 리야드의 떠들썩한 분위기 속에 빠진 것이 하나 있었으니, 바로 여성들이었다. 베두인 여인 몇 명만이 수녀의 걸음걸이로 거리를 지나고 있었다. 그들은 눈만 빼놓고 온통 베일로 감싼 채였다. 먹으로 까맣게 눈화장을 했다. 사무실의 비서들도 모두 남자였다. 여자들은 집에서 대가족의 살림살이를 도맡고 있다.

리야드는 건설 크레인으로 숲을 이루고 있었다. 마치 1946년 종전 이후 폐허가 된 베를린을 보는 것 같았다. 대사관의 친구가 말했다.

"재미있군. 어제까지만 해도 길이 있었는데."

모퉁이를 돌자 눈에 띈 것은 돌무더기와 건설 크레인뿐이었다. 그는 한 블럭 더 걸어갔다.

"이 길은 어제까지만 해도 없었는걸."

구시가를 제외한 리야드 전역은 도시 건축가 콘스탄티노스 독시아데스가 설계했다. 리야드에는 가로등이 설치된 6차로의 고속도로가 있다. 이 텍사스 출신 건축가는 현대 아랍과 고대 아랍이 혼합된 스타일을 정부 건물에 불어넣었다(휴스턴을 금속으로 찍어내어 콘크리트에 붙인 다음 헬리콥터로 싣고 와서 이 사막 왕국에 떨구어 놓은 것이 아닌가 하는 느낌이 들 때도 있다).

도로에서는 사고가 났거나 고장난 차를 흔히 볼 수 있다. 견인 트럭이 미처 실어 나르지 못할 정도이다. 그들이 자랑 삼아 말하는 "사우디의 운전자들은 세상에서 가장 형편없어"라는 말을 설명하자면 이렇다. "염소를 치던 아이를 데려다가 운전을 가르쳐서 핸들을 잡게 해보라. 가속 페달이 저절로 끝까지 밟히게 마련이다."

재무부 사절은 떠났지만, 나는 사우디에 남았다. 나는 사우디의 젊은 관료들과 이야기를 나누고 있었다. 그들은 개인용 10인승 전용 항공기를 아무렇지도 않게 여겼다. 그들은 호커시들리 사(社)나 걸프스트림 사(社)의 항공기를 타고 다녔다. 고속도로에서는 낙타를 뒤에 태운 신형 닛산 트럭을 볼 수 있었다. 낙타는 어떻게 사막을 건널까? 정답은 '닛산을 타고'이다. '닛산을 탄 낙타'와 같은 우스꽝스런 장면은 그 후에도 다양하게 변주되었다. 어느 차관이 리야드에 집을 샀다. 그런데 그를 찾아온 부친은 앞마당에 천막을 쳤다. 아들이 벽돌집에 모시려고 해도 도무지 들어가려 하지 않더라는 것이다.

내가 묵은 곳은 미국계 기업의 대표가 사는 집이었다. 멋진 새 가구가 들어차 있고, 침실은 5개가 있는 이 집은 900평이 넘었다. 좋은 집이다. 하지만 특별할 것은 없었다. 그런데 집세가 자그마치 1년에 10만 달러였다. 집값이 아니라 집세 말이다. 그가 말했다.

"지나치게 비싸요. 이 정도 집이면 1년에 7만 달러면 충분할 텐데."

사우디아라비아에서는 집의 넓이에 따라 집세가 매겨졌다. 그 관료들은 젊지만 수십억 달러를 주무르고 있었다. 그들은 사막 왕국과 중동의 휴스턴 사이에 놓인 다리 같은 존재였다. 마치 스탠포드와 하버드의 신출내기 졸업생들이 국방성과 보건교육복지부를 장악한 듯했다. 한 관료는 어떤 이유에선지 미주리주(州) 케이프지라르도에 있는 사우스이스트 미주리 주립대학교에서 학위를 마쳤다고 한다. 그는 그곳이 마음에 들었다. 그는 그곳에서 미국의 참모습을 보았다고 했다.

사우디인들은 대부분 텍사스나 캘리포니아로 간다. 바로 아람코가 자신들의 친척과 형제들을 보낸 곳이다. 이제 이들은 그곳의 생활 방식에 친숙해졌고, 그곳의 기후를 좋아하게 되었다. 토브를 입은 아랍인의 입에서 구어체 영어가 쏟아져 나오는 것이다.

나는 이들이 미식축구에 열광한다는 사실을 믿을 수 없었다. 토요일 경기가 끝나면 그 다음 주에 비디오 테이프가 손에서 손으로 거래된다고 한다. 진정한 매니아는 경기 결과를 미리 알고 싶어 하지 않는다.

이들은 정말 미식축구를 좋아하는 것일까, 아니면 방문객을 기쁘게 해주려는 사우디 식의 선물일까? 대사관의 아랍 전문가는 말했다.

"사우디인들은 미식축구를 정말 좋아합니다. 이들은 선수들의 동작, 웅장함, 일류 미식축구 경기의 드라마에 푹 빠져 있습니다. 이전에는 매 사냥과 낙타 경주가 인기 스포츠였습니다."

오일 달러가 흘러들기 시작했을 때, 이를 다룰 수 있는 엘리트층은 한정되어 있었다. 그 결과, 미국에서 교육 받은 아랍 젊은이들이 수십억 달러를 주무르게 된 것이다.

"우리가 배울 것이 너무나 많습니다. 하지만 나쁜 상황은 아닙니다. 서로를 잘 알고 있으니까요. 예를 들어 저는 남캘리포니아 대학을 나왔습니다. 제가 알기로 남캘리포니아 대학은 사우디인들에게 가장 인기있는 학교입니다. 제가 어떤 계획을 입안하려고 하면, 남캘리포니아 대학에서 바로 아래층에 있던 친구의 도움을 받을 수 있습니다. 재무부에 있는 친구는 제 룸메이트였습니다. 저희는 오하이오 주립대학을 나온 비슷한 친구도 잘 알죠. 룸메이트의 여동생과 결혼했거든요. 아시다시피, 미국 박사의 수는 미국 내각보다 사우디 내각에 더 많습니다."

이상은 차관의 말이었다. 그의 집무실은 스테인리스와 가죽으로 된 놀 사(社)의 고급 가구가 들어서 있었다. 포장을 뜯은 지 얼마 되지 않은 듯했다. 사실, 벨기에제 엘리베이터와 젖은 시멘트 냄새로 보건대 이 건물 자체가 지어진 지 얼마 되지 않은 것처럼 보인다. 이미 실제로 그랬을 것이다. 실제로 사우디 유수의 기업가 한 명은 텍사스에서 호텔 방을 미리 조립하여 가구들까지 다 들여놓은 다음, 사우디로 방을 싣고 날아와 호텔에 쌓으려는 계획을 가지고 있기도 하다.

차관 한 명이 또 들어온다. 이들은 소매에 단추가 달려 있는 빳빳한 흰색 토브 차림에 샌들을 신고 있다. 이들은 아랍어를 쓰다가 이내 영어로 바꾼다.

"토요일에 상대가 어딘가?"

"텍사스라네."

"자네 팀은 텍사스의 상대가 못 돼. 우리가 1등을 할 걸세."

"무슨 소리. 자네 팀은 아직도 노트르담이 남았잖아. 1등은 우리 차지라구."

이들은 내 의견을 묻는다. 나는 해줄 말이 없었다. 우승 후보의 동향을 나보다 그들이 훨씬 잘 알고 있는 것이다.

이들은 상원의원들에 대해서도 정보가 빠르다. 특히 이스라엘과 중동에 관여하고 있는 의원들에 대해서는 아주 잘 알고 있다. 이들은 온건한 입장을 가지고 있다.

"우리는 화해해야 합니다. 우리는 이스라엘을 인정해야 하고, 이스라엘은 팔레스타인에 대한 계획을 세워야 합니다. 이스라엘이 화해하기만 한다면 중동에서 평화를 누릴 뿐 아니라 큰돈을 벌게 될 것입니다. 그들은 농업, 의약, 금융에 대단한 재능이 있습니다."

사우디 관료들보다 자기 대학을 더 사랑하는 사람이 또 있을까? 여러분이 사우디 대가족 출신에 부친과 삼촌들은 사업을 하고, 모친과 이모, 사촌들은 여러분의 결혼 상대를 찾고 있다면, 여러분은 미국에 도착하자마자 진짜 문화적 충격을 받을 것이다(폭풍우가 몰아치는 2월에 JFK 공항에 착륙했는데 택시를 번번이 놓친다면, 아마 곧장 뒤돌아서서 집으로 가고 싶어질 것이다. 이것은 내 친구가 겪은 실화이다). 그 다음, 미국 대학의 풍경에서 아찔할 정도의 자유와 무절제할 정도의 다양성을 접하게 된다. 여성들이 다리의 맨살과 맨 얼굴을 드러내놓고 다니는 것은 말할 것도 없다. 하지만 여러분이 열심히 공부한 덕에 학위를 따서 사우디로 돌아와 결혼을 하고 정부 부처에서 근무하게 되면, 즐거움으로 가득했던 행복한 대학 시절이 떠오를 것이다. 그 때의 경험 속에 머물고 싶을 것이다. 또한 이것은 수입, 수출, 적자, 흑자, 그리고 유가를 계산할 때 한 요인이 된다.

남캘리포니아 대학의 존 허바드(John Hubbard) 전 총장이 중동을 방문했다. 정부에서만 4명의 장관과 14명의 차관이 남캘리포니아 대학을 나왔으며, 그 밖에도 유망한 기업인도 다수 포진해 있다. 그는 양고기 필라프가 차려진 연회에 초대 받았다. 그는 최근 남캘리포니아 대학의 미식축구 경기 하이라이트를 가져 왔다. 하나는 남캘리포니아 대학 대 노트르담 대학의 경기였는데, 남캘리포니아 대학이 전반을

24대 6으로 뒤지고 있었다. 수염을 기르고 토브를 입은 청중들은 신음소리를 냈다. 하지만 후반전이 되자 USC 트로전스가 49점을 얻어 승리를 따냈다. 청중들은 플레이나 터치다운이 성공할 때마다 환호성을 질렀다. 불이 켜지고 동창회 모임의 개최자가 승리의 기분에 들떠 외쳤다.

"여러분, 알라신은 바로 트로전스입니다."

사우디와의 관계로 인해 허바드는 이후에 심하게 곤욕을 치르게 되었다. 남캘리포니아 대학 이사회 의장이자 사우디에 50억 달러의 가스 포집 시스템을 설치한 로버트 플루어는 남캘리포니아 대학에 2,200만 달러에 달하는 중동연구센터를 설립하고자 했다. 아람코의 전 회장을 소장으로 하고 사우디아라비아와 사업하는 이들에게서 기금을 모을 계획이었다. 센터가 대학의 통제를 받지 않는 것으로 계획되고 플루어가 기금을 모으는 방법이 서툴렀던 탓에 남캘리포니아 대학 교수회가 반발하게 되었고, 이는 남캘리포니아 사회에 스캔들을 불러 일으켰다. 하지만 추문을 일으킨 것은 사우디인 자신들이 아니라 사우디에 수출을 하는 미국인들이었다.

프린스턴 대학의 사우디인 졸업생은 손으로 꼽을 정도였지만, 그중에는 미남 외무장관인 사우드 알 파이잘 왕자가 있었다. 프린스턴은 민감한 문제를 잘 인식하고 사우디와의 관계를 능숙하게 처리했다. 리야드 대학은 사우디인들로부터 5백만 달러의 후원금을 받았다고 전해졌지만 아무 잡음도 일지 않았다.

돈이 모든 것을 결정하지는 않는다.

"누구든지 집을 장만하기 위해 정부 대출을 받을 수 있습니다. 택시 기사도 투자자가 될 수 있어요."

청년 실업가인 무함마드 빈 파이잘 왕자가 말했다.

"하지만 내면의 삶은 어떤가요?"

관료들은 구어체 영어를 구사하지만, 여전히 종교 경찰이 리야드를 돌아다니면서 하루 5회의 기도를 강요하고, 기도하기 위해 상점 문을 닫지 않은 곳은 방망이로 셔터문을 두드리고 있다. 적절한 옷차림을 하지 않은 여성 또한 방망이 세례를 받게 된다. 성장에 꼭 필요한 인력은 공급이 딸리는 실정이다. 이미 예멘인, 파키스탄인, 발루치족 등 2백만 명의 외국인이 사우디에 들어와 있다. 페르시아만 건너편에는 이란이라는 경계 대상이 있다. 산업화와 성장을 달성하고 있는 이란은 아야톨라 호메이니가 권력을 잡고 국민들에게 내면의 삶을 상기시키기에 이르렀다.

관료들은 사우디를 관리할 뿐 다스리지는 않는다. '왕국'을 다스리는 것은 국왕, 왕가, 코란, 그리고 문화를 지배하는 모든 언어다. 우리가 보는 것은 사우디가 보여주는 한쪽 면뿐이다. 그러니 현재의 모습에서 사우디의 경제적 미래를 단언하기는 어렵다.

적은 인구와 엄청난 자원을 가진 광활한 지역을 다스리는 사우디인들이 무엇보다 중시하는 것은 바로 안정이다. 이들은 아랍 세계의 급진파와 보수파 모두와 손을 잡는다. 홍해 건너 에티오피아에는 마르크스주의에 경도된 장교 그룹이 정권을 잡고 있다. 국경 남쪽에는 예멘인민공화국이 있다. 어디든 빠지지 않는 쿠바인들이 그들에게 조언을 해주고 있다. 아프가니스탄은 러시아의 지배하에 있고, 페르시아만을 건너면 과격파 이라크와 난장판인 이란이 전쟁을 벌이고 있다. 이런 상황에서는 힘센 친구가 있는 편이 좋을 것이다.

사우디는 어떻게 나올 것인가? 셰이크 야마니는 사우디와 서구의 관계를 가톨릭의 결혼에 비유했다. 즉, 불화는 있을 수 있지만 이혼은 있을 수 없다는 것이다. 셰이크 야마니는 급격히 변하는 사회를 가속하는 자동차에 비유하기도 했다. 잘 설계된 자동차라도 시속 160km에서 흔들리기 시작하여, 어느 속도 이상이 되면 분해되기 시작한다는 것이다.

미국 대학에서 '왕국'을 연구하는 이들이 사우디 사회의 스트레스에 대한 세미나를 계획하기 시작했다.

마이더스 왕의 저주

세이크 야마니가 시속 160km에서 흔들리는 차에 대해 이야기한 것은 사우디 사회에 대한 부의 영향을 말하고자 한 것이다. 사우디인들은 이제까지 겪어보지 못했던 가장 기묘한 문제를 안고 있다. 그것은 바로 '돈이 너무 많다'는 것이다. 마이더스 왕은 만지는 것을 모두 금으로 바꾸고 싶어 했다. 그런데 자신의 소원이 이루어지자, 그는 굶어 죽을 뻔했다. 금을 먹을 수는 없는 일이니까.

사우디가 하루에 1,000만 배럴씩 석유를 퍼올릴 경우, 1년이면 1,100억 달러 (배럴당 30달러일 때)를 벌어들이게 된다. 이것은 그들이 다 써버릴 수 없는 금액이다. 그 돈을 다 쓰게 된다면, 급속한 지출로 인해 사회가 분열될 것이다.

하지만 이들이 마이더스의 손길을 피할 수는 없다. 이들이 생산량을 하루에 5백만 배럴로 감축하면 석유 공급에 차질이 생기기 때문이다. 그러면 현물 가격이 상승할 것이고, OPEC 각료들은 새 유가를 발표할 것이다. 사우디는 생산량 감축에도 이전만큼의 돈을 벌어들이게 된다. 어떤 방법을 쓰더라도 사우디 인들은 돈을 피할 수 없다. 돈은 내적으로나 외적으로나 이들을 목표로 삼고 있는 것이다. 돈이 많아질수록 사회는 불안정해진다. 이런 이유로 이들은 움직임에 신중을 기하고 있다.

사우디인들은 타협을 거듭해왔다. 1979년 이란 혁명으로 이란의 석유 생산이 줄었을 때, 사우디는 자국의 생산량을 늘렸다. 젊은 관료들은 추가 생산에 반대했다. 사우디 사회는 그 돈을 흡수할 수 없으며, 돈이 너무 많으면 오히려 위험할 수 있으니 국가의 필요에 맞게 생산을 하자는 주장이었다.

하지만 석유 정책은 경제적 요인이 아니라 정치적 요인에 의해 결정되었다. 사우디는 OPEC의 지배적 역할을 유지하고, 서구에 자신들의 중요성을 상기시키고 싶었던 것이다. 1980년 이란과 이라크가 상대방의 석유시설에 폭탄을 떨어뜨릴 때에도, 사우디는 하루에 1,000만 배럴로 생산량을 늘렸다.

1970년대 중반, 미국 정책 당국은 사우디가 생산량을 하루 1,600만 배럴에서 1,800만 배럴까지 늘리기를 바랐다. 이 정도 양이면 새로운 에너지 기술이 개발될 때까지 1980년대는 무사히 넘길 수 있을 것이었다. 하지만 사우디는 생산량 증대에 필요한 자본 장비를 신속하게 주문하지 않은 것으로 드러났다. 생산 여력이 없다면 외교적으로 생산 압력을 넣어도 소용이 없는 것이다. 미 회계감사원은 한 발 물러서 1982년에 1,400만 배럴을 생산해 달라고 제안했다.

하지만 더 이상 그런 이야기는 들려오지 않는다. 사우디는 타협을 하면서도 자국의 목적을 고수한다. 사우디와 미국 간의 '특별한 관계'는 한계가 있다. 1973년, 제4차 중동 전쟁 때 사우디는 아람코가 미 해군, 더 나아가서는 미국으로 향하는 석유를 선적하지 못하도록 금수 조치를 취했다. 그래서 국방성은 제6 함대의 연료를 확보하기 위해, 수출이 허용된 BP에 손을 벌려야 했다.

이후에 사우디는 미국과 일정 거리를 두고자 했다. 사우디의 고위 외교사절은 프랑스와 독일을 연이어 공식 방문했다. 사우디는 불만을 표출했다. 미국의 조언에 따라 190억 달러나 들여 무기를 사들였는데, 별 재미를 보지 못했다는 것이다. 또, 미국에서 교육 받은 사우디인들이 말하기를 미국인들은 사우디 군대에 서유럽의 평야 지대에서 싸우는 법이나 가르쳤다는 것이다.

미 신속배치군에 대한 논쟁을 보면서 사우디는 다시 한 번 자신의 생각을 굳히게 되었다. 신속배치군의 장성들 중에서도 "신속배치군은 아주 신속하게 어느 곳이든 갈 수 있는 것은 아니며 배치되더라도 30일 이상 버틸 수 없다"고 하는 이가 있었다. 또한 미 육군은 인원 부족, 장비 부족, 반문맹에다 전투 준비도 되어 있지 않다고 말하는 장성도 있었다.

사우디는 이스라엘과 팔레스타인이 화해하지 못해 팔레스타인을 옹호하는 과격파 정부가 들어설 위험이 있다는 불만을 토로했다. 또한 자신들이 아랍 세계에서 미국과 동일시되는 것을 감당할 수 없다고도 말했다. 그들은 미국 군대가 사우디에 주둔하는 것을 원치 않는다고 했다. 자신들이 지나치게 취약해진다는 것이었다. 그들은 미국이 테헤란 대사관에 억류된 미국 시민들을 구출하지 못했다는 사실이 우려스러웠다. 그리고 마지막으로, 미 정보기관에서 '왕국'의 장래에 대한 우려를 대놓고 흘려보내는데 기분이 상했다.

하지만 이라크와 이란이 전쟁을 벌이자 사우디는 공중조기경보통제기 레이다를 기꺼이 사들였다. '왕국'의 전임 수석 고문 토머스 맥헤일은 프린스턴 출신의 외무장관인 사우드 알 파이잘 왕자와 저녁을 함께 했다. 독일, 프랑스, 일본 모두 사우디에 애정 공세를 펼치고 있었다. 과연 사우디는 미국의 품에서 벗어날 것인가? 사우드 알 파이잘 왕자는 잠시 눈을 가늘게 떴다. 그 모습은 매를 닮은 자신의 조부를 연상케 했다. 그가 물었다.

"일본 해군은 군함이 몇 척 있습니까?"

캘리포니아와의 친밀한 관계나 은행가와 건설업체 부회장의 방문에도 불구하고 '왕국'에서 무엇이 벌어지고 있는지 알아내기란 쉬운 일이 아니다. 의회와 언론이 없는 사회에서 정보는 국왕이 바라는 대로 공표된다. 사우디를 촬영했던 TV 방송사는 하나 밖에 없으며, 기자들도 거의 접근할 수 없었다. 러시아의 경우, 노동절 사열 때 누가 누구 옆에 서는지를 관찰하고, 정부 기관지인 프라우다와 이즈베스티야의 행간을 읽을 수도 있다. '왕국'도 비슷한 방식으로 행간을 읽을 수 있다.

제1차 석유 파동 이후, 사우디아라비아의 중추적 역할이 분명해지자 '왕국' 연구자들이 비공식적으로 회합을 갖기 시작했다. 석유 관계자, 영국인 두 명, 전현직 외교관, 아랍 전문가인 교수 등이 참여했다(이 모임에는 아랍어를 못 하는 사람이 단 두 명 있었는데 나도 그 중 하나였다. 나는 계산서가 나오고 밥값을 치를 때가 되면 '왕국' 연구자들이 영어에서 아랍어로 바꾼다는 사실을 발견했다. 이런 상황에서 아랍어 몇 마디를 배울 수도 있지만, 그 쓰임새는 매우 제한된 것이다).

'왕국' 연구자들은 세계 대부분이 왕국들로 이루어져 있던 시대와 같은 방식으로 정보를 수집한다. 직접 방문하기도 하고, 여행자나 풍문을 통해 전해 듣기도 하며, 그 지역의 군주가 여행하면서 흘리는 정보를 얻기도 한다.

우리가 서구의 프로테스탄트 윤리 전통과 동떨어진 한 나라에 이토록 의존하는 것은 역사상 매우 드문 일이다. 점차 질문은 '사우디가 어떻게 나올 것인가'에 머물지 않는다. 이제 문제는 '과연 사우디는 살아남을 것인가'이다.

'왕국' 연구자들은 악몽의 시나리오를 제시하고 있다. 은행가들은 제3차 석유 파동이 닥치면 세계가 끝장난다고 이구동성으로 말하고 있다. 이들이 말하는 '세계'란 현재의 금융 시스템을 말한다. 제2차 석유 파동 때에는 군부가 이란을 장악했다. 석유 생산은 사실상 제로까지 떨어졌고, 생산을 재개한 이후에도 하루 3백만 배럴을 감축했다. 우리는 대사관을 점거한 과격파들이 카메라를 향해 주먹을 쥐고 흔드는 모습을 TV에서 보았다.

이란이 감산을 단행하자 사우디는 하루 100만 배럴을 추가 생산했다. 하지만 석유 쟁탈전으로 인해 유가는 두 배로 뛰었다. 이제 추가 생산 여력이 있는 곳은 사우디아라비아 및 인접한 페르시아만 국가 일부밖에 없다.

악몽의 시나리오는 러시아 탱크가 아프가니스탄에서 기어 나와 페르시아만으로 진격하는 것이 아니다. 이 악몽은 '리야드의 사악한 패거리' 로 불린다.

'사악한 패거리' 는 자신들이 페르시아만 전역에서 자행한 것과 똑같은 짓거리를 저지른다. 이들은 성조기에다 덤으로 유니언 잭까지 불태우고 있다. TV 카메라를 향해 주먹을 흔들면서 반(反)제국주의 슬로건을 외쳐댄다. 이들에게는 지도자가 있다. 그는 아마도 사제, 아니면 장교, 어쩌면 신앙심이 깊은 장교일 것이다. 바로 무아마르 카다피와 같은 인물이다. 그 지도자는 이렇게 말한다.

"우리는 서방의 쓰레기 더미, 서방의 타락상에 묻혀버렸다. 저들을 보라. 가족에 대한 경외심도 없고 여자들은 제멋대로이다. 저들은 사탄의 노예가 되었다! 저들에게 유혹 당하지 말라. 저들의 거짓 약속에 현혹되지 말지어다! 썩은 냄새 진동하는 타락상에서 벗어날지어다! 차분함, 고귀함, 순수함으로 돌아가자. 신의 말씀으로 돌아갈지어다! 신에게로 돌아갈지어다!"

미국인들이 추방되고, 군중들이 거리를 활보하며 서구의 흔적을 보이는 족족 없애버리게 된다면, 이들은 더 이상 석유를 팔지 않아도 괜찮다는 것일까?

그렇다. 적어도 하루 9백만 배럴은 분명 아닐 것이다. 이들은 은행계좌에 1,000억 달러를 넣어두고 있다. 석유가 나기 전에 이들은 대추야자와 성지 순례자로 먹고 살았다. 순례자들은 여전히 몰려들고 있다. 이들이 성지 순례에 세금을 매겨야 할 것 같지는 않아 보인다. 이란은 하루 300만 배럴을 생산하면서 600만 배럴을 생산할 때보다 더 많은 돈을 벌었다. 감산만으로 유가를 두 배로 올린 것이다.

이란이 공급을 줄이더라도, 여전히 사우디가 버티고 있다. 하지만 사우디는 OPEC 석유의 거의 3분의 1을 차지하기 때문에 어느 곳도 사우디를 대체할 수는 없다. 우리가 제2차 석유 파동을 이겨낸 것은 바로 이 때문이다.

하지만 제3차 석유 파동은 이겨낼 수 없을 것이다. '리야드의 사악한 패거리'들이 유가를 배럴당 100달러로 올리면, 휘발유는 갤런당 6달러로 배급제가 실시될 것이고, 항공기 3분의 1이 운항을 중단하며, 은행에는 예금 인출 행렬이 장사진을 이룰 것이고, 체이스맨해튼 은행은 파산하고, 주식시장은 하루에 60포인트 폭락할 것이다. 전반적인 불안감에 뒤이어 실제 불황이 닥칠 것이다.

그래서 '왕국' 연구자들은 서로 전화를 하고 점심을 함께 먹는다. 폴이 '왕국'을 다녀와서는 좋은 소식과 나쁜 소식을 가져왔다고 말한다. 우리는 사소한 정보도 무시하지 않는다.

좋은 소식은 전화가 개통되었다는 것이다. 조만간 비디오 화면, 사우디인 교환원, 심지어는 전화번호 안내까지 등장할 전망이다. 물론 돈으로 산 것이다. 전화 시스템은 70억 달러가 들었다. 거리명, 주택 번호, 도시 계획이 없는 나라에서 전화번호 안내는 쉬운 일이 아니다. 사우디는 부족적인 사회이기 때문에 누구나 전화로 이야기하기를 좋아한다. 전화 가설 계약이 처음 성사되었을 때 네덜란드와 스웨덴이 계약을 따내자 미국 컨소시엄에서는 분통을 터뜨렸다. 들리는 소문으로는 미국이 입찰가는 낮게 제시했지만 중개인으로 내세운 왕자가 적합한 인물이 아니었다고 한다. 또한 계약을 성사시키는 데만 총 7억 달러의 커미션이 들었다고 한다. 과연 언제적 이야기를 하고 있는 것 인지.

또 한 가지 좋은 소식은 신(新)제다 공항이 문을 열었다는 것이다. 이곳의 규모는 런던의 히드로 공항이나 시카고의 오헤어 공항을 능가 한다. 내가 사우디아라비아에서 폴을 방문했을 때, 그는 구(舊)제다 공항에서 나를 배웅했다. 옛 공항 건물에는 제대로 작동하는 문이 하 나밖에 없었다. 밖으로 나가려는 승객들이 문 하나를 두고 씨름하고 있었다. 우리는 반대쪽에서 같은 문을 통해 들어가려고 애쓰는 군중 속에 있었다. 폴은 미 프로축구팀의 풀백이 된 듯했다. 군중들이 뒤에 서 그를 밀어댔다. 폴은 오프태클로 빈틈을 만들어낼 수밖에 없었다. 우리측 군중들이 쏟아져 들어가자 나가려는 군중들이 바닥에 널브러 졌다. 여행용 가방을 아기처럼 꼭 끌어안은 사람, 아기를 안은 사람, 오렌지가 가득 담긴 가방을 붙든 사람 등 제각각이었다. 사람들을 짓 밟으면서 공항 출입문을 나서는 것을 좋아할 사람은 없을 것이다. 그 런 일을 다시는 겪고 싶지 않다. '하지' 들을 모두 불러들이고, 오헤어 공항과 히드로 공항이 부루퉁해지도록 하는 것, 이것도 돈으로 산 것 이다.

또 한 가지 좋은 소식은 전 재무차관 만수르 알 투르키(Mansour al Turki)가 리야드 대학의 새 학장이 되었다는 것이다. 만수르는 우람한 체격의 소유자로 걸을 때마다 토브가 성직자의 의복처럼 펄럭인다. 그 때문에 마치 이탈리아의 주교처럼 보이기도 한다. 그는 친절하고, 유머 감각이 있으며, 재치있는 데다 일까지 열심히 한다. 만수르에게

50억 달러를 제공하면, 그는 최고의 대학을 만들어낼 것이다. 50억 달러를 예산으로 책정해보라. 시간이 조금 걸리겠지만, 그는 해낼 것이다.

좋지 않은 소식은 이것이다.

"사우디인들은 미국 대통령이 자신들을 가지고 놀았다고 생각한다. 서안 지구에 팔레스타인 자치지구를 건설하게 해주겠다고 미국이 약속했는데, 오히려 이스라엘이 그곳에 정착촌을 짓고 있기 때문이다."

평범한 소식 하나는 이슬람의 사전(事前)적인 내핍 생활이다. 시장에서는 개 사료를 찾아볼 수 없다. 개들은 더러운 꼴로 돌아다닌다. 호텔 수영장도 말라 있다. 남자와 여자가 혼욕을 해야 할 우려도 있다. 남자를 만날까봐 여자들은 일하러 나가지도 않는다.

나쁜 소식은 이것이다.

"페르시아만 건너편에서 충격적인 일이 벌어지고 있습니다. 호메이니의 음성이 녹음된 카세트 테이프가 돌아다니고 있습니다. 동부 지역의 시아파는 왕가에 골칫덩어리를 안겨주고 있습니다. 이들은 수니파가 자신들을 2등 국민으로 취급한다고 생각합니다."

그런데 석유가 나는 곳은 동부 지역이다. 사우디는 수니파가 정권을 잡고 있으며, 시아파는 이란을 지배하는 무슬림이다.

"호메이니 카세트 테이프는 '왕국' 의 외국인 노동자들 손에도 들어가고 있습니다. 이들 대부분은 예멘인이지만 발루치족과 파키스탄인들도 있습니다. 이들 대부분은 아랍인이며, 또한 무슬림이기 때문에 자신들이 사우디의 부에 대한 권리를 갖고 있다고 생각합니다. 단지 초대 받은 손님이 아니라 참여할 수 있어야 한다는 것입니다. 하지만 정말 나쁜 소식은 모스크입니다."

'왕국' 연구자들에게 '모스크'는 메카에 있는 대사원, 즉 이슬람에서 가장 신성시하는 장소일 뿐만 아니라 1979년 광신도들이 모스크를 점거한 사건을 뜻한다. 폴이 말했다.

"제가 듣기로 그들은 단순히 광신도만은 아니었습니다. 사실 그들은 쿠데타를 기도하고 있었습니다. 군부의 지원이 있었다고도 합니다. 사우디가 그들을 몰아내는데 3주가 걸렸습니다. 프랑스 경비부대까지 불러야 했지요. 이것이 제가 들은 바입니다(프랑스인 '왕국' 연구자에 따르면 프랑스가 대테러 부대에서 고문으로 차출한 전문가는 12명이 채 안 되었다고 한다). 또한 최고위층의 부패에 국민들이 염증을 내기 시작했다고 합니다. 왕가는 국민들에게 호의를 베풀고는 있지만 워낙 가져가는 것이 많기 때문에 이런 상황에서라면 취약할 수밖에 없습니다."

사우디에 있는 최소 1,400명의 왕자 중 한 명이 우리 그룹과 면담을 했다. 여기에는 '왕국' 연구자뿐 아니라 다른 이들도 함께 했다. 우리가 물었다.

"왕가가 5년, 아니 10년 동안 유지되리라는 것을 어떻게 알 수 있습니까? 우리는 이란의 국왕도 영원히 권좌에 있으리라 생각했거든요."

빈다르 빈 술탄 왕자가 말했다.

"우리는 이란이 아닙니다. 이란 국왕은 벼락출세를 한 것입니다. 육군 장교의 아들로 태어나 쿠데타 이후에 스스로 지배자로 군림했습니다. 저희 가문은 수년 간 '왕국'을 다스렸습니다. 저희는 국민과 한 몸입니다."

'왕국' 연구자들은 이 말을 당연하게 여겼다. 왕가에는 5,000명이 넘는 사람들이 있으며, 이들이 사회 구석구석에 포진해 있는 것이다. 의회 따위는 없었지만, 대신 '마즐리스'라는 제도가 있어 불만이나 문제가 있는 사람은 누구나 왕을 알현하고 청원을 할 수 있다. 왕이 아니더라도 왕자나 셰이크가 그의 말을 들어준다. 따라서 모두가 자신이 사회의 일원이며, 권력과 연계되어 있다고 생각하는 것이다. 다스리는 것은 이슬람 율법이었고, 권좌에 앉은 것은 국왕이었다.

폴이 말했다.

"그것은 여전히 효과가 있습니다. 하지만 수억 달러짜리 계약에서는 그다지 잘 먹혀들지 않습니다."

리야드에 있는 '기사 클럽'에서는 그을린 유리가 사막의 눈부신 태양빛을 가려주어, 얼음처럼 푸르스름한 빛이 고급 가죽 소파와 화려한 카펫 위에 내리 쪼이고 있었다. 1,000만 달러나 하는 클럽 하우스에는 수영장, 스쿼시 코트, 음악 감상실, 회의실이 갖추어져 있다. 이들을 모두 합치면 총 3억 달러에 달한다. 183명의 회원 모두가 왕족 아니면 대사업가이다. 평범한 인물은 하나도 없다.

하지만 아미르 압바스 호베이다의 집무실 역시 호화롭기는 마찬가지였다. 장서가 가득했고, 흠잡을 데 없는 18세기 프랑스 고가구에, 박물관에나 어울릴 듯한 카펫이 깔려 있었다. 집무실은 테헤란에 있었다.

나는 호베이다와 사적인 대화를 나누었다. 그는 전임 수상이자 대법관이며, 영국식 차림의 우아하고 교양 있는 인물이었다. 그는 보존에 대해 일장 연설을 했다. 그가 말했다.

"유가는 오르기 마련입니다. 서구에서는 보존이 실패할 것이기 때문입니다. 문제는 지도력과 훈련입니다."

우리는 석유뿐 아니라 책과 영화에 대해서도 이야기를 나누었다. 호베이다의 형은 UN 대사가 되기 전에 파리에서 저명한 영화 평론가였다. 호베이다는 국왕 정부의 일원이었다. 하지만 국왕의 폭정에 대해 기소되지 않았기 때문에, 이란을 떠날 수도 있었음에도 그대로 머물렀다.

그 일이 있은 후 〈뉴욕 타임스〉 표지에서 이 고상한 신사의 사진을 보게 되었다. 그는 피로하고 초췌한 모습이었다. 사진이 실린 직후 그는 교도소 안뜰 담장에 세워져 총살당했다.

우리는 사우디가 우리를 배려하리라고 확신할 수 있다. 하지만 우리 쪽에서 진지한 노력을 하지 않으면 1980년대를 무사히 넘길 수는 없을 것이다. 아랍 국가의 현재 지배자 중 13명이 전임자를 무력으로 제거했다는 사실은 그들 자신이 더 잘 알고 있는 것이다.

사우디 석유 매장량의 규모는 세계의 화폐 흐름을 바꾸었고, 사우드 가문을 세계에서 가장 부유한 가문으로 만들었다. 이들은 동시에 가장 취약한 가문 중 하나가 되었다. 이들이 받아들이는 세금이 우리 차지는 아니지만, 최악의 시나리오를 염두에 둔다면 우리는 이렇게 간구하는 것이 좋을 것이다.

"신께서 당신의 수명을 연장하시길."

나는 영국인 '왕국' 연구자에게 제3차 석유 파동이 일어날 가능성과 사우디가 향후 10년을 무사히 넘길 가능성을 물었다. 그는 담배 연기를 내뿜으면서 대답을 회피했다. 내가 그를 런던의 마권업자라도 된다고 생각했던 걸까? 더 재촉하지도 않았는데, 그는 몇 번 연기를 내뿜더니 마권업자처럼 말했다.

"6대 5, 걸겠습니다. 하지만 아슬아슬하군요."

PAPER
MONEY

경제의 바다에 부는 금융 강풍

이것은 매우 부당하게 보인다. 첫째, 우리가 세계에서 가장 부유한 가문인 사우드 가의 안위를 걱정해야 한다는 것이다. 이들이 잘 못되면 우리의 상황이 더 악화되기 때문이다. 또한 지금 나는 여러분에게 우리가 록펠러 가문의 안위 또한 걱정해야 한다고 말할 참이다. 여러분은 사우드 가와 록펠러 가는 언제나 멋진 집을 살 수 있고, 저녁 만찬을 즐길 수 있으며, 교육, 여행, 그 밖의 오락을 즐길 수 있다고 말할 것이다. 여러분의 말이 절대적으로 옳다. 하지만 데이비드 록펠러와 그의 은행인 체이스맨해튼에 대해서는 걱정하지 않을 수가 없다.

체이스맨해튼은 하나의 상징에 불과하다. 우리는 모든 은행에 대해 이야기하고 있는 것이다. 체이스맨해튼은 거대한 국제적 대출기관이기 때문에 좋은 사례가 되었을 뿐이다. 1979년, 이 은행은 수익의 거의 절반을 해외에서 얻었다. 우리는 '시스템'의 생존에 대해 다시 한 번

논의할 텐데, 이번에는 다른 관점에서 보도록 하겠다.

이전에 '시스템'은 신용을 보장하기 위해 기축 통화를 찾고 있었다. 이 문제는 '오일 달러의 재순환'이라 불린다. 사우드 가와 록펠러 가의 관계는 이렇다. 사우드 가는 록펠러 가의 은행에 돈을 넣어두고 있는 것이다. 그리고 록펠러 가의 은행은 전 세계에 그 돈을 대출한다. 그 중에는 사우드 가에 오른 유가를 지불하기 위해 돈이 필요한 이들도 있다. 일찍이 게르트루드 슈타인은 '지갑이 다를 뿐, 돈은 언제나 돈'이라고 말한 적이 있다.

석유 소비국들이 산유국들에게 충분한 재화를 판매할 수 있다면, 거래는 딱 맞아떨어지게 된다. 인상된 휘발유와 비료값을 지불하기 위해 케냐가 자국의 커피값을 올릴 수 있고, 사우디가 오른 가격에도 커피를 충분히 마셔준다면 아무 문제가 없다. 하지만 가격에 상관없이 커피를 마셔댈 수 있는 사우디인은 그리 많지 않다. 앞서 보았듯 '저소비' 산유국은 자신들이 벌어들이는 오일 달러를 모두 써버릴 만큼의 재화를 사들일 수 없다.

사우드 가는 더 부유해지고, 그 돈을 다시 록펠러 가의 은행에 예치한다. 케냐인들은 오른 가격에 휘발유를 살 수 없어 은행에 대출을 받으러 간다. 이제 그들은 록펠러 가에 빚을 지게 된다. 그런데 록펠러 가는 사우디를 위해 돈을 보유하고 있는 것이다. 케냐인들이 사우디에 직접 돈을 빌렸다면 더 간단했을 것이다. 하지만 일은 그렇게 굴러가지 않는다. 은행은 케냐인들이 휘발유 사용을 줄이고 대출을 상환할 만큼 수입을 늘리리라고 믿는다. 그러면 오일 달러는 재순환되는 것이다.

문제는 은행이 중간에 끼어 있으며, 그 규모가 너무 커졌다는 것이다. 'OPEC이 살 수 있는 것'을 생각해보자. 1975년에 OPEC은 한 시간 반 동안의 수익으로 〈뉴욕 타임스〉사(社) 전체를 살 수 있었다. 또 한 시간 반을 벌어들이면 〈워싱턴 포스트〉와 〈뉴스위크〉 및 산하 TV 방송국을 살 수도 있었다. 계산상으로는 1주일이면 ABC, CBS, 〈로스앤젤레스 타임스〉를 비롯하여 미국의 언론 매체를 전부 살 수 있고, 8개월이면 런던 증권거래소에 상장된 주식을 모두 살 수 있다. 거대한 '시스템'을 요동치게 하려면 거대한 규모가 필요하다.

유가가 인상되면 다양한 방식으로 더 많은 화폐가 창출된다. 그 방식들에 대해서는 잠시 후에 살펴보도록 하겠다. 지출하지 않은 오일 머니는 은행에 예치된다. 은행은 그 돈을 대출하고, 대출된 돈은 벌어들인 돈과 마찬가지로 더 많은 석유를 사들이는데 쓰인다. 돈이 더 많이 돌게 되면 OPEC은 이렇게 말한다.

"이봐, 인플레이션이라구. 다시 유가를 올려야겠어."

순환은 다시 반복되고, 진폭은 점점 커진다. 석유는 준화폐가 된다. 이제 사우드 가와 록펠러 가는 모두 '시스템'에 대해 걱정을 하게 된다. 데이비드 록펠러는 어느 연설에서 이를 바다에 비유하기까지 했다. 그의 바다 날씨 예보는 다음과 같다.

"변덕스러운 경제의 바다와 세찬 금융의 강풍은 번창하는 나라들까지 전복시킬 태세입니다."

세로줄무늬 양복 차림의 은행가들이 근심이 가득한 채 비밀 회합을 연다. '시스템'은 오일 달러를 통제할 수 있을 것인가? 그렇지 못한다면, 1930년대와 같은 대공황이 일어날 것인가? 그 진행 과정을 늦출 방법은 있는가? '시스템'을 구하기 위해 성장을 늦추거나, 영구 불황에 빠지는 것을 세계가 용납할 것인가? 대안은 무엇인가? 인플레이션은 계속될 것인가? 우선, 100만 달러짜리 주택이 나왔으니, 다음은 100만 달러짜리 햄버거가 아닐까?

석유는 돈을 창조한다

일반적으로 석유는 다른 것과 마찬가지의 상품이어야 한다. 하지만 현재 은행 간에 이동하는 석유 거래액 규모로 인해 더 많은 돈이 창조된다. 고유가는 석유 소비국의 돈을 더 빨아들이게 된다. 그러면 이 나라들은 자동차, 사과, 그리고 휘발유에 쓸 돈이 부족하게 된다. 돈이 부족하면 경제활동이 줄어들고 불황과 실업이 발생한다. 이것이 바로 디플레이션이다.

유가는 세금과 같은 작용을 한다. 석유 소비국은 돈이 줄어들고, 산유국은 돈이 늘어난다. 여기까지는 균형이 유지된다. 상황이 이렇게 되면 석유 소비국들은 불황의 고통을 줄이기 위해 돈을 더 많이 찍어내게 된다. 이것은 경제나 금융이 아니라 정치 문제이다. 석유를 얻기 위해 실물 자산을 내보내는 것은 매우 힘든 일이다. 중앙은행은 이를 감내하고자 할지도 모른다. 그러나 수상은 이미 노동조합의 공격을 받고 있으며, 의회는 고집불통이다.

산유국들은 여전히 석유로 돈을 벌어들이고 있다. 이들은 그 돈을 필요로 하지도 않는다. 돈은 은행으로 직행한다. 이제 은행에는 예금이 있다. OPEC의 어마어마한 자산을 통틀어 100달러라고 해보자. 연방준비은행은 은행들이 예금의 10퍼센트를 준비금으로 보유하도록 한다. 당신은 은행에 가서 90달러를 빌린다. 당신은 그 돈을 자신의 예금계좌에 예치한다. 그러면 당신의 친척 찰리는 81달러를 빌릴 수 있다. 10퍼센트의 준비금을 매번 떼어놓기 때문이다. 찰리는 대출금을 자신의 예금계좌에 넣어둔다. 그러면 은행은 다음 차용인에게 72.90달러를 빌려준다. 이것이 바로 승수의 작동 방식이다. 이런 식으로 계속되는 것이다.

연방준비은행은 은행에 돈이 더 보관되기를 바랄 때면 준비금 비율을 낮춘다. 그러면 당신은 90달러가 아니라 95달러를 빌릴 수 있고, 찰리는 81달러가 아니라 85.50달러를 빌릴 수 있게 된다. 반대로 돈이 덜 보관되기를 바랄 때는 준비금 비율을 높인다.

여기에서 질문 하나. 유로랜드에서는 승수가 얼마인가? 이론상으로는 무제한이다. 유로랜드의 록펠러 은행이 100달러의 OPEC 자금을 예치한다. 그러면 그 100달러를 전부 당신에게 빌려줄 수 있다. 당신이 그 100달러를 도이체방크 룩셈부르크 지점에 예금하면, 은행은 100달러를 전부 당신의 사촌 찰리에게 빌려주고, 그는 그 돈을 다시 유로랜드의 방코데스파냐에 넣는다. 따라서 OPEC의 원래 100달러가 참 많이도 늘어난다.

실제로는 은행에서 신중을 기하기 때문에 그 흐름이 감소된다. 아니면 예금 일부가 실제 세계의 준비금 제도로 흘러들어 정상적으로 줄어들게 된다. 하지만 실상을 아는 사람은 아무도 없다. 유로랜드에는 통일된 보고체계가 없기 때문이다.

현기증이 나는가? 은행가들도 마찬가지이다. 데이비드 록펠러 또한 현기증이 났다. 그가 '변덕스러운 바다'라고 말한 것은 이 때문이다. 은행가들은 비관적인 분위기를 싫어한다. 누군가 겁에 질려 은행에서 예금을 찾아갈 수도 있기 때문이다. 은행가들은 이 모든 일이 자신으로부터 비롯되었다고 생각하기 때문에 특히 불안하다. 'OPEC이 살 수 있는 것'에서 요점은 OPEC이 CBS를 사려고 했다는 것 따위가 아니다. 요점은 펜 한 번 휘두르는 것으로 OPEC 국가 중 적어도 하나가 외부 자산의 관점에서 주요 산업국들을 앞질렀다는 것이다. 외부 자산이란 외화 보유 능력을 뜻한다.

근면하고 성실한 독일인들은 사무실과 공장에서 망치질하고 용접하고 볼트를 조여 전 세계에 폭스바겐 비틀, 기계, 화학제품을 팔았다. 그렇게 해서 1975년에 그들이 벌어들인 수익은 400억 달러였다.

그리고 꿀벌처럼 협동하는 일본인들은 아침 일찍 공장에 출근해서 사가(社歌)인 '마쓰시다 만세'를 부르고 체조를 한 다음 망치질하고 분주히 일해서 전 세계에 TV, 스테레오, 카메라, 소형 자동차를 팔아치웠다. 수년 동안 일한 끝에 이들은 수백억 달러를 벌어들일 수 있었다.

미국, 영국, 이탈리아는 전혀 수익을 내지 못했다(미국은 기축 통화의 전성기를 누릴 때 장기 투자를 해놓은 것이 있긴 하다).

그런데 지금 갑자기 한 나라, 아니 한 가문이 600억 달러의 수익을 거둔 것이다! 그것도 아무 노력도 하지 않고서!

이것은 우리의 무의식에 혼란을 일으켰다. 이는 막스 베버(Max Weber)가 지적했듯이 16세기 이후 프로테스탄트 윤리와 자본주의 정신이 혼합되고 상호 인과관계를 이루었기 때문이다. 성공을 통해 자신이 신의 은총을 받았는지 확인할 수 있으며, 노동은 성공을 가져오기 때문에 훌륭한 것이다. 〈도쿠가와 종교 Tokugawa Religion〉에서 로버트 벨라가 밝혔듯이 일본인조차 이런 면에서는 프로테스탄트였다. 당신이 밤늦도록 일해서 연봉이 2천 달러 올랐는데, 아랫 동네 사는 녀석이 갑자기 10억 달러를 상속한다면, 당신은 노동의 대가에 대해 형이상학적인 회의를 품게 될 것이다.

제1차 석유 파동 직후 금융업자들은 두려움에 떨었다. 경제학자들은 열렬한 청중이 생겼다. OPEC은 돈을 얼마나 벌게 될까, 세계에 무슨 일이 일어날까에 대해 누구나 알고 싶어 했다. 그래서 경제학자들은 방정식을 주무르고, 컴퓨터를 작동시켜서는 아래와 같은 수치를 들고 나왔다.

OECD 소속 경제학자들은 OPEC이 1980년까지 7,400억 달러를 벌어들일 것으로 전망했다.

세계은행 관계자는 1980년까지 6,540억 달러, 1985년까지는 1조2천억 달러를 벌어들일 것으로 예측했다.

모건뱅크는 보수적으로 추산하여 1978년에 2,500억 달러를 벌어들인다고 말했다.

그 진행 과정을 이해할 수 있었던 이들은 공포에 휩싸였다. 이런 수치는 '시스템'을 망가뜨릴 것이기 때문이었다. 집집마다 문을 닫아걸고, 예금 인출 행렬이 장사진을 이룰 것이며, 은행은 휴업을 선언하고, 사람들은 자기 물건을 길거리에서 내다팔 것이다.

밀물처럼 쏟아져 들어오는 돈으로 인해 은행들은 떠내려갈 것이다. 은행들은 석유가 나지 않는 나라들에 돈을 빌려줄 것이고, 이 나라들은 대출금을 상환하지 못할 것이며, 대출금을 돌려받지 못한 은행들은 파산하고, '시스템'은 한 번에 한 군데씩 찢겨져 나갈 것이다. 정말 끔찍한 일이다. 이번에는 정말 늑대가 나타난 것이다.

경제 예측의 문제점은 수학은 우아하나 현실은 그렇지 않다는 것이다. 결과에 근접한 예측조차 하나도 없었다. 경제학자들은 무언가를 빠뜨리고 있었다.

아라비아의 크리스마스 아침

제1차 석유 파동 직후, 나는 젊은 사우디인을 찾아갔다. 아랍경제개발 쿠웨이트기금 이사장인 압둘 라티프 알 하마드와 사우디아라비아 통화청의 부총재인 아마드 압둘 라티프와 구분하기 위해 그를 압둘 라티프 3세라고 부르기로 한다. 그는 흰 토브를 입지도, 만화에 나오는 아랍인들처럼 턱수염을 기르거나 선글라스를 끼지도 않았다. 사실 그가 걸치고 있던 것은 뉴욕 57번가의 던힐 양복점에서 맞춤 주문한 세로줄무늬 양복이었다. 전 세계의 은행가들이 좋아하는 소매 단추가 달린 양복을 입은 그는 품위 있는 이탈리아인 같았다. 그는 하버드 비즈니스 스쿨에서 투자관리론 수업을 듣고 있었다. 이곳은 몇 년 전에 내가 강의를 한 적도 있다.

그는 나를 찾아온 이유가 자신의 가문이 은행을 고르고 있기 때문이라고 말했다. 압둘 라티프 3세는 왕자도, 셰이크도 아니었다. 그의 가문은 상업에 종사하고 있었다. 이들은 그를 미국에 유학 보낼 만큼 부유한 가문이었다.

"할아버지는 낙타 등에 물건을 싣고 함께 걸어다니셨습니다. 마차를 타고 이 농장, 저 농장을 다녔던 19세기 미국의 행상인들처럼요. 아버지께서는 행상인의 아들이 늘 그렇듯 상점을 차리셨습니다. 이제 저희는 금융업과 건설업을 하고 있고 GE, 지멘스, 필립스의 독점 판매권을 가지고 있습니다."

"석유를 가진 것은 시민들이 아니라 정부라는 것을 명심하십시오. 정부가 돈을 지출하기 전까지는 우리는 이 석유 자원을 보지도 못합니다. 하지만 지출을 하고 있기는 하죠. 미 대사관에 있는 친구가 말하기를 이곳의 분위기는 크리스마스날 아침 11시 같다더군요. 어디에서나 포장하느라 정신이 없다는 거죠. 항구는 90일째 화물이 밀려 있습니다. 시멘트 한 포대를 배에서 헬리콥터로 운반하는데 5리얄이 듭니다. 그런데 정작 시멘트 자체는 7리얄 밖에 안 하거든요. 생계비는 계속 오르고 있습니다. 모래조차도 수입해야 했습니다. 이곳의 모래는 건축에 적합하지 않거든요."

"금수 조치가 해제되고 제일 먼저 들어온 것은 뜨내기 장사꾼들이었습니다. 이들은 아무데서나 머물고, 잠을 잤습니다. 아랍인들은 무식하고 부유하니까 무엇이든 사리라 생각했던 거죠. 이들은 물러갔습니다. 다음으로는 돈이 넘쳐나게 되었습니다. 50년에서 70년 된 옛 무역회사들은 1960년대 같으면 은행에 10만 리얄(약 2만 8,000달러)만 있어도 운이 좋은 편이었습니다. 이제는 훨씬 더 벌어들였지요."

"맨 먼저 돈이 풀린 곳은 부동산이었습니다. 누군가 모퉁이 지역을

5백 리얄에 샀다면, 다음날이면 2천에 팔라는 얘기를 듣게 되고, 다음 주면 1만 리얄로 뜁니다. 3개월이 지나면 10만 리얄은 받을 수 있습니다. 아버지, 삼촌, 그리고 사촌들은 만나기만 하면 부동산 얘기뿐이었습니다. 삼촌이 이렇게 말했습니다. '저 모퉁이 건물이 10만 리얄이라고? 말도 안 돼!'"

내가 말했다.

"은행이 필요하다는 얘기죠? 1주일만 벌면 뱅크오브아메리카를 살 수 있을 텐데요. 12억 달러면 지금 주식시장에 있는 6,900만 주의 절반은 살 수 있습니다."

나는 농담을 하고 있었다. 물론 계산은 정확했지만.

압둘 라티프 3세가 말했다.

"저희가 염두에 두고 있는 것은 작고, 친절한 은행입니다."

아랍인들이 수익을 해결하기 위해서는 적절한 회사를 고르기만 하면 된다는 생각이 들었다. 이들이 펜센트럴, 록히드, 미 체신청을 사들인다면 재순환 문제는 모두 해결될 것이다.

압둘 라티프 3세는 은행을 구하지 못하고 고국으로 돌아갔다. 그의 가문은 사우디아라비아 연안에 있는 바레인에 은행을 설립했다. 이 은행은 유럽의 은행 신디케이트에 가입했다.

다음번에 내가 그를 만났을 때, 그는 살이 붙은 데다 학생 때 지녔던 상냥한 분위기가 많이 없어졌다. 그와 배다른 형제인 마흐무드는 독일에서 산업 거래를 중개하고 있었다. 또 다른 형제인 가말은 런던에서 사업을 하고 있었는데, 사업의 확장속도가 너무 빨라 친척들을 다 동원했는데도 일할 사람이 부족했다.

이 가문은 여전히 미국 은행을 구하고 있었다. 마흐무드, 핫산, 압둘 라티프 3세는 모두 '신의 뜻대로' 라는 뜻의 '인샬라' 라는 말을 썼지만, 이들은 노동이 은총의 빛을 내려주기라도 할 듯이 열심히 일을 했다.

압둘 라티프 3세의 가문이 바레인에 세운 은행은 거래하는 회사가 여럿 있었다. 예전에는 한가롭기만 하던 이 섬에 이제는 은행이 120개나 들어섰다. 뱅크오브아메리카, 도쿄은행, 시티코프, 바클레이즈, 그리고 데이비드 록펠러의 체이스맨해튼까지 이곳에 지점을 열었다.

이들 외에도 아랍계 신흥 은행들이 있었다. 이들 중에는 아랍 뱅킹 코퍼레이션처럼 자본금이 10억 달러에 이르는 초대형 은행도 있었다. 아랍 은행들은 유럽에도 진출하여, 파리에만도 순식간에 32개의 아랍 은행이 생겨났다. 이들 은행의 목적은 단 하나였다. 바로 오일 달러를 차지하는 것이었다.

경제학자들이 빼먹은 것은 바로 이것이었다. 사우디아라비아가 모래를 수입하리라고는 누구도 생각하지 못했던 것이다. 압둘 라티프 3세의 가문은 제다로 가는 길 중간쯤에 건물을 짓고 있었는데, 시멘트가 모자랐다. 지금까지도 항구에 묶여 있는 7리얄짜리 시멘트 한 포대를 가져오는 데는 5리얄이 들었다.

크리스마스 아침이 지나가고 삶이 안정되기까지는 중동 전역에서 이런 일이 되풀이되었다. OPEC은 이를 위해 충분한 돈을 쏟아 부었다. 고유가로 인해 재화를 구매할 돈이 부족한 서구는 깊은 불황에 빠져들었다. 공장이 문을 닫고, 노동자들은 해고되고, 석유 소비가 줄어들었다. 그로 인해 OPEC의 수익은 1조 달러에 미치지는 못했으며,

'시스템'은 제 기능을 찾았다. 늑대는 나타나지 않았다.

하지만 시멘트가 포대당 12리얄이 되더라도 OPEC이 은행에 보유한 자금은 충분했다. 은행들은 두 가지를 두려워하고 있었다. 하나는 비합리적인 것이었으나 그렇게 생각하는 사람은 없었다. 다른 하나는 매우 현실적인 것이었다.

비합리적인 두려움은 이것이었다. 늘어가는 아랍의 예금을 살펴보자. 우리는 아랍의 예금을 예치하여 터키와 브라질에 10년 만기로 대출해준다. 하지만 돈이 은행에 머물러 있는 기간은 한 번에 30일 밖에 되지 않는다. 아랍인들이 다음 달에 예금을 인출해버리면 어떻게 될 것인가?

예금이 없으면 은행은 대출을 할 수 없다. 이렇게 노골적으로 얘기하는 것이 좀 바보스러워 보일지도 모르겠다. 하지만 대학 교육을 받은 미국인 10명 중 1명이 미국이 석유를 수입해야 한다는 사실을 모르는 현실에서, 무언가를 대놓고 이야기하는 것이 그다지 나쁜 것 같지는 않다. 은행은 자기 돈을 빌려주는 것이 아니다. 은행은 다른 누군가가 맡긴 돈을 대출하는 것이다.

브라질인들에게 성대한 저녁을 대접하고, 고액 대출을 해준 다음, 막대한 수수료를 선불로 챙기고 이들과 작별 인사를 했다면, 대출금을 충당하기 위해 누군가의 돈을 예치해야 한다. 사람들이 모두 여러분의 은행에서 돈을 빼가고 더 이상 돈을 구할 곳이 없으면, 은행은 '예금인출사태'에 빠지게 된다. 문을 닫아야 하는 것이다.

아랍인들이 은행에서 돈을 인출하고 있는데 브라질인들의 대출은 아직 장부에 올라 있다면, 당장 다른 예금주를 찾는 것이 현명하다. 하지만 여러분이 '시스템'의 일원이며 신용 상태가 안정되어 있다면, 곧 다른 아랍 자금을 구할 수 있을 것이다. 아랍인들이 영국이나 스위스의 은행에 맡겨 놓은 돈을 다시 빌릴 수도 있는 것이다. 물론 비용은 더 많이 든다. 처음에 예치한 돈과 정확히 같은 돈도 아니다. 하지만 지금은 브라질에 대출해준 돈을 채워 넣는 것이 급선무이다.

석유 시대 초기에는 페르시아만의 셰이크들이 석유 대금으로 금화와 은화를 요구하여 돈상자를 침대 밑에 두었다. 그것이 전부였다. 이제 이들은 은행에 돈을 맡기거나 직접 은행을 설립한다. 따라서 돈은 '시스템' 안에 머물게 된다. 돈이 '시스템' 안에 있을 경우, 신용 상태가 좋은 은행은 인출된 자금 대신 새 예금을 예치할 수 있다. 은행의 신용 상태가 좋지 않을 경우에는 재대출을 받을 수 없다. 이럴 경우 은행 당국, 즉 연방준비은행, 분데스방크, 뱅크오브잉글랜드 등은 취약한 은행을 '집중 치료'하고 나머지 은행들의 단속을 강화한다. 하지만 문제 은행이 하나에 머물 경우 '시스템'은 여전히 제 기능을 발휘한다. 여러 은행들에 동시에 문제가 생길 경우에는 '집중 치료' 약품이 부족해져 전염병과 같은 사태가 발생할 수 있다.

비합리적인 두려움에 대해서는 이쯤 해두자. 개별 은행은 도산할 수 있다. 하지만 아랍인들이 예금을 인출한다고 해서 '시스템'이 무너지지는 않는다. 달리 돈을 넣어둘 곳이 없기 때문이다.

합리적인 두려움은 이것이었다. '시스템'이 이 돈을 모두 처리하지 못하면 어떡하느냐는 것이다. 다시 말해 예금이 너무 많아서 적절한 대출처를 찾지 못하면 어떻게 될까?

차용인은 대출금을 갚을 능력이 있어야 한다. 케냐가 석유를 사기 위해 돈을 빌린다면, 이들이 허리띠를 졸라 매고 커피와 사이잘삼을 더 팔 것이라 예상하게 된다. 돈을 빌려다가 일요일 드라이브에 다 탕진해버릴 수는 없기 때문이다.

OPEC 자금의 대부분은 사우디아라비아 통화청에 보관되어 있었다. 이곳의 총재인 압둘 아지즈 알 쿠라시는 이목구비가 반듯했으며, 사우디의 앨리스테어 쿡이라고 할만 했다. 알 쿠라시는 미국인 고문 데이비드 멀포드와 동석했나. 이전에 베릴린치화이드웰드 사(社)에서 일했던 그는 사우디 왕가의 지시에 따라 조심스레 정책을 추진하고 있었다. 이들은 개발 계획을 위해 돈을 쌓아두었다. 미 정부 국채와 분데스방크 채권을 사들였고, 세계적인 대형 은행들을 줄세워 놓고 맨 위에서부터 시작했다. 이들은 미국에서 가장 큰 5개 은행, 스위스의 3개 은행, 독일의 3개 은행, 영국의 2개 은행에 돈을 예치하고 나서 한 단계 아래의 은행과도 거래를 시작했다.

이 은행들은 신디케이트를 조직했다. '당신이 내 거래에 참여하면 나도 당신 거래에 참여하겠다' 는 식이다. 이런 식으로 이들은 돈을 대출해준다.

대통령 경제자문위원회 위원장을 역임한 폴 맥크래킨이 이끄는 경제학자 패널에서 이 현상을 연구했다. 이들의 결론은 이것이다.

"OECD, 즉 서구의 민간 은행들은 OPEC의 잉여 자금을 굴리는 회전 선반 역할을 했다."

브라질, 한국, 케냐는 석유가 나지 않았지만 유가가 상승해도 산업을 지탱할 수 있었다. 민간 은행들이 산유국에서 예치한 자금을 이들에게 빌려주었기 때문이다. 그 중에서 가장 중요한 회전 선반 메커니즘은 유로랜드의 은행들이었다. 이 은행들은 보수적인 예금자도 만족시킬 만큼 규모가 컸다.

예를 들어 도이체방크는 독일에서 가장 큰 은행이다. 본점은 프랑크푸르트에 있지만, 지점 수가 1만 3,042개에 달하며, 자산은 1,460억 독일마르크에 이른다. 하지만 도이체방크 룩셈부르크 지점은 본점보다도 규모가 더 커졌다! 예금자들은 유로랜드를 좋아했다. 유로랜드는 정치적이지 않으며, 돈의 출처를 따지지도 않고, 금리는 더 높기 때문이다.

완화된 대출 조건 덕에 차용인들도 유로랜드를 좋아했다. 페루인이 뉴욕에 있는 데이비드 록펠러의 체이스맨해튼 은행을 방문하면, 통화 감독관이 어깨 너머로 감시를 할 것이다. 그러면 체이스맨해튼은 엄격해질 수밖에 없다. 페루인들이 IMF와 같은 국제기관을 찾아간다면, 굳은 표정의 은행원이 세금을 인상하고 수입을 줄이라는 등의 정치적인 해법을 제시할 것이다. 하지만 유로랜드에서는 대출하기만 하면 그것으로 끝이다. 위험을 고려하는 것은 은행의 몫이다.

은행들이 경쟁에서 이기기 위해 위험한 대출에도 달려들었고, 그로 인해 '시스템'이 위험에 빠졌다고 말하는 사람도 있었다. 도이체방크의 빌프리트 구트는 이렇게 우려를 표명했다.

"국가 간의 대출이라는 거시경제에 대한 지혜의 수준과 개별 은행의 경험에 대한 정보의 부족 사이의 격차는 지그문트 프로이트를 기쁘게 할 만한 흥미로운 현상에 비견됩니다."

저명한 은행가들은 오래 전부터 차환(借換) 시장의 불안한 상태에 대해 우려를 표명했다. 하지만 동시에 이들의 은행은 바로 그 시장에 매우 적극적으로 참여하고 있었다. 다시 말해서 은행가들은 불안정한 대출에 대해 걱정스러워하면서 서로 대출을 늦추라고 말해놓고는, 곧바로 대출을 해주고 있었던 것이다. 이들은 서로 이렇게 말했을 것이다.

"대출을 감축합시다. 하지만 당신이 먼저 시작하시오."

독일과 미국이 갑자기 분별력을 되찾으면 스페인, 이탈리아, 또는 일본 은행이 늑달같이 그 자리를 차지할 것이다.

은행가들은 문제가 하나 있었다. 무분별한 은행은 시장에 의해 제재를 받게 되며, 더 이상 영업을 못 하게 되는 것이다. 하지만 은행들은 서로 밀접하게 얽혀 있기 때문에 무분별한 은행 하나가 '시스템'을 무너뜨릴 수도 있다.

나는 이 메커니즘의 아주 기본적인 요소만을 제시하고자 한다. '의자 빼앗기 놀이'는 이해하기 쉽다. 은행 A가 은행 B에게 100달러를 빌렸고, 은행 B가 은행 C에게 110달러를 빌렸으며, 은행 C는 은행 D에게 120달러를 빌렸다면, 음악은 계속되어야 한다. 음악뿐 아니라 박자도 느려져서는 안 된다. 속도 또한 돈의 일부이기 때문에 속도가 느려질 경우에는 통제를 받아야 한다. 그렇지 않으면 제 때 돈을 돌려받지 못하는 은행이 생긴다. 그러면 은행 D가 은행 C에게 말할 것이다.

"돈이 안 들어왔어요."

은행 C는 은행 B에게 같은 말을 할 것이다. 은행 B도 마찬가지이다.

서구의 중앙은행들은 스위스로 가서 바젤 '콘코르다트(협약)'를 체결했다. 이 멋진 이름은 프로테스탄트 윤리의 초창기에 교회와 제후들이 맺은 협정에서 이름을 빌려온 것이다. 바젤 협약은 자원 소방대라고 말할 수 있다. 중앙은행은 자신들의 목적이 무모한 은행을 구제하는 것이 아니라 '시스템'을 유지하는 것이라고 경고했다. 도이체방크의 빌프리트 구트가 말했다.

"중요한 것은 열이나 폭발로 인해 주변이 온통 위험해지기 전에 신속하게 불을 끄는 것입니다."

은행을 설립하려면 자본금이 있어야 한다. 그 다음으로 예금을 예치하고, 그 예금을 대출해주게 된다. 분별력 있는 은행은 이 세 가지 항목이 서로 적절한 관계를 맺고 있다. 자본금이 10만 달러밖에 안 되는 작은 지방 은행이 브라질에 5천만 달러를 대출하는 것은 매우 무분별한 일이다. 따라서 자본과 장부에 기재된 대출(자산)의 관계가 적절해야 한다. 대출과 예금의 관계도 마찬가지이다. 서구의 정부 금융기관들은 나름대로 분별의 정의를 내리고 있다.

유로랜드는 그런 문제에 신경을 쓰지 않을 뿐 아니라, 경쟁이 매우 치열하다. 은행들은 자기 자본, 즉 주주들이 투자한 돈과 비교해 점점 더 많은 돈을 빌려주기 시작한다. 제2차 석유 파동에 뒤이은 위기를 살펴보면 이들의 경쟁을 잘 알 수 있다.

국제 은행 대출 금리는 런던 은행간 금리, 즉 리보 금리가 기준이 된다. 이것은 우대 금리와 같은 것이다. 미국에서 제너럴모터스는 우대 금리로 대출을 받는다. 반면 소규모 기업은 우대 금리에서 2, 3퍼센트 포인트를 더 지불해야 한다. 추가 퍼센트 포인트는 위험에 대비한 은행의 마진인 것이다.

제1차 석유 파동 이후 산업국들은 리보 금리에 더해 1.25퍼센트를 더 지불하고 있었으며, 신흥 개발도상국들은 2.5퍼센트를 추가로 부담하고 있었다. 이 덕분에 은행들은 충격을 다소나마 줄일 수 있었다. 하지만 은행들의 경쟁이 격화되어 더 좋은 조건을 제시하면서 서로를 밀쳐내는 바람에, 제2차 석유 파동 이후 산업국들은 리보 금리에 0.5 퍼센트만을 더 내면 되었으며, 개발도상국들은 0.68퍼센트만 지불하면 되었다.

유로마켓은 제1차 석유 파동 기간 동안 OPEC 자금을 흡수하고 이를 대출함으로써 세계를 장악했다. 이것은 제2차 석유 파동에도 효과를 보고 있다.

자이르나 터키에 문제가 생겨 대출을 상환하지 못하면 은행들은 이들을 불러 앉히고는 이렇게 말했다.

"괜찮아요. 상환 기간을 늘려주겠소."

이것이 바로 채무조정이다. 은행은 첫날 조정 수수료를 받았고 이자도 계속 받게 되며, 차용인은 상환 기간을 연장 받으니 서로 나쁠 게 없다.

이제 상황을 정리해보자.

첫째, 은행은 OPEC의 잉여 자금을 받아 이를 대출했다. 불황으로 인해 경제활동이 침체되었다. 다른 조건이 모두 같다면 인플레이션이 아니라 디플레이션이 일어났을 것이다. 디플레이션은 좋지 않기 때문에 중앙은행들이 지급준비금을 다소 완화했다. 그러자 은행은 늘어난 돈을 다시 대출했다. 은행이 대출을 하면 화폐가 창출된다. 그러니 불황임에도 돈은 부족하지 않았다.

다음으로 유가가 다시 인상되었다. 그런데 석유는 준화폐이므로 석유가 많이 생산되면 은행 예금이 늘어나고, 따라서 돈도 많아지게 된다. 그러자 은행들은 자기자본대비 대출을 늘림으로써 통화 공급을 부채질했다. 그 비율이 5대 1이라고 치자. 요즘 상황에서는 적절하고 보수적인 수치이다. 여러분은 예금을 유치하고 대출을 해주었다. 지금까지는 조부모 세대가 적당하다고 생각했을 수준이었다. 그런데 이제 새 차용인이 몰려든다. 대출을 거절할 것인가? 대출을 하면 돈을 벌게 되고, 하지 않으면 호시탐탐 기회를 엿보는 일본 은행들이 대출을 할 것이다. 그렇게 해서 일본 은행들이 차용인들과 관계를 맺게 되면, 이후에 여러분이 차용인과의 관계를 회복하기는 쉽지 않다. 그래서 여러분은 대출을 해주게 되고, 자본 대비 대출 비율은 10대 1까지 늘어난다. 일본 은행들이 공격적으로 달려들어 비율은 20대 1까지도 올라간다. 따라서 자기자본대비 대출의 비율을 증가시킴으로써 은행들은 같은 조건에서 더 많은 돈을 방출하는 것이다.

이제 다음의 모든 요인들을 통해 더 많은 돈이 창출되었다.

첫째는 고유가로 인한 불황을 상쇄하기 위해 석유 소비국들이 경기를 부양하려는 경향이다.

둘째는 준비금이 필요 없기 때문에 예금 대비 더 많은 대출을 할 수 있는 유로랜드의 대출이다.

그리고 셋째는 은행들이 자기 자본 대비 대출을 늘렸기 때문이다.

OPEC 국가들이 규모가 큰 은행들을 선택했기 때문에 이들 은행은 시장 지분을 늘렸고, 다른 은행들은 경쟁에서 이기기 위해 더 위험한 대출을 서슴지 않았다.

은행들은 마치 솜사탕처럼 돈을 뽑아내고 있었다. 1978년 한 해 동안에만 유로마켓은 2천억 달러 성장했다. 브라질만 해도 520억 달러를 대출했으며, 그 성장세는 엄청났다. 한 브라질 은행가가 이렇게 말했다.

"당신이 충분한 돈을 빚지고 있으면, 은행들이 당신을 부도낼 엄두를 못 내지요."

은행들은 대출 상환이 어려울 나라들을 꼽아보았다. 명단에 오른 나라는 브라질, 필리핀, 한국, 터키, 태국, 폴란드, 파키스탄, 니카라과, 파나마, 이집트, 자메이카, 에티오피아, 케냐, 모로코, 유고슬라비아, 수단, 자이르 등 17개국이다. 이것은 당시의 목록으로 지금은 더 길어질 수도 있다. 이 개발도상국들은 성장을 위해 돈이 필요하다. 하지만 과거 대출을 상환하는 데만도 신규 대출의 절반이 쓰이고 있는 실정이다. 분명한 것은, 개발도상국들이 석유를 사고 과거 대출을 갚기 위해서만 대출을 계속할 수는 없다는 사실이다. 이런 대출금은 결코 갚을 수 없기 때문이다.

채무국들은 인플레이션이 달갑지 않은 것만은 아니다. 값이 내린 달러로 상환할 수 있기 때문이다. 그래서 유가상승, 은행, 대출, 인플레이션, 유가상승, 은행, 대출, 인플레이션과 같은 식으로 순환이 이루어진다. 기어를 마모시키지 않고 바퀴를 멈출 방법이 과연 있을까?

1979년 제2차 석유 파동의 영향은 인플레이션만큼이나 불쾌한 것이었음에도 우리는 이를 아직 체감하지 못했다. 신용 팽창이 '시스템' 전반에 영향을 미치는 데는 시간이 걸리기 때문이다. IMF에 의하면 통화 준비금 팽창이 실제 통화 공급을 증가시키는 데는 1년이 걸리며, 전 세계의 통화 공급 증가가 세계적인 인플레이션을 일으키는 데는 30개월이 걸린다고 한다.

따라서 제2차 석유 파동의 영향은 1982~83년이 되어야 느낄 수 있을 것이다. 이때가 되면 충격에 휩싸인 산유국들이 이렇게 말할 것이다.

"인플레이션이 일어났군."

그리고는 유가를 다시 올릴 것이다. 30개월이 지나면 또 다른 인플레이션이 몰아닥칠 것이다. 그리고 …

케인즈는 은행가들에 대해 이렇게 썼다.

"일생 동안의 업무를 통해 이들은 가장 낭만적이고 가장 비현실적인 사람이 된다. 이것은 이들의 주된 장사 수단이기 때문에 아무도 이들의 입장에 의문을 품지 않으며, 이들 자신도 의문을 제기하지 않는다. 의문이 제기될 때쯤이면 너무 늦어버린 것이다. 정직한 시민의 한 사람으로서 이들은 자신들이 살아가는 사악한 세상의 위험에 대해 정당한 분노를 느낀다. 하지만 이것은 위험이 성숙했을 때의 일이다. 이들이 위험을 예견하지는 못하는 것이다. 따라서 이들이 구원을 받는다 해도 자기 덕은 아닐 것이다."

한 은행원이 자신의 대출 현황을 들여다보고는 이렇게 말한다.

"이 건은 커피가 수송 중이니까 안전하고, 이 건은 신발이 선적되었으니 안전하고, 이 건은 주권 국가의 부채이니까 절대 부도날 염려는 없습니다."

"주권 국가는 결코 부도나지 않는다"는 말은 사실이 아니다. 채무 불이행을 선언하고 반대편인 사회주의로 가버린 쿠바를 제외하더라도, 채무 상환을 하지 못하는 주권 국가들은 실제로 부도를 낸다. 하지만 이 국가들이 '시스템' 안에 머물고 싶다면, 사죄의 여지는 남아 있다. 이들은 은행과 머리를 맞대고 계획을 짠다. 이들은 과거 대출을 상환하기 위한 신규 대출을 받고 은행들은 커피, 사이잘삼, 또는 구리 가격이 상승하여 대출금을 돌려받을 수 있으리라 기대한다.

어떤 면에서 세계는 지금 경제학사에서 19세기의 미국에 비견할 만한 시기를 지나고 있는 것이다. 당시 미국은 자본이 부속한 국가였다. 개별 은행들은 자체적으로 화폐를 발행할 수 있었다. 가령 시카고 달러는 뉴욕에서 80센트에 거래되었다. 빚을 진 농부들은 손쉽게 돈을 벌어 부채를 상환할 수 있도록 싼 화폐인 지폐를 원했다. "은화 자유 주조를 허가하라!"는 서부의 슬로건이었다. 동부의 은행들은 양이 제한된 건전 화폐를 원하고 있었다.

윌리엄 제닝스 브라이언은 대통령 전당 대회에서 사람들을 깜짝 놀라게 했다. 그는 이렇게 말했다.

"인류를 금 십자가에 매달지 말라."

그는 경화인 금화 채권자에 대항하여 지폐 채무자를 옹호했던 것이다.

미국은 활황에서 붕괴로, 금융 공황에서 금융 공황으로 치달았다. 1907년 대공황 이후 의회는 국가통화위원회를 설립했고, 마침내 1913년 연방준비은행이 탄생했다. 연방준비은행법에서는 '통화의 탄력적인 공급'을 목표로 정하고 있다. '탄력적인 통화'를 목표로 하는 연방준비은행의 탄생은 1차 세계대전과 때를 같이 한다. 당시 유럽의 정부들은 전비를 충당하기 위해 금본위제도를 폐기하고 지폐를 도입했다.

연방준비은행의 '탄력적인 통화', 즉 자체 은행권은 재무부 증권과 은화와 마찬가지로 화폐였다. 따라서 예금자들이 예금을 인출하기 위해 장사진을 쳤을 때 연방준비은행은 은행에 통화를 공급할 수 있었던 것이다. 1930년대 금융 위기 당시 연방준비은행은 은행 부도를 막는데 실패했다. 비판자들은 관리의 잘못을 지적했다. 뉴딜 정책은 금융 개혁과 예금보험제도를 통해 연방준비은행 제도를 뒷받침했으며, 이제 금융 시스템은 국가의 신뢰를 받고 있다. 크레데레(credere), 즉 신용의 탄생이다. 그리고 연방준비은행은 '최종대출자'가 되었다.

공격적인 은행들은 만사가 저절로 풀릴 것이라 생각한다.

보수적인 은행들은 회중시계를 꺼내서는, 이러다가 늦겠다고 말한다. 이들이 보는 상황은 이렇다. 제3세계의 비(非)산유국들은 세계은행과 국가들로부터 1,830억 달러를 빌렸다. 이것은 매우 엄격한 조건에 의한 것이다. 또한 이들은 초국적 은행들로부터 1,900억 달러를 대출했다. 대출금의 상당수는 3년 이내에 만기가 돌아온다. 초국적 은행들은 대출 한계에 이르고 있다. 은행들이 신중하다면 더 이상은 대출을 해줄 수 없다. 개발도상국들은 성장을 지속하고 기존 대출금을 상환하기 위한 신규자금을 어떻게 마련할 수 있을까?

은행가들은 확신에 차서 말한다.

"1975년의 비관적인 전망을 되돌아보십시오. 우리는 이전에도 해냈고, 앞으로도 해낼 것입니다. 우리는 제1차 석유 파동을 이겨냈고, 제2차 석유 파동도 넘길 수 있습니다. 메커니즘은 효과를 발휘합니다. 괜히 손댈 필요가 없죠. 물론, 중앙은행 관료들은 우리 사업에 참견하기를 좋아합니다. 하지만 악성 채무 때문에 부도난 은행은 하나도 없습니다. 은행이 부도나는 이유는 외환 시장에서 투기를 하거나 투자 결정을 잘못했기 때문입니다."

석유 - 은행 예금 - 은행 대출 - 인플레이션. 라틴아메리카 은행들에 가서 이 순환을 얘기했더니, 이들의 반응은 내가 예상했던 것과 놀라울 정도로 판이했다. 이들은 이런 식으로 대꾸했다.

"그래서 어쩌라구요? 우리는 인플레이션 속에서 살고 있습니다. 돈이나 대출해주십시오. 몇몇 은행들이 다소 걱정된다고 해서 개발도상 국들의 성장을 멈출 수는 없습니다. 그런 한계 은행들로 인해 충격이 있다 한들 무슨 상관입니까? 인플레이션, 그게 어쨌다구요? 공황, 그래서 어쩌라구요?"

이곳에서는 위대한 서방이 아니라 거대한 북부의 이미지가 지배적이다.

한 라틴 은행원이 말했다.

"북부는 하루에 스테이크 두 개를 먹어대는 뚱보입니다. 다른 사람들은 굶고 있는데 말이죠. 지출을 줄이는 것이 북부에도 이로울 것입니다. 뚱보 북부의 시스템은 충격 요법이 필요합니다. 응급 단식 요법처럼 말이죠."

내가 항의했다.

"공황이 일어나면 당신네 물건을 사줄 사람이 없어지게 됩니다. 은행도 무너지거나 침체될 것입니다."

"그러면 은행들을 모두 국유화하고 다시 시작하면 되죠."

관점이 너무나 달라서 대화가 빗나가고 있었다. 이런 식의 대화는 나를 불편하게 했다. 나는 '시스템'이 존속되어야 한다는 입장에서 출발한다. 그런데 남반구와 동반구의 많은 사람들은 우리를 따라잡고 똑같이 되려는 열망 때문에 전제조차 공유하지 못하고 있다.

어떤 '시스템'을 말하는 겁니까? 데이비드 록펠러의 '시스템' 말인가요? 아랍인들이 자기네들의 '시스템'을 고안해낼 테지요.

은행가들은 모두 IMF가 도움을 제공해야 한다고 말한다. 채무자들은 IMF를 달가워하지 않는다. 완고한 데다 정치적 조건을 내걸기 때문이다. 수년 전에 IMF는 이집트에 엄격한 조건을 제시했다. 이집트 정부가 빵과 소금에 대한 보조금을 철폐하자 성난 군중들은 거리로 쏟아져 나와 건물들을 불태웠다. 페루에서도 같은 일이 일어났다. 당신이 정부 당국자이고 창 밖으로 군중들이 건물을 불태우는 장면이 보인다면, 우선 걱정하게 되는 것은 군중들이고, IMF의 은행가들은 그 다음인 것이다.

IMF는 중앙은행이 아니다. IMF는 140개 회원국에서 자금을 충당하며, 각국은 지출을 위한 의회의 승인을 받아야 한다. 자금 지원을 받는 것은 쉬운 일이 아니다. IMF는 330억 달러를 보유하고 있다. 이는 IMF가 담당하고 있는 지역의 규모에 비하면 매우 소박한 수준이다.

훗날 국제결제은행의 총재가 된 네덜란드 은행가 옐레 제일스트라는 국제결제은행 50주년 기념식에서 1980년의 상황에 대해 평가를 내렸다. 그는 은행들이 제2차 석유 파동을 이겨낼 것이라고 말했다. 서구의 성장은 그동안 우리가 익숙했던 장면의 절반에 지나지 않을 것이다. OPEC의 잉여 자금이 점차 줄어든다면, 세계는 불경기에 빠지겠지만 결국은 살아남을 것이다.

하지만 '시스템'이 제3차 석유 파동을 이겨내지는 못할 것이라고 제일스트라는 말했다. 제3차 석유 파동이 일어나면 인플레이션이 발생하고, 석유가 부족한 국가로의 재순환이 불가능하게 되며, 국제 무역은 붕괴하고, '시스템' 또한 무너질 것이다. 삼진아웃이다.

OPEC이 이 위험을 예견하고 제3차 석유 파동을 막으려 할까?

이것은 합리적인 인간이 합리적으로 행동한다는 것을 가정한 것이다. 미국이 고속도로에서 재산을 태워 없애면서 통화가 수축하는 것을 지켜보는 것은 합리적이지 않다. 하지만 속도 제한은 여전히 반대에 부딪히고 있다. 이것이 정치인 것이다.

OPEC은 훨씬 더 정치적이며, 비합리적이다. 일부 회원국의 정치는 변덕스럽다 못해 야만스럽기까지 하다. 아야톨라 호메이니는 파리의 교외에서 조용히 살았지만, 그의 추종자들은 적들에게 그런 사치를 허용하지 않았다. 이들은 파리의 대로에서 적들을 사살하고 있다. 메릴랜드주 베데스다에서 한 이란인 망명자의 집에 우체부 차림의 남자가 찾아와서는 속달 편지를 전해주러 왔다고 했다. 그가 문을 열자 우체부 차림의 남자는 그 자리에서 총을 발사했다. 시리아의 전 수상은 파리에 있는 사무실에 들어가다가 총을 맞았다. 런던과 파리에서는 이라크인들과 이란인들이 번갈아가며 대사관을 점거하고 총격전을 벌인다.

'시스템'의 민간 은행들은 심각한 위험에서 한발 물러나고, OPEC이 잉여 자금을 직접 대출하도록 두는 것이 합리적일 것이다. 아랍의 부국들이 국제기구에 거금을 기부하여 이들 기구에서 석유가 부족한 국가들에게 이 잉여 자금을 대출하도록 하는 것도 합리적일 것이다.

하지만 아랍의 기부는 정치적인 목적과 결부되어 있다.

미식축구 경기 비디오를 함께 본 남캘리포니아대 동문들이야 동정심을 갖겠지만 이라크, 리비아, 이란은 인구도 많은 데다 훨씬 적대적이다. 저명한 아랍 전문가인 J. B. 켈리 교수는 이슬람법에서 세계를 무슬림의 영역인 '다르 이슬람'과 적들의 영역인 '다르 알 하르브'로 나누고 있다는 사실을 상기시킨다. '다르 알 하르브'는 주로 서구 기독교 세계를 가리킨다. 또한 그는 중동 정치의 토대는 '이슬람 국가가 서구 기독교 국가에 느끼는 오래된 뿌리 깊은 원한'이라고 말하고 있다.

'시스템'이 살아남지 못하고, 서구가 무역 전쟁에 돌입했다고 가정해보자. OPEC은 서구를 분열시킬 수 있다. OPEC은 서구에 대한 애정이 전혀 없기 때문에 수많은 라디오 방송에서 울려 퍼지는 지하드, 즉 성전의 촉구에만 귀를 기울일 것이다. OPEC은 자체 은행을 통해 에너지뿐 아니라 자본도 통제할 수 있다. 또한 그 자본을 가지고 석유를 간절히 필요로 하는 어떤 서방 국가와도 연합을 맺을 수도 있다.

"이번에는 정말 늑대다"라고 후렴이 울려 퍼진다. "이번에도 아니야"라고 은행가들이 대꾸한다. 하지만 늑대가 저기 서 있는 것이 보인다.

나는 내 멘토인 은행가를 만나러 갔다. 이번에는 그가 누구인지 말하지 않을 작정이다. 하지만 그의 사무실에 놓인 가구는 모두 놋쇠 손잡이가 달린 고가구이고, 벽에는 위대한 화가의 석판화가 걸려 있으며, 점심에는 셰리주가 나왔다. 그는 시티코프 총재에 대해 이렇게 말했다.

"월트 리스턴이 말하기를 스스로에게 정성을 쏟는 공격적인 은행만큼 잘 해내고 있는 곳도 없지. 빌프리트 구트는 은행의 안전망을 제안하고 있는데, 데이비드 록펠러는 빌프리트에게 '나라면 그런 부채를 만들지 않을 거요'라고 말하고 있다네."

나는 불과 물, 록펠러의 변덕스러운 바다, 구트의 화재 등 모든 비유를 적어놓은 서류철을 가지고 다녔다. 여기에 돈이란 액체가 아니라 기체라서 말 그대로 통제 불가능하다고 말하는 영국인 은행가 암스트롱이 추가된다.

"하지만 그것은 불과 같습니다. 감당할 수 없이 퍼지기 전에 예방해야 합니다."

나의 은행가가 말했다.

"유가 인상으로 인해 '시스템'이 취약해졌네."

그는 나에게 문서 한 장을 건넸다.

"이것은 전 세계 60대 은행들이네. 향후 3년 이내에 이들 중 적어도 하나는 심각한 문제에 봉착할 걸세. 그러니 소방차가 대기하길 바라는 것이지."

그 때가 되면 무슨 일이 일어난다는 것인가? 나는 궁금했다.

"중앙은행은 모두 자국에서 최종 대출자가 되기로 동의했지. 그리고 다들 산하에 있는 모든 은행들의 위치를 모두 알려고 한다네. 쉬운 일은 아니야. 국경을 넘어간 은행이 너무 많거든."

유로랜드를 말하는 것이리라.

심각한 문제가 발생하는 원인은 무엇인가?

"셋 중에 두 가지 원인은 말할 수 있지. 미국 은행이나 독일 은행은 아닐 거야. 분데스방크는 독일 바깥에 있는 독일 은행에 대해서는 전혀 손을 못 대고 있긴 하지만. 지금 세계에는 초거대 은행이 여럿 있어. 제1차 석유 파동 이후에 OPEC의 수익이 감소하면서 은행들은 자신감이 있었지. 아야톨라의 등장과 제2차 석유 파동을 실제 예견한 사람은 아무도 없었다네. 사건은 어떻게든 일어난다는 것을 보여주는 셈이지."

수많은 중앙은행들은 최종 대출자로서 동등한 지위를 갖는가?

"일부는 그렇지 않다네."

그렇다면 그런 중앙은행은 어디에 손을 벌린단 말인가? 전 세계에 대한 최종 대출자는 존재하지 않는 것이다.

"OPEC이 합리적이고, IMF의 자금이 보다 넉넉하기만을 바랄 뿐이지."

이것은 지나친 기대이다. OPEC이 합리적이지 않고, IMF 자금이 바닥나면 어떻게 되는가?

"선택의 여지가 없어. 연방준비은행은 다른 중앙은행에 도움을 청하겠지. 하지만 최종 대출자는 연방준비은행 자신일 걸세."

전 세계에 대한 최종 대출자란 말인가?

"전 세계에 대해서 말이지."

연방준비은행은 어디에서 돈을 마련할까?

"돈을 발행할 걸세."

하지만 그러면 초인플레이션이 발생하게 된다!

"'시스템'은 살아남아야만 하네. 적절한 시기에 유동성이 증가하면

'시스템' 을 구하고 문제 해결의 시간을 벌 수 있어. 그러지 못하면 대규모 불황이 닥치고, 서구는 대공황 때처럼 부스러기를 놓고 전쟁을 벌이겠지."

내가 말했다.

"연방준비은행 설립을 규정하고, 탄력적인 통화를 공급하며, 금융을 효과적으로 감독하고, 그 밖에 다른 목적을 위한 연방준비법이 있지 않습니까?"

은행가가 말했다.

"연방준비법을 읽고 있었구만."

내가 말했다.

"우리는 분명 탄력적인 통화를 보유하고 있습니다."

"사실이네. 그 법을 만든 사람들은 화폐의 공포에 사로잡혀 있었어. 중앙은행, 그러니까 자네 말처럼 탄력적인 통화를 가진 준비은행이라면 예금자들에게 신뢰를 주고, 은행 인출 사태와 은행 부도를 방지할수 있으리라 생각한 거지. 이들이 고안한 제도는 애초의 의도보다 더폭넓게 사용될 수 있으리라 생각하네."

하지만 달러를 더 찍어내면 사람들이 달러로부터 도피하지 않을까?

"유동성 증가를 잘 관리하기만 하면 확신을 무너뜨리지 않고 회복할 수 있으리라는 희망이 있네. 모든 것은 사람들의 신념에 달려 있지. 달러에 대한 지불 요청 사태는 '시스템' 의 종말이네. 하지만 명심하게. 달리 갈 곳이 없다는 것을. '모든 이들이 신념을 가질 수밖에 없다' 는 것은 합리적인 결론이야. 선택의 여지가 없으니까."

하지만 세상이 항상 합리적인 것은 아니다.

"그래, 맞아. 상상할 수 없는 일이 일어날 수도 있지. 화폐가 되어버린 석유, 통화 증가, 전 세계에 흘러넘치는 돈, 인플레이션으로 인한 유가 재인상, 사람들이 이런 상황을 이해하리라 생각하나? 전혀 그렇지 않다네. 정부조차도 이해하지 못해. 극소수의 의원들이 있을 뿐이지. 한 손으로 헤아릴 수도 있어. 그리고 재무부에 몇 명. 외국도 마찬가지야. 그리고 이해하는 이들도 설명은 할 수 없지."

이 재순환의 고리는 현기증을 일으킨다. 특히 변덕스러운 바다에 대한 경고, 소방대, 그리고 예상치 못한 때 나타나는 늑대 이야기는 더욱 그렇다. 여러분은 '시스템'이 취약하며, 몇 가지 핵심적인 부분에 약점이 있다는 것을 알 수 있을 것이다. 만일 '시스템'이 붕괴하기 시작한다 해도 TV 뉴스에 보도되지는 않을 것이다. 황금 시간대의 3분을 '시스템'에 할애하지는 않을 테니까. 대신, 대통령이 실업 문제를 해결하기 위해 대담한 조치를 취했다거나, 이집트와 페루에 폭동이 일어났다거나, 은행에 대해 뭔가 중대 조치가 취해진다거나, 아니면 대통령이 애국 시민들은 올해 해외여행을 자제해달라고 요청했다는 소식을 보게 될 것이다.

제3차 석유 파동이 일어난다면, 다음 장에서 언급하고 있는 좋은 소식은 사태가 보다 분명해질 때까지 유보된다.

전 세계는 무대이다. 그런데 세로줄무늬 은행가들이 출연하는 연극은 우스꽝스럽게도 아이들의 고전인 '피터팬'이다. 자신의 보이지 않는 친구 팅커벨이 죽어갈 때 피터팬이 무대 앞으로 걸어 나와 스포트라이트를 받으면서 관객들에게 직접 말하는 장면을 여러분은 기억할 것이다. 그가 묻는다.

"여러분은 믿으세요? 믿는다고 말해주세요! 믿는다면 손뼉을 치세요!"

나는 피터팬을 연기한 브로드웨이 여배우에게 물은 적이 있다.

"관객들이 손뼉을 치지 않으면 어떻게 됩니까?"

그녀가 말했다.

"연극을 진행할 수 없어요. 관객들은 손뼉을 쳐야만 해요. 하지만 관객들이 그 사실을 아니까 반드시 손뼉을 치죠."

PAPER
MONEY

주식시장
―월요일 아침에는 무엇을 하지?

병 속에 담긴 편지

한때 나는 조그만 뮤추얼 펀드를 운영한 적이 있다. 펀드의 실제 운용자는 월스트리트의 빈틈없는 타고난 인재였다. 그의 겉모습은 영락없이 약삭빠른 남부 시골 출신이었다. 낚시와 사냥, 그리고 땀 흘려 일하는 농부 말이다. 그는 미주리주 세달리아에서 태어났다. 자신이 하버드 비즈니스 스쿨에서 2년을 보냈다는 사실은 결코 밝히지 않았다. 그는 세달리아보다 맨해튼 출신에 더 가까웠다. 그는 내가 하버드와 옥스포드를 나왔다는 사실이 핸디캡이라고 여겼다. 열심히 노력하면 극복할 수 있는 핸디캡 말이다. 그래서 내가 월터 리프먼(Walter Lippmann)과 레이몬드 아론(Raymond Aron) 등 대가의 글을 읽고 나서 토요일에 그의 집을 방문하면, 내가 우주적인 관점을 제시할 때마다 그는 눈을 가늘게 뜨곤 했다.

"후르시초프가 정말 그렇게 말하든가? 드골이 그랬단 말인가? 이걸

어쩐다! 그런데 월요일 아침엔 무엇을 하지?"

그가 아직 살아 있다면 이렇게 말할 것이다.

"젠장. 믿을 만한 경제이론이 없어. 저축은 주택으로 들어가 버리고, 주택은 달로 사라져버렸어. 달러를 기축 통화로 만들어놓고 지금은 찾는 사람이 없어. 지금은 우울하고 낡은 제3단계인데 제1단계의 새로운 후보는 나타나질 않아. OPEC은 에너지 가격을 손에 쥐고 놓지 않으려 하지. 위대한 서방은 미지근한 치즈 같아. 금융 시스템은 변덕이 죽 끓고, 유로뱅크는 솜사탕마냥 돈을 뽑아내지. 이 상황을 이해하는 사람은 여덟 명밖에 없는데, 이들도 설명은 할 수 없어. 한 가지만 더. 거인 팀에는 쓸 만한 쿼터백이 없다네. 음."

나는 아직까지도 움찔한다. 그의 목소리가 묻는다.

"월요일 아침엔 무엇을 하지?"

나는 이렇게 대답할 것이다.

"주식시장에나 나가 볼까. 파티가 열릴지도 몰라."

이 말은 워털루 전투 전날 리치몬드 공작부인이 베푼 무도회를 연상케 한다. 공작부인은 1815년 여름 브뤼셀의 호화 주택을 빌렸다. 나폴레옹과 그의 무서운 군대는 20㎞ 앞까지 다가왔다. 벨기에 국경에는 20만 명의 군인들이 유럽의 운명을 결정할 전투를 준비하고 있었다. 지평선 너머 대포 소리가 울려 퍼졌다. 하지만 공작부인이 무도회를 열어도 될지 물었을 때, 영국군 사령관인 웰링턴은 이렇게 말했다.

"절대적으로 안전합니다. 아무도 무도회를 방해하지 못할 겁니다."

그는 장교들을 모두 데려왔다. 샴페인이 터지고 음악이 흐르는 동안 이들 중 몇 명은 무도회 차림으로 부대로 돌아가야 했다. 마지막으로 웰링턴이 무도회장을 떠나면서 태연하고 확신에 찬 목소리로 물었다.

"이 집에 지도가 있나?"

준비가 끝났고, 자신이 있고, 마음이 홀가분하다면 파티에 참석할 수 있는 것이다. 모두가 파티 기분에 젖어들기 전에 우리는 일상적인 경고를 발하는 편이 나을 것이다. 우리는 4중의 보조금을 받고 사회적 합의가 이루어진 집에서 투기 목적이 아니라 거주 목적으로 사는 사람은 누구나 편안할 것이라 가정한다. 우리는 누구나 의료 보험에 가입했고, 재해 보험을 들었으며, 햄버거와 신용 카드 대금을 납부할 현금이 충분하다고 가정한다.

또 다른 경고도 있다. 이번에는 병 속에 담긴 편지이다. 우리는 병 속에 편지를 넣어 물에 띄운다. 하지만 언제 해변에 밀려 올라올지는 알지 못한다. 책을 순식간에 보내고 받아볼 수 있다면, 그런 절차는 필요 없을 것이다. 책은 19세기 운송 시스템으로 전달되는 16세기의 발명품이다. 식자공이 활자를 조판하고, 오자를 점검한 후, 인쇄와 제본을 거쳐, 말 두 마리가 끄는 마차를 탄 신사가 이랴! 하며 완성된 책을 서점에 가져다 놓는 데는 수개월이 족히 걸린다. 이 시간이면 부디 논문들을 읽으라. 이제 여러분은 사태를 파악할 만큼 충분한 지식을 얻었으며, 어떤 일이 일어날지 알고 있다. 그러면 거기에 적응할 수 있는 것이다.

지평선 너머에서 위협이 가해져도 주식시장의 파티는 계속될 것이다. 하지만 제3차 석유 파동, 금융 위기, 불황과 디플레이션 등 최악의 시나리오가 현실화되면 파티는 연기될 것이다. '위대한 서방'이 분열

되면, 각국은 자기 살길을 찾아 떠나고, 보호 장벽을 높이 세우며, 무역은 침체되고, 심각한 불황으로 돌파구는 눈앞에 보이지 않게 된다. 이런 불황은 채권을 구매하는 이들에게는 흔치 않은 기회이다. 고전 경제학에서는 불황기에 채권 가격이 상승하기 때문이다. 경제활동이 침체되면, 화폐 수요가 감소하고, 금리가 떨어지며, 새 채권의 액면가가 내려가는 반면, 금리가 높은 기존 채권은 값이 오른다. 따라서 재앙이 기회가 되기도 한다. 하지만 매우 민첩한 이들만이 기회를 잡을 수 있다. 지금은 고전 경제학의 시대가 아니며, 정부는 부채나 지출 없이 경제활동을 저조한 상태로 놓아두려 하지 않기 때문이다. 채권 시장의 반등은 이로 인해 제한을 받는다.

최악의 시나리오만 없다면, 주식시장에 대해서는 매우 희망적인 전망을 할 수 있다. 향후 10년간 주식시장의 규모는 세 배로 커질 것이다. 즉, 전 업종에 걸쳐 인기 종목의 평균이 세 배로 뛸 수 있다는 것이다. 이 말은 병 속에 편지를 넣은 시기에 900을 상회하던 다우존스 평균이 2,700에 도달할 거라는 뜻이다. 이 특정한 평균에는 오래 되고 성숙한 기업이 다수 포함된다. 따라서 변동이 심한 기업들은 보다 급격한 움직임을 보일 수도 있다. 이미 그런 움직임을 보인 기업도 있다.

다우존스 평균과 여타의 주요 평균치는 한 세대 전인 1954년에서 1961년 사이에도 세 배로 올랐다. 이로 인해 주식 투자자들은 기쁨에 들떴고, 자신이 현명하다고 생각했다. 물가 상승률과 금리는 지금의 기준에 비추어 비교적 낮았다. 미 정부가 발행한 이율 5퍼센트 채권은 '매직 5'라고 불렸으며, 모두들 앞다투어 이를 사들였다.

오호라, 세 배라고 해도 예전 같지는 않다. 정부 채권을 매직이라 부르는 사람은 아무도 없다. 그러니 '매직 10'이나 '매직 12' 따위는 없는 것이다. 여러분이 10퍼센트 채권을 가지고 있고 쿠폰을 모두 이 채권을 더 사는데 투자한다면, 7년 후에 돈이 두 배로 불 것이다. 이렇게 되면 주식이 세 배라고 해도 그다지 대단해 보이지는 않을 것이다. 게다가 세금도 내야 하기 때문이다.

하지만 세 배가 예전 같지는 않더라도 주식 중개인들은 충분히 만족할 만하다. 30년 전의 트리플 당시에는 뉴욕 증권거래소의 하루 거래 규모가 5백만 주에 못 미쳤다. 그러다 쿠바 미사일 위기 때에는 하루 7백만 주로 뛰었다. 1929년 주가 대폭락 동안에도 하루 거래량은 1,650만 주에 달했다. 이제는 하루 1억 주 거래도 바라볼 수 있게 되었고, 최고 1억 5천만 주까지도 가능하다. 기쁨에 들뜬 월스트리트는 트리플로 살 수 있는 것이 예전 같지 않다는 것을 잊어버린다. 게다가 환호성은 전염성이 있다.

보이지 않는 대폭락

대부분의 인플레이션 헤지(회피)에는 주식시장이 빠져 있다. 다음 페이지의 도표를 보자. 주식시장은 어디에 있는가?

주식시장이 목록에 올라 있지 않은 이유는 다른 투자는 모두 수익을 올렸지만 주식시장은 그렇지 못했기 때문이다. 도표는 소급하여 작성한 것이다. 1970년대에 개인과 전문 투자가들 모두 주식시장에서 크게 데었다. 이들은 마크 트웨인의 고양이와 같은 신세이다. 뜨거운 난로 뚜껑에 앉았다가 덴 이후로 차가운 뚜껑에도 앉으려 하지 않는 고양이 말이다.

이제 무슨 일이 일어났는지 살펴보자.

1970년대에 주식시장은 폭락했다. 하지만 이를 알아차린 사람은 아무도 없었다. 물론 거기 종사하는 사람들은 알고 있었다. 이들은 어느 정도 고통을 느꼈다. 하지만 '폭락' 이란 국가적 재앙, 특히 1929년 대폭락과 같이 한 세대의 투자자들을 싹 쓸어버리고 대공황을 일으키는 그런 재앙의 뉘앙스를 풍긴다.

1970년대의 폭락은 급격하고 파국적인 하락은 아니었다. 또한 국가적인 재앙을 불러오지도 않았다. 하지만 이상하게도 주식시장 통계는 상황이 훨씬 나빴다는 것을 보여준다. 첫 번째 폭락이 60층짜리 빌딩에서 추락사하는 식이었다면, 두 번째 폭락은 거품 목욕을 하다 빠져 죽는 꼴이었다. 거품 목욕을 하다 빠져 죽는 것이 덜 공포스럽긴 하지만 죽는 것은 마찬가지이다.

대폭락 당시 주식시장은 1929년 가을 급격하게 하락하여 1930년 50

인플레이션 헤지
복리로 계산한 연간 수익률 (퍼센트)

	10년	순위	5년	순위	1년	순위
금	31.6 (%)	1	28.4 (%)	3	104.0 (%)	1
석유	31.6	2	17.7	7	92.4	2
은	23.7	3	27.3	4	76.8	3
미국 우표	21.8	4	31.0	2	43.2	4
중국 도자기	18.8	5	38.7	1	13.1	11
희귀 도서	16.1	6	12.7	10	14.0	10
미국 주화	16.0	7	21.9	5	25.3	5
다이아몬드	15.1	8	18.3	6	25.0	6
고전 미술 작품	13.4	9	15.2	8	17.4	7
미국 농토	12.6	10	13.4	9	14.3	9
주택	10.2	11	11.6	11	10.4	12
소비자 물가 지수	7.7	12	8.9	12	14.5	8

(출처 : 살로몬 브라더스)

퍼센트를 회복하고는 1932년까지 완만하게 떨어졌다. 이 때 다우존스 평균은 최고치의 80퍼센트를 상실했다. 대다수의 투자자들은 신용으로 주식을 매입했기 때문에, 모두 빈털터리가 되었다. 폭락의 나머지 기간 동안 달러를 보유한 사람은 달러가치의 상승으로 인해 서비스를 매우 싸게 구입할 수 있었다. 일주일에 5달러면 가정부를 들일 수도 있었다. 1970년대에는 달러 가치가 떨어지면서 무엇보다 서비스 요금이 상승했다.

1930년대, 뉴욕 증권거래소의 주식 가치는 1929년에서 1939년 사이 31퍼센트 하락했다. 1930년대 초 이후 주식 물량이 쏟아져 나왔기 때문이다. 1970년대, 뉴욕 증권거래소의 주식 가치는 42퍼센트 하락했다.

물론 1970년대의 주식 소유자들은 1930년대와 같은 충격을 받지는 않았다. 이들의 세계는 증권만이 아니었기 때문이다. 주택 가격이 올랐고, 일자리도 그대로 있었다. 1970년대 주가 폭락은 페이퍼 머니의 시대에 의해 가려졌다.

1970년대의 세금은 1930년대보다 훨씬 높았다. 자본 이득이 발생할 경우, 배당금과 자본 이득 모두에 연방세와 주세가 매겨졌다. 또한 물가 상승률을 감안할 때 이것은 자본 원금에 대한 세금과 마찬가지였다. 인플레이션이 휩쓸고 지나가면 주식과 채권 모두 마이너스 수익을 기록했다. 여러분은 수표를 손에 쥐었겠지만, 물가는 그보다 빨리 뛰었던 것이다.

따라서 7백만의 투자자들이 주식시장을 떠난 것도 이상할 것이 없다. 드라마틱했던 1979년의 커버스토리 '주식의 죽음' 에서 〈비즈니

스위크〉는 인플레이션이 주식시장을 영원히 죽여 버렸다고 선언했다. 〈비즈니스위크〉는 이렇게 말했다.

"인플레이션으로 인해 수익이 하락하고, 기업들은 가격을 신속하게 올릴 수 없으며, 투자자들은 다이아몬드, 금, 미술품 같은 '수집품'에 돈을 묻어둔다."

〈비즈니스위크〉의 주장은 논란을 불러일으켰다. 시카고 대학의 제임스 로리(James Lorie) 교수는 사업 수익이 1969년 418억 달러에서 1969년 868억 달러로 증가했다고 추산했다. 이는 두 배 이상 오른 것이지만 물가 상승률에는 미치지 못했다. 하락한 것은 사업 수익이 아니라, 그 수익을 위해 투자자들이 지불하고자 하는 금액이었다. 주식 가격이 폭락한 것이었지, 그 주식을 발행한 기업의 소득이 줄어든 것은 아니었던 것이다.

공연 스탭들이 낙심하다

주식시장의 실례는 잠시 후에 다시 살펴보도록 하자.

1970년대의 보이지 않는 폭락으로 월스트리트에는 암울한 분위기가 감돌았다. 폭락 자체는 결정적인 해결책이 없었다. 모든 것이 '상승'하는 동안 주식시장은 상대적으로 제자리걸음을 하고 있었다. 증권업 자체가 불황이었다. 심지어 주식시장 자체보다도 정도가 심했다.

첫째 이유는 특권 하나가 사라져버린 것이다. 이전에는 고정 수수료가 충격을 완화해주고 있었다. 전화로 거래하든, 직원을 통하든, 개인 중개인을 통하든 거래 비용은 거의 같았음에도 1백만 달러 거래나 1백 달러 거래나 주당 수수료는 똑같았다. 이로 인해 1백만 달러 거래는 매우 높은 수익을 안겨다 주었다. 기관 투자가들이 주문한 백만 달러 단위 주문 덕에 하키 스틱과 카리브해 여행 티켓을 갖게 된 중개인들은 즐거운 비명을 질렀다.

그 때 정부 지시에 의해 고정 수수료가 폐지되었다. 진정한 경쟁이 시작되면서 수수료 수익은 매우 줄어들었다. 동시에 7백만의 개인 투자자들은 주식시장을 떠나고 있었다. 월스트리트의 여러 회사들이 거친 경쟁의 새로운 환경에 적응하지 못하고 합병되거나 사업을 접었다. 증권 회사도, 개인 투자자도, 회사를 방문하는 애널리스트도, 중개인과 고객 간의 전화 통화도 모두 감소했다. 일찍이 케인즈는 인간의 자연적인 '동물적 본성'이 사업을 굴러가게 하는 요소라고 설파했다. 그런데 월스트리트는 이 동물적 본성이 낮았던 것이다.

증권업, 즉 주식시장이라는 공연의 스탭들이 불황에 빠진 둘째 이유는 지적인 명성을 상실했다는 것이다. 이전 세대들은 월스트리트의 약삭빠른 늙은 여우들이 주식을 고르고 포트폴리오를 관리할 줄 안다고 생각했다. 그런 바탕에서 은행과 뮤추얼 펀드는 투자 관리 서비스를 판매했던 것이다.

그런데 금융학계 일각에서 새로운 도구인 컴퓨터를 이용하여 전문 매니저의 투자 수익을 분석하기 시작했다. 아이러니컬하게도 그 작업의 후원 자금 일부는, 학회를 만들고 자신의 모교를 후원하고자 했던 월스트리트 인사들에게서 나왔다. 통계 수치를 입력하고 컴퓨터를 실행시키자, 전문가들이 작성한 포트폴리오가 아무렇게나 고른 포트폴리오보다 나을 것이 전혀 없다는 결과가 나왔다. 구매, 판매, 전화 통화, 이 모두가 쓸모없는 짓이었던 것이다. 주식 시세표를 벽에 붙여 놓고 원숭이에게 다트를 던지라고 해보라. 결과는 쓰리버튼 양복을 차려 입은 스탠포드 비즈니스 스쿨 출신과 다를 바 없다.

금융학 교수들은 시장이 '효율적'이라 말해왔다. 투자자들의 모든 의견은 이미 가격에 반영되어 있기 때문에 여러분은 시장을 능가할 수는 없는 것이다. 시장과 함께 상승하거나 하락할 수는 있지만 시장을 이길 수는 없다. 시장은 예측할 수 없는 걸음걸이를 한다. 시장 상황이 좋다면 그에 편승하는 것이 이로울 것이다. 하지만 1970년대는 전반적으로 시장 상황이 좋지 않았다. 전문 매니저들이 시장 평균보다 더 낮은 성적을 올리는 경우가 종종 있었다.

금융학 교수에게 배운 학생들은 졸업 후 은행이나 보험회사에 취직한다. 이들은 월스트리트 전문가들에게 자신들은 시간 낭비를 할 뿐이라고 말했다. 시장이 효율적인데 어디에서 자신의 가치를 찾는단 말인가? 그래서 관리 펀드의 일부 매니저들은 주식 사고팔기를 그만두고 전체 증권거래의 컴퓨터 지수를 만들었다. 이들이 판매한 것은 시장을 그대로 따라 하는 '지수 펀드'였다. 여전히 주식을 고른다고 말하면서도 시장과 비슷한 성적을 내는 실제 금융 자산 매니저들은 '옷장 색인자'라는 비난을 들었다. 실제로 주식을 고르는 것이 아니라 옷장에 컴퓨터를 숨겨두고 시장을 따라 했다는 것이다.

만신창이가 된 월스트리트 전문가들은 공격자들의 통계 용어를 받아들이기 시작했다. 예를 들어 '베타'라는 용어가 있었다. '베타'는 그리스어 문자이다. 공격자들은 방정식에 그리스어 문자를 많이 사용하고 있었다. '베타'는 시장 변동에 대한 주식의 민감도를 측정하고, 변동 폭에 따른 위험을 계산한다. 그렇게 해서 여러분이 받아들일 수 있는 위험도를 조정하면 포트폴리오의 '베타'가 나온다. 그러면 주식 중개인들도 공격자들과 마찬가지로 그리스어 문자로 이야기할 수 있는 것이다. '베타'는 통계적으로 훨씬 발전한 현대 포트폴리오 이론에서 따온 것이다. 여러분이 1960년대에 주식시장을 떠났다가 1980년대에 다시 돌아오는 것이라면, 현대 포트폴리오 이론에 대해서는 신경 쓸 필요도 없을 것이다.

최근 또 다른 학술단체에서 자체 컴퓨터 프로그램을 들고 나와서는 '베타' 와 현대 포트폴리오 이론이 쓸모없다고 발표했다. 이는 큰 논쟁을 불러일으켰지만 범위는 매우 제한되었다. 일부 은행들은 이미 현대 포트폴리오 이론을 정교화한 기반 하에서 기관 고객들에게 서비스를 판매했던 것이다. 비우호적인 시장에서 고등 수학과 컴퓨터는 고객들에게 시장을 관리하고 있다는 편안한 느낌과 자신의 투자가 과학적으로 관리된다는 인상을 주었다.

컴퓨터는 현대생활을 바꾸어놓은 도구이다. 우리는 컴퓨터 없이는 살아갈 수 없다. 나의 오랜 시장 멘토는 소박한 어투로 이렇게 충고했다.

"훌륭한 개는 사냥개로 그만이지. 그 녀석이 없으면 사냥을 할 수가 없어. 그렇다고 개에게 총을 주지는 말게나."

물론 개인 투자자는 자본자산 가격결정모형의 활용이나 그에 대한 논쟁을 주의 깊게 관찰하지 않았을 것이다. 어떤 투자자가, 시장이 35퍼센트 하락했는데 자신의 주식은 30퍼센트밖에 떨어지지 않았다고 치자. 이것은 자신의 특정 베타에 대해서는 최고의 성적이다. 이 투자자는 이렇게 말할 것이다.

"젠장할 베타 같으니. 30퍼센트를 잃을 생각은 없다구."

그리고는 투자금의 나머지를 꺼내어 카지노나 슈퍼마켓으로 직행할 것이다.

월스트리트의 암울한 분위기, 포트폴리오 매니저들의 쇠락한 자화상, 테크닉들의 혼란 등은 보이지 않는 폭락에 비하면 부차적인 것이었다. 스탭들의 문제에 불과했다.

시장 쇠퇴의 주된 이유는 이것이다. 시장은 페이퍼 머니의 시대에 적응해야 했다. 상황은 다음과 같은 식으로 전개되었다.

예일대의 경제학자 어빙 피셔(Irving Fisher)는 1920년대에 수익률 개념을 고안했다. 그는 채권은 물가 상승률보다 높은 실질 금리를 제공해야 한다고 말했다. 인플레이션이 없다면 1등급 채권의 실질 금리는 약 3퍼센트가 될 것이다. 이를 뒷받침하기 위해 상당량의 통계 작업이 동원되었다.

그렇다면 물가 상승률이 10퍼센트일 경우 채권 수익률은 13퍼센트가 되어야 한다고 예상할 수 있다. 세금을 감안한다면 15퍼센트는 되어야 할 것이다. 위험 부담이 큰 채권은 그 이상이 될 것이다.

보통주는 채권보다 더 위험한 것으로 간주되기 때문에, 채권보다 더 높은 이율을 가져야 한다. 주식은 채권처럼 쿠폰에 적힌 금액을 '내주지' 않는다. 채권 금리에 상당하는 배당금을 지급할 필요도 없다. 하지만 기업의 수익률, 즉 자본 수익률은 채권보다는 높아야 한다.

수년 간 주식시장에서 이것은 놀랍게도 들어맞았다. 2차 세계대전 이후 20년 동안은 물가 상승률이 낮았기 때문에, 채권은 3 내지 4퍼센트의 수익을 냈고, 주식의 자기 자본 수익률은 10 내지 11퍼센트였다.

초기의 투자자들은 이중의 이익을 얻었다. 이들은 투자에 대해 고수익을 올렸을 뿐 아니라 이를 깨달은 다른 투자자들이 시장에 참여했을 때 가격 상승의 보너스까지 누렸던 것이다.

하지만 인플레이션이 증가하자 상황은 바뀔 수밖에 없었다. 투자자들이 고수익을 요구했기 때문에 새 채권은 8 내지 10퍼센트의 이율로 발행되었다. 기존 채권 역시 8 내지 10퍼센트의 높은 이율이 붙는 수준에 도달할 때까지 시장에서 하한가를 기록했다.

채권 가격은 매우 신속하게 조정된다. 시장 주도 채권인 정부 채권이 워낙 대규모로 거래되는 데다 대체성도 뛰어났기 때문이다. 새로운 3년 만기 미 정부 채권이 10퍼센트 이율로 발행되면 같은 기한의 기존 정부 채권도 시장에서 거의 비슷한 이율로 거래될 것이다.

1970년대, 인플레이션이 증가하자 채권 가격은 하락했다. 이것은 여러분이 예상한 대로다. 물가 상승률이 5퍼센트일 때 채권이 8퍼센트였다면, 물가 상승률이 10퍼센트일 때 채권은 13퍼센트가 된다. 또한 8퍼센트로 발행된 기존 채권은 13퍼센트의 이율을 내는 수준까지 가격이 떨어질 것이다.

채권 가격이 하락하는 동안, 주식 매니저들은 주식이 인플레이션 헤지라는 옛 금언이 사실인지 논쟁을 벌일 수 있을 것이다. MIT의 프랑코 모딜리아니(Franco Modigliani) 교수와 일리노이 대학의 리처드 콘(Richard Cohn) 교수는 주식이 저평가되고 있다고 주장했다. 시장에서 '부채'라는 인플레이션 보너스를 간과하기 때문이라는 것이다. 부채는 과거에 발행된 모든 채권으로, 지금은 더 싸진 달러로 되살 수 있다.

하지만 인플레이션이 비용을 가장하기 때문에 실적 보고서를 액면 그대로 믿어서는 안 된다는 주장도 제기되었다. 여러분이 5천 달러짜리 자동차를 소유하고 있으며 장부에 그 가격을 적어놓았다고 해보

자. 여러분의 차는 감가상각이 되었고, 새 차는 5천 달러가 아니라 1만 달러가 나갈 때 대차 대조표를 들여다보면, 여러분은 깜짝 놀라게 될 것이다.

그동안 오른 주식도 있고, 내린 주식도 있다. 하지만 그룹별, 날짜별로 보면 전체 주식시장은 꾸준히 하락하고 있었다. 보스턴에 있는 한 매니저는 실적이 좋지 않은 주식을 팔아서 그 돈을 정부 채권에 투자할 것이다. 정부 채권은 주가가 하락하는 상황에서 괜찮은 수익률인 9내지 10퍼센트의 높은 이율로 고정되어 있었기 때문이다. 시카고의 한 매니저는 새로운 연금 투자액을 가지고 10퍼센트 채권을 살 것이다. 이것이 회계상의 요구 조건을 충족하며, 10퍼센트는 큰 이율로 보였기 때문이다. 그는 '매직 5'를 기억하고 있었다.

1970년대 초만 해도 기관 투자가들은 기금의 80퍼센트 가까이를 보통주에 투자했다. 그러다 1970년대 말이 되자 보통주 투자 금액은 60퍼센트에 지나지 않게 되었다.

주식 가격은 채권 이율과 같아질 때까지 계속 하락했다. 이는 특정 수준에서 페이퍼 머니의 새로운 시대와 일치했다. 이것은 통계적인 전체 스냅 사진이다. 데이터가 주어지기 전까지는 누구도 이론을 도출하지 못했던 것이다.

높은 자기 자본 수익률을 올리는 기업도 있고, 그렇지 못한 기업도 있다. 인플레이션에 쉽게 적응한 기업도 있었다. 이들은 물에 뜨는 코르크처럼 인플레이션에 편승했다. 예를 들어 광고 대행사는 광고비로 지출되는 매 달러마다 15퍼센트를 벌어들였다. 인플레이션이 증가하면, TV 광고나 신문 전면 광고비용도 올라간다. 하지만 광고 대행사는 공장을 새로 지을 필요가 없기 때문에, 그 수수료는 비용에 편승하는 것이다. 마찬가지로 주택 가격이 오를수록 부동산 중개인도 더 많은 수익을 올리게 된다. 독과점 신문도 마찬가지이다. 시민의 관점에서는 개탄스러운 일이겠지만 지역 내에 신문이 하나 밖에 없다면, 시어즈나 A&P 등의 소매점은 판매 광고를 할 때 현행 금리로 지불해야 한다. 사실상, 신문은 시어즈와 A&P를 믿고 높은 가격에 편승할 수 있는 것이다. 다른 기업들도 비용을 줄이고 가격을 인상했다. 이윤이 증가했고, 자기 자본 수익률도 올랐다.

주요 평균의 자기 자본 수익률 통계를 살펴보면 기업들이 인플레이션에 적응했다는 것을 알 수 있다. 1950년대 주식은 10 내지 11퍼센트의 자기 자본 수익률을 가진 반면 금리는 3 내지 4퍼센트에 지나지 않았다는 것을 명심하자. 과거 5년간 〈포춘〉 선정 500대 기업 주식의 자기 자본 수익률은 16퍼센트 가까이 상승했다. 스탠더드 앤 푸어스 사(社) 주식의 자기 자본 수익률은 과거 5년간 약 13퍼센트에서 19퍼센트로 증가했다(위의 평균에서 석유 관련 주식은 가중치가 더 높다. 또한, 앞서 살펴보았듯이 석유 회사들은 최근의 환경에서 승승장구해 왔다).

이것을 어떻게 해석해야 하는가? 주식 수익률은 다시 한 번 채권 수익률과 같아졌다. 이는 인플레이션 예상치에 근접한 수치이다. 사실 주식 가격이 더 낫다(병 속의 편지가 왜 필요한지 이제 알았을 것이다. 그것은 가격이 변동하기 때문이다. 이렇기 때문에 힌트가 아니라 생각하는 방법을 찾아야 하는 것이다).

이제 기관 투자가들은 2조 달러에 달하는 자산을 보유하고 있다. 일부는 부동산에, 일부는 저당권에, 일부는 채권에, 또한 일부는 주식에 들어 있다. 시장 상황에 따라 변할 수는 있지만 최근 이들의 주식 투자액은 4,150억 달러에 이르렀다. 이들 투자가들이 자금 일부를 보통주로 옮기면, 당연히 더 많은 돈이 시장에 몰리게 된다. 게다가 이제 우리는 미 역사상 최대의 노동 인구를 보유하고 있다. 이들 대부분은 연금 계획의 적용을 받는다. 기업, 주정부, 지방정부는 이들 계획에 매년 자금을 추가하고 있다. 미 노동부는 개인 연기금 자산이 1985년에는 8,895억 달러에 이를 것으로 추산한다. 같은 기간 주정부와 지방정부의 기금은 3,270억 달러로 전망된다. 1995년의 연기금 총액은 4조 달러에 육박할 것이다. 연기금은 기관 자산의 한 형태에 불과하다. 따라서 4조 달러에는 생명보험과 뮤추얼 펀드의 자발적인 저축이 포함되어 있지 않다.

기관 투자가들이 현재 60퍼센트의 보통주 비율을 80퍼센트까지 회복한다면, 거대한 자금이 흘러들어오게 될 것이다. 물론 인플레이션이 가속화되면 정부는 다른 채무자들과 마찬가지로 더 높은 금리에 채권을 팔 것이다. 그리고 마지막 순환에서처럼 높은 채권 금리는 보통주와 다시 경쟁을 벌일 것이다. 실제 금융 위기가 발생하면 보통주는 잘 대처하지 못한다. 시장의 불안을 그대로 반영하기 때문이다. 금융 위기는 채권 시장을 무너뜨린다. 채권 시장이 악화되면 주식시장은 사망할 수도 있다.

이것은 기관 투자가의 경우이다. 개인 투자자, 주택, 인플레이션 헤지의 경우는 어떠한가? 페이퍼 머니의 물결은 이미 우표, 중국 도자기, 청동제 골동품, 치펜데일풍(風) 서랍장, 다이아몬드, 금, 현대 회화, 고전 미술 작품, 시가(cigar) 상표, 만화책, 골동품 자동차, 은, 마이센산(産) 조각상, 큐피 인형, 아르누보풍(風) 엽서, 총기, 지팡이 등 수집 가치가 있는 것이면 무엇이든 휩쓸고 지나갔다. 다우존스 평균은 1967년 가격 그대로이지만 시가 상표, 치펜데일풍(風) 서랍장, 마이센산(産) 조각상, 그리고 주택까지 1967년 가격에 팔리는 것은 하나도 없다. 주식시장은 이러한 모호하고 잉여적인 덕목을 갖추고 있다. 주식은 현재 남아있는 최후의 사냥감인 것이다.

은행가와 신탁 관리인들은 고객과 마주앉아 주식 목록을 살펴보는 일에 익숙해져 있다. 오늘날 대형 은행들은 여러분이 상당량의 신탁 계정을 사들일 경우 미술품, 오리엔탈 카펫, 고가구, 기타 소더비 경매장에서 팔리는 고가품을 구입하는데 도움을 줄 것이다. 15개 은행은 여러분이 은퇴 계획으로 다이아몬드를 사들이도록 도와줄 것이다. 이제 여러분의 포트폴리오에는 카펫, 서랍장, 보석이 포함될 것이다. 이것이 돈으로부터의 진정한 도피인 것이다.

여러분이 카펫, 순종 말, 현대 미술품을 수집하는데 시간과 열정을 들인다면, 매우 좋은 성과를 거둘 수 있을 것이다. 하지만 금융 용어로 '스프레드', 즉 가격차는 엄청나다. 1천 달러짜리 채권이나 주식도 입찰가와 호가 사이에 고작 몇 달러 밖에 차이가 나지 않는다. 하지만 미술품 중개인은 같은 그림을 놓고 1천 달러에 팔기도 하고 600달러를 부르기도 한다. 그런데 경마용 말이나 세잔느의 작품은 사자마자 바로 구매자를 찾지 못할 수도 있다. 은행에서 윈포드 블루포드 3세가 카펫과 미술작품에 대해 조언을 해주겠다고 나서면, 기회는 아마 딴 곳에 있을 것이다.

그런데, 페이퍼 머니는 전 세계에 퍼져 있다. 마이센산(産) 조각상과

치펜데일풍(風) 서랍장은 어디에서나 인기가 있다. 제네바의 고급 주택은 1백만 달러는 나갈 테고, 리우의 멋진 수상 콘도도 50만 달러나 한다. 다른 곳과 비교해보면, 미국은 아직도 물가가 저렴하다. 기축 통화를 대량으로 찍어내서는 해외에 남겨두고 산유국들을 위해 또 달러를 발행했기 때문에, 외국의 달러 보유자들에게는 싼 것이다. 게다가 달러 보유자들이 악화를 팔고 양화를 간직하는 바람에 달러는 더 싸졌다. 이는 토머스 그레삼이 1566년에 말한 그대로인 깃이다. 그래서 독일인들은 값싼 달러를 가지고 A&P, 밴텀 출판사, 제약회사, 그리고 더 많은 농장을 미국에서 사들였던 것이다. 미국 부동산 가격은 미국인들에게는 정신 나간 것으로 보이겠지만, 달러로 지불하지 않을 경우에는 합리적인 가격이다.

쿠웨이트인들은 베벌리힐스나 뉴욕의 올림픽 타워가 아니면 집을 사려 들지 않는다. 쿠웨이트인들은 스위스 은행에 돈을 예치하거나, 은행을 직접 설립하여 스위스 은행과 제휴를 맺으려고 한다. 그래서 스위스 은행가들은 기회를 찾아 전 세계를 돌아다니려는 것이다. 미국 이외의 거의 모든 주식시장은 주가가 꽤 상승했다. 물론 주요 시장의 경우이다(스페인의 마이너 시장은 하락했고, 홍콩 시장은 폭등했다). 미국은 여전히 세계에서 가장 광범위하고, 효율적이며, 투명한 주식시장을 보유하고 있다. 외국인들이 이따금 투자를 망설이는 이유는 주식시장의 규칙을 확실히 알지 못하거나 달러 가치가 어떻게 될지 모르기 때문이다.

주식시장 트리플을 위해 필요한 가정은 대단한 것이 아니다. 세후(稅後) 이익을 10퍼센트, 또는 대략 현재 수준으로 가정한다. 이익이 재투자되고 투자자들은 동일한 소득에 약간의 비용을 더 지불한다고 가정한다. 즉, 현재 소득의 7배를 투자하고 있다면, 10년 후에는 소득의 8.5배 내지 9배를 지불할 것이다. 구매력을 지닌 잠재적인 투자자는 기관, 개인, 외국인의 세 종류가 있다.

개인 투자자는 언제나 잘못된 판단을 한다는 것이 통설이었다. 서비스를 판매할 때면 개미들이 무엇을 하든 기관에서는 정반대로 한다는 이야기가 들려왔다. 더 이상 벙어리 개미에 대한 이야기는 들리지 않는다. 이들 상당수가 콘도 시장, 경마장, 옵션 시장으로 떠나버렸기 때문이기도 하고, 무엇보다 대형 기관들의 성적이 형편없었기 때문이다. 개인 투자자들이 신중을 기하는 것은 자연스럽고 매우 건강한 현상이다. 이들이 기운을 차릴 수 있는 요인이 두 가지 있다.

첫째는 한 시간에도 몇 번씩 누군가 현명한 전문가의 어깨 너머를 훔쳐본다는 것이다. 이는 그의 상사일 수도 있고, 고객일 수도 있다. 이로 인해 그들의 시간 범위는 매우 짧아진다. 내가 기업의 이사로 재직할 당시 여러 명의 회계 담당자가 들어와 연기금을 매니저 다섯 명에게 배분했다고 보고하는 것을 들었다. 세 명은 시장에서 성공을 거두었고, 두 명은 그러지 못했다. 성적이 바닥인 둘을 해고하고 둘을 추가로 물색하고 있다는 것이었다. 기관 매니저들이 평정을 유지할 수 없는 것은 이 때문이다.

둘째 요인은 기관 투자가들이 매우 거대한 동물이며, 이들 대부분은 얼음이 얇은 곳은 디디려 하지 않는다는 것이다. 또한 이들은 커다란 공간이 필요하다. 증권 용어로는 주식을 대규모로 팔 수 있어야 한다는 것이다. 따라서 대다수는 중소기업을 좋아하지 않는다. 눈에 띄는 종목이 상대적으로 적으며 매매로 인한 변동 폭이 크기 때문이다. 한 곳에 맡길 수 있는 양이 한정되어 있다면 직원들이 시간과 돈을 투자할 가치가 없을 것이다.

지하의 강세 시장

이 부분은 주요 주장에 대한 주석이며, 내 주관이 개입되었다는 것을 감안하기 바란다. 한 때 내가 경영했던 펀드는 오늘날의 관점에서 매우 높은 베타를 가졌다. 내가 문서 캐비닛을 치우고 있었는데 20년은 되었음직한 포트폴리오가 툭 떨어졌다. 그런데 거기에 나와 있는 기업의 이름 중에 3분의 1은 도무지 알아볼 수가 없었다. 이 회사들은 사라져버린 것이다.

딕시 다이네트 사(社)라? 마더스 쿠키스는 또 뭐였지? 내가 정말 마더스 쿠키스 사(社)의 주식을 3만 주나 샀단 말인가? 마더스 쿠키스에 대체 무슨 일이 일어난 것일까?

어찌 되었건 일이 잘 풀렸기를 바란다. 그 다음에는 약간 긴장이 풀렸다. 몇몇 회사들은 어디로 사라졌는지 기억할 수 있었던 것이다.

헤르메스 일렉트로닉스는 아이텍 사(社)에 매각되었지. 아이텍은 이후에도 승승장구했고. TRG는 컨트롤 데이터 사(社)에서 사들였는데, 대기업으로 성장했지. 에버라인 인스트루먼트 사(社)는 써모 일렉트론의 자회사가 되었지. 이곳도 눈부시게 번창했지. 에버라인도 오래 버티긴 했지. 그리고 조그만 석유 서비스 회사가 있었지. 텍사스 인스트루먼트 사(社)와 슐럼버저 사(社) 말이야(초창기의 텍사스 인스트루먼트 사(社)는 소규모 기업으로 분류되었다). 텍사스 인스트루먼트 사(社)는 반도체 분야의 억만장자 거인이 되었고, 슐럼버저 사(社)는 전 세계의 유전을 손에 넣었지.

내 후임자가 슐럼버저 주식을 계속 갖고 있었으면 좋았을 뻔했다. 50배, 그러니까 5,000퍼센트가 올랐으니 말이다. 하지만 보유했을 리가 없다. 유가가 배럴당 30달러 하는 지금, 시추업자들은 누구나 이 회사의 탄성파 탐사 테크닉을 원한다. 다들 슐럼버저 사(社)를 좋아한다. 하지만 알코아 사(社)가 '성장주'의 대명사였을 때에는 그러지 않았던 것이다.

위험 부담이 큼에도 중소기업의 주식이 재미있는 이유는 이들 대다수가 진정으로 혁신적인 자극을 주었기 때문이다. 가히 청년기의 성장과 좌충우돌에 비길 만했다. 때로는 자금이 바닥나기도 하고, 때로는 창업주가 회사를 세워 궤도에는 올릴 수 있었지만 중규모 기업을 운영할 능력은 없는 경우도 있다. 아니면 싫증이 나버리거나 갈라서기도 했다. IBM이 이들에게 으르렁거린 적도 있었다. 투자자들은 힘든 불경기를 겪어야 했으며, 도처에서 새로운 회사가 등장하는 갈팡질팡의 시기에도 침착을 유지해야 했다. 잡초와 꽃을 분간하는 것이 쉽지 않았기 때문이다.

위대한 경제학자 조지프 슘페터(Joseph Schumpeter)는 자본주의의 전망이 매우 암울했을 때에 자본주의를 구원할 것은 혁신의 능력이라고 썼다. 그는 이를 '창조적 파괴'라고 불렀다. 시장이 포화되지 않는 것은 혁신을 통해 예전 제품이 폐기되기 때문인 것이다.

런던 켄싱턴에 있는 과학박물관에 가면, 19세기에 영국에서 생산한 기계 및 전기 발명품들을 볼 수 있다. 밸브, 기어, 펌프 등 각각의 혁신은 산업혁명의 또 다른 원동력이었다. 새로운 펌프나 밸브 덕에 발명가나 기업이 번창할 수 있었던 경우도 허다했다.

탈산업혁명은 정보처리 분야에서 등장했다. 그 영향은 산업혁명에 비길 수 있는 것이다. 중소기업 대다수는 진정한 개척자였다. 이들은 새로운 제품이나 서비스를 세계 시장에 내놓았다. 이들이 위험을 떠안은 덕에 컴퓨터, 반도체, 바이오 의료장비 분야의 투자자들은 높은 수익을 올렸다.

〈포춘〉은 1980년에 이렇게 썼다.

"중소기업의 주식이 시장을 앞지른다는 것은 분명한 사실이 되었다. 하지만 그 이유는 아무도 모른다."

〈포춘〉은 중소기업의 주식과 대기업의 주식이 다른 점은 '유동성 프리미엄'이라는 주장을 했다. 중소기업의 주식은 사고팔기가 어렵다는 것이다. 상반되는 뉴스를 합하면 이론적으로는 중립적으로 되어야 함에도, 나쁜 뉴스와 이를 중화시키는 좋은 뉴스는 찾아보기 힘들다. 대량의 주식을 보유한 시장은 매우 '효율적'이다.

여기에서는 더 많은 뉴스를 얻을 수 있으며, 이를 통해 투자자들을 안심시킬 수 있다.

'효율적 시장' 이론의 본부인 시카고 대학에서 이 '지하의 강세 시장'을 연구했다. 로저 이봇슨(Roger Ibbotson) 교수는 22년간의 추이를 연구하여 다음과 같은 결과를 얻어냈다. 스탠더드 앤 푸어스 500대 기업은 504퍼센트 오른 반면, 2류 기업들은 967퍼센트 상승했다는 것이다. 롤프 반즈(Rolf Banz) 교수는 지난 54년간 중소기업의 주식이 상장 기업들보다 두 배 높은 수익률을 기록했다고 말했다. 효율적 시장의 동료들이 "좋아. 투자자들은 이런 주식들에서는 더 큰 위험을 감수하지. 그래서 위험에 대한 보상을 받는 것이라구"라고 말하자, 반즈 교수는 위험에 적응한 중소기업을 대상으로 또 다른 연구를 진행했다. 이들은 통계적으로 위험에 적응했음에도 여전히 앞서나갔다.

하지만 뛰어난 성과에도 불구하고 이들 중소기업 배우들은 관객이 없었다. 대부분은 텅 빈 극장에서 공연했다. 증권업계에서는 누가 무엇을 분석하는가를 계속 뒤쫓는다. 업계의 거물 메릴린치는 1,117개의 종목을 분석한다. 이를 위해 80명의 애널리스트가 동원된다. 다음으로 규모가 큰 곳은 살로몬 브라더스로 26명의 애널리스트가 679개의 종목을 맡고 있다. 이들 대부분은 메릴린치와 일치한다.

주식회사는 2만 1,000개가 있으니 이들 대부분이 무시당하고 있다는 것을 알 수 있다. 상위 2,800개 기업 중에서 30퍼센트는 단지 한 사람의 애널리스트가 담당하고 있는 실정이다. 1만 2,000여 기업이 증권거래위원회에 꾸준히 실적을 보고하고 있지만, 이들 대부분은 둘러보는 이가 하나도 없다. 앞으로도 마찬가지일 것이다. 이들은 지방 은행이나 지역 슈퍼마켓으로, 지금까지 가까운 친지나 사촌들 앞에서만 공연을 했을 뿐이다.

증권거래위원회에서 데이터를 추출하여 알려주는 상업 서비스가 있다. 심지어 컴퓨터에 데이터베이스로 저장해주기도 한다. 집에 가정용 컴퓨터 단말기가 있다면, 이 모든 정보를 제공하는 서비스에 가입할 수 있다. 가정용 컴퓨터 단말기는 쓸 만한 TV 수상기 가격 정도 나가며, 투자 서비스에 대한 구독료는 시간 단위로 청구된다. 지역 전화 서비스와 마찬가지로 야간에는 할인이 된다. 지금까지는 아무도 신경 쓰는 사람이 없었다. 관객이 들지 않는 배우에게 필요한 것은 성능 좋은 마이크와 훌륭한 조명뿐이다.

주식시장의 시계를 가지고서, 하위 주식을 더 보유하면 위험하게 되는 때를 어떻게 알 수 있을까? 이들에 대한 관심이 지나쳐 위험하게 되는 순간이 분명 있을 것이다. 우리가 병에 담긴 편지를 보내기 시작했을 때, 2차 종목의 주식들은 다우존스 평균의 대기업들보다 낮은 주가 수익률로 팔리고 있었다. 편지를 잇달아 보낸 끝에 이들의 가격은 보다 상승하여 대기업의 1.2 내지 1.3배의 주가 수익률로 팔렸다. 큰 프리미엄이 붙은 무담보 전환 사채가 발행되었기 때문에, 중소기업의 재발견은 계속 진행되고 있다. 역사적으로 볼 때, 하위 주식들이 상위 주식 상대 가격의 2.0배 이상 되면 위험 신호로 볼 수 있다.

기관 투자가들이 보통주 비율을 높이고, 쿠웨이트와 독일이 주식시장에 뛰어들며, 여러분의 이웃이 골방에서 밤늦게까지 컴퓨터를 두드리고, 주식시장이 논리적으로 행동한다면, 병 속의 이 편지는 버릴 때가 된 것이다.

부르주아들인 프랑스인들의 격언에 '대포 소리가 울릴 때 팔고, 나팔 소리가 울릴 때 사라' 는 말이 있다. 대포는 도시를 폭격하는 적의 대포를 뜻하고, 나팔은 적들을 패주시키는 돌격 나팔을 의미한다. 이렇게 해야만 할 것 같은 일을, 반대로 저렇게 하려면 심리적인 담대함이 필요하다. 군중과 함께 하지 말라는 역투자의 철학은 오랫동안 지혜의 근원이 되었다.

잃어버린 우주

앞서 읽은 부분은 주식시장을 따라잡기 위한 합리적인 논리이다. 하지만 합리적인 논리만으로 주가를 끌어올릴 수는 없다. 중요한 요소가 바뀐 것이다.

예전에 이것은 금융 기구의 영역이었다. 위험이 전혀 없는 투자를 원하는 사람들은 미 정부 채권을 사고, 그 수익률을 받아들였던 것이다. 약간의 위험을 감수하는 사람들은 AAA 등급 회사채를 택했다. 다음으로는 '블루칩' 종목이 있었다. AT&T, US 스틸, 제너럴 모터스, 알코아, 듀폰, 스탠더드 오일 등이 이에 해당한다.

IBM과 3M처럼 성장 속도가 더 빠른 기업의 경우, 수익의 관점에서 조금 더 투자하는 것도 괜찮았다. 위험을 좀 더 감수한다면, 장외 시장인 미국 증권거래소의 레드칩과 화이트칩이 있었다. 투자의 우주는 정돈되어 있었고, 분명하며 뉴튼적이었다.

그런 시절은 끝나버렸다. 뉴튼적인 우주는 사라져버린 것이다. 만기가 된 채권은 여전히 투자한 달러만큼 달러 수익을 돌려줄 것이다. 하지만 달러의 가치가 어떻게 될지는 아무도 모른다. 그러다가 침입자들이 전면 방어선을 뚫고 들어왔다는 소식이 연방준비제도이사회 의장의 귀에 들어간다면, 금리가 20퍼센트로 뛸지도 모른다. 그렇게 되면 채권시장은 급강하할 것이다. 따라서 채권은 즉흥적인 주식시장과 마찬가지로 요동칠 것이다. 전문 매니저들은 눈물을 머금고 이 광경을 지켜보게 될 것이다. 비과세 투자의 경우도 마찬가지이다.

'블루칩'이라고들 하는데, 무엇이 '블루'일까? AT&T와 같이 확실한 배당이 보장되는 기업을 '성장 채권'이라고 불렀다. 배당이 보장되었기 때문에 주식은 채권처럼 팔렸으며, 이따금은 배당금이 증액되기도 했다. AT&T는 앞으로도 잘 해낼 것이다. 반면, 채권은 요동치고 있다. 전 세계 22개의 최신 대형 철강 설비 중에서 14개가 일본에 있으며, 미국에는 단 한 개도 없다. 이런 상황에서 누가 US 스틸을 몰아낼 수 있겠는가? IBM은 신성한 상징물의 지위에까지 올랐지만, 주가는 떨어졌다. 투자자들이 수익의 관점에서 투자액을 줄이려 하고 있었고, IBM 이외에도 컴퓨터를 만드는 기업이 여럿 생겨났기 때문이었다. 제너럴모터스가 독차지하던 시장을 닛산, 도요타, 그리고 폭스바겐이 갉아먹고 있었다. 이제 전 세계를 상대로 게임이 펼쳐지게 된 것이다.

그렇다고 해서 주가가 오를 수 없다는 뜻은 아니다. 실제로 많은 주식이 오를 것이다. 이것이 뜻하는 바는 준거 틀이 바뀌었다는 것이다. 시장은 훨씬 즉흥적이다. 동시에 즉흥성에서 기회를 창출할 수 있다.

깊이 잠들어 있지만 않는다면.

페이퍼 머니의 시대에 모든 투자는 투기이다. 솜즈 포사이트는 이렇게 말할 수 있었다.

"정리 공채는 절대 팔지 마시오."

그리고 그의 충고는 세대를 지나 계승되었다. 오늘날 그가 무슨 말을 하든 유효기간이 1년이라도 될는지 의문이다. 국왕은 권좌에서 내려왔다. 파운드는 예전의 가치를 지니지 못한다. 전 세계가 뒤죽박죽이다. 지수 펀드, 베타, 현대 포트폴리오 이론, 그리고 컴퓨터 기반 테크닉, 이들 모두는 확실성, 방향, 고전과학, 잃어버린 뉴튼의 우주를 추구한다.

무도회 차림으로 파티에 오라. 하지만 군화를 홀에 놓아두라. 위대한 웰링턴은 무도회장을 떠나 눈을 좀 붙인 후, 자신의 말에 올라타고서 위대한 전투를 승리로 이끌었다. "위기일발의 상황이었지." 그가 말했다. 전령 비둘기가 도버 해협을 건너 승전보를 한 남자에게 전해주었다. 그는 웰링턴에게 전비를 지원한 인물이었다.

네이선 로스차일드는 비둘기에게 먹이를 주고는 거래소로 가서 영국 채권을 조금 팔았다. 그러자 영국 화폐 가치가 급락하기 시작했다. 바로 그때 그는 전 재산을 털어 영국 국채를 사들였다. 그 이후로 99년간 채권 가격은 끊임없이 올랐다. 대포 소리가 울릴 때 팔라는 말은 바로 이런 것이다.

PAPER

MONEY

페이퍼 머니의 의미

돈을 빌려서 물건을 사는 것은
근시안적 사고다

주식시장, 주택, 부동산, 스위스 프랑, 엔화, 금, 은, 주화, 현대 미술품, 경마장, 마이센산(産) 조각상이여, 안녕!

세계의 현재 모습은 한 개인으로서의 우리가 만든 것이 아니다. 페이퍼 머니 또한 우리 각자가 창조한 것이 아니다. 따라서 우리는 모두의 지혜를 사용해야 한다. 집은 들어가 살 수도 있고, 집수리는 생산적인 일이기도 하다. 주식시장을 생산적인 투자로 볼 수도 있다. 나는 여러분의 현대 미술품이 여러분에게 즐거움을 주고, 경마장에서 돈을 따기를 바란다.

하지만 우리에게 개인적으로 잠시 이익을 준다고 해서, 그것이 우리 전체에게 도움이 되는 것은 아니다. 지금까지 여러분은 추상적인 문구와 많은 숫자들을 끈기 있게 읽어냈고, 이제 앞으로 성공을 거두기에 충분한 능력을 가지게 될 것이다. 하지만 편안한 삶을 위해서는,

은행계좌에 목돈을 넣어두는 것만으로는 안 된다. 우리에게는 우유 배달원, 경찰, 은행원, 그리고 교사가 필요하다. 그런데 이들은 통화 폭락에 대처할 능력이 없을지도 모른다. 그들이 불만을 느끼게 되면, 파업을 일으키거나 어떤 식으로든 자신이 해야 할 일을 하지 않을 수도 있다. 그러면 은행계좌가 사라져버리듯 우리 삶의 질이 떨어질 수도 있다. 따라서 속물적인 관점에서라도 이들 없이 살아갈 수는 없는 것이다.

페이퍼 머니의 초창기에는 이들도 약간 뒤처지기는 하지만 꾸준히 따라갈 수 있다. 이들은 '지수화' 된다. 이들의 노동조합은 생계비 조정을 얻어낸다. 이들은 임금 및 가격 안정 위원회에 따라 임금 인상을 쟁취한다. 상업 계약과 부동산 거래는 소비자 물가지수에 연동된다. 라틴아메리카의 은행가가 말했다.

"돈을 그만 찍어대고, 모든 것을 지수화하는 게 어때요? 그러면 걱정할 필요도 없을 텐데요."

어제 내가 제품 가격을 인상했고, 여러분이 내 경쟁자라고 해보자. 정부가 "가라사대, 멈춰!"라고 말한다면, 나는 여러분에 비해 큰 이익을 얻게 된다. 다음번에는 여러분이 먼저 시작하고 내가 뒤따를 수도 있다. 모든 가격 변동이 지침이 되는 지수를 찾아내는 것은 매우 힘든 일이다. 제품이나 진행 과정에 따라 변동 속도가 다르기 때문이다. 단속이 어려운 상대인 것이다.

예를 들어 라틴아메리카에서는 예금 금리가 물가 상승률에 뒤처지는 경향이 있다. 브라질에서는 물가 상승률이 100퍼센트였을 때, 예금 금리는 50퍼센트에 불과했다. 이러한 불안정으로 인해 군사 정부가 정권을 잡곤 하는 것이다. 남미 국가들은 모두 한 번씩은 군사 정권을 경험한 적이 있다. 군사 정권은 정상적인 진행 과정을 중지시키고, 명령과 총칼로 지배한다. 이렇게 되면 더 이상의 논의는 무의미하다. 완벽하게 지수화되고, 최적화된 기능을 하는 경제는 존재하지 않는다.

결국은 공동체의 관점에서 보면, 통화 폭락에 대처하는 모든 접근 방식에는 분명히 무언가 문제가 있다. '내가 인플레이션을 이겨낼 방법은 무엇일까, 내가 앞서 나가려면 어떻게 해야 하나' 와 같은 질문은 잘못된 것이다. 위험 회피를 위해서는 끊임없이 바보들이 공급되어야 한다. '위험 회피' 란 단어를 들어보지 못한 사람들 말이다.

잠시 생각해보자. '인플레이션 헤지' 를 이미 가지고 있던 누군가가 여러분에게 그것을 팔아야 하는 것이다. 그가 왜 그래야 하는가? 여러분의 달러가 하락하는데 왜 내 집을 팔아야 한다는 말인가? '당장 나가서 돈을 빌려 물건을 사라, 인플레이션을 이기려면 이 방법 밖에 없다' 는 충고는 돈을 빌려주는 이가 상황을 파악하지 못했다는 것을 가정한다. 그는 5퍼센트짜리 은행 통장이나 이율 6퍼센트인 50달러짜리 재무부 E 채권을 가지고 있는 어리석은 아이들일 수도 있다. 스케이트를 사려고 열심히 저축하던 아이들이 자신이 저축하는 동안 스케이트 값이 두 배로 뛰었다는 사실을 알게 되거나, 자기는 스케이트도 없는데 여러분이 콘도를 사려고 그 돈을 빌렸다는 사실을 다들 알게 된다면, 그들은 여러분에게 욕을 퍼부을 것이다. 이들이 투표권을 가질 나이가 되면, 자신들이 얼마나 어리석었는가를 깨닫고 당신네들을 향한 복수심에 불타는 후보자와 함께 당신을 찾아다닐 것이다.

위험 회피가 효과를 거두는 것은 예상치 못한 인플레이션이 일어났을 때뿐이다. 토머스 그레샴은 누군가 여러분의 악화를 가져가기 때문에 여러분이 양화를 보유할 수 있는 것이라고 가정했다. 그럴 사람이 누군가는 있을 것이다. 돈을 빌려주던 사람은 아마도 언제까지나 돈을 빌려줄 것이다. 마치 공만 보면 쫓아가는 사냥개처럼. 이들이 계속해서 돈을 빌려준다고 치자.

돈을 빌려서 인플레이션을 이겨내야 한다는 것을 이제는 누구나 알고 있다. 모두가 갑판 한 쪽으로 몰려간다면, 배는 뒤집어질 것이다. 모든 사람이 갑판 한 쪽에 몰려있는 바로 그곳에 정부가 있다. 정부는 모든 대출을 조종하는 조타수인 것이다.

나는 아직까지 가장 큰 숫자를 말하지 않았다. 이 숫자는 비유할 곳이 없다. 오렌지 주스에, F-14 톰캣에, 원자력 항공모함을 동원해도 이 숫자를 표현할 수 없다. 이 숫자는 4조 3천억 달러, 즉 4,300,000,000,000달러이다. 이것은 바로 신용시장의 대출 총액이다. 여러분도, 나도, 자동차 금융, 마스타 카드, 비자 카드, 모든 기업들, 엉클 샘과 그 사촌들도 이 엄청난 채무의 공범이다. 엉클 샘의 가족 중에서 당신이 만나본 것은 패니, 지니, 프레디 뿐이다. 이들은 국방부, 보건교육복지부, 농무부의 사촌들보다는 상태가 양호하다. 특히 이 4조 3천억 달러는 자본과 비교했을 때 상대적인 규모가 더 커진다. 미국의 자기 자본은 지난 10년간 별로 증가하지 않았으며, 약 1조 달러에 불과하다.

다음은 채무의 증가 추이를 나타낸 것이다.

1960년, 부채는 7,500억 달러였다.
1970년, 부채는 1조 5천억 달러가 되었다.

1980년, 부채는 4조 3천억 달러이다.

1조 5천억 달러에서 4조 3천억 달러로 증가한 부채의 일부는 경제 성장에 기여하기도 했지만, 대부분은 소비에 쓰였다. 그리고 한 번 소비한 것은 사라져버리는 것이다. 우리가 돈을 빌린 것은 자신이 원하는 방식의 삶을 살기 위해서였다. 여전히 미국 최고의 농장들이 우리를 먹여 살리고 있지만, 오래된 농장들은 남김없이 저당 잡혀 있고, 은행들은 인내심을 잃고 있으며, 바구미가 목화밭을 갉아 먹고 있다. 우리가 물려받은 유산은 광대한 듯 보이지만, 모두가 저당 잡혀 있는 형편이다.

다음 페이지의 미국 가계를 나타낸 도표를 보면, 1970년대 처음으로 가계 대출이 가계 저축을 넘어섰다는 것을 알 수 있다. 가계 대출은 소비를 위해, 그리고 부가가치를 창출하지 않는 자산을 사들이는데 쓰였다. 임대하지 않는 주택, 자동차, 은, 큐피 인형 같은 것들 말이다.

미국 정부는 숭고한 의도를 가지고 온갖 훌륭한 사업을 위해 돈을 빌린다. 정부는 빈민을 구제하고, 병자를 돌보며, 사기로부터 소비자를 보호하고, 농민을 지원하며, 건강에 대한 위협을 통제하고, 주와 도시에 자금을 지원한다. 정부가 이 일을 하는 데는 우리의 돈이 사용된다. 이 돈은 우리의 수입, 부동산, 선물, 휘발유 등에 대한 명시적 세금과 인플레이션이라는 암묵적 세금에서 나온 것이다. 정부는 자신의 좋은 의도를 실현하는데 비용이 얼마나 드는지 계산한 적이 없다.

대출은 점점 더 보편적인 현상이 되었다. 반면, 돈을 빌려주는 사람은 점점 줄어들었다. 돈을 빌리려면 빌려주는 사람이 있어야 하기 때

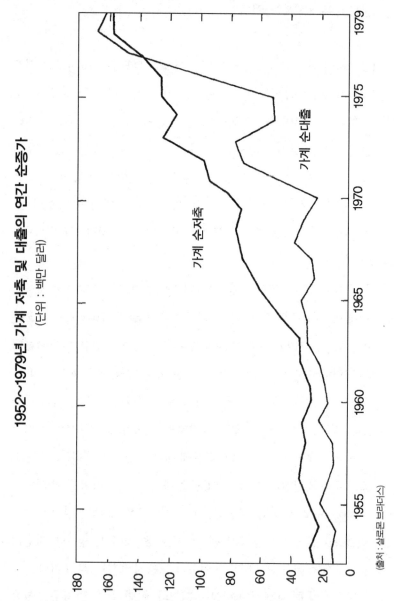

1952~1979년 가계 저축 및 대출의 연간 순증가

(단위 : 백만 달러)

가계 순저축

가계 순대출

(출처 : 살로먼 브라더스)

사람들은 저축하면서 동시에 대출도 한다. 건전한 경제에서는 저축이 대출을 능가한다. 이 그래프에서 놀라운 점은 선이 교차한다는 것이다. 가계 대출 증가에는 당연히 한계가 있다.

문에, 돈의 가격인 금리가 상승했다. 한편, 채권자들은 돈을 보다 빨리 돌려받고 싶어 한다. 채무자의 시간 범위에 대해서는 앞서 언급한 바 있다. 이것은 매우 중요한 상징이기 때문이다.

19세기, 영국 정부는 돈을 빌려놓고는 절대 갚지 않겠다고 말할 수 있었다. 하지만 그만큼 신용이 탄탄했기 때문에 채권 가격은 계속 상승했다. 이것이 바로 영구 '공채'이다. 2차 세계대전 이후 미국은 40년 만기로 돈을 빌리면서 2.5퍼센트의 이자만 지불할 수 있었다. 지금은 10년 만기로 빌리는 데에도 13퍼센트를 지불해야 한다. 대출자의 시간 범위는 목표의 단축과 궤를 같이 한다. 대출자들은 장기 대출을 원하지 않는다. 대출업체의 관리자들은 장기적인 관점에서 판단하지 않는다. 이들은 3년 단위로 끊어서 생각하는 경우가 더 많다.

재산을 모으고 부채를 줄이는 것은 힘들고 고통스런 과정이다. 사업가든, 농부든, 노동자든 자신의 경제활동 중에 이런 일이 일어나면 이들은 정부에 불평을 하게 되고, 정부는 돈을 더 찍어 내어 이들을 달래게 된다. 부채 증가의 악순환은 이런 식으로 계속된다.

진지한 이들은 궁금해 한다. 어떻게 하면 이 악순환을 깨뜨릴 수 있을까? 우리는 고립된 섬에서 자급자족하며 살아가는 것이 아니다. 부채가 많아질수록 우리는 외부의 충격에 더 취약하게 된다. 이러한 충격으로는 석유 파동, 금융 위기, 절하된 기축 통화를 보유하는 한계점 등이 있다.

충격이 발생하지 않는다면, 우리는 대출자보다 차용자가 많은 상태를 유지하면서 더 취약해질 것이다. 만일 충격이 발생한다면, 외부적인 충격뿐 아니라 국내의 기능 이상에 의해서도 '시스템'은 무너질 것이다.

사람은 집을 만들고, 집은 사람을 만든다. 부채가 쌓이면 더 많은 달러가 창출된다. 이로 인해 달러에 대한 불신이 생기고, 이는 가치의 담지자로서 통화의 신뢰성을 잠식한다. 우리는 10년 후의 위기, 다음 세대의 위기보다는 다음 번의 위기, 내년의 일을 어떻게 헤쳐 나갈지에 신경을 쏟는다. 이는 우리의 더 나은 본성에 역행하는 것이다.

일하고, 저축하고, 축적하는 본성은 생산적인 사회에서는 강력하게 작용한다. 이것은 자녀 또는 나무와 관계가 있다. 사람들이 자신이 심은 나무가 열매 맺는 것을 살아생전에 보지 못할 수도 있다. 그럼에도 나무를 심는 이유는 이들을 다음 세대에 넘겨주어 가축을 먹이고 과실을 얻도록 하기 위한 것이다.

사람들이 정확히 이런 식으로 생각하는 것은 아니지만, 이들은 금, 은, 큐피 인형, 통조림, 주택 따위가 아니라 화폐에 가치를 담고 싶어 한다. 통화에서 도피하거나 이를 이용하는 방법을 궁리하는데 시간을 보내고 싶지는 않기 때문이다. 다른 사람들이 항상 선수를 치는 바람에 이들은 패배자가 될 수도 있다. 어쨌든 이들은 자신의 일을 계속할 것이다. 집을 짓고, 물건을 팔고, 땅을 일구고, 노래할 것이다.

페이퍼 머니의 문제는 돈을 이용할 줄 아는 소수에게만 혜택이 돌아가고, 열심히 일해서 저축한 세대를 바보로 만들어버린다는 것이다.

케인즈는 이 문제의 다른 측면을 우려했다. 어떻게 하면 경제의 유동성을 회복할 수 있을까? 어떻게 예금을 풀어놓을 수 있을까? 그리하여 그는 프로테스탄트 윤리의 극단에까지 생각이 미쳤다. 그는 이렇게 말했다. "너무나 오랫동안 우리는 즐기지 말고 일하라는 교육을 받아왔다." 또한 그는 "자본의 축적을 촉진하는 데 유용한 … 사회적 관습과 경제적 실천을 마침내 버릴 수 있게 될" 그 날을 고대했다. 그는 이러한 실천이 옳지 않다는 생각을 실제로 가지고 있었다.

우리는 케인즈가 고대하던 그 날에 도달했다. 하지만 잘못된 길로 가로질러온 것이다. 케인즈는 과학의 혜택과 과거에 벌어들인 부의 총체를 통해 인류가 부를 축적하면서 100년이 지나 21세기가 되어야 그 날이 오리라 생각했다. 지금 우리는 공평이라는 이름으로 생산물을 분배하기 위해 고안된 '사회적 관습과 경제적 실천'을 여전히 유지하고 있으며, 우리를 해방시켜줄 축적을 억누르고 있다. 우리는 즐기고 있다. 하지만 이것은 일단 써버리고 나중에 갚는 식인 것이다.

돈이 필요한 이유

국가 전체로 볼 때 미국은 의생활에 불편이 없다. 앞서 보았듯이, 우리의 주생활도 문제가 없다. 하긴 주택을 투기의 수단으로 이용하면서 주생활이 위협받고 있기는 하다. 식생활은 더 말할 필요도 없다. 매년 4천만 명의 미국인들이 비만 때문에 체중 감량을 시도한다. 농업은 미국의 최대 수출품이고, 농무부에 비하면 텍사스 철도위원회쯤은 애들 장난으로 보일 정도이다(텍사스 철도위원회는 업계의 여론을 수렴하여 감산을 하는 반면, 농무부는 소비자 물가지수가 꿈틀대기만 하면 우유 값을 막무가내로 인상한다).

우리에게는 의식주가 넉넉하고, 도로 위에는 1억 4천만 대의 자동차가 달리며, 집집마다 TV 수상기가 놓여 있고, 오디오와 가전제품이 들어서 있는데, 대체 돈이 필요한 이유는 무엇인가? 어쩌면 우리는 살 수 없는 무언가를 사려고 애쓰고 있는 것이 아닐까? 그 무언가란 아랍어로는 '아시바야(asibaya)', 일본어로는 '당케츠(團結)'라고 하는 '공동체'를 말하는 것이다(경제학자들이 1974년 OPEC에 대해 판단 미스를 한 이유는 경제학의 관점에서만 생각했기 때문이었다. 이들은 회원국 간의 '아시바야'를 감안하지 못했던 것이다). 공동체는 사회적 결속력, 연대, 개인적 친밀감, 감정의 깊이, 도덕적 헌신, 시간의 연속성, 개인의 역할이 아닌 그의 전체를 바라보는 시각을 뜻한다.

공동체를 사들이는 방법은 과연 무엇인가? 한 가지 예를 들어보자. 우리는 범죄에 대해 대가를 지불하거나 이를 회피하려고 한다. 우리에게 범죄를 해결할 능력은 없는 듯하다. 매년 1백만 대 이상의 차량이 도난당하고 있다. 그런데 보험사 입장에서는 우리가 문제를 해결하도록 하기보다는 보험금을 지불하는 것이 더 싸게 먹힌다. 매년 증가하는 범죄 수치에 우리는 이미 익숙해져버렸다.

우리는 안전한 곳에서 살기를 원한다. 우리의 집과 자녀들이 안전하기를 바라는 것이다. 그래서 끊임없이 이사를 한다. '실버타운'은 마치 성벽으로 둘러싸인 요새처럼 보일 때도 있다. 대도시의 사람들은 백주대로나 어두운 주차장에서 벌어지는 폭력 사건, 지하철에서 일어나는 살인 사건에 무감각해져 버렸다. 삶에 대한 이러한 경시 풍조는 동양에서나 있을 법한 문제라 생각했던 것들이다.

하지만 동양, 특히 일본에서는 범죄율이 오히려 감소하고 있다. 보도에 따르면 도쿄에서는 주위를 살피지 않고서도 어디든 걸어 다닐 수 있으며, 택시 기사들은 망설임 없이 거액의 현금을 지니고 다닌다고 한다.

하버드의 한 사회학자가 이 현상을 연구했다. 그는 이를 '당케츠가

츠요이(團結が强い) 라고 표현했다. '협력하는 능력'이라는 뜻이다. 일본에서는 이웃 간의 정이 매우 두터우며, 가족 간의 결속력도 강하다. 경찰은 이웃의 일부이며, 범죄자들은 부모의 얼굴에 먹칠을 하지 않으려면 자수를 해야 한다.

미국의 묵시론적인 침체를 자신 있게 예언하는 사람들은 우리에게 공동체 의식이 없다는 사실을 확신하고 있다. 이들의 공포스런 이야기 어디에서도 공동체 의식을 찾아볼 수는 없다. 대공황이 다가오고 있다. 여러분의 지하실에 비타민, 쇠고기 육포, 참치 통조림, 은화, 페니실린을 저장하라. 상점이 텅 비고 전기가 끊기면 휴대용 발전기와 음식, 엽총이 있어야 안심이 될 것이다.

굶주린 이웃이 참치 통조림을 구걸한다 해도 비가 오기 전에 방주에 들어가지 않은 그의 잘못이다. 그의 머리를 날려버려라. 금융 위기를 경고하는 작은 책에서 보험사 중역이 정색을 하고 조언한다. 언덕배기에 있는 시골 은신처를 찾아보라고.

"방어할 수 있도록 다리 위에 피신하는 것이 낫습니다. 경우에 따라서는 사람들이 오지 못하게 다리를 부술 수도 있으니까요."

여러분이 이웃과 어울려 지내거나, 교회 또는 학교에서 서로 만나거나, 여러분이 참치 통조림을 내놓으면 이웃은 복숭아 파이를 가져오는 그런 일은 상상할 수도 없다.

1923년의 독일보다 더 폭력이 난무하는 사회가 될 것이 틀림없다. 독일인들은 준법정신이 투철한 국민이었기 때문에 정부 전복을 기도하며 지하철을 점거한 반체제 인사들마저도 일렬로 줄을 서서 표를 사고 '잔디를 밟지 마시오'라고 쓰인 표지판을 잘 지켰다(전복 기도는 실패로 돌아갔다. 그 이유는 아마도 정부 전복을 한다면서도 표를 사고 지하철을 타는 그 정신 구조에 있지 않았을까?). 독일인들은 미국과 달리 1억 정에 달하는 총기도, 몇 대에 걸친 도시 실업 계층도 없었다. 초인플레이션은 아더 번즈가 말한 '사회적 결속력'을 와해시켰다. 심각한 사태가 발생하는 데는 1억 달러짜리 청구서까지 필요하지는 않은 것이다. 트럭 운전사들이 파업을 일으키면, 상점들은 텅 빌 것이다. 또한 전력회사들의 파업이 장기화되면, 휴대용 발전기가 요긴하게 쓰일 것이다.

하지만 독일 여배우 로테 레냐와 했던 인터뷰가 계속 나의 뇌리에 맴돈다. 그녀는 1923년 당시 베를린에 있었다. 그녀가 당시의 상황을 기억할까?

"물론이죠. 브레히트는 희곡을 쓰고 있었고, 저는 다른 연극을 연습하고 있었죠."

인플레이션에 대한 기억은?

"오, 그것은 정치 문제에 지나지 않았어요."

이후로 어떤 나라든지 살인적인 초인플레이션을 겪기 전에 전쟁이나 혁명이 먼저 일어났다.

장기적인 전망

페이퍼 머니는 수많은 지지자를 거느리고 있다. 4조 3천억 달러를 빚진 사람들은 달러가 싸진다고 해도 전혀 신경 쓰지 않는다. 자신들에게는 오히려 이익이기 때문이다. 하지만 통화의 완전성을 유지하고자 하는 정책을 지지하는 이들은 단합된 모습을 보이고 있지 못하다. 따라서 만신창이가 된 '시스템'을 다음 10년 동안에도 유지하려면 집약된 에너지가 필요할 것이다. 그리고 이것은 우리가 반드시 해야만 하는 일이다. 그렇다. '시스템'은 살아 남아야만 한다.

위기에 처해 있는 것은 단지 은행계좌만이 아니다. 네덜란드 은행가의 말을 다시 떠올려보자.

"달러를 버리고 어디로 갈 수 있단 말인가? 달에라도 가야 하나?"

외국을 여행해보면 우리의 책임을 더 절감하게 된다. 미국은 아직도 세계가 의지하는 나라인 것이다. 서치라이트와 철조망으로 국민들을 가둬둘 수는 없다. 서구에는 미국 이외의 지도자가 없다. 세계는 여전히 미국의 에너지와 기회, 관용과 동정심에 매력을 느낀다. 이런 특징들이 항상 잘 발휘되는 것은 아니지만 말이다. 이 특징들은 오랜 세월에 걸쳐 형성되어온 것이다.

우리는 아랍인들이 석유를 가지고 바가지를 씌워서 우리 돈을 빼앗아간다고 여긴다. 하지만 수천 년 전에 이들은 석유보다 훨씬 더 소중하고 요긴한 선물을 주었다. 그것은 바로 숫자이다. 이들은 '0'이라 불리는 독창적인 도구를 비롯해 지금 '아라비아 숫자'로 불리는 1, 2, 3, 4, 5, 6, 7, 8, 9를 인도에서 들여왔다.

13세기 레오나르도 피보나치라는 피사 출신의 여행자가 북이탈리아 토스카나에 아라비아 숫자 체계를 들여왔다. 이 덕분에 토스카나인들은 CXXV 곱하기 MCMXXXIII을 계산하느라 머리를 썩이지 않아도 되었다. 이들은 복합 계정, 복식 부기, 즉 시스템을 가지게 되었다. 토스카나인들은 환어음, 대변 전표를 가지고 은행제도를 발전시켰다. 이것들은 중세의 여행자 수표와 같은 것이었다. 이 덕분에 순회 상인들은 현금을 가지고 다니지 않아도 되었다. 곧 토스카나인, 플로렌스인, 그리고 베네치아인들은 유럽 남부와 중부 전역에서 금융업을 하게 되고, 이 특별한 시대정신은 알프스를 넘어 네덜란드로 전해진다. 그 과정은 이렇다.

스페인이 네덜란드 남부를 침공해서 농장을 모두 불사르자 네덜란드 피난민들은 유럽 각 도시들의 친척들과 함께 암스테르담으로 이주한다. 유럽 경제가 호황을 누리게 되자 에너지 위기가 닥치고, 남부 유럽의 나무들을 땔감으로 쓰기 위해 베어내는 사태가 벌어진다. 벌

목되는 나무의 수가 너무 많아 유리 제조업자들은 유리를 만들기 위해 불을 피우는 것이 금지된다. 이로 인해 네덜란드인들은 핀란드와 스웨덴의 목재로 에너지 위기를 해결하기 위해 목재를 찾아 해류를 타고 발트 해로 건너간다.

그리하여 제임스 버크가 기록한 것처럼 네덜란드인들은 역경을 전화위복의 계기로 삼아 이내 목재 무역을 독점하고, 이들의 소형 선박들은 남부에는 목재를, 북부에는 포도주를 공급하게 된다. 곧 암스테르담은 유럽에서 가장 부유한 도시가 된다. 모든 교역은 북이탈리아인들이 전해준 종이쪽지로 결제가 이루어졌다. 이 종이쪽지에는 아랍인들이 인도에서 들여온 숫자가 씌어 있었던 것이다.

영국 또한 바다로 나아가, 프랑스에서 들여온 제도('모기지'의 어원을 상기해보라)를 통해 자신의 영토에서 돈을 벌어들인다. 존 칼뱅은 이 시대정신을 한껏 고양한다. 그는 노동, 성공적인 노동을 통해 자신이 신의 은총을 받았는지를 알 수 있다고 설교한다.

네덜란드 선박들은 바다를 건너 미국에 도착한다. 이들은 인디언이 소유하고 있던 맨해튼 섬을 사들이고 자신들의 조그만 거주지 북쪽 경계선을 가로질러 벽을 세운다. 벽을 따라 난 진흙 길에는 자연히 '월스트리트'라는 이름이 붙게 된다.

가톨릭교도인 스튜어트 왕조에 신물이 난 영국은 네덜란드로 사람을 보내어 적절한 신교도인 오렌지와 나소 공을 데려온다. 통치자로 온 윌리엄과 메리 이외에도, 커피 하우스를 들락거리는 패거리들이 함께 왔는데 이들은 윌리엄과 알고 지내던 사이였다. 영국에서 커피 하우스를 드나들던 패거리들은 곧 이들과 의기투합하게 된다.

커피 하우스에서는 해상 운송에 대한 소식을 모두 들을 수 있으며, 돈을 빌리거나 빌려주고, 투자하고, 음악을 듣고, 커피를 마시고, 여자를 만나고, 남자를 만나는 등 그야말로 무엇이든지 할 수 있다. 네덜란드 선박과 영국 선박은 오랫동안 바다에 나가 있는 경우가 종종 있었다(위험도와 강도에 따라 이 선박들의 선체를 분류한 것은 로이드로 알려진 커피 하우스에서 만들어진 시스템이었다). 이들의 화물은 신용장이라 불리는 종이쪽지로 결제했으며, 자금은 새로이 영국에 편입된 땅에 대한 모기지를 통해 마련했다. 청구서는 네덜란드인들이 쓰던 것을 그대로 사용했는데, 이것은 북이탈리아인들에게서 들여온 것으로, 마찬가지로 아랍인들이 인도에서 가져온 숫자가 씌어 있었다.

러시아인들 또한 전사(前史)에 등장한다. 부동항이 필요한 러시아는 핀란드를 침공한다. 이로 인해 네덜란드인들이 에너지 위기를 해결하기 위해 이루어놓은 목재 무역은 엉망이 되어버린다.

유럽은 연료와 선박 이외에도 목재를 필요로 하는 분야가 있었다. 이들은 좀조개로 골치를 썩이고 있었다. 좀조개는 조그만 바다 연체동물로 목재 선박의 선체를 갉아 먹는다. 하지만 소나무에서 추출한 타르와 송진을 바르면 좀조개를 물리칠 수 있다.

이제 발트해 연안의 소나무 삼림이 러시아의 수중에 들어갔기 때문에, 타르와 송진을 구할 수 있는 가장 가까운 장소는 캐롤라이나의 소나무 삼림 지대가 되었다. 노스캐롤라이나가 후대에 '타르힐'이라는 별명을 갖게 된 것은 이 때문이다. 이로 인해 더 많은 선박들이 대서양을 항해하게 된다. 뉴암스테르담은 뉴욕에, 청교도들은 양키 무역업자들에게 자리를 물려주게 된다.

무역업자들은 종이쪽지로 거래하기 위해 1692년 버튼우드 나무 아래에서 회합을 갖는다. 이 나무는 월스트리트로 알려진 진흙 길에 그늘을 드리우고 있었다. 이들은 나무 바로 아래를 '스톡 익스체인지', 즉 '그루터기 아래의 교환'이라고 불렀는데 이는 증권거래소의 어원이 된다.

들고나는 선박들로 인해 무수한 신용장이 돌아다니게 된다. 이것을 가지면 여러분의 배가 도착할 때까지 현금을 마련할 수 있는 것이다. 이 절차를 체계화하기 위해 비공식적인 협회가 런던에서 회의를 열었다. 회의 장소인 내그즈헤드 살롱은 커피 하우스 거리 아래쪽의 캣이튼 스트리트에 있다.

1694년, 이들은 협회에 더 멋진 이름을 붙이기로 한다. 이로써 협회는 '뱅크오브잉글랜드'로 불리게 된다.

어느 날 캣이튼 스트리트의 내그즈헤드 근처에 한 무리의 사내들이 앉아있다. 누군가 묻는다.

"차기 조폐국 장관은 누가 적격이겠소?"

다른 사내가 대꾸한다.

"아이작 뉴튼 어때요? 그럴 만한 업적이 있잖아요."

또 다른 사내가 반문한다.

"아이작 뉴튼이라구요? 수학 공식을 만들고 광학과 빛에 대한 논문을 발표한 케임브리지의 그 아이작 뉴튼 말씀입니까? 그에게 금은 좀 생소하지 않을까요?"

그러는 동안 뉴욕의 선술집에서는 … 잠깐 기다려보라. 여기서부터 미국인들이 주인공으로 등장하게 된다. 즉, 미국의 이야기인 것이다.

나머지 이야기는 여러분 모두 잘 알고 있는 것이다. 암흑의 때가 닥치면, 그 이야기가 얼마나 장대한 것인지, 얼마나 불가사의한 모험이었는지를 떠올리는 것이 좋을 것이다.

이야기는 아직 끝나지 않았다.

여러분이 이 책 〈페이퍼 머니〉에서 기대하는 것은 무엇인가?

지금 막 서점에서 이 책을 집어 든 참인가? '페이퍼 머니'라는 제목의 어떤 측면이 여러분을 끌어당겼는가? 돈을 버는 방법이 들어 있을 거라 생각했는가? 돈은 종잇조각에 불과하다는 지혜를 얻을 수 있을 거라 생각했는가? (사실은 둘 다 들어 있다. 하지만 책을 다 읽고 난 다음에는 또 다른 고민을 하고 있는 자신을 발견하게 될 것이다).

이 책에서 '페이퍼 머니'는 정확히 말하면 달러화를 말한다. 저자가 페이퍼 머니를 설명하기 위해 드는 4가지 큰 주제는 부동산, 기축 통화, OPEC, 그리고 주식시장이다. 이 가운데 부동산과 주식은 화폐 일반을 설명하겠지만, 기축 통화로서의 위치와 OPEC와의 관계는 달러에 대한 설명이다.

하지만 '원'이 아니라 '달러'를 분석하고 있는 이 책이 우리에게도 생생하게 다가오는 이유는 무엇일까? 그것은 우선 달러가 기축 통화이기 때문일 테고, 무엇보다도 '미국'의 통화이기 때문이다. 물론 부동산, 주식과 화폐의 관계는 2007년에도 우리나라를 뜨겁게 달굴 주제가 될 것이다.

〈페이퍼 머니〉를 접한 이들은 책을 읽어가면서 자신의 경제적 사고가 조금씩 향상되는 것을 느낄 것이다. 그것은 이 책의 미덕이기도 하다. 우선, 독자는 중고등학교 때 접했던 개념을 만나게 될 것이다. 그리고 주제를 둘러싼 갖가지 사건으로 이루어진 역사가 펼쳐진다. 각주제의 스케일은 점점 커져 세계 경제를 아우르는 데까지 나아간다. 이 책을 다 읽고 나면 누구든 어느 정도는 경제 현상의 내막을 들여다볼 수 있는 시각을 가질 수 있을 것이다.

애덤 스미스가 들려주는 화폐의 역사는 흥미진진하다. 화폐는 단순한 종잇조각이 아니며 인간의 욕망, 세계 경제를 떠받치는 '시스템'이 바탕에 깔려 있는 것이다.

화폐를 알려면 부동산을 들여다보아야 한다. 〈페이퍼 머니〉에는 현재 우리나라의 가장 시급한 과제인 부동산 문제를 명쾌하게 파헤치고 있다. 부동산에 돈이 몰리는 이유는 무엇인가? 이런 불로소득 또는 무임승차가 언제까지 가능할 것인가? 과연 집이란 무엇이 되어야 하는가?

기축 통화로서의 달러와 세계 외환 시장, 미국인들이 누리는 풍요의 이면에는 역설적으로 풍요로 인한 불안정이 쌓여가고 있다. 달러의 금 태환 정지는 무엇을 의미하는가? 또한 세계 경제에 어떤 영향을 미치는가?

OPEC의 기원과 이들의 권력에 대해 읽다 보면 막연하게만 알고 있던 중동의 권력과 이들의 영향을 생생하게 알게 된다. 그리고 연일 들려오는 유가 인상 소식에도 이전과는 다른 반응을 보이게 될 것이다.

주식에 대해서는 저자가 이미 자신의 책 〈머니 게임〉과 〈슈퍼 머니〉에서 치밀하게 분석한 주제이다. 우리나라에서 부동산이 매력을 잃게 되면, 독자들은 이 책들을 통해 주식에 대해 더 잘 알고 싶어질 것이다(W미디어를 통해 출간 예정이니, 여러분을 만날 기회가 또 있기를 기대한다).

현대는 불안의 시대이다. 환경, 인권, 폭력… 하지만 무엇보다 우리를 짓누르는 것은 경제적 불안이다. 자신이나 가족의 궁핍함으로 고통을 겪는 사람이 있을 것이고, 국가 경제를 근심하는 사람도 있을 것이다. 자본주의 경제가 과연 지속 가능한지에 대해 회의를 품는 사람도 있을 것이다. 이 책을 통해 시야가 넓어진 독자들은 세상이 계속 굴러가려면 무엇이 필요한지 고민하기 시작할 것이다. 이것은 이 책의 또 다른 미덕이기도 하다.

저자가 미국에 대해 비판하고 있는 것들은 오늘날 한국에도 그대로 적용된다. 아니, 훨씬 극단적인 모습으로 나타나고 있을 것이다. 이 책을 통해 '공동체'라는 것에 대해 다시 한 번 생각해볼 계기가 되기를 바란다.

노승영

♣옮긴이 노승영은 서울대 영어영문학과를 졸업하고, 동(同) 대학원 협동과정 인지과학전공 석사과정에서
공부했다. (주)언어과학 연구원을 거쳐 환경운동연합에서 일을 했고, 경제와 환경 분야의 번역에 관심이 많
다. 현재 생태지평연구소 연구원으로 활동하고 있다.

♣감수자 현승윤은 서울대 경제학과를 졸업하고, 미국 하버드대학 케네디스쿨에서 행정학 석사(MCMPA)과
정을 마쳤다. 1991년부터 한국경제신문에서 기자 생활을 하고 있다. 재정정책과 통화정책, 금융 분야를 전
문적으로 취재해 기사를 쓰고 있다. 저서로는 〈독일과 영국을 통해 진단한 노무현 경제 희망찾기〉〈보수·
진보의 논쟁을 넘어서〉〈유쾌하게 돈 버는 법 67〉〈경제기사는 하나다(공저)〉가 있다.

페이퍼 머니

초판 1쇄 인쇄 2007년 2월 5일
초판 1쇄 발행 2007년 2월 10일

지은이 애덤 스미스
옮긴이 노승영
펴낸이 박영발
펴낸곳 W 미디어

출판등록 제2005-000030호
주소 서울 양천구 목동 907 현대월드타워 1905호
전화 6678-0708 **팩스** 6678-0309

값 15,000원
ISBN 978-89-91761-09-4 03320